增訂三版

amount of loss

Insurance

insured peril

risk

保險學

陳彩稚 著

三民書局

國家圖書館出版品預行編目資料

保險學／陳彩稚著.－－增訂三版二刷.－－臺北市: 三民, 2015
面； 公分

ISBN 978-957-14-5700-0 (平裝)

1. 保險學

563.7 101013357

© 保險學

著 作 人 陳彩稚
發 行 人 劉振強
著作財產權人 三民書局股份有限公司
發 行 所 三民書局股份有限公司
地址 臺北市復興北路386號
電話 (02)25006600
郵撥帳號 0009998-5
門 市 部 (復北店) 臺北市復興北路386號
(重南店) 臺北市重慶南路一段61號

出版日期 初版一刷 1996年9月
增訂三版一刷 2012年9月
增訂三版二刷 2015年1月修正
編 號 S 561920
行政院新聞局登記證局版臺業字第〇二〇〇號

ISBN 978-957-14-5700-0 (平裝)

http://www.sanmin.com.tw 三民網路書店
※本書如有缺頁、破損或裝訂錯誤，請寄回本公司更換。

增訂三版序

過去數年全球經濟面臨重大挑戰，2008 年的金融危機與 2010 年的歐債難題，不僅造成若干大型企業經營面臨困境，亦使各國政府承受艱鉅的財政與失業壓力。雖然這段期間我國之總體經濟勉力維持，未如西方國家明顯衰退，然而經濟成長緩慢以及利率下跌，仍不可避免地衝擊保險事業之經營。一方面由於其他投資工具之風險較高，社會大眾轉向將資金投入保險產品，因而使保險業務呈倍數成長；另一方面因為總體經濟環境不佳，保險人雖收入大量保費卻難以獲得適當之投資報酬，經營管理倍感艱辛。此外，金融市場之運作模式與監理法規，在過去數年亦有大幅變動。政府在 2004 年成立金融監督管理委員會（簡稱金管會），負責金融機構之監理，原先隸屬於財政部監理之保險市場，亦隨之歸入金管會之管轄範圍。

因此，本書重新修訂，除更正先前版本之疏失缺漏外，更重要的是納入近日市場之新發展，包括產品趨勢與監理法規。增訂三版內容更新保險業務之統計資料、加入新型產品的介紹（例如微型保險與銀行保險），以及配合金管會之成立而修正保險監理法規，俾使讀者更能明瞭當前之市場現況。本書為保持正文之敘述簡潔易讀，並配合教師教學彈性，因此對於若干較複雜之保險原理觀念或市場實務細節，乃以附註方式說明或提供相關參考文獻，教師可視學生程度而自行調整教學內容。

最後，必須感謝讀者對於本書內容之指正，以及三民書局編輯部之協助更新法規條款，使本書得以有改善之機會。然而保險市場環境變動迅速，作者個人之學識卻困窘不足，無論如何盡力修改，仍不免有疏漏之處，因此懇請各方先進與讀者繼續惠予指正。

陳彩稚　謹識

民國一〇三年八月於臺北

初版序

近年來我國保險市場成長迅速,不論是需求面或供給面均有顯著進步。由於國人對於保險觀念逐漸改變，傳統上因諱言不幸危險事故所生之排斥感，已因體認危險管理之重要性而轉向接受，因此保險需求大量增加。另一方面，由於保險業者之知識與技術提昇，保險事業之經營方式逐漸步入專業服務方向，消費者之滿意程度因而較往日提高。

保險市場之發展同時亦促進國人對於保險知識之需求，因此本書之撰寫目的乃在於普及保險知識，希望以淺顯易讀之方式介紹保險觀念。本書內容主要探討保險市場之需求與供給，藉由危險管理與經濟市場之角度分析保險產品，使消費者得以認識保險產品之保障功能，而保險業者得以瞭解保險經營之基本原理；因此其撰寫方式與傳統保險學書籍略有不同，著重於基本原則之說明，較少直接引述保險法令與契約條款。

本書內容包括五部份。前二部份總論保險制度之運作原理，第一部份是危險與保險之基本概念，第二部份則是保險市場與保險經營之探討，內容涵蓋保險之理論與實務，主要分析危險分散之意義，介紹保險市場需求與供給之特色，並說明保險監理之原因與重要性。後三部份著重於保險產品特性之介紹，分別就民營之人身與非人身保險產品，以及公營之政府保險等三方面進行說明，內容包括產品之特質、種類與價格因素；此外並分析產品趨勢與潛在問題。

筆者對於從事危險管理與保險原理之研究，雖饒富興味甚感興趣，然畢竟尚在起步階段，實未達撰寫大專教科書之程度，承蒙三民書局不予見棄而邀約撰著，特此致謝。惟筆者所學疏漏淺薄，因此深恐本書內容未能周延深入，尚祈諸方先進與讀者惠賜教導指正以匡誤謬。尤其若干專有名詞之譯名，因筆者接觸國內保險實務甚少，或許與國人之稱呼有所出入，尚請讀者參照原文自行調整。

本書之完成必須特別感謝父母與家人。不論是過往求學階段得以順遂稱心，或是今日能將所學撰寫成書，父母一生劬勞之犧牲奉獻，以及家人之支持鼓勵，乃是不可或缺之元素，然而筆者卻無以回報，因此唯有藉本書一隅表達感激之意。

陳彩稚　謹識

民國八十五年六月於臺北

目次

第五部份 政府保險

第一部份

保險之基本概念

第一章　危險與危險管理

第二章　保險制度之基本原理

第三章　保險契約

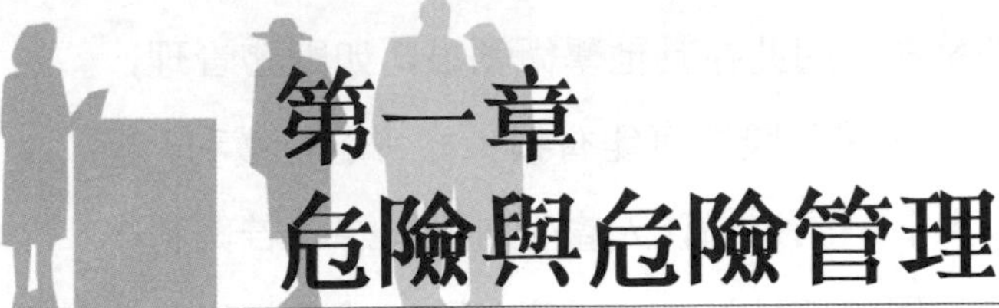

第一章 危險與危險管理

本章目的

本章簡要介紹危險、危險管理與保險三者之意義，以及其間之關係，以瞭解學習保險制度之原因與目的。讀完本章之後，讀者應該能夠回答下列問題：

1. 危險之定義為何？
2. 何謂純粹危險與投機危險？
3. 危險管理之重要性及其管理步驟為何？
4. 為何保險是重要之危險管理工具？
5. 保險制度之社會價值與成本為何？

第一節　危險之意義

一、危險之定義

人類在每日生活中，面臨各式各樣非預期事件，諸如火災、車禍、地震與颱風等天災人禍。這些事件或許發生在自己及親友身上，或許發生在不認識之第三者身上，但無論如何，個人、企業與國家都不免要為這些偶發之意外事故而擔憂。因此，預先準備以減輕意外事故之影響，乃是社會大眾所共同關切之問題，亦正是學習危險管理之主要目的。為便於有系統地探討研究危險管理，首先必須瞭解「危險」之意義。

「**危險**」(risk) 一詞粗略而言，是指實際結果與預期結果間差異程度之不確定性，亦即中文之「意外」。凡是非預期結果皆含有「意外」成份，可能是意外損失，亦可能是意外驚喜；因此在其他學術領域，如財務管理，有時亦將 risk 翻譯為「**風險**」。例如投資股票可能有損失亦可能有獲利，稱之為投資風險。因為中文「危險」一詞每易使人產生負面聯想，若與利得並用，恐有文字上不協調之處，例如稱某計畫有投資危險，或將使投資人卻步。

雖然有人主張將 risk 一詞譯為「風險」，將 risk management 稱為「**風險管理**」，如此將可擴大其涵蓋範圍。而目前風險管理一詞的確亦已應用於財務金融管理、一般企業管理，甚至如政治、環保等領域，經常出現於日常之報章雜誌，並且企業對於意外事故之處理，亦不再侷限於購買保險。但是本書仍然採用「危險」譯名，一方面是依循國內保險學界與保險契約之傳統名稱，以方便讀者之閱讀習慣，另一方面是因為本書主要探討保險制度，除第一章外，並未涉及其他處理不確定事件之方法，而保險制度主要用於處理重大意外損失，因此使用「危險」一詞並不衝突且更為貼切，是故下文一概稱 risk 為「危險」。

若干保險文獻曾定義「危險」❶，各方解釋在文字上略有出入，但其主要內容大多與經濟損失之不確定性有關。「危險」是指一種不確定之現象，當有預測誤差存在時，即有「危險」出現，它並不等於損失結果本身，而是指損失結果之不確定現象。例如廠房發生火災造成企業利潤之減少，「危險」乃是指其損失有可能為五十萬元、一百萬元或二百萬元等不確定現象，並非是指其實際損失金額，如一百萬元。

文獻雖然一致承認危險之不確定性含意，但在解釋文字上略有差異，並無統一之敘述。而本文擬採用 William and Heins 之定義：「在某一時點，某一狀況下，事件發生結果之變動性」❷。因為此定義界定危險衡量之時間與範圍，並與統計學上之變異數相近，可方便與危險理論之數量技術相

❶ 參閱陳繼堯 (1993)，pp. 21–44、陳彩稚 (2012)，pp. 18–19。

❷ 參閱 William and Heins (1989), p. 8。

結合。**變異數**在統計上之定義為❸：

$$\sum_{i=1}^{n}(X_i-\mu)^2 \div n$$

其中 X_i 為變數 X（例如火災損失）之各種實際發生結果（例如損失金額），μ 為 X 之期望值（例如平均損失金額），而 n 為觀察數。雖然以變異數作為危險 (risk) 之定義，在學術理論上相當普遍，但是在一般日常口語中或其他應用領域，可能亦常使用下列觀念來表示危險：

⑴意外事件發生機率（或稱**出險機率**）：直接以機率高低代表危險高低。例如木屋較磚屋之火災危險高，即指木屋發生火災之機率較磚屋高。

⑵以實際結果與預期結果之差異大小表示危險高低：即以 $(X_i-\mu)$ 或 $|X_i-\mu|$ 來代表危險大小，此種概念與變異數類似，只是簡化其數學內涵。

不確定性增加個人或企業規劃上之困難，因為不僅是損失是否發生，並且損失發生時究竟其嚴重性如何等問題，皆需要事先瞭解危險之特性，以便妥善計畫，才能有效應付意外事故之打擊。為更明確認識「危險」之本質，首先必須將危險加以分類，以便於進行分析與管理。

二、危險之分類

由於危險泛指各種不確定現象，為有系統研究危險之特性，一般上將危險之類別，依不同之歸類基礎區分如下。

㈠純粹危險與投機危險

這是以事件結果之變動範圍為基礎劃分。「**純粹危險**」(pure risk) 乃是事故發生後，對於當事人僅造成二種直接影響：保持原狀無損失，或是引起損失，但是不會有發生獲利之機會。例如火災地震等事故之結果。相反地，「**投機危險**」(speculative risk) 則可能有三種結果：保持原狀、造成損失

❸ 參閱 Weiers (1998)。

與產生利得。例如股票投資對於持有人之影響。

若以簡單之數學公式表示，可較清楚描述二者之差異。假設 2010 年某甲之預期財富水準將是 X，但若在 2010 年事件 A 發生，甲之實際財富水準為 Y。若事件 A 具有純粹危險，則其對於某甲之直接影響為：

$$(Y - X) < 0, \text{ or} = 0$$

反之，若事件 A 具有投機危險，則其對於某甲之直接影響為：

$$(Y - X) < 0, = 0, \text{ or} > 0$$

純粹危險與投機危險之劃分，是保險學中最重要觀念之一，亦是保險學與財務金融學最大之區別。一般上保險制度之主要目的，在於處理純粹危險以減少損失，而財務投資管理之重心，則在於利用投機危險以賺取利潤❹，二者所面臨之問題與目標並不相同，不宜混為一談。目前或有將保險學視為財務金融學之分支，此亦屬偏頗之論點。雖然今日在保險公司經營之中，投資為其重要部門，但此僅可視為公司經營之一項技術，並非保險經營之主要目標。保險制度另有其處理純粹危險之專業技術，例如核保、精算與理賠等。此外，保險制度分散危險之觀念，以及機率技術之應用，起源甚早且自有其歷史淵源（見下文），並非源於現代投資組合理論，是故不應將保險視為財務金融學之一個領域。

㈡客觀危險與主觀危險

這是以危險程度是否受個人認知狀態之影響而劃分。「**客觀危險**」(objective risk) 乃是指宇宙自然律之結果，為實際存在之變異現象，即如俗諺所稱之「十年河東，十年河西，風水輪流轉」。因此可藉由統計資料或根據其他科學技術，加以估計推算其發生之機率，並且不受個人主觀認知因

❹ 「投機危險」只是英文 speculative risk 之譯詞，並非一般口語投機取巧之意。此處並無批評投資行為是一種投機行為的含意，若將投機危險解釋為投資機會的危險（風險）應較為恰當。

素之影響。例如地震危險，不論當事人某甲是否恐懼憂慮，它的確存在，且其危險之大小並不因某甲恐懼之多寡而改變。

相對地，「**主觀危險**」(subjective risk) 則受個人認知與憂慮程度之影響。同一事故，例如廠房可能發生火災損失一百萬元，某甲也許憂心如焚，而某乙卻視若無睹。由於個人主觀之性格或學識經驗等將影響主觀危險之大小，一般上並無法經由統計方法計算其估計值，因此精算技術主要是用以計算客觀危險，而非主觀危險。然而個人主觀之危險認知程度，將影響其消費或管理決策，因此在經濟學上，將個人對於危險之態度區分為下列三類❺：

a. **危險愛好者** (risk loving)

意謂每單位危險程度之增加，其邊際效用呈遞增趨勢。

b. **危險中立者** (risk neutral)

意謂每單位危險程度之增加，其邊際效用呈水平趨勢。

c. **危險趨避者** (risk averse)

意謂每單位危險程度之增加，其邊際效用呈遞減趨勢。

㈢靜態危險與動態危險

這是以危險之不確定性是否隨時間及社會環境改變為劃分基礎。不隨時間及社會改變者稱為「**靜態危險**」(static risk)，例如死亡。「**動態危險**」(dynamic risk) 之危險程度將隨時間或社會變遷而改變，例如外匯波動。此項區分較難界定，因為當觀察時間延長時，各項危險皆可能成為動態危險。例如臺灣地區之死亡率在二年之間差異甚小，可視為靜態危險，但是若比較二十年之變化，可能發現二者有所差距，將屬於動態危險。

❺ 關於危險態度，經濟學之定義原本是以財富水準為變數，亦即每單位「財富」之增加，其邊際效用遞增、不變、或遞減。然而財富之增加必然是冒險而來，即財富與危險成正比，因此可推論每單位危險增加時，其邊際效用遞增、不變、或遞減，以呼應危險態度之意義。

㈣人身危險、財產危險與責任危險

這是依據損失發生之對象而區別。發生於人身上之危險，例如疾病、死亡或傷害等，因而造成各種不同程度之損失，稱為「**人身危險**」(personal risk)。若是發生於財物上，例如失竊、碰撞或火災等各式危險造成財物損失，則稱為「**財產危險**」(property risk)。相對地，若是由於個人之疏失行為而造成第三人之人身或財產損害，其應負賠償責任之經濟損失，稱為「**責任危險**」(liability risk)。例如開車肇事撞傷他人之汽車或人身，必須負賠償責任。一般上，此危險分類乃是用以說明純粹危險之來源，並且配合保險契約之分類。

上述這些危險之區分，乃是基於不同基礎之觀點加以說明，然而彼此之間並非完全獨立，同一危險例如火災，可能同時屬於純粹危險、客觀危險、靜態危險與財產危險。各分類間之關係可以圖 1–1 表示。

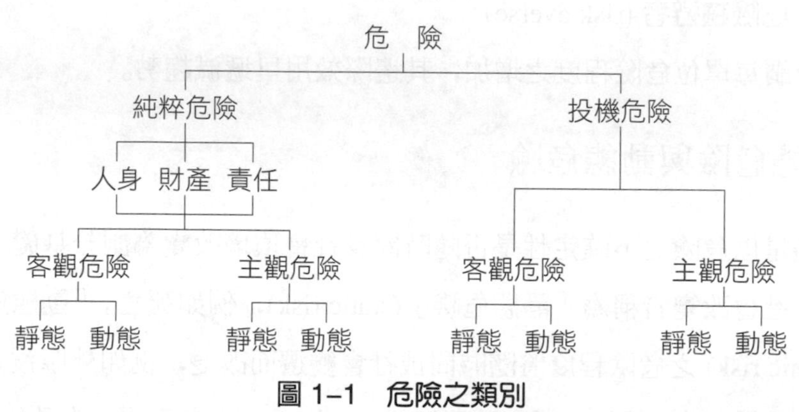

圖 1–1 危險之類別

上述之危險分類乃是就危險本身之特性而言，因此可適用於一般個人、企業組織、政府與非營利機構等。而近年來由於 “risk management” 已由「危險管理」擴大為「**風險管理**」而應用於一般企業管理，尤其是金融機構組織，因此針對企業所特有之危險（風險），有學者將企業之風險區分為價格風險、信用風險與純粹風險（危險）❻。其中價格風險可能來自企業生產過程之產出 (output) 與投入 (input) 價格的變動，例如利率或匯率變動所造

❻ 參閱 Harrington and Niehaus (2003), p. 4。

成之風險；信用風險則是毀約或債權未能收回之風險；而純粹風險則如本書前文所稱之人身與財產責任等風險。另外亦有學者將企業之風險區分為財務風險、市場風險與經營風險等❼，而針對金融機構又有將風險區分為市場風險、信用風險、利率風險……❽。至於針對其他類型組織，當然亦可分析發展出不同風險，本文不再一一列舉。

三、純粹危險之經濟成本

經由上文之敘述可知，任何未來事件將牽涉不確定之危險，或許是純粹危險，或許是投機危險。傳統企業管理諸如財務、行銷、生產等之規劃控制，著重於投機危險，強調藉由管理技術之運用而獲取最大利潤，此可見諸其他領域之書籍，不在本書之討論範圍。而保險制度主要在於處理純粹危險之損失，因此在研讀保險制度之前，首先必須瞭解純粹危險對於個人或組織所造成之經濟成本。

純粹危險之經濟成本來自二方面：㈠確實發生之意外損失，㈡不確定性本身所引起之機會成本，不論實際上是否發生意外事故。下文分別說明之。

㈠意外損失之成本

日常生活中個人或組織經常遭遇純粹危險之打擊，例如每日新聞所報導之火災或車禍等事故。這些災難對於當事人或組織，不可避免地將發生經濟損失，例如所得收入之減少、醫療費用之支出、建築物損毀之修復成本、企業組織遞補傷亡人員之招募訓練費用支出等。此外，若傷亡者為低收入戶而需要公共救助，則社會全體必須分攤這項成本。純粹危險雖然發生頻率不高，然而一旦發生，不論是人身傷害或是財物毀損，其經濟成本往往相當龐大。例如 2011 年 3 月 11 日之日本大地震，損失約二千億美元❾，相當於我國多年來，生產與外銷辛苦所累積之外匯存底總額之半

❼ 參閱 Culp (2002), pp. 185–190。

❽ 參閱 Saunders (2000), pp. 103–115。

❾ 參閱 2011 年 3 月之相關新聞報導。

數❿。

㈡不確定性之機會成本

人類無法完全預測未來，卻又必須計畫未來以實現自我之理想，而不確定性之存在，則使人類未能充分掌握未來之路途。因此即便未有任何意外事故發生，平日生活已因不確定性之存在而引起若干成本。第一，不確定性增加憂慮與恐懼，造成個人心理與精神上之壓力，使其無法全心全力投入人生之奮鬥，因此無形中減少個人或組織之生產能量。例如對於墜機危險之憂慮，因此未敢從事需要經常旅行之國際貿易工作，可能因而失去開發業務獲取利潤之機會。

其次，土地、資本或技術資源之利用，將因不確定性之存在而無法充分發揮，影響市場經營之效率。例如近日保護消費者之意識高昂，產品責任危險之訴訟賠償負擔，可能造成新產品開發上市之延遲或放棄，社會進化之速度將趨於緩慢。因此不確定性之存在，易使長期計畫受到質疑或擱置，反之短期計畫則較可能受到肯定。然而就整體經濟而言，缺乏長期計畫將導致社會之衰退。

由上述分析可知，雖然純粹危險因缺乏獲取利潤之機會，而不如投機危險能引起立即之興趣，但是其潛在之危險成本卻可能相當龐大，抵銷投機危險所創造之利潤。例如美國加州迪士尼樂園，因一名兒童於 2000 年 9 月在該園遊樂發生意外，而必須賠償二千萬至三千萬美元之損失（約臺幣七億至十億元）⓫。因此對於個人或組織而言，純粹危險之重要性並不亞於投機危險，在尋求投機危險創造利潤機會之同時，不應忽略降低純粹危險之損失成本，如此才能長遠經營與完成理想目標。

第二節　危險管理之意義

純粹危險發生於偶然，卻造成個人與組織之重大損失。為避免多年努

❿ 2011 年當時之外匯存底約為四千億。

⓫ 參閱《民生報》2002/2/5/A2 版。

力經營之成果付之一炬，必須於平日妥善規劃一套處理危險之方法，此即是危險管理之意義。危險管理不僅可適用於個人未來計畫，對於企業經營尤其重要。危險管理減少企業之意外損失，與行銷或生產等創造利潤之管理並列，對於企業經營可發揮相輔相成之功用。為更深入瞭解危險管理之意義，本節將就其定義與目標、管理程序，以及管理方法等方面加以探討。

一、危險管理之定義與目標

雖然廣義上任何降低危險之方法，諸如求神問卜或算命解厄等，皆可視為危險管理，但是目前在學理上，通常只探討客觀且有系統之管理方法。因此，一般而言，**危險管理** (risk management) 定義為「一套有系統之規劃、執行與控制之程序，用以處理個人或組織所面臨之潛在危險損失。」

危險管理之目標，基本上在於降低危險之不確定性與損失，此目標可從下列數方面加以說明：

1. 可降低憂慮程度，集中注意力從事事業之開發

妥善規劃危險處理應變計畫，可降低損失之不確定性，減少個人或組織對於意外事故之憂慮，因此平日生活可較為安心，紓解精神上或心理上之壓力；此外，並可集中注意力從事事業之開發。因為危險管理已針對意外事故進行規劃控制，個人或組織可免除意外損失之負擔，因而更能專心開創事業，以實現目標或理想。例如國際貿易之開發，海上保險與輸出保險提供貨物之保障，而人壽保險則可照顧開發者之家小，免除其後顧之憂等。

2. 可促進危險處理成本之效率

事先謹慎規劃妥善研擬之損失應對策略，其成本通常較之事故發生臨時搶救為低。因為平日尚未發生事故時進行規劃，將有充裕時間尋求成本最低且具功效之方法。例如平日對工廠廠房進行檢查，在適當距離與空間裝置滅火設備，對於降低火災損失之成本，其費用支出有限而成效顯著。

3. 可避免損失過巨無法承受

危險管理最根本之目標，在於避免個人或組織之損失過度慘重，因而破產失去生存能力。有效之危險管理策略，可能包括事先對於巨災損失之

防患措施，事故發生當時之緊急搶救，以及事後之迅速復原等。例如對於地震危險之處理，可藉由事前規劃與事後復原等工作，有效控制地震之巨災影響。

4.穩定個人或組織之收入

有效之危險管理計畫，可預測意外損失之後果並及早規劃補救措施，因此可控制實際損失發生之現金流出，穩定個人或組織之所得收入。對於個人而言，穩定之收入有助於人生生涯之規劃；對於企業而言，穩定之收入流量往往有利於公司價值之維持或提高，相較於突然之額外獲利可能貢獻更大。

5.持續企業或組織之經營

由於危險管理計畫事先規劃意外事故發生之替代經營場所與方案，因此可避免企業或組織之經營中斷。此項功能對於某些關係民眾公共利益之組織尤其重要，例如醫院、學校、銀行、電力公司與政府機關等。因為一旦營業中斷，其後續衍生之損失往往相當嚴重，可能影響組織之形象，以及未來之業務來源。

6.善盡社會責任

對於個人或組織而言，危險管理除可協助其完成有形之經濟目標外，並可促進其社會責任之實現。在社會群體生活關係中，基於人道精神之宗旨，個人或組織皆應避免造成他人或環境之傷害，無論是員工、顧客或是一般社會大眾之生命與財產，皆應受到珍惜與尊重。例如我國在 1990～2000 年期間數起 KTV 等公共場所火災事故，不僅造成人員財物之傷亡，亦影響社會整體之安寧與秩序。倘若平日備有危險管理計畫，當可降低意外損失之嚴重性。

7.符合法令之要求

除上述各項目標外，危險管理計畫可配合法令之要求，例如「勞基法」、「強制汽車責任保險法」等，完成企業或組織之合法經營的基本職責。

經由上述之分析可知，危險管理不論是對於個人、組織或社會，皆具有重要之貢獻。就個人與其家庭而言，不僅降低意外事故發生之打擊，並可節省生活費用支出，或儲存投資所需之資金；此外，更可減少心理壓力，或是發揮助人為樂之精神。對於企業或組織而言，危險管理可減少意外損失與化解崩潰破產之危機，並且穩定經營、增加公司價值與促進成長；此外，亦可善盡社會責任、提昇組織之形象，以及改善組織與社會大眾之關係。而對於整體社會而言，危險管理提高社會資源之使用效率，降低社會成本之支出，並且由於不幸事故之減少，進而促進社會之祥和氣氛。

二、危險管理計畫之步驟

危險管理計畫是以科學而有系統之方法，規劃損失處理之事前、事中與事後應變措施。它通常包括下列四個步驟：㈠確認潛在損失來源，㈡衡量潛在損失，㈢選擇並執行危險管理策略，㈣定期檢討與修正危險管理計畫，如圖 1–2 所示。下文分別敘述之。

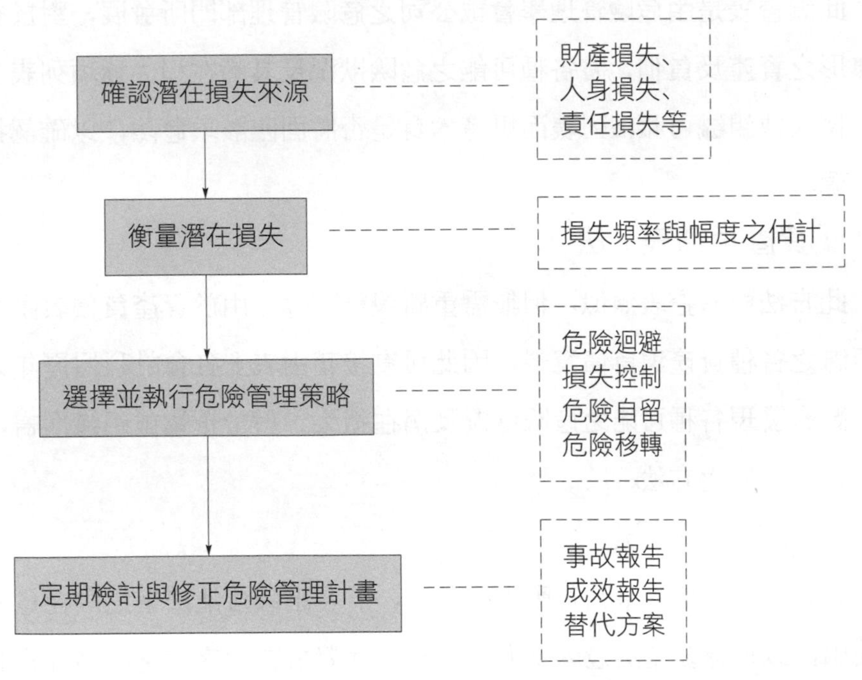

圖 1–2　危險管理計畫之步驟

㈠確認潛在損失來源

解決問題之首要步驟是確認問題之所在，因此探討潛在損失必須有系統地思考該項**曝險單位** (exposure unit) 所面臨之危險的性質。通常其出發點是先依據損失來源分類，分為純粹危險單位與投機危險單位。「純粹危險單位」是指面臨純粹危險的曝險單位，而「投機危險單位」則是指面臨投機危險的曝險單位。純粹危險單位之潛在損失，一般上其來源可分為：⑴直接財產損失，例如房屋之火災損失；⑵間接財產損失，例如災後營業中斷之利潤損失；⑶責任損失，例如車禍肇事責任之賠償；⑷人身損失，例如重要員工之傷亡。個人或組織為確認損失之來源，可利用下列數種方法作為輔助工具：

1.「損失單位問卷調查表」法

此調查表是由危險管理學會或公司之危險管理部門所發展，對於有形與無形之資產及負債，將各種可能之危險狀況及其潛在損失逐項列表。之後，個人或組織可根據列表而思考本身是否將面臨該項危險，以確認損失之來源。

2.「資產負債表」法

此方法與調查表類似，但無需重新設計問卷。由於資產負債表匯總企業組織之各種資產與負債資料，因此可直接藉由表上各會計科目歷年之變動，觀察發現各種可能之危險狀況及潛在損失。對於企業或組織而言，是一種相當簡便之方法。

3.「流程分析」法

此方法是針對一系列行動進行分類，將各階段可能產生之潛在危險分別列出，以便逐步確認危險來源。這種方法對於有順序性之生產流程特別有效，可使組織更有系統地發現危險之所在。例如圖 1–3 所示之生產流程分析，包括原料供應、儲存進料、製造生產、成品出貨等階段。個人或組織根據流程詳細思考各階段可能出現之危險，例如原料供應中斷、製造過程產生瑕疵等，將可減少不確定性之範圍。

	原料供應 →	儲存進料 →	製造生產 →	成品出貨
	貨源不足	運輸延遲	職災意外	產品瑕疵
潛在危險	品質不穩	冷凍故障	技術不佳	倉庫失火
	原料漲價	物料失竊	機械爆炸	匯率變動

圖 1-3　流程分析法範例

4.「實地觀察」法

對於無法經由書面方式進行分析確認之危險，個人或組織必須親自前往視察，藉由豐富經驗與敏銳洞察力進行判斷，以確認潛在之危險損失。例如實地前往工廠，觀察作業員操作機械是否遵循安全規則，領班對於工人情緒之疏導是否符合企業之規定等。親臨現場視察可以發現書面報告所無法呈現之危險，減少閉門造車之缺失。

㈡衡量潛在損失

損失來源確定之後，危險管理之第二步驟即是預估潛在損失之規模，以便瞭解損失發生之影響力。潛在損失範圍之估計，必須借助各種統計或其他科學方法，以提供一數量化根據。潛在損失之衡量通常分為二部份：損失頻率與損失幅度。

「**損失頻率**」(loss frequency) 乃是指每一曝險單位發生意外事故之平均次數。頻率之測定，可就曝險單位長期間意外事故發生之狀況加以觀察，計算其發生之次數，然後求取某一時間單位內之平均次數。例如表 1-1 所示，某工廠在 2007～2011 五年期間發生火災之記錄，其中三年未發生火災，而在 2008 年曾發生一次火災、2011 年發生二次火災。亦即一年當中發生零次火災之機率為 3/5，一次之機率為 1/5，二次之機率為 1/5，因此平均每年發生火災之頻率為 0.6 次 ($0\times3/5+1\times1/5+2\times1/5=0.6$)。

此外，損失頻率有時亦可直接以曝險單位為基礎，觀察大量同類曝險單位發生意外事故之狀況，而後計算每單位之平均意外發生次數。其計算公式如下：

$$損失頻率 = \frac{損失事件之總次數}{所觀察之曝險單位的總數目} \tag{1.1}$$

表 1-1　損失頻率與損失幅度之範例

年度	火災次數	損失金額
2007	0	0
2008	1	100,000
2009	0	0
2010	0	0
2011	2	150,000
		50,000

例如觀察臺北市一萬輛自用汽車過去一年之車禍狀況，發現總共發生一百次車禍，因此每輛車之平均車禍頻率為 0.01 次（100 次 ÷10,000 輛）。

「**損失幅度**」(loss severity) 則是指所發生之意外事故的平均損失金額。其計算公式如下：

$$損失幅度 = \frac{損失之總金額}{損失事件之總次數} \tag{1.2}$$

例如表 1–1 所列三次火災之損失金額分別為十萬元、十五萬元與五萬元，因此每次火災之平均損失幅度為十萬元（300,000 元 ÷3次 或 100,000×1/3+150,000×1/3+50,000×1/3)。經由損失頻率與損失幅度之計算，個人或組織即可預估潛在損失之規模。

將損失頻率與損失幅度相乘，其所得之結果即為事件之「**預期損失**」(expected loss, EL)，代表每一曝險單位之平均損失金額。如上例之火災損失，其每年之預期損失即為六萬元（0.6 次×100,000 元)。預期損失是危險管理過程中常用之概念，在評估個人或企業之各種未來事業計畫時，經常需要加以計算比較各計畫之潛在預期損失，以決定是否採取該計畫。例如開發新產品時，必須評估其產品責任危險之預期損失。而保險公司計算保費時，亦需要計算預期損失，才能決定適當之費率。

㈢選擇並執行危險管理策略

當個人或組織計算意外損失之頻率與幅度而預估其潛在損失後，下一步驟即是選擇適當之應對策略。損失頻率與損失幅度提供有關意外危險特質之資訊，例如廠房失火可能是低頻率高幅度，機車失竊是高頻率低幅度等。不同之危險特質，將採用不同之危險管理策略。此外，相同之危險亦可能因為個人或組織本身之技術與財務能力不同，而選擇不同之處理方法。例如同是五十萬元之潛在火災損失，一般餐廳可能投保火險，而大型飯店可能以提撥預備金方式處理。

危險管理之目的在於降低意外損失，因此舉凡可以趨吉避凶之方法，廣義上皆可視為危險管理之工具。由於實際使用之方法眾多而無法一一列舉，文獻上一般將眾多方法歸納為四類：㈠**危險迴避** (risk avoidance)，㈡**損失控制** (loss control)，㈢**危險自留** (risk retention)，㈣**危險移轉** (risk transfer)。這些方法之詳細內容將於下文「危險管理之方法」中說明。

完整之危險管理策略是考慮所有可行方法後所作之最佳選擇，而非僅仰賴單一方法處理意外損失。危險管理之經理人必須衡量在每一種狀況下，特定處理方法之成本與其所產生之潛在利益，二者間之相對比率，以便在有限之資源或預算下，考慮各方案之優先順序。

對於特定潛在損失，一旦決定危險管理策略之後即應執行。例如，決定購買火災保險以應付廠房失火危險，則必須設法收集充分資訊，以最佳之價格取得所欲購買之保障水準，並且包括相關之輔助服務。若是決定採用損失防阻計畫，則必須確保所有相關員工皆瞭解該計畫之目標，以及本身所扮演之角色。

㈣定期檢討與修正危險管理計畫

當確認所有潛在損失，並擬定與執行各項損失之應對策略後，危險管理之經理人尚有一項任務：必須定期檢討所採用之應對計畫。檢討之目的在於配合目前之需要，尤其是當環境有所變動之後，原先所規劃或執行之策略亟需重新調整。在現今之經濟與社會環境下，個人或組織之生存條件不斷地變動，諸如資產之汰舊換新、員工之加入退出、法令之修正更替等，每項變動可能代表新潛在損失之出現，或是原有潛在損失之轉移。危險管理之經理人必須能洞察這些變化之影響，以適當修正或更替現有計畫。

定期檢討現有危險管理計畫，對於個人或組織通常有所助益。將計畫執行之成果與原訂目標相互比較，將可發現原訂計畫之缺失，作為改善下期計畫之根據。例如檢討所投保之保險公司是否提供預期之輔助服務、損失防阻計畫是否確實降低意外損失之頻率或幅度等。危險管理之經理人必須能回答這些相關問題，因必須借助於定期檢討現有之管理計畫。

正確記錄意外損失之細節，對於檢討或修正危險管理計畫相當重要，因為經驗之累積是危險管理所需智慧之來源。這些細節通常包括所發生損失之類別（例如火災或地震）、損毀之金額、損失之起因，以及採行之防阻措施等。藉由這些細節資料將可評估損失防阻流程之功效，及早發現問題之所在，以作為發展未來計畫之參考。

三、危險管理之方法

為規劃與執行危險管理計畫以應付潛在損失，危險管理之經理人必須對於各種可行方法有通盤之瞭解，舉凡可以降低意外損失之方法皆應列入考慮。這些方法可以歸納為四類：㈠危險迴避，㈡損失控制，㈢危險自留，㈣危險移轉，其主要內容分述如下。

㈠危險迴避

「危險迴避」(risk avoidance) 指完全去除潛在損失發生之機會，對於可能引起損失之特定危險來源不予以接觸。例如不搭乘飛機可避免墜機死亡之危險，或不從事戶外水上活動可避免溺水之危險等。本方法簡單而有效，因此經常受到採用，尤其是有高度厭惡危險傾向之個人，可利用此法降低意外危險之威脅。一般而言，當意外損失之頻率較高，且損失發生幅度亦高之情況下，危險迴避通常是最優先選擇之方案。

然而本方法對於企業組織而言似乎失之消極，有礙企業成長獲利之機會，因為無危險則無報酬 (no risk, no return)。例如不搭乘飛機往海外開拓市場，企業之利潤將減少或成長將停滯。此外，有些危險是人力所無法避免，例如颱風或地震之天然災害，以及人身壽命之傷病死亡等。這些潛在損失或可部份降低，但無法完全免除，因此必須考慮其他方法。

㈡損失控制

當特定危險無法避免時，個人或組織必須設法抑制損失之頻率與幅度，凡是與降低損失頻率或幅度有關之行動，皆可稱為「**損失控制**」(loss control)方法。有效之損失控制方法，有時需要仰賴科技知識與專家技術，例如生產製造過程之機械安全操作技術。然而有時亦可能僅是簡單易行之日常動作，例如規律之生活習慣可減少疾病之危險。

某些損失控制方法之設計，主要是在損失發生之前降低其發生之頻率，這類方法稱為「**損失預防**」(loss prevention)。例如定期檢查維修廠房之鍋爐機械以減少故障爆炸、銀行入口設置警衛以嚇阻歹徒入侵等。一般而言，只要是損失頻率高之危險，損失預防通常會是列入考慮之危險管理重要方案。然而無論如何，決策者仍需評估其成本效益。唯有當損失頻率降低所實現之利益，超過損失預防計畫所投入之成本時，此項計畫才適合付諸實行。

相對地，「**損失抑制**」(loss reduction) 措施其目的在於減少已發生損失之幅度。因為不論如何盡力實施損失預防計畫，人力無法完全避免某些災難事故，損失依然突發地出現在生活周遭。因此針對已發生之危險事故，必須設法及時挽救以減少災難之擴大，此為「損失抑制」方法之目標。例如自動消防灑水系統之裝置，它雖然不能防止火災事故之發生，但是一旦火災發生，它卻可以抑制火勢蔓延，減少火災之損失。

損失控制方法之採用，不僅是個人或組織有效之危險管理策略，對於全體國民並具有安定社會之意義。因為頻繁或重大之意外事故，每易引起人心惶惶之恐懼感，增加社會大眾之憂慮與不安。例如我國 1990～2000 年期間一連串之KTV火災，以及數起捷運工程地層下陷災變，皆使民眾感到生活環境惡劣，對於公共安全失去信心。而損失控制方法可降低意外事故之頻率與幅度，具有促進祥和社會之積極意義，因此乃是目前備受重視且極力鼓吹之危險管理策略。

㈢危險自留

第三種危險管理方法稱為「**危險自留**」(risk retention)，亦即個人或組織自我承擔意外危險，自行規劃一套財務計畫以應付意外事故。當損失發生時，則由個人或組織以其本身自有資金處理善後。例如平日提撥預備基金，當廠房失火時，則可利用此基金作為復原之用。

危險自留可區分為蓄意與無意之自留。無意之自留可能因為無知，對危險完全未做準備而導致之自留，有時將造成慘重之後果，危險管理人員應避免此種情況發生。一般危險管理所稱之危險自留，多指蓄意規劃之自留計畫。許多危險決定自留，可能是由於其造成之損失輕微，低於其事先規劃處理之成本，例如一般腳踏車甚少向外購買財產保險。或是因為缺乏移轉之管道，例如某些產品責任保險無法取得，因此只能自行安排應變措施。

危險自留之方法主要包括：

a.「**危險承擔**」(risk assumption),

b.「**自我保險**」(self insurance),

c.「**專屬保險**」(captive insurance),

d.「**新興危險轉型計畫**」(alternative risk transfers, ART)。

危險承擔包括事前或事後處理損失之資金調度計畫，例如一般常見之急難基金。自我保險計畫事實上並非保險，而是企業組織所規劃以應付意外事故之內部資金管理計畫，是一種特定形式之財務計畫。它與一般提撥基金之主要差異，在於它通常適用於多數且同質之曝險單位，因此較易預測其損失，以及事前依預期損失提撥基金等。亦即將原先向外投保之保險計畫，保留在公司內部自行承受，例如提撥基金以處理員工工作意外災害。

專屬保險確實具有保險之形式，它是由非保險業之其他行業母公司，設立一家保險子公司，而其主要業務即承保母公司之意外危險。例如石棉工廠之產品責任保險，因甚難以適當保費取得保險，有些工廠即成立專屬保險公司，以承接母公司之產品責任保險⓬。

「新興危險轉型計畫」是近年來新發展之多種危險管理方法，其中有些計畫著重危險自留，有些著重危險移轉，有些則兼具二者。例如「**限額危險產品**」(finite risk products) 是多年期高自負額之危險理財計畫。這些計畫使企業可以結合純粹危險與財務風險，整合運用公司之資金，以減輕意外事件對於公司所造成之損失。這些方法之詳細內容超出本書之範圍，因此不予以深入討論⓭。

危險自留之主要優點之一，在於事故不發生時可節省向外投保之保費，並賺取基金之利息收入。因為意外事故多為偶發事件，而每年繳交龐大保險費是一項額外成本，若能自行規劃危險理財措施，對企業組織而言具有財務上之益處，因此近年來頗受企業之重視。然而另一方面，若是意外事故發生造成巨災損失，則企業自行提撥之基金恐不足以承受打擊，因而即將面臨財務危機。因此企業組織在採行自我保留危險計畫時，應先衡量本身之財力與應變措施。一般而言，目前多是設定某一自留上限，在此限制以下之損失採用危險自留，超過上限者則向外移轉。

㈣危險移轉

相對於危險自留計畫，第四種危險管理之技術稱為「**危險移轉**」(risk transfer)。危險移轉乃是指個人或組織將其潛在損失向外移轉給其他單位，通常是經由雙方（移轉人與被移轉人）事先協議，關於損失移轉之對價與損失發生之應負責任。一般常見之危險移轉可歸納為二類：非保險方式之危險移轉，以及保險方式之危險移轉。

平日生活中有許多慣例是屬於非保險方式之危險移轉，例如買賣契約、

⓬ 有興趣之讀者可參閱 Head (1996)。

⓭ 有興趣之讀者可參閱陳繼堯等 (2000) 或 Culp (2002)。

租賃契約、或是工程營造契約。往往在這些商務契約當中，財物或房屋之所有人要求承租人或承包商負擔潛在危險之損失。非保險方式之危險移轉，其所應支付之對價，受各地市場慣例與雙方相對優勢而影響。若是該市場慣例對於此種危險移轉自動視為契約之一部份，則移轉人不需付出額外對價。然而若是市場無此慣例，則危險移轉之對價必須另外決定。當移轉人在市場上相對處於優勢地位，例如獨佔製造商與眾多小型零售商，則其所需支付之對價較低，反之則較高。

此外，近日發展之新興危險轉型計畫中，亦有多種方法是屬於非保險方式之危險移轉。例如「**危險證券化產品**」(risk securitization) 常用於天災危險，可將巨大損失分散於眾多證券持有人，因而減輕巨災造成之財務危機。而「**保證**」(guarantee) 則可於危險發生時挹注外來資金，如同股東增資一般，使企業度過因突發意外事故而短缺現金之困境。由於近年來金融市場高度發展以及金融自由化之政策，促使各種新式樣之金融商品不斷出現，這些新式財務商品，有許多可作為企業移轉危險之用⓮。

保險方式之危險移轉，是傳統上所最為人熟悉之危險管理技術。個人或組織繳交保費購買保險契約，支付危險對價而免除潛在損失之憂慮，保險人則因收受保費而承諾負擔損失發生之善後責任。保費是以預期損失估計為基礎，且受政府主管機關之監督，一般而言對於危險移轉人與被移轉人雙方皆屬公平合理，因此是一種使用廣泛之危險管理方法。尤其對於無龐大財力自行承擔危險，或無法在市場居於優勢地位之個人與小型組織，購買保險不失為一種簡便而有效之選擇。有關保險制度之特色與使用方法，是本書之主要內容，將於下文各章節說明，此處暫且略過。

四、危險管理方法之選擇

上文已介紹數種危險管理方法，似乎各種方法皆有其功能與貢獻，因此，如何選擇使用這些方法，將成為危險管理人員之經驗與智慧的挑戰。選擇最適當之危險管理方法，基本上是一項隨時間而變化之動態性問題。

⓮ 有興趣之讀者可參閱陳繼堯等 (2000) 或 Culp(2002)。

今日之最佳決策並不一定適用於明日，因為周遭眾多相關因素不斷在變化。因此，管理人員必須維持其機動性，隨時調整策略以因應環境變化。

雖然相關因素不斷變化，然而大體上，危險管理方法之選擇仍有其依循之原則。一般而言，危險損失之特性以及當事人本身之承擔能力是最主要之決定因素。危險損失之特性，可參考潛在損失之發生頻率與幅度而決定。例如低頻率低幅度之危險可自行承擔、高頻率高幅度之危險應予以避免等。然而必須注意的是：所謂損失頻率或幅度之「高」、「低」，乃是個人或組織依其本身之財力等主觀因素所劃分，並無客觀之分界標準。例如同樣是五十萬元之火災損失，有人認為是嚴重損失，但有人則認為是可承受之損失。圖 1–4 摘要上述各種危險管理方法之適當使用狀況。

頻率 \ 幅度	低	高
低	危險自留	損失控制
高	危險移轉（尤其保險）	危險迴避

圖 1–4　危險管理方法之選用

第三節　保險之意義

一、保險之定義

誠如上文所述，保險是一種重要且使用廣泛之危險管理方法。在某些社會中（尤其是歐美國家），保險制度成長迅速並且已成為強大之經濟動力。保險之意義可以從經濟與法律二方面加以探討，因為保險是一種具有法律效力之契約文件，而其目的則為實現某種經濟功能，二者並存缺一不可。

從經濟面而言，保險是一種理財之安排，藉由危險之不確定性與匯集小額資金，重新分配意外損失之成本，以達成分散危險之目標。亦即保險制度將多數曝險單位移轉匯集至一**保險庫** (insurance pool)，此保險庫將危險重新組合截長補短，以分散各曝險單位之損失成本。其重新分配損失成本之方法，是藉由各參與單位繳交一份保費作為移轉危險之對價，而當意外損失發生時，則由保險庫所匯集之保費資金補償損失。因此保險將少數不幸單位之大額損失負擔，分散為多數單位之小額保費支出。保費對價與損失補償間之轉化意願，則在於危險之不確定性。實務上，通常將負責保險庫之運作者稱為「**保險人**」(insurer)，而參與保險庫以移轉危險者則稱為「**被保人**」(insured)⓯。

例如某一社區中有一百戶同型住家，倘若發生火災，一戶房屋全毀之損失為一百萬元，而其發生之機率為 0.01。雖然各住家都擔憂火災危險，但卻無法預知火災將發生於何戶住家。因此為免除意外損失之財務壓力，各戶出資一萬元匯集成為一百萬元，一旦火災發生，則將此一百萬元資金補償某一不幸之受災戶。藉由這種保險制度之功能，各家以一萬元保費之支出，免除一百萬元不確定損失之壓力。

另一方面，保險藉由法律契約之方式，以保障危險移轉過程雙方之權利與義務。因為保費支出於危險尚未出現之時，用以交換未來損失補償之承諾，二者之間有時間之落差，不同於一般商品交易之一手交錢一手交貨，是故必須另有約束力介入，以確定保費之繳納與損失之償付。在法治社會中，即是藉由法律契約之效力實現此種約束之目的。

因此整體而言，「**保險**」(insurance) 可定義為「一種危險理財之安排，藉由匯集多數不確定危險，重新分配意外損失之成本；並以法律契約之方式，約束危險對價（保費）與損失補償之支付，以達成分散危險之目標」⓰。

二、保險制度之發展

回顧人類生存之歷史，意外危險損失未曾間斷，因而人類不斷尋求各種對抗危險之方法。在此人與天爭過程中，互助合作團結力量就成為不可

⓯ 關於保險人與被保人之意義，可參閱本書第三章。

⓰ 參閱 Greene et al. (1992), p. 44。

或缺之要素。因而各種類似保險制度雛型之互助會社，早已出現於東西方之部落、族群、或社區中，例如中世紀時期歐洲之**基爾特制度** (Guild) 等。

由於社會與經濟制度之演進，傳統之部落社區不復存在，人際間之關係亦隨之變動，因此危險之分擔無法再完全仰賴鄰里親族。新形式之危險分散工具必然需要存在，於是保險制度隨之出現發展。保險制度匯集資金分散損失，個人以小額保費之支出可免除重大損失之壓力，是以受到社會大眾之歡迎。

保險制度主要之發展約自十七世紀晚期左右⓱，在此之前雖有若干雛型制度出現，但對於保費尚未有依據危險區別之計算方法。十八世紀以來，保險制度在歐美西方國家即已蓬勃發展，而目前在多數已開發國家中，如西歐、北美與日本，保險事業已成為該國經濟體系之重要部份。

1990 年代以來，保險制度在我國亦迅速成長，隨著國內社會與經濟各方面之變化，危險分散之觀念受到重視。不論是個人、企業或是政府，常利用保險制度來減輕經濟安全之不確定性。在 1991～2000 年之十年期間，國內之人身保險以及財產與責任保險業務量之年平均成長率多在 10% 以上⓲。而政府開始實施全民健康保險，以及採行強制汽車責任保險等，使保險制度普遍施用於社會大眾，與人民日常生活息息相關。

三、保險之社會貢獻與成本

誠如上文所述，保險制度是一項重要之危險管理方法，可降低不確定危險之壓力。此外，更由於資金之匯集，而具有促進經濟發展之功能。保險對於社會之貢獻可摘要如下：

⑴減少憂慮、降低社會大眾匯集資金預防意外損失之壓力。而由於降低不確定危險之憂慮，因此保險具有穩定社會安定人心之功能。

⑵在賠付損失之前，保險所匯集之資金可用於投資，促進經濟資源之生產力與分配效率。亦即保險資金可供給資本市場額外需求，降低

⓱ 參閱陳雲中 (1995)，p. 46。

⓲ 參閱《保險年鑑》，1991～2001。

資本使用之成本。

(3)保險可作為借貸所需之信用保障，促使資金流動更為便捷。尤其對於個人或小型企業，保險所提供之信用功能，更是促進事業成長之重要支援。

(4)藉由保費反映危險程度之設計，保險可激勵損失控制之進行，並且保險人常提供各種安全檢查或維修之服務，具有減少意外事故發生之功用。

然而任何制度之發明，皆難以避免發生某些成本。保險制度固然對於社會經濟有重要貢獻，但另一方面，它亦造成若干社會與經濟成本。經濟成本主要來自於保險制度經營之費用，因為招攬促銷與清償理賠等工作，往往需要大批人力與物力，因此保險購買人必須承擔預期損失以外之額外費用。一般而言，財產保險之附加費用平均約佔保費之20～45%，人身保險則大約 10～25% 不等。各國市場因競爭狀況不同而有所差異；此外，產品本身之複雜程度亦可能影響附加費用之比例。

其次，保險制度最令人擔憂者是其社會成本。因為保險制度之存在，本身可能誘發某些損失之發生，例如謀殺與縱火，其目的在於領取保險給付。此外，亦可能擴大損失，例如濫用醫療資源；或疏忽本身之謹慎責任，例如汽車駕駛人之粗心大意等。保險制度的這些社會成本，無形當中部份抵銷其社會貢獻。

無論如何，保險是一種簡便有效之危險管理方法，對於今日之社會與經濟環境的重要性與日俱增。表 1–2 顯示臺灣 2000～2010 年之保費成長迅速，尤其是人身保險，除 2008 與 2009 年因金融海嘯影響而降低外，其餘年度之成長率大多在 10% 以上，且成長速度較之國民所得為高，足見愈來愈多人採用保險作為危險理財之工具。而保險對於國家經濟之重要性，一般上可藉由保險滲透度衡量。所謂「**保險滲透度**」(insurance penetration) 是指該國保費收入佔其國內生產毛額 (GDP) 之比率。由表 1–3 之 2010 年資料可知在多數已開發國家中，其保險滲透度往往超過 5% 以上，可見保險對於國家經濟具有重要貢獻。倘若加入保險資金投入其他市場之間接投資效應，則其經濟貢獻將更為提高。

表 1-2　臺灣地區保費與國民所得成長率（與上年度比較），2000～2010

年　度	人身保險[1]%	財產保險[2]%	國民所得[3]%
2000	12.20	3.08	5.65
2001	16.38	3.41	–3.09
2002	22.01	11.67	5.07
2003	27.37	7.92	3.88
2004	15.52	5.48	5.66
2005	11.41	2.63	2.37
2006	7.27	–3.71	3.70
2007	19.91	–1.33	4.59
2008	2.33	–4.30	–3.61
2009	4.57	–5.46	–1.32
2010	15.26	3.88	10.92
平均	14.02	2.12	3.07

資料來源：1. 財團法人保險事業發展中心 (http://www.tii.org.tw/index.asp)。
2. 同註 1。
3. 行政院主計處 (2011)，《國民所得統計年報》。

表 1-3　世界主要國家保費收入佔國內生產毛額 (GDP) 之百分比，2010

國　家	(保費 ÷ 國內生產毛額，GDP) × 100%(%)
美　國	8.02
加拿大	7.21
英　國	11.86
瑞　士	10.00
愛爾蘭	9.32
荷　蘭	13.11
法　國	10.70
德　國	7.09
澳大利亞	5.90
日　本	10.28
南　韓	11.09
臺　灣	18.51

資料來源：http://media.swissre.com/documents/sigma2_2011_en.pdf

筆記欄

第二章 保險制度之基本原理

本章目的

本章主要介紹保險制度之基本原理與專有名詞。讀完本章之後，讀者應該能夠回答下列問題：

1. 危險損失受哪些因素之影響？
2. 保險制度如何經營？
3. 何謂「大數法則」？
4. 理想之可保曝險單位應具有哪些特色？
5. 危險組群分類之原則為何？
6. 保險制度成長之有利條件為何？

前 言

誠如第一章所定義，保險是一種重新分配意外損失成本之理財安排。由前章所舉之一百戶房屋火災之例，讀者或許已約略瞭解保險分散危險之基本概念，但仍然有一些相關問題尚未解決，例如：多少資金才足以應付損失？損失大小是受哪些因素影響？哪些危險適合以保險方式處理？潛在損失成本應如何分攤？是否每家相等平均分攤？欲回答這些問題，首先即需瞭解保險制度之特色與經營方式。因此本章分為五節，分別說明保險制度之基本原理，包括：一、損失之意義，二、保險制度之理論基礎，三、可保危險，四、危險組群之分類原則，五、保險制度成長之有利條件。

第一節　損失之意義

一、損失之定義

由於保險制度乃是提供意外損失之保障，因此在探討保險制度之前，首先必須瞭解損失之意義。「**損失**」(loss) 二字在平日生活中經常被使用，例如損失時間、名譽損失等。然而在保險之專有名詞中，其定義較為狹隘，代表未經規劃、不希望發生之經濟價值降低❶。因此保險制度所稱之損失，與平日之一般支出並不相同，例如員工薪水不能視為雇主之損失。此外，損失亦不同於可事先預知之費用，例如房屋年度整修費用等，這些是屬規劃中之支出預算。

保險之損失通常被歸納為二類:「**直接損失**」(direct loss) 與「**間接損失**」(indirect loss)。直接損失乃是指危險事故發生後之立即結果，例如火災發生後之房屋損毀。一般大眾對於意外災害之影響，首先聯想者多屬直接損失，因為其與危險事故發生之關聯性較為密切，並且其損失狀況較為顯而易見。

間接損失又稱為「**從屬損失**」或「**後續損失**」(consequential loss)，意謂危險事故發生後，因直接損失而衍生之其他損失。例如房屋因火災受損後，除房屋本身之直接損毀，該房屋由於整修而暫停出租三個月，因此後續損失為三個月之房租收入。間接損失由於是後續發生，有時容易被人所忽略，然而間接損失之金額可能相當龐大。雖然並非每一直接損失必定導致間接損失，但是間接損失之金額有時可能超過直接損失，因此社會大眾不應輕忽其影響力。

另一方面，「損失」通常又可作為損失金額之簡稱，代表危險事故所造成損毀之金額。至於「**損失機會**」(chance of loss) 則代表損失發生之機率，如前例，一百戶房屋中有一戶將發生火災，則損失發生之機會為 1%。由於有損失機會之存在，因此而有保險之需求。若損失機會為零或 100%，保險將無法存在，因為不需要或保費太昂貴。相對地，潛在損失金額之大小則

---

❶ 參閱 Dorfman (1991), p. 5。

可能影響購買保險保障水準之高低。

「損失」本身可說是一種結果，若是探究其發生之原因，則必須進一步說明危險事故與危險因素之意義。

二、危險事故

所謂「**危險事故**」(peril) 乃是指引起損失之原因，例如火災、車禍或心臟病突發等。這些危險事故本身隨時存在於日常生活中，威脅生命財產之安全，乃是宇宙自然現象。不論是否購買保險，這些危險事故依然環繞於生活周遭。而保險則是針對某些危險事故，提供事後之財務保障，例如火災保險保障因火災所造成之財物損毀，通常購買保險本身並不能防止這些事故之發生。各種保單所涵蓋之危險事故並不相同，因此保單上將指明該保單所承保之危險事故範圍，凡是不在承保範圍內之危險事故，即使發生而造成損失，保險亦不予以賠償。

三、危險因素

「**危險因素**」(hazard) 定義為增加損失發生頻率或幅度之條件或狀況。由於這些危險因素之存在，促使危險事故更容易發生，或是所造成之損失更為嚴重。例如隨意拋棄菸蒂容易引起火災，失火房屋內若有置放汽油則火勢愈加擴大等。危險因素不同於危險事故，並不是引起損失之直接原因。例如拋棄菸蒂或屋內放置汽油本身並不必然造成火災損失。然而危險因素之存在，將影響保費高低或承保範圍。

傳統上，保險文獻常將危險因素分為三類：㈠**實體危險因素** (physical hazard)，簡稱「**實體危險**」；㈡**道德危險因素** (moral hazard)，簡稱「**道德危險**」；㈢**心理危險因素** (morale hazard)，簡稱「**心理危險**」。近年來，由於社會環境變動以及對於損害賠償之重視，因而另外增加㈣**法律危險因素** (legal hazard)，簡稱「**法律危險**」。下文分別說明之。

㈠實體危險（因素）

實體危險乃是指某些事物具體存在之特質或現象，其足以影響損失之發生或損失之嚴重性。例如房屋建材是火災之一種實體危險因素，因為木造屋較之磚造屋在火災發生後，其燃燒之速度將有所不同。冬天路面結冰，車輛行駛較易失控而發生碰撞，因此天氣是影響車輛碰撞事故之實體危險因素。然而實體危險因素並不等於危險事故本身，如上例中，火災與碰撞是危險事故，而建材與天氣則是危險因素。

㈡道德危險（因素）

道德危險來自人類之精神或心態，當個人蓄意引起損失之發生或擴大損失之嚴重性，而其目的在於領取保險給付時，則此種增加損失之心理狀況稱為「道德危險」。例如蓄意縱火焚燒本身之房屋以領取火災保險給付，或是謀殺親人以領取壽險給付等。保險制度之存在，難以避免地會引發部份道德危險，誠如第一章所述，這是保險制度之社會成本。

道德危險不同於實體危險容易辨認，尤其是在購買保險之前，往往無法預知此種影響因素。因此通常不如房屋建材一般，以事前調整保費方式承保，而是以法律規定對於道德危險蓄意所引起之損失不予賠償，作為事後之補救，以警惕被保人，並遏阻不良之社會行為。

㈢心理危險（因素）

心理危險如同道德危險一般，亦是導源於人類之精神或心態，但是二者仍有所差異。心理危險並非蓄意引起損失，而是由於購買保險得知有所保障之後，在心態上對於危險事故變得較疏忽或不謹慎，因而增加損失之機會或嚴重性。例如投保車險之後，隨意停車或停車未上鎖等，雖然本身無意製造竊車事故，但是失車之機會卻因而提高。另一方面，對於已發生之事故如火災，雖無火上加油蓄意擴大，但並未積極搶救減少損失等。這些情況均可視為是心理危險因素。

由於心理危險增加損失之機會或嚴重性，因此亦是保險之社會成本。然而心理危險不易觀察，不論是購買保險之前或損失發生之後，皆難以判斷疏忽不謹慎是否確實因保險而引起。因為人類之個性天生有所差異，有些人謹慎小心，而有些人粗心大意，經常停車不上鎖或忘記關瓦斯，與是否有保險保障無關。因此，不同於道德危險，法律並未取消心理危險所造成之損失賠償。保險人通常以提供費率折扣來加強投保人損失控制觀念，或提供投保人損失控制服務等方式，作為改善心理危險因素與降低損失之途徑。

㈣法律危險（因素）

法律危險主要出現於責任保險，乃是由於社會環境所造成，並非起因於被保人。這是由於近年來民主社會愈加重視人權之保障，對於意外事故之受害人給予更多之補償，因而造成保險理賠支出增加、保險經營成本提高之現象。例如「消費者保護法」、「環境保護法」、「強制汽車責任保險法」等法令通過後，消費者、工業區居民或車禍之受害人，獲得損害賠償之機會與金額均可能提高。由於這些補償往往是經由保險方式處理，因而保險理賠支出高於原先收取保費之預期水準，責任保險之經營入不敷出。由於這種法律危險並非起因於被保人，因此無法經由保險契約加以約束。通常當保險人自認無法承受這種法律危險時，將選擇不再提供該類保險保單。

第二節　保險制度之理論基礎

誠如第一章所述，保險制度發源於人群團結力量，以共同對抗意外危險之損失。就此目標而言，保險制度近似於互助會社，事實上，互助會社亦常被視為保險組織發展之先驅。然而在現今之定義中，保險制度較之一般互助會社包含更多科學成份，因為保險必須預測損失，並分析保險庫中個別參與者之損失機會等。理論上，唯有當損失可於事前正確估計時，保險制度才適合採用。因為損失預測正確，表示非預期之意外損失消失，是故危險才得以降低。這種以保險庫匯集個別危險，因而降低整體危險不確定性之運作方式，完全是依據一項數學原理，稱為「**大數法則**」(law of large numbers)。因此保險是理性且科學之制度，並無任何人為神祕之操作，亦非憑藉賭博運氣等。由於機率與預期損失是保險制度之基本要素，本節首先說明此二者之概念，其次再解釋「大數法則」之意義，最後則說明大數法則應用於保險制度時，因時間因素影響而受到之限制。

一、機率與預期損失

保險制度之應用，首先必須計算參加保險之曝險單位的出險機率。保險人根據長時間觀察以及大量資料，計算所投保之危險事故（例如火災）的發生機會，亦即第一章所提及之「損失頻率」觀念。這是根據大量類似事件之資料所計算出之「**客觀機率**」(objective probability)，並非憑藉個人經驗推測之「**主觀機率**」(subjective probability)❷。倘若災難事件之損失只有一種情況，如前文一百戶房屋之例，損失金額只有一種情況，即一百萬元，則只需計算此損失情況之機率。例如一百戶中有一戶，即出險機率為 0.01。

然而許多時候危險事故之損失可能有各種不同水準，例如火災損失可能是十萬元、三十萬元、五十萬元以及一百萬元等，此時就必須計算各種損失水準之發生機率，但其計算原理相同。例如有十戶房屋發生火災，其中有三戶損失十萬元、四戶損失三十萬元、二戶損失五十萬元、一戶損失一百萬元，則其損失機率分別為 0.3、0.4、0.2、0.1。若將這些各種損失情況之機率，以圖形摘要繪出，則可看出其分佈狀況，如圖 2–1a 所示，這種機率分佈之情況即稱為「**機率分配**」(probability distribution)。由於損失金額實際上常呈現各種可能數字，因此其機率分配圖將呈現連續 (continuous) 而非間斷 (discrete) 之圖樣，如圖 2–1b 所示。機率分配圖之樣式有各種不同類型，可能是左偏、右偏或對稱，隨各種危險事件之特性而有所不同，例如火災與車禍事件之機率分配將有所不同❸。

---

❷ 關於主觀機率與客觀機率之定義，可參考統計學教科書，例如林惠玲、陳正倉 (2009)。

❸ 關於各類災難事件之機率分配，可參閱危險理論之書籍，例如 Hogg and Klugman (1984)。

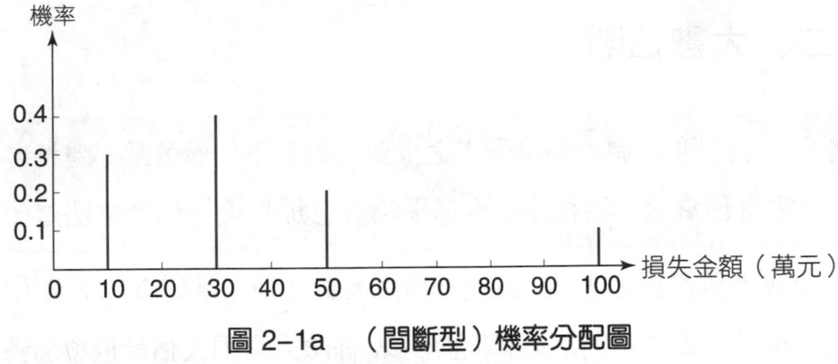

圖 2–1a　（間斷型）機率分配圖

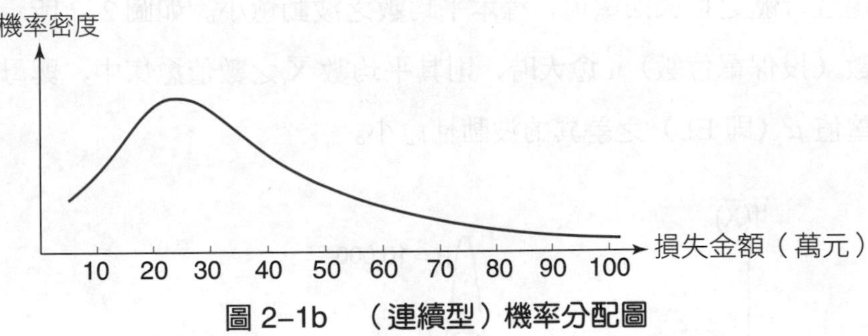

圖 2–1b　（連續型）機率分配圖

得知危險事故之各種損失情況的機率後，其次必須估計危險事故之「**預期損失**」(expected loss, EL)，因為預期損失是保險費率之依據。所謂預期損失即是損失之預期值 (expected value, μ)，因此，依據統計學之期望值公式可計算危險事故之預期損失 (EL) 如下：

$$EL = \sum_{i=1}^{m} P_i \times l_i \tag{2.1}$$

公式 (2.1) 中之 l_i 代表各種損失水準，P_i 代表各損失水準之發生機率。例如一百戶房屋中有九十戶未發生火災，其餘十戶房屋發生火災，其中有三戶損失十萬元、四戶損失三十萬元、二戶損失五十萬元、一戶損失一百萬元，如上文火災損失之例，則其預期損失為三萬五千元 ($\frac{90}{100} \times 0 + \frac{3}{100} \times 10 + \frac{4}{100} \times 30 + \frac{2}{100} \times 50 + \frac{1}{100} \times 100$)。

上述公式乃是依照統計學之期望值定義而計算預期損失，然而實務應用上，保險人也可先分別計算損失頻率與損失幅度，而後將二者相乘求得預期損失，如前文第一章所述。

二、大數法則

所謂「大數法則」，其在統計學上之主要意義如下：對於某一隨機事件之樣本觀察值愈多，則樣本觀察值平均數愈加趨近於母體之期望值。

保險成本與價格之估計是以統計學之大數法則為基礎❹，保險人所承保之投保單位即為樣本，當投保單位愈多，保險人之損失估計值愈加穩定，愈加趨近母體之損失期望值，樣本平均數之波動愈小。如圖 2-2 所示，當樣本數（投保單位數）n 愈大時，則其平均數 $\overline{X}$ 之數值愈集中，與母體損失期望值 μ（即 EL）之差異的波動性愈小。

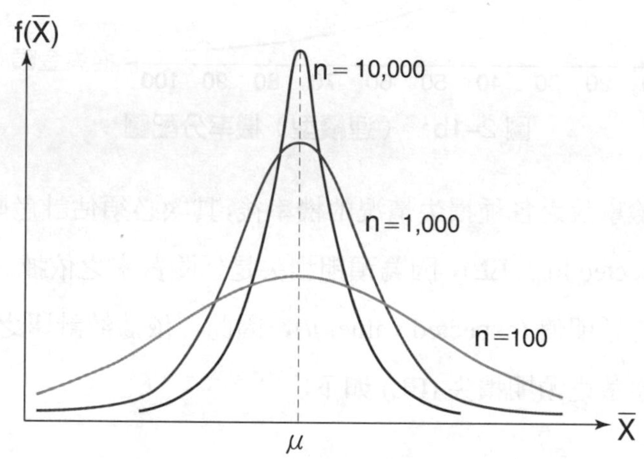

圖 2-2　樣本平均數 $\overline{X}$ 分配與樣本數之關係

保險制度之經營，即是根據上述大數法則原理而加以應用，當保險庫匯集之參與者愈多，相對上損失預測之正確性愈高，而損失預測正確，保險庫才得以計算平均成本分攤給予個別參與者。因此實務上保險制度之經營，往往需要大量數據資料，以便在事故發生之前正確估計損失，藉此才能收取適當之保費。保險制度並非卜卦算命，無法針對個別參與單位預測意外危險是否發生，或意外危險究竟將發生於何人身上等。

❹ 關於大數法則之內容，可參閱一般統計學教科書，例如林惠玲、陳正倉 (2009)；或是保險學教科書，例如 Rejda (2010)。

例如前述一百戶房屋之例，根據資料顯示，該社區火災發生機率約為百分之一，亦即預期將有一戶會發生火災，但是保險人並無法預知火災將發生於張三家或李四家。由於該區一戶房屋價值一百萬元，因此得知火災之預期損失為一百萬元。於是藉由保險制度，將此一百萬元分攤給所有參與保險之屋主，每戶繳交保費一萬元。或許讀者會產生疑問：實際上可能是零戶或二戶發生火災，而非一戶。大數法則即是解釋此疑問之理論依據，大數法則說明當觀察資料愈豐富（例如同類房屋愈多）時，此種預期與實際損失之誤差愈小，因此保險庫之參與者愈多，保險庫之運作愈加穩定。

關於正確預測損失所需之單位數目，大數法則僅提供一理論概念而並未給予明確指定數字。在保險制度中，數目之多寡受到若干因素之影響，例如危險事故之類別、或社會環境之變化速度等，因此估計各類危險損失所需之單位數目並不完全相同。而評斷此項特徵之標準，在於是否足以充份正確預估損失，以便合理計算保費，並非設定一固定之樣本數目。

三、時間因素

保險制度既以大數法則為經營基礎，理論上當參與者眾多時，預期損失將趨近於實際損失。就統計理論而言，隨機變數可能是客觀之變動數字，不受時間因素影響。例如骰子之點數，或是某特定時點下之眾多觀察值，並未涉及人為變動或時間效果等。因此只要觀察值之數量足夠，則樣本所測定之平均數，將趨近於母體之期望值。然而保險制度是一種實際理財方法，關係個人或組織之經濟利益得失，並非僅是假想之數字分配理論，因此大數法則原理在保險制度之應用中，通常並無法達成百分之百的精確程度。

在實務經營上，時間因素是保險制度經營之重要關鍵。因為保費收取在事故發生之前 (t)，是以預期損失為計算基礎；而實際損失則發生於保費收取之後 (t+1)，如圖 2-3 所示，並非在同一時點上現貨交易。在此時間差距當中，前節所述之實體危險、道德危險、心理危險或法律危險等四種危險因素，可能介入而影響預期損失與實際損失之誤差。例如屋主長期離家在外房屋無人看管，或是屋主與人結怨可能有遭人縱火之潛在危險等。因此保險交易是一種動態 (dynamic) 過程，保險人最終之理賠責任將受時間因素而影響。

如前文一百戶房屋之例，雖然根據以往資料顯示火災之發生機率為 0.01，但是今年由於氣候異常乾燥，使得今年有二戶發生火災，高於原先之預期戶數。因此保險人期初所收之保費一百萬元，將無法應付二戶火災損失之補償。由於人們無法預知未來，這種非預期損失是保險經營中主要之難題。大數法則只能降低投保人之危險發生的隨機性 (randomness)，即非系統危險 (unsystematic risk)，利用截長補短之原理移轉危險；但是卻不能改變因時間推移之整體社會或自然因素所造成之系統性危險 (systematic risk)。由於近年來全球性之氣候與人文經濟均有重大變化，歷史經驗往往不足以預測未來。因此，現今之保險制度的經營，除了大數法則之外，尚須仰賴其他預測技術，例如氣象、醫學、經濟等科技，才能對於預期損失作較精準之估計。

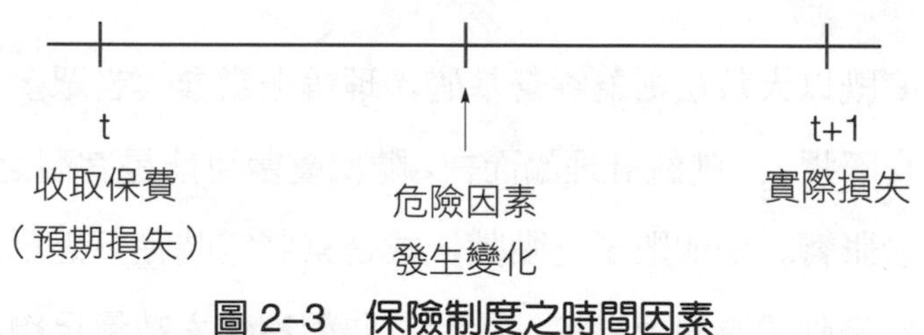

圖 2-3　保險制度之時間因素

第三節　可保危險

雖然保險制度是一種簡便而有效之危險管理方法，但是並非所有危險損失皆可借助保險化解。例如股票投資損失通常無法經由保險補償，而民營保險人可能不願意提供失業保險等。為何有些損失不適合或無法以保險處理？可保危險之共同特徵為何？實務上市場所提供之保險有哪些？本節將針對這些問題加以說明。

一、可保危險之特徵

由於保險制度是集合多數曝險單位，應用大數法則作為經營基礎，因此投保之曝險單位必須配合大數法則之特性。理論上，理想之「**可保危險**」(insurable risk) 應具有下列四種特色：㈠有眾多類似單位面臨相同之危險事故，㈡損失之發生純屬意外或偶發，㈢損失可明確認定並以經濟價值衡量，㈣巨災損失之機會相當低，分別說明如下。

㈠有眾多類似單位面臨相同之危險事故

由於保險制度之經營是以大數法則為基礎，對某一危險事故所造成之可能損失，必須有眾多單位共同參與，才能正確估計損失以收取保費。倘若僅有少數單位參與，例如一單位，則保險人所面臨之不確定性與該投保單位相同。因為如同前文所述，保險制度並無法預知某特定單位之潛在損失，是故未能達成分散危險之目的。理論上保險制度之經營是以保險庫所收取之保費基金賠償損失，並未涉及投資收入或自有資本，因此其經營之成功與否完全仰賴損失預測之正確性。

關於正確預測損失所需之單位數目，大數法則僅提供一理論概念而並未給予明確指定數字。雖然統計學上可能認為三十以上之抽樣單位即可趨近於可靠之預測，但事實上在保險制度中，數目之多寡受到若干因素之影響。例如危險事故之類別、或社會環境之變化速度等。因此，估計各類危險損失所需之單位數目並不完全相同。評斷此項特徵之標準，在於是否足以充份正確預估損失，以便合理計算保費，並非設定一固定之樣本數目。

此外，就個別保險庫而言，這些參與單位不僅應當數目眾多，且必須危險性質類似。如此才符合適用大數法則之基本要件，才得以計算預期損失平均分攤保費，因為統計理論假設所觀察之隨機變數是來自相同之機率分配。例如前述火災之例，倘若一百戶房屋價值不一，有些高達三百萬元，有些僅值五十萬元；或是建材相異，有些木造有些磚造等，則其預期火災損失將有所不同，因此不應收取平均保費，否則將造成不公平現象。在自由經濟市場中，由於價格之競爭，參與單位最終將發覺更符合本身危險程度之保險，因而退出原先之不公平保險庫，該保險制度終將瓦解。至於不同品質之危險分類，將於第四節再另行說明。

最後，必須注意同一保險庫的參與單位所面臨之危險事故必須相同。例如同樣是面臨火災危險之單位，或同樣是面臨汽車損失危險之單位等。因為不同危險事故之發生機率與損失情況有所差別，否則將導致平均保費之不公平現象。

㈡損失之發生純屬意外或偶發

保險庫所接受之危險事故必須是意外或偶發，無法為參與者所控制，亦即必須含有不確定性，否則保險制度無法發揮其分散危險之功能，因此將無存在之必要。保險制度所提供之保障，主要是針對那些偶發意外損失，對於可預期必然發生之折舊、自然損耗、以及一般費用支出等，並不屬於保險之保障範圍。事實上亦無人需要此種保險，因為保費包含附加之保險經營費用，其總支出將超過折舊等原先成本，不如自行負責處理。

另一方面，若是損失可為個別參與單位所操縱控制，則其他參與保險庫之群體必然不願意分攤此種損失。因為損失可能被擴大，保費因而提高超出能力負擔範圍。此外，蓄意引起損失，例如縱火焚燒房屋等，亦違反社會善良風俗，是法律所不允許之行為，是故保險制度不應接受此種危險。

㈢損失可明確認定並以經濟價值衡量

誠如前文所述，保險是一種理性而科學之制度，並無猜測穿鑿附會之處。因此，保險所保障之危險損失，必須是確實發生並可明確辨認，否則判定損失存在與否必將產生困難，或是耗時費事增加保險之經營成本。

其次，該危險損失之大小必須可以明確衡量，亦即一般上保險僅針對經濟價值之降低進行補償。例如房屋遭受火災之損失，通常保險只補償房屋之有形損毀，協助重建屋舍等；至於屋主之懷舊傷心等感情損失則未包括，因為難以衡量。對於若干人身危險，例如死亡殘廢等，由於其價值難以計算，因此通常投保之前將事先約定該危險損失之經濟價值。

此外，在實務經營中，危險所造成之損害必須在某種程度以上，亦即損失一定金額以上，保險制度之功能才能有效率發揮。因為保險制度之經營本身需要行政成本，倘若承保瑣碎低價值之損失，則保費支出將超過潛在損失，保險失去實質意義。總而言之，唯有當損失足夠份量且為不確定時，才需要購買保險，此稱為「**大損失原則**」(large-loss principle)。

㈣巨災損失之機會相當低

保險之損失固然不宜太過瑣碎，以免浪費經營或行政成本，但是另一方面損失亦不應過度巨大，以免保險庫之財力無法負擔。從保險之觀點而言，「**巨災損失**」(catastrophic loss) 之定義難以描述，因為它是一種相對觀念，而非一特定金額界限。例如五千萬元之損失，對於一般人可能是巨災損失，但是對於大富豪卻可能只是正常損失。大體上，保險所稱之巨災損失，乃是指相對於該保險庫之財產數額而言，其損失金額非比尋常之龐大，足以導致該保險庫無力清償之情況。因為倘若保險庫崩潰，參與單位之損失將無法獲得補償，保險制度必然失去其應有之功能。

另一方面，若是保險庫中之各參與單位同時發生某一危險損失，即使個別損失並非巨大，但其總和卻可能是巨災損失。例如某一地區之地震危險發生，致使該區一百戶房屋倒塌。雖然每一戶房屋之損失金額一百萬元並非巨大難以負擔，但是一百戶合起來即有一億元之損失，可能就會造成保險人財務上之困難。因此保險之經營應避免此種情況之發生，以防止保險庫之崩潰。通常與地理區域有關之天災，例如地震、洪水與颱風等，必須避免由一保險庫承保同一地區之曝險單位，因為可能無法發揮分散危險之效果。

雖然理論上，巨災損失仍可計算預期成本以分攤保費，然而此時保費往往相當高昂，超出一般人之經濟負擔能力。因此，無法吸引眾多參與者加入保險庫，保險制度因而難以實行。

實務上，巨災損失之觀念主要是由保險人之觀點而言。保險人衡量本身之財力是否足以應付該潛在損失，若是在其財力以外者，則屬巨災損失。因此巨災損失與正常損失之劃分界限，必須視個別保險人之財力而定。是故某一危險損失可能甲公司不願承保，而乙公司卻願意接受；或是民營公司無力承保，卻可由政府公營保險處理。

二、可保危險之種類

上文已說明可保危險所應具有之特徵，雖然實務上所提供之保險商品無法完全符合這些理論特徵，各保險人可能基於業務競爭，而願意提供某些特殊保險保障。例如英國勞依茲保險人往往憑藉其財力而承保獨一之曝險單位，但是大體而言，多數保險制度所承保之危險與上述特徵相去不遠。目前市場上之可保危險包括下列數種：

㈠民營（商業性）之可保危險

所謂商業性之可保危險，是指可經由民營保險組織提供保險保障之危險。這些危險多半符合上述四項特徵，保險庫依照大數法則原理，估計預期損失並據此分攤保費。就發生損失之主體而言，其主要類別包括人身危險、財產危險與責任危險，分別說明如下：

1.人身危險

人身危險泛指各種人身所遭遇之危險事故，例如死亡、老年、疾病、與意外傷害等。由於人身傷害可能造成工作能力之降低或消失，因此可能迫使所得或經濟來源中斷。社會上大多數人在其一生中難以避免地發生若干人身危險，因此產生保險保障之共同需要。而絕大多數人不至於任意傷害自己之身體，因此人身危險多屬偶發意外。人身危險之損失，嚴格而言無法完全由經濟價值衡量，不適合在事故發生之後再予以認定，實務上多半修正為事先約定方式。此外人身危險損失由於事先約定，通常不會承保過高之金額，因此發生巨災損失之機會不大。根據上述分析可知，人身危險大致上符合可保危險之特徵，因此人身保險之發展已有一段相當長之時間。

目前保險市場上較普遍之可保人身危險事故，一般上包括下列數類：

a. **死亡危險**

死亡無疑地將造成工作所得中斷，對於家庭而言可能發生經濟安全之打擊，尤其是一家之主在退休之前提早死亡，其影響更為深遠。

b. **疾病傷殘危險**

疾病傷殘不僅可能導致工作所得之中斷，並且將發生額外之醫療費用支出，增加個人家庭之經濟負擔。

c. **老年危險**

老年原本是一種人生必經過程，並非屬意外偶發事故，不符合可保危險之特性。個人預期未來老年退休之後，工作所得必然中斷，故可於年輕時期節用開支增加儲蓄，以備晚年退休之需。因此理論上而言，老年危險似乎不需以保險方式提供保障。然而近年來由於通貨膨脹提高、醫療費用高漲，以及人類壽命不斷延長等，這些因素並非個人所能控制，卻促使晚年生活之經濟安全受到影響。由於個人儲蓄往往不足以應付晚年這些非預期支出，因此實務上仍然提供若干保險以保障老年危險。

2.**財產危險**

許多意外危險事故均可能造成財產之意外損失，例如火災、地震、颱風、車禍、竊盜、搶劫等。由於這些財產危險是多數社會大眾所共同面臨，因此容易符合大數法則之基本條件。況且這些災害大多為偶發之意外事故，不易受人為操縱控制。而財產之損失通常是屬經濟價值之降低，可明確認定與衡量損失大小。至於這些危險事故是否造成巨災損失，則視各保險組織之財力而定。通常火災、車禍等損失金額不大，不至於構成巨災危險。然而地震、洪水、颱風等天災，則與各國之地理環境有關。有些國家因災情較小，可由民營保險組織承保。有些國家因災情嚴重，民營保險組織不願意承保，必須由政府提供保險或救助等。

一般上財產遭受意外危險事故打擊，其損失可藉由保險制度予以分散減輕者，通常包括下列二類：

a. **財產之直接損失**

這是指財產本身之損毀，例如房屋燒毀或汽車被竊等，通常是意外危險事故發生後之立即結果。財產之直接損失可能是經濟價值全部喪失，亦可能僅是部份損失。

b. 財產之間接損失

這是指財產直接損毀之後續影響，常可連帶發生若干經濟損失。例如房屋發生火災而損毀之後，不僅是房屋本身之滅失，其原先作為出租或營業等用途之價值亦因此消失。一般上這些租金收入或營業利潤之中斷，即可視為是財產之間接損失。

3. 責任危險

責任危險泛指任何人由於疏忽行為，導致其他第三人之人身或財產發生損毀，應負法律賠償責任，因此可能造成經濟上之損失。由於生活中難免有疏忽過失，大多數人可能面臨某些同類危險，例如開車肇事，因此產生共同分散危險之需要。這些疏忽行為所導致之責任危險，大體上多屬偶發意外之性質，畢竟蓄意傷害他人者乃是少數，況且保險制度已將蓄意傷人等不法行為排除在外，因此責任危險仍具有可保危險之特性。

責任危險所致之損失，一般上是指法律責任之經濟補償。雖然較難明確認定或衡量預期損失，但是根據社會以往之賠償經驗，仍可約略估計可能之範圍。責任危險有可能導致巨災損失，尤其是商業性責任危險可能引起相當龐大之損失。例如大規模之產品傷害責任或環境污染責任。因此，目前保險市場僅針對部份責任危險提供保障，並非所有責任危險均可獲得保險。常見之可保責任危險，可能包括下列數種疏忽行為：

a. 使用汽機車等交通工具

交通工具已成為現代生活不可或缺之必需品，然而駕駛汽機車卻可能發生碰撞等意外事故，可能造成他人之人身或財產發生損傷，因此肇事者通常必須對於受害人進行賠償。

b. 擁有或使用建築物

住家、辦公大樓與廠房等之所有人或使用人以及管理人，必須對於進入其建築物之訪客或顧客，善盡保護之責任。倘若來訪者在其管轄範圍內發生人身或財產損害，則建築物之所有人或使用人以及管理人必須因此負賠償責任。

c. 雇用員工

雇主對於員工亦負有保護責任。員工因執行工作或在工作場所發生傷害，例如出差發生交通事故，或是廠房爆炸造成意外傷害等，雇主必須賠償員工所發生之損失。

d. 產品之生產與銷售

製造商或銷售商對於所製造或所銷售之產品，負有使用安全之責任。倘若產品有瑕疵或銷售示範錯誤等，而使顧客因使用該產品而發生傷害，則製造商或銷售商應負責賠償顧客之損失。

e. 專業服務之失當

專業服務行業之執業者，例如醫師、律師、會計師等，有提供正確與適當服務之責任。倘若在提供專業服務時可能有所疏忽，因而造成客戶之人身或財物發生損失，則執業人員或機構必須負賠償責任。

㈡公營（政府）之可保危險

某些危險具有前述可保危險之前三項特徵，但是對於民營保險而言，可能容易造成巨災損失，因此一般民營保險市場上無法提供此種保險。然而誠如前文所述，巨災損失是一種相對觀念，當保險庫擴大之後，該損失也許就不再視為巨災損失。實務上，政府之財力遠較民營保險組織龐大，因此足以承受較重大之損失，於是某些商業不可保危險，對於政府而言卻是可保危險。例如地震、洪水等天災危險，以及與經濟景氣有關之失業危險，或是海外貿易投資等他國政治變動之政治危險等，一般民營保險組織通常不承保，只好由政府提供保險。

第四節　危險組群之分類原則

保險制度與傳統互助會社之最大區別，在於保險是以數學理論為基礎，將保險庫之參與者依其危險程度分類。一般而言，申請加入保險庫之參與單位，在收取保費之前，首先必須根據其預期損失被歸納為某一類組，相同程度之預期損失分發至同一組。此即前述大數法則之同質危險的要求，而後才能就各組計算其平均保費。倘若某投保單位之危險程度（即出險機率）偏離平均數過多，而仍以平均費率計算其保費，則會造成不公平現象。

例如木造房屋較之磚造房屋，更易遭受火災危險之攻擊，因此必須分為二類，木造屋一類，磚造屋一類，而木造房屋必須繳納較多之保費。此即保險學理所稱之「**精算公平**」(actuarial equity) 原則。而依據此原則所計算之保險費率，稱為「**精算公平費率**」(actuarially fair rate)，或簡稱「**公平費率**」(fair rate)。意謂保險制度之參與者，必須依其本身之危險程度分攤保險庫之損失與費用。保險制度之經營若不遵循此種原則，最終將引起「**逆選擇**」(adverse selection) 與「**補貼**」(subsidization) 現象。此時若非有外力介入，例如政府強制施行等，一般自由市場之保險制度將無法繼續經營。精算公平原則、逆選擇與補貼現象乃是保險制度經營成功與否之重要關鍵，本節將分別予以說明。此外，本節最後並探討危險組群分類之原則，以避免發生費率不公平與逆選擇等現象。

一、精算公平原則

「**精算公平**」(actuarial equity) 與一般社會大眾所認為之「公平」的概念，有時相似而可以互通，有時卻有所差距而無法瞭解或接受。例如木屋較磚屋易發生火災因而費率較高，社會大眾通常可以同意，因為常人的知識可以瞭解建材與火災的關係。但是對於男女之車險費率不等，可能就有所異議，似乎與一般民主社會之「男女平等」的概念相左。其間主要關鍵在於「精算公平」是依據出險機率或預期損失之高低而區別保費，是一種統計資料所顯現之數理結果，並非社會或政治上所慣用之平等概念。

茲以下例說明精算公平原則。假設有一百人投保某產險公司之房屋火災保險，保險金額皆為一百萬元，各被保人之出險機率為 P_i，$i = 1, 2, \cdots, 100$。倘若保險人未區別每個被保人之出險機率 P_i，因而只以這群被保人之平均出險機率 $\bar{P} = \sum_{i=1}^{100} P_i \div 100$ 來計算保費。倘若各被保人之出險機率 P_i 皆等於 $\bar{P}$，則彼此互不補貼或佔便宜，費率符合精算公平原則。反之，若是 P_i 不等於 $\bar{P}$，就會出現不公平現象。例如前五十個被保人之房屋為磚屋，其出險機率 $P_1=P_2= \cdots =P_{50}=0.0075$，而後五十個被保人之房屋為木屋，其出險機率 $P_{51}=P_{52}= \cdots =P_{100}=0.0125$，則平均機率 $\bar{P}=0.01$。倘若保險人以 $\bar{P}=0.01$ 計算費率，向每位被保人收取一萬元保費，則不符合公平精算原則。雖然全部賣出這 100 張保單時，保險人所獲得之保費收入仍是收支平衡，但這收支平衡是因為第 1 至第 50 人補貼第 51 至第 100 人。依據經濟理論，在自由競爭之市場中，這種不公平的費率終究無法維持，低出險機率之被保人將拒絕此保險。因此維持精算公平費率，乃是保險制度正常經營之必要原則。

二、逆選擇

因危險組群分類不當所引發之一重要問題，是所謂之「**逆選擇**」(adverse selection) 現象。當保險人未將參與者依其危險程度適當分類而收取公平保費時，則高於平均危險之參與者將留在保險庫，因為保費低於其預期損失；反之，低危險程度之參與者將退出保險庫，因為不願意長期補貼高危險組群。最終保險庫將剩下那些高危險組群之參與者，而其所繳交之保費卻是平均危險的保費，低於其本身之預期損失，最後將導致虧損。此種高危險組群以平均保費獲得保險之現象稱為「逆選擇」，即保險人對於被保人之篩選 (selection) 是不利的 (adverse)。保險人之危險組群分類不正確將誘發逆選擇之現象，而其結果可能導致保險人破產，因為所收取之保費無法支應所發生之損失賠償。

如前述五十戶磚屋與五十戶木屋之例，倘若保險人仍然要求各被保人繳交一萬元之平均保費，則木屋必然樂意參與，因為低於其應繳保費一萬二千五百元。而磚屋則退出此保險，另外尋求其他較公平之保險管道，因為其公平保費應為七千五百元。於是最終僅剩下五十戶木屋留在保險庫，總共繳交五十萬元之保費。然而預期總損失卻是六十二萬五千元，因此保險人將有無力償付之危機。

總而言之，逆選擇之發生是由於保險人未能區分不同危險程度之投保組群，因而造成保費收入不足以應付損失賠償，對於保險制度之經營有重大影響力。因此，危險組群分類是保險制度經營之最重要環節之一。

三、補貼現象

因危險組群分類不當所引發之另一問題，乃是補貼現象。簡單而言，**「補貼」**(subsidization) 現象乃是某些被保人並未繳納應繳之全部保費，而由其他人代為補助繳納部份保費。理論上，保險庫之每位參與者，應該依其所屬危險組群之預期損失，公平分攤保險庫之損失與費用。倘若有參與者未支付該公平價格，則必然產生補貼現象，亦即由其他參與者分攤該差額，補貼支付不足之參與者。因此有些參與者提供補貼，另有一些則接受補貼。當補貼現象明顯存在時，提供補貼之參與者必然察覺此種不公平現象，因此可能促使其更換保險人，或甚至放棄保險制度。

例如前述一百戶房屋，預期損失仍為一百萬元，但假設並非同型房屋，而是其中五十戶為磚屋，五十戶為木屋。磚屋因火災損失機會較低，其公平保費應為七千五百元；木屋之損失機會較高，其公平保費為一萬二千五百元。倘若保險人並未區別二者危險程度之差異，而將其視為同型房屋，仍然各收取一萬元保費，則此時磚屋提供補貼二千五百元，而木屋則接受此項補貼。由於保險制度並非慈善事業，顯著之補貼無法在自由競爭市場長期存在。因為將有其他保險人提供更適合磚屋之保險價格，因此磚屋將離開原先所參與之保險庫。

實務上，許多保險產品之價格已反映此種危險程度之差異。例如壽險產品以年齡區別危險組群，年長者較年輕人之保費高；汽車險對於肇事記錄良好之駕駛人給予保費折扣等。這些皆是代表危險組群差異之實例，亦說明業務競爭將減少保險市場之補貼現象。

然而此項規則之運作亦有其限制，因為實務上完全相同之參與者畢竟是少數，是故當危險程度劃分愈加精確時，每一危險組群內其所屬參與者之數目將愈加減少。當此數目低至某一水準以下時，大數法則將無法充份實現其功能。當保險庫太小而無法正確預測損失時，費率計算將發生困難。因此，實務上每一危險組群必須維持相當數目之參與單位，於是同一組群中之各個參與單位的出險機率並非完全相等。由此可知，所有保險庫或多或少皆有一些補貼現象存在。市場競爭可縮小補貼範圍，但無法完全消除補貼。因為即便有某個保險人打算專門經營某特定危險組群，可能亦無法獲得足夠之參與單位以正確預測損失，於是若是保費過高則參與者退出；反之保費太低，保險人最終將無力支撐而破產。因此實務上之保險經營，對於危險組群數目之選取，必須考量保費公平性與損失預測正確性二者間的平衡。

大致而言，民營保險基於市場競爭壓力通常會盡量減少補貼現象；相對地，政府的社會保險則常有顯著之補貼現象。因此社會保險通常需要政府介入，以強制保險方式經營，若依自由市場競爭原則將無法存在。例如倘若允許社會大眾自由參加全民健保，則多數年輕健康高薪之組群必將退出而尋求其他民營健康保險，因為他們補貼老年病弱貧窮之組群過多。

四、危險組群分類之原則

保險制度必須有適當之危險組群分類原則，以減少補貼與逆選擇之現象。理論上，危險組群分類之基本指導原則，即是每一位保險庫參與者必須精算公平地分攤其應有之保險庫損失額份。然而此原則在實務使用上，有時會引發某些爭論，因為社會大眾對於「公平」之觀念（社會公平），並不完全等於精算公平。因此某些危險分類因素，例如性別、種族等，即使有其數理資料之依據，有時並不能作為分類因素。因為社會大眾無法接受，每易誤以為是歧視。多年來對於哪些因素可列為分類判斷依據，始終爭論不休。

由於意外事故尚未發生，被保人之出險機率或預期損失無法預知，因此保險人如何將某些被保人分類為高危險群或低危險群？這通常必須經由各種專業知識（例如醫學或建築），找出若干可能影響出險機率或預期損失之因素（例如吸菸、建材等），並利用統計技術加以檢定，找出具有顯著影響力之因素。在自由市場中，各保險人所選定之危險分類因素可能有所不同，以便作為爭取客戶的競爭策略。當保險人選定某因素（例如吸菸）為危險組群分類之因素後，被保人之費率將隨是否具有此因素而有所差異。

為兼顧理論與實務之要求，一般而言，當保險人進行危險組群分類以及選取分類因素時，必須考慮下列五項原則❺：㈠同質性，㈡區隔性，㈢可靠性，㈣激勵性，㈤社會接受性。下文分別說明之。

㈠同質性

所謂「**同質性**」(homogeneity) 原則，乃是指被歸類為同一危險組群之每一參與者，大致上應有相等之預期損失。此項原則是因應大數法則之基本要求。如圖 2–4 所示，同一組群之被保人其出險機率（或預期損失）的分配，A 分配表示同質性較高，而 B 分配之同質性較低。理論上「同質性」應是所有被保人之出險機率或預期損失皆相等的情況（等於 μ）。但實務上之保險經營通常無法達到完全同質的程度，一般上是以 A 分配為組群分類目標，因此多少仍有一些補貼現象。

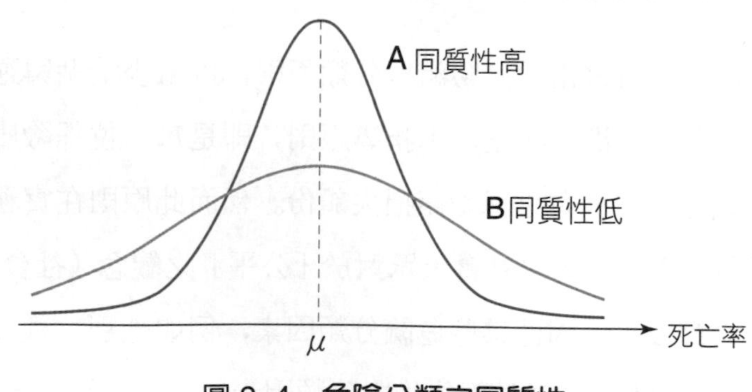

圖 2–4　危險分類之同質性

❺ 參閱 Abraham (1986), chapter 4。

㈡區隔性

「**區隔性**」(separation) 原則，意謂各危險組群之劃分應明確區別其危險程度。屬於組群 I 之參與者，其預期損失應與組群 II 之參與者有明顯不同，避免某一參與者既可歸類為組群 I，且同時又可能歸類為組群 II。例如屬於組群 I 之被保人，其預期損失為 μ_{I}，而被歸類為組群 II 之被保人的出險機率為 μ_{II}，二者在統計上應有顯著差異。如圖 2–5 所示二組危險組群之預期損失的分配，當二者之重疊部份（即斜線所示者）愈少，表示所選用之分類因素的區隔性愈佳。

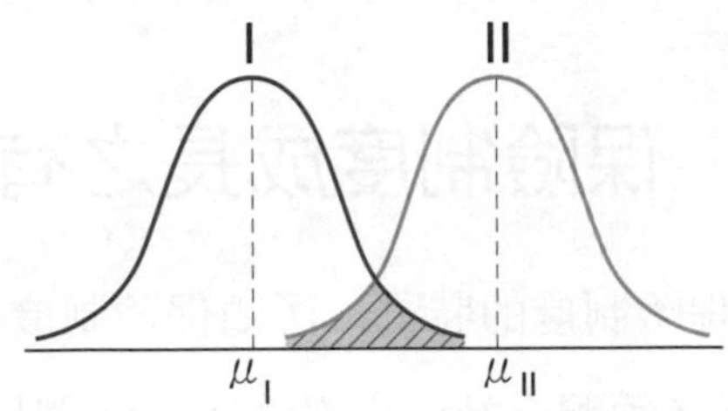

圖 2–5　危險組群之區隔性

㈢可靠性

危險組群之分類必須具有一定之可靠性與穩定性，使保險雙方當事人有依循之標準。當保險人決定採用某一分類因素以為判斷危險程度之標準時，有關該因素之資訊，必須容易取得且不易受被保人操縱或揑造，此項原則稱為「**可靠性**」(reliability) 原則。例如年齡或性別，可由身份證直接取得可靠之資訊，一般而言較之開車經驗不易受參與者揑造。因此實務上多半將主觀之人格因素，例如「個性成熟」、「品行良好」等條件，轉化為年齡、婚姻狀態、職業等可客觀判定之項目。

㈣激勵性

所謂「**激勵性**」(incentive value) 原則，是指危險組群分類所選用之篩選因素，最好能具有激勵作用，可以促進被保人降低其出險機率或預期損失。凡具有該因素之被保人可支付較低之保費，以激勵其維持低水準之預期損失。因此，藉由這些分類因素，可以促進社會大眾對於損失控制之重視。例如汽車肇事記錄常用以增減汽車保險之費率。

㈤社會接受性

危險組群分類因素之選取，主要目的在於反映預期損失，但是有些因素雖然是良好之區分判別標準，在實務經營上卻不宜採用，因為可能違反社會慣例。例如種族也許的確影響健康狀況，但是因為避免種族歧視之嫌，是故並不宜採用。此類因素之相關考慮，稱之為「**社會接受性**」(social acceptability) 原則。

第五節　保險制度成長之有利條件

根據上文所述之保險制度的特質，可知保險制度一方面是以數理科學為基礎，另一方面卻又必須配合社會之經濟與法律環境以及文化風俗慣例。因此，民營保險制度若要成功地經營與發展，至少必須先具備下列五項基本條件❻，分述如下。

一、私有財產之經濟體系

倘若財產並非個人所擁有，則必然無法產生保險之需求，因為無人關切該財產之損失。此外，在不允許私有財產之經濟體系下，通常人民之工作意願低落，因此其財富水準相當低，一般而言基本溫飽可能已有困難，並無多餘之經濟能力購買保險，以防範偶發之意外損失。

二、高度發展之工商社會

一般而言，農業社會或尚未開發之工商社會，對於保險之需求不多。一方面是由於危險之複雜程度較低，因此不需要借助設計精密之保險制度以分散危險。另一方面則是由於農業社會對於貨幣之依賴度較低，難以配

❻ 參閱 Greene et al. (1992), pp. 40–43。

合保險制度之明確衡量與經濟價值補償之特徵。此外，農業社會之親族鄰里關係較為密切，一旦發生意外危險，多半可藉由親友協助分散危險，與工商社會人情淡薄之現象並不相同。

三、健全完整之法令結構

由於保險制度之參與者在事故發生之前先繳交保費，而保險庫之負責人則承諾未來損失發生時予以補償，因此為維持保險制度順利經營，必須借助法律之約束力，規範雙方當事人能依約定進行其責任義務。例如投保人必須按時繳納保費，並且告知與危險有關之重要資訊；而保險人一方則應妥善管理保費收入，實踐其損失保障之責任。在缺乏法治觀念或法令規範不健全之社會，保險契約之約束力無法發揮，參與者必然喪失對於保險制度之信心，保險制度因而瓦解。

四、道德倫理之文化環境

倘若道德倫理水準低落，居民易有謀財害命、盜竊縱火等行為，則保險制度難以發展。由於保險制度分散危險之功能，保險庫之參與者僅繳交小額保費，卻可於危險事故發生時獲得大額損失補償，因此每易誘發道德危險。當道德危險介入時，保險庫之實際損失將超出原先之預期損失，因此造成虧損而無法繼續運行。

社會之道德倫理水準受若干因素之影響。例如人口密度過高、通貨膨脹、科技發展過度迅速等，通常將損害人民之道德水準。因為社會大眾可能一時無法適應生活之變動，是以產生若干不正常之行為或反應。因此，有效規範這些因素之變動速度，是保險制度健全發展之必要條件。

五、通貨膨脹之適當控制

由於保險制度受到時間因素之影響，繳納保費購買保障與實際發生損失之間，二者有若干時間上之差異。倘若此期間內發生通貨膨脹，則原先預定之保障水準可能發生不足之現象，降低補償損失之效果，或是產生額外之理賠成本。因此，通貨膨脹對於保險制度有若干負面影響，可能減弱對於保險之需求或供給。例如某些壽險產品含有儲蓄之功能，當通貨膨脹發生時，這些儲蓄將喪失其部份購買力，因此必然不會受到消費者之歡迎，市場之保險需求減少。此外，在財產保險方面，損失理賠可能隨通貨膨脹而調整，最終之理賠成本將超出原先估計之預期損失，造成保險庫之虧損，因此保險人之供給意願降低。

第三章 保險契約

本章目的

本章目的在於介紹保險契約之基本特質與主要內容。讀完本章之後，讀者應該能夠回答下列問題：

1. 契約生效之要件為何？
2. 保險契約之基本特質為何？
3. 何謂誠信原則？
4. 何謂保險利益？
5. 保險契約常見之限制條件為何？
6. 保險契約之主要內容為何？

前 言

由前章所述之可保危險的內容與項目可知，目前實務上保險制度之應用範圍相當廣泛，許多人身、財產與責任之危險皆可藉由保險而分散損失。消費者多數知道經由購買保險可以保障某項財物或人身危險，當損失發生時，保險人將給付損失補償。然而為完成此項保障之目的，保險交易包含若干細節，關於如何要求保險人依約定確實補償該損失，以及如何決定賠償金額等，這些事項都必須在交易之前議定。

因為保險是一種無形商品之交易，不同於一般商品買賣，消費者在購買保險時無法先行試用或檢查。事實上消費者僅是購買一份承諾，因此保險之價值來自保險人未來執行「諾言」之確實性。保險人所給予消費者關於其諾言之憑證即是**「保險契約」**(insurance contract)，簡稱為**「保單」**(insurance policy)。保險契約規範保險交易買賣雙方之權利義務，某張保單是否能滿足特定消費者之需要，主要是依據保單之條款內容，因此保險契約可說是實現保險制度之直接工具。本章之目的即是針對保險契約加以分析，包括：一、保險契約之相關文件，二、保險契約生效之要件，三、保險契約之基本特質，四、保險契約常見之限制條件，五、保險契約之主要內容。

第一節　保險契約之相關文件

在探討正式之保險契約之前，本文首先介紹與保險交易相關之若干文件。通常在購買保險之前，買方首先提出申請購買保險之**「要保書」**(application)。要保書可能是口頭申請或是書面申請，一般上多以書面申請居多。要保書主要記載要保人與被保人之基本資料，例如姓名、年齡等，以及與保險相關之若干重要事實，例如壽險之被保人的健康狀況與疾病記錄等。要保書之資訊可提供保險人核保之依據，因此雖非正式契約，但是若保險人同意承保，則要保書上所記載之事實，將具有法律效力，如同正式契約一般。

另一方面，保險人接受要保人之投保申請時，往往以口頭或書面承諾予以保障，因此而有**「暫保單」**(binder)。暫保單如同臨時保險契約一般，是保險人接受投保以至正式契約發出前之保險憑證。倘若被保人在此期間內發生意外事故，保險人仍應負賠償責任。暫保單一般上多用於財產與責任保險，通常是保險仲介人接受投保後，在等候正式保險契約核定前所發出之憑證，然而它對於保險人具有如契約一般之約束力，因為仲介人常獲有保險人之授權以接受投保。

人壽保險較少採用暫保單，因為仲介人對於保險人通常缺乏約束力。一般上，人壽保險在業務員初步判斷被保人之健康情況後，若是被保人符合可保條件而接受投保，通常以**「附條件之保費收據」**(conditional receipt)

作為保險憑證。這種壽險收據憑證是有條件之臨時保險，必須以被保人的確可被接受承保為前提。即在正式保險契約核定之前，被保人倘若發生意外事故，而其的確具有可保條件，例如被保人身體健康，但因車禍意外而死，則其家屬可以該收據為憑向保險人申請給付。但是若被保人是因疾病而死，而該病原已存在，只是未被業務員發現，因此不具備可保條件，則保險人可不負賠償責任。

無論是暫保單或是保費收據，通常有一定之使用時間，例如一個月，在此臨時保險期間結束之前，保險人即會通知是否同意承保。若是同意，則正式保險契約將一併寄達，此時要保書、暫保單或保費收據等文件，視為本保險交易之相關文件，其上所記錄之資料必須真實，否則未來保險人可因被保人之不實資料而據以解除契約，被保人將失去保障，因為那些資料是保險人核保之根據。因此要保人或被保人在填寫要保書或暫保單時，仍應慎重以免未來被取消保險。

保險人同意承保之後將發出正式保險契約，保險契約是正式法律文件，通常內容相當冗長且文字深奧，契約上主要記載買賣雙方之權利與義務。契約之效力與內容牽涉若干法律原則，分別於本章往後數節予以說明。

第二節　保險契約生效之要件

保單代表保險交易之買方（被保人或要保人）與賣方（保險人）二者間所簽訂之契約。一份契約說明雙方所交換之各項承諾，並且具有法律效力。由於此種法律約束效力之存在，而使保險契約具有經濟價值，因為保險人有法律義務必須實現其賠償危險損失之諾言。有效之保險契約，首先必須符合一般上法律對於契約之要求，然而由於保險制度本身之特質，因此對於這些法律要求之解釋與應用須略作修正。

理論上，只有有效契約之協議內容，才具有法律約束力，法庭才會要求強制執行。契約效力之存在與否，視其是否符合某些基本要件。通常一份協議契約必須具備下列要件：一、**雙方同意** (mutual assent)，二、**當事人具有行為能力** (competent parties)，三、**對價** (consideration)，四、**合法目的**

(legal purpose)。下文分別說明這些要件。

一、雙方同意

契約的基本要件之一是簽約雙方必須皆同意該契約之內容。通常是由一方先正式提出要求，而另一方則擔任接受者之角色。在保險交易過程中，一般是由某人填寫保險申請書（稱為要保書）提出購買保險之要求，要保書上說明投保曝險單位之細節與申請所要求之條件。對於較簡單之交易，通常保險人即接受此項申請，並同意提供所要求之保障，此時共識存在而契約成立。

理論上雙方同意可經由口頭或書面為之，並無形式上之限制。實務上則多以書面方式居多，以免口頭約定有所疏漏，但若干財產與責任保險交易，則可能採用口頭方式約定。倘若口頭與書面二者並用，通常以書面約定之效力優先，因為口頭約定可能有模糊不清之處。例如口頭同意承保十二萬元，而書面記載為十萬元，則通常以十萬元為依據，除非可以證明十萬元乃是筆誤。

契約之成立有時相當耗時費事，並非一次溝通即可完成。一般個人保單，保險人可能只須決定接受或不接受，多次溝通之情況較少。倘若是較複雜之個案，例如商業保單，保險人或許不願意全盤接受申請人之要求，例如保險人希望提高自負額等，於是賣方提出一些修正建議與買方協調溝通，如此來回溝通數次，直到達成雙方皆同意之條件，契約方能成立。

此外，為使契約具有效力，達成協議之方法不得藉由威脅、強迫、詐欺、與誤解等方式，倘若證實有這些行為存在，則法庭可宣告該契約無效。

二、當事人具有行為能力

契約欲發生效力，則簽訂契約之雙方當事人必須具有法律上所定義之行為能力，意即每一方必須有能力瞭解協議內容以及簽訂協議之權利。通常一般人大多屬於有法定行為能力、可以簽訂合法契約之人，除非他們是屬於下列三種情況：

1.未成年人，即未達法定年齡之人

各國法令對於「成年」之認定標準不同，有些採用十八歲，有些則是規定二十歲。通常保險契約簽約之要保人大多符合此規定，但是汽車保險有時是以准許申請駕駛執照之年齡，因此可能低於法定之成年年齡（如美國法令規定，「成年」是指十八歲，合法駕車年齡則是十六歲）。至於壽險之被保人，只是契約之相關人而非當事人，因此並不受此法定年齡之限制。例如以兒童為被保人之壽險保單，在實務上相當常見。

2.心智異常或其他精神失常之人

簽訂契約之當事人若是患有心智異常或精神失常等疾病，則認定其無正常之是非利害判斷能力，因此所簽訂之契約將無法律效力。

3.簽約當時受酒精或毒品影響之人

有些人雖然平日心智與精神均屬正常，但是可能因酗酒或使用藥物、毒品等，而一時之間短暫失去正常之是非利害判斷能力，則在此情況下所簽訂之契約無效。

至於賣方保險人，通常法律要求必須有營業執照方得販賣保險，否則買方可以宣告該契約無效，並退還已繳交之保費。

三、對　價

所謂「**對價**」(consideration) 是指簽訂契約雙方所付出之有價值之事物，例如購買房屋，買方付出房價，而賣方則付出房屋。有些契約並不一定是交換有形之事物，而可能是交換任務，或是交換承諾未來之責任。例如保險契約中，保險人承諾萬一未來發生危險事故，則由其負責賠償損失，倘若未發生危險事故，保險人依然實現其諾言，即依約不必進行任何處理。保險契約之對價通常涉及二方面：

1.買方（要保人）之對價

買方為獲得不確定經濟損失之保障，必須付出若干代價以取得保險人提供保障之承諾，這種代價即是保險費。為了促使保險契約生效，要保人通常必須支付一筆保費作為對價，然而卻不必是該保單之全部保費。除非

保單僅有一次繳費（如短期保單或躉繳保單），要保人才須於契約生效時支付全額保費。一般上保費常是分期繳納，則此時要保人之對價僅是第一筆保費。

2. 賣方（保險人）之對價

保險人因收取保險費而有潛在責任，因此必須付出若干代價以為契約之對價，保險人之對價即是提供保障的「承諾」。保險人承諾倘若被保危險事故發生，則保險人將依保單規定補償被保人之經濟損失，實現保險契約所約定之義務。

四、合法目的

雖然契約之成立乃是以雙方同意為基礎，然而此協議不得違背該地區之法令規定。換言之，唯有當契約簽訂之目的是屬法律允許範圍內時，該契約才會發生效力，若是該協議已屬犯罪或侵權行為時，則該契約將不具備法律效力。由於保險乃是合法之商業行為，因此一般而言，合法性之要求在保險契約甚少造成困難。然而在某些狀況下，保險契約可能無效，例如非法走私物品之財產保險。

一份契約欲具備法律效力，上述四項要件缺一不可，必須是契約雙方當事人同意，且當事人具有行為能力，而契約簽訂之目的必須合法，並且含有交換對價。

第三節　保險契約之基本特質

保險契約除符合上述四項生效要件外，由於保險商品之特殊性，保險契約本身另有某些特質而影響其效力。因為在處理保險爭訟糾紛之案例時，通常法庭認為保險契約是一種：一、條件契約，二、射倖契約，三、附和契約，四、補償契約，五、最大誠信契約，六、屬人契約。以下分別說明這些特質之意義。

一、條件契約

保險契約是一種「**條件契約**」(conditional contract)，因為唯有在某些條件之下，保險人才須執行其承諾，並非支付保費就一定能取得保險保障。意即保險人是否賠償損失將視被保損失發生與否，以及要保人或被保人是否符合理賠條件而定。倘若被保損失在保險期間內從未發生，則保險人賺得保費而不須賠付損失，例如保險期間並未發生火災，因而火災保險不須理賠。此外，保險期間內雖有發生被保損失，倘若要保人或被保人未符合契約所規定之理賠條款，保險人亦可不予賠償損失。例如損失發生後，未於規定時間內通知保險人，或是未協助防範損失擴大，或是未備齊理賠必要文件等，保險人將拒絕賠償損失。

但是這些限制並非表示保險人佔便宜，或保險契約毫無價值。因為被保人由於購買保險契約而取得一項承諾:「保險人承諾萬一有損失發生時可獲得補償。」此承諾可免除不確定經濟損失之憂慮，使被保人專心從事手上之工作。這項承諾在保險期間內始終存在並未消失，因此保險契約仍有其價值，只是未有危險事故發生造成損失，因而不需要保險人執行補償。

至於因理賠條件不符而拒絕賠償損失之情況，多數是為了約束被保人之道德危險，防止保險保障被濫用，因此要求被保人必須依照保單所規定之條件處理理賠各項事宜。這些限制將有助於保險成本之控制，可減輕保費調漲之機會，以免增加其他共同參與保險之投保人的負擔。

二、射倖契約

由於保險契約是條件契約，被保人不一定會發生損失或獲得理賠，因此並不需要繳納與保險金額相等大小之保費，而是必須考慮損失發生之機率，繳納相當於預期損失額度之保費。由於意外事故發生之機率相當低，保費相較於保險金額往往相當小。因此買賣雙方所交換之金額並不對等，具有所謂「以小換大」之「**射倖契約**」(aleatory contract) 的特性。

一方面因為損失給付不確定發生，保險人支付賠償之機率不大，是故被保人所支付之保費，並不需要等於保險人之損失賠償金額。由於意外事故發生機率相當小（常低於 0.01），因此通常保費之數目遠小於損失給付之金額。如前文一百戶房屋之例，保費僅一萬元，而一旦損失發生，其給付卻是一百萬元。保費與損失補償二者交換金額差距之大小，將視意外損失發生之狀況而定。損失愈嚴重而發生頻率愈低，則二者差距愈大。一般上意外危險發生時，其所造成之損失多半相當大，而損失恰好等於保費之情況相當少見，因此保險契約多屬以小換大之射倖契約。

另一方面，當損失不發生時，被保人繳付保費卻未取回任何補償給付，因此亦是一種不對等之交換關係。如上例，被保人繳交一萬元，由於保險期間內未發生火災，因此並未從保險人處取得任何給付，以一萬元交換零元，乃是一種不對等之交換。

必須再度強調，此種不對等交換是由於意外危險不確定性之本質所造成，並非保險交易不公平。因此不宜認為未發生事故之被保人枉交保費，或發生事故之被保人賺得暴利。保費代表保險人諾言之價值，雖然由於危險之不確定性，使事故發生在某些人身上，而未發生在另外一些人身上，但是他們都因有保險而安心。因此只要保費等於預期損失，整體而言，這份保險契約便是公平之交易，這是保險制度利用機率原理所產生之特有屬性。

三、附和契約

保險契約是一種「**附和契約**」(contract of adhesion)，因為契約上之文字，一般均由保險人單方所擬定，預先印妥資料提供許多不同之要保人所使用，並非雙方討論之後才共同擬定之協議書。既然保單文字用語完全由保險人決定，要保人或被保人並無參與編寫之餘地，僅能選擇接受或不接受該保單。倘若決定接受該保險，則要保人或被保人必須遵循契約上之規定，亦即僅能「附和」保險人所擬定之契約。

由於保險契約為一種附和契約，保單用語為保險人所設計，這項事實將影響其執行效力。倘若保險人與要保人或被保人，因契約文字之意義而發生爭論，即當文字意義模糊不清而有多種可能解釋時，則雙方並非處於相同之法律地位。法院通常以有利於要保人或被保人之解釋作為判決，因為推定保險人在設計保單時必然已優先考慮本身之利益。

四、補償契約

保險制度之原始目的即在於補償損失，因此廣義上保險契約是一種補償契約。然而目前多將「**補償契約**」(contract of indemnity) 視為一專有名詞，而有其狹義定義，代表「依實際發生之損失而進行補償之保單」，因此主要用於財產與責任保險。而其他某些險種，難以決定損失之經濟價值，例如人壽保險，則在購買保險當時，預先決定未來損失發生之賠償金額，而非在損失發生時才決定，這些契約稱為「**定值保單**」(valued policy)。

根據保險之「**補償原則**」(principle of indemnity)，被保人不應從被保損失中額外獲利。意即被保人於損失發生之後，其財富水準不應高於未發生損失之時，因此保險契約上設有若干規定以實現補償原則。例如財產保險避免被保人對於同一損失，由二份以上之保險契約重複地獲得補償，造成補償總額超過所發生損失而有獲利現象。而人壽保險有時可允許龐大之投保金額或重複投保，乃是認為人之生命價值無限，不同於財產價值有客觀之衡量標準，因此理論上只要保險人願意承保則無保險金額之上限。然而實務上為避免道德危險，壽險保單通常設有保險金額上限，此外，保險人會考慮被保人之財富水準，判斷投保金額是否合理。

為落實補償原則，保險契約並且設有一項重要條件：除非該危險損失之發生，的確影響要保人或被保人之財富水準或經濟利益，否則不應購買保險契約。意即一份有效之保險契約必須有保險利益之存在。所謂「**保險利益**」(insurable interest) 是指被保標的與要保人或被保人間之經濟利害關係。當該標的遭受損失時，要保人或被保人之財富或經濟利益將因而減少。例如配偶死亡將減少家庭經濟來源，或是房屋失火將造成無家可歸等。當保險利益存在時，要保人或被保人才具有購買保險之充分理由。因此不得以任意第三人之生命或財產投保保險，以期領取保險金。

最後必須強調的是，補償契約並不必然給付重建損失所需之足額補償。補償契約之要點，乃是在於保險人之給付金額與被保人之實際損失具有直接相關性，而非給付金額等於實際損失。因為實務上許多保單設有賠償上限，因此並未能完全依實際損失足額給付。換言之，保險保障乃是在投保範圍內，依損失之輕重而予以補償。

五、最大誠信契約

保險制度之運作成功與否，必須仰賴契約雙方當事人與相關人秉持誠信之態度。不同於一般有形商品交易，保險交易牽涉無形之承諾，並且是在未來時間才能完成交易。因此保險交易需要買賣雙方誠實揭露所有相關事實，憑藉這些資訊才得以決定保險產品之價格。因此保險契約常被視為是一種**「最大誠信契約」**(contract of the utmost good faith)，交易雙方都必須秉持誠信原則。就賣方而言，保險人因收取保費必須實踐賠償損失之承諾，並應以誠信為原則不得藉故拖延或苛扣理賠。相對地，保險人因承諾賠付損失，為維持保險費率之公平性，避免發生逆選擇現象，得以要求要保人或被保人依誠信原則進行交易。

保險交易買方之誠信問題，主要涉及危險資訊之告知與危險因素之變更之通知。這些資訊或因素與保險人測定預期損失有關，倘若故意欺瞞某些資訊或對於某些事實作不實告知，將影響保險人之承保決策或保費之計算，則視為要保人未依誠信交易。此外，若在購買保險時作某些承諾或保證，但事後卻未實現該諾言，亦屬於誤導保險人之行為。由於保險契約要求最大誠信，因此當要保人或被保人有欺瞞、不實告知、或違反保證等情形時，保險人可免除其契約上之賠償責任。由於這三種狀況可影響被保人求償之權利，在實務上經常引起糾紛，因此必須進一步加以解釋。

㈠欺　瞞

所謂**「欺瞞」**(concealment) 是指未提供應該揭露之重要事項的資訊。由於保險人計算保費之前必須先進行核保，以便將危險分類並計算保費，或是決定承保與否。倘若缺乏相關資訊，可能導致保險人判斷錯誤，而以較低價格接受投保。欺瞞行為之成立，保險人必須證明二件事實：第一，欺瞞行為是故意的，通常保險人必須證明被保人或要保人瞭解應揭露該項資訊，然而卻不提出。

其次，保險人必須確立該項被隱瞞之資訊是屬重要事實。所謂「**重要事實**」(material fact) 乃是指影響保險人承保決策之事項。例如，火災保險之投保人於購買保險之時，並未告知保險人其房屋地下室置有十桶汽油，此乃欺瞞行為。因為一般人之常識，皆知汽油對於火災有重要影響，而卻未向保險人說明，致使保險人售予保險，或僅收取未置汽油之平常保費。倘若保險人於簽約之後發現此欺瞞行為，保險人可據以解除契約，被保人將失去保障，即使已經發生危險事故而給付賠償，保險人亦得索回賠償金。此外，對於違反告知義務而遭解除契約者，保險人有時可以不退還已收受之保費，對於被保人是相當嚴厲之懲罰❶。

由於證明被保人或要保人之行為是否屬「故意」，在實務上往往相當困難。尤其是在損失求償之時，保險人以「故意隱瞞重要事實」為理由拒絕賠償，每易引起糾紛。因此保險人應謹慎設計要保書，將其承保決策所需要之重要資訊列入製成問卷，並於承保之時確實詢問要保人或被保人，如此將可減少欺瞞行為之發生。另一方面，法令上為了給予投保人適當之保障，避免保險人藉故不理賠損失，對於保險人解除契約之權利通常有時間上之限制，以維持雙方之誠信。例如「保險法」第 64 條規定：「……解除契約權，自保險人知有解除之原因後，經過一個月不行使而消滅；或契約訂立後經過二年，即有可以解除之原因，亦不得解除契約。」

㈡不實告知

另一種常見違反誠信原則之情況，乃是要保人或被保人對於重要事實提供錯誤之資訊，稱之為「**不實告知**」(misrepresentation)。與欺瞞有所區

---

❶ 參閱「保險法」第 25 條、第 64 條，以及各種保險保單上之「告知義務」條款，例如住宅火災及地震基本保險保單等。

別，「不實告知」乃是已提供資訊，但該資訊卻不真實。通常保險人並不需要證明其是否為故意行為，因為心智正常之人，應知本身所說之資訊是否屬實。因此凡是對於要保書上之問題，提供不完全真實之資訊，皆視為不實告知。如上例，被保人雖有告知其地下室置放汽油，但卻說僅置放二桶而非真正之十桶，此乃是不實告知。

如同欺瞞行為一般，當保險人發現要保人或被保人有不實告知之行為時，保險人得根據「告知義務」條款以解除契約，因而被保人失去保障。

㈢違反保證

「保證」(warranty) 乃是一件敘述或文字代表某人所說之內容為真實。例如張三保證其屋內目前未置放汽油，代表此時其屋中沒有汽油。根據敘述內容存在之時間因素，通常將保證分為二種：認定保證與約定保證。**「認定保證」**(affirmative warranty) 是指該保證事項在敘述當時是真實存在，例如保證屋內此時未置放汽油。**「約定保證」**(promissory warranty) 則指該保證事項不僅在敘述當時真實存在，且將持續至未來某約定時間。例如保證此時與未來一年內，屋中絕無置放汽油。

雖然理論上「保證」包括要保人或被保人在交易時所作之全部敘述，不論是否與保險有關。但實務上通常保險契約之保證主要仍是針對重要事實而言，因此保證與否往往影響保費高低。倘若被保人有損失控制方面之保證，如裝置消防設備等，保險人會給予保費折扣，因為這些裝置可降低損失。而所謂**「違反保證」**(breach of warranty) 即要保人或被保人未信守其保證，因此使預期損失與簽約當時之估計有所差異，可能造成保險人之潛在損失擴大。例如保證維持消防設備功能正常，而實際上卻並未維持，因此當火災發生時，無法即時救火而使災情較嚴重。倘若要保人或被保人有違反保證之行為，保險人可不負賠償責任。

上述之誠信原則，雖然主要是針對要保人或被保人而言，但是事實上保險人亦應遵守誠信原則經營其業務。若是保險人缺乏誠信，例如對於應理賠之案件，蓄意否決或拖延，則要保人可藉由法律途徑解決，例如提起訴訟等。因為保險保單乃是一種法律契約，受到法律之保障。一般而言，凡是正當經營、重視商譽之保險人，通常不會蓄意否決或拖延理賠。

六、屬人契約

根據上文所述，可知保險契約之運作成功與否，與要保人或被保人之誠信態度有密切關係。此外，被保人本身之特質亦可能直接或間接影響危險損失之大小。例如人身保險之被保人的健康狀況，將影響壽險或健康險之出險機率。而財產保險雖是承保財物，但是被保人使用該財物之謹慎態度將影響出險機率。例如同一份車險保單，卻因被保人駕駛車輛之技術與態度不同，而可能產生之損失狀況不同。小心謹慎之駕駛人，可能在保險期間內未曾發生車禍事故；反之，不守規矩之駕駛人，卻可能在一年之中發生數次事故，造成龐大損失。因此保險契約是一種「**屬人契約**」(personal contract)，其預期損失及保險費率高低常與被保人本身之特質或屬性有關，因為被保人將影響損失之發生。

由於保險契約是一種屬人契約，一般上保險契約不得任意轉讓，除非獲得保險人之同意。尤其是財產保險契約通常不能轉讓，因為被保財物之安危容易受被保人之特質而影響。壽險契約之轉讓通常較為容易，因為保險標的乃是被保人本身，倘若被保人不變，而要保人將保單轉讓給予其他人，僅是影響要保人之權利，並未變更預期損失。

第四節　保險契約常見之限制條件

雖然保險契約之功能在於提供損失之保障，但是並非付出保費取得保單之後即可一勞永逸。因為保險主要針對未來不確定損失提供保障，而這損失事先無法預知，為維護契約雙方當事人之權益，尤其是保險人之權益，保單通常列有若干限制條件 (conditions)，要保人或被保人必須符合這些條件才得以獲得保障。這些條件是維持保險人與要保人或被保人雙方關係之基礎，並且是促使保險制度有效運作不可或缺之要項。保險契約常見之限制條件分述如下。

一、終止契約

由於契約乃是在雙方同意之原則下成立，倘若有一方不再認同該契約，即可要求終止契約關係。理論上簽訂保險契約之後不論是買方或賣方，皆可以在保險期間到期之前取消契約終止保障。**終止契約條款** (cancellation) 陳述保險人與要保人或被保人在終止契約時應遵循之規定，此外亦說明中途終止契約之限制，以及退還保費之計算等。保險契約之終止可來自買方或賣方，其發生原因與處理方式有所不同，茲分述如下。

㈠買方終止契約

一般而言，要保人可隨時終止契約。其所採用之方式可為⑴退還保單給予保險人，或是⑵事先以書面通知說明保單將終止之時間。書面通知可減少口頭說明不清之狀況，而提前通知是方便保險人結算其應負責任。

當保單是由買方所終止時，保費之返還通常不是採用比例退還之計算方式，而是採用短期保費之觀念❷。例如購買一年期之火災保險，其保費為一萬元；於半年後決定終止保單時，並非退還五千元保費，通常是少於此數目，例如三千五百元。此種罰款是為反映保險人之經營費用，如保單之取得與保管成本等；並且亦藉此罰款減少買方任意終止保單之行為。

㈡賣方終止契約

保險人一方有時亦會中途終止契約，雖然實務上發生此種情況者並不常見，因為這將影響保險人之商譽，而且有些地區之法律亦禁止保險人終止契約，除非是某些特定情況才可以。通常發生保險人終止契約之情況，主要是要保人未於期限內繳交保費，或是危險變更而增加承保風險，以及發現欺瞞或不實告知等不當行為。

當保險契約是由保險人一方終止時，保費之退還通常依時間比例計算，

---

❷ 參閱保單條款，例如住宅火災及地震基本保險保單對於終止前之保費按短期費率表計算。

例如半年則退還二分之一年保費。但是倘若因被保人欺瞞或不實告知等違反誠信行為，而使保險人解除契約，則保費可能被沒收而不予退還❸。

二、變　更

保單簽訂之後，要保人或被保人隨時間經過而要保狀況可能與簽約時有所不同，因此有通知變更之需要，另一方面，保險人由於市場競爭或經營策略有所變動，亦可能希望變更保障內容。**變更條款** (change of provision) 通常一開始即指出：本保單包含所有雙方同意之各項條件，保單之內容變更必須以保險人規定之格式作書面通知。

不論是要保人或被保人或保險人，皆可提出變更契約內容之要求。當要保人或被保人要求變更時，保險人必須提供所需之變更通知書以便填寫，不應刁難。但契約內容之變更，必須經保險人同意，否則不生效力。契約內容之變更可能包括一般資料變更，例如通訊地址變更；或是保障範圍之變更，例如提高壽險保險金額等；另外亦可能包括危險因素之變更，例如房屋由自用變為出租等。變更若有影響危險損失之估計，則應於保單規定期限內通知保險人❹，以便保險人得以另定保險費或是終止契約。若是怠於通知危險變更，致使保險人增加承保風險，保險人有權解除契約，因此要保人或被保人應謹慎為之。

另一方面，保險人由於市場競爭之需要，往往不斷更新其保單之設計，給予較佳之保障以吸引消費者，通常這些變更將一併適用於已簽約之客戶。這些**更新條件** (liberalization) 擴大被保人之保障，對於買方有利，但是一般上並不需要追加保費，因為是保險人主動提高保障。

---

❸ 我國「保險法」對於違反誠信原則所造成之契約終止，特別稱之為「解除契約」，以有別於一般之終止契約。

❹ 例如住宅火災及地震基本保險保單規定：要保人或被保人應於知悉危險變更後十日內通知保險人。

三、轉　讓

由於保險契約是保險人與要保人或被保人雙方之協議書，保險人往往仔細篩選被保人以決定承保與否。倘若保單可任意將保障移轉給予其他人，將影響保險人之承保風險，因為該人也許並不是保險人所願意承保之對象。

要保人將保單之權益移轉給予其他第三人稱為「**轉讓**」(assignment)。誠如前文所述，保險契約乃是一種屬人契約，保單之預期損失往往與被保人之特質有關，因此保單不宜任意轉讓。一般上，除海上保險外，財產與責任保險保單大多不能轉讓，因為要保人通常即是被保人，而被保人特質將影響潛在損失大小。若是要轉讓，則須經保險人書面同意。人壽保險保單通常可以轉讓，因為壽險保單之預期損失是依據被保人計算，而要保人是負責支付保費。當被保人並未變更，僅是要保人轉移其保單所有權，則並未影響保險人之損失估計。但是當壽險契約之要保人不等於被保人時，則轉讓契約通常應經被保人同意❺。

四、代位求償

多數財產與責任保險之保單皆有一「**代位求償條款**」(subrogation provision)，以處理保險人賠償損失之復原問題。因為當意外危險發生之後，保險人首先給付被保人應得之補償；然而此筆意外損失可能有其他應負責任之肇事人。於是保險人於支付保險金後，取得被保人向肇事人求償之權利，以彌補其保險金之支出。此復原過程稱之為「代位求償」，因為理論上是受害人（即被保人）才有權利向加害人（肇事人）求償，如今卻由保險人行使求償權。簡言之，「代位求償」使損失之最終成本追溯至最應該負責任之肇事人。

例如張三酒後開車撞毀李四之汽車，李四可向張三提出訴訟要求賠償。但因李四有投保汽車損失險，於是直接向其保險人求償。李四之保險人於給付賠償之後，取得李四向張三控訴之權利。

❺ 參閱我國「保險法」第 106 條。

保險人代位求償之權利僅及於所給付之金額，如上例李四之實際損失五十萬元，然因所買車損險保單之保障上限為四十萬元，因此僅從其保險人處得四十萬元之損失賠償。此時保險人之代位求償權利為四十萬元。倘若保險人訴訟張三之後，獲得五十萬元之賠款，則超出之十萬元應歸屬李四。

被保人必須協助保險人取得代位求償權。亦即於損失發生之後，被保人不得自行向加害人承諾放棄訴訟權。否則保險人可能拒絕給付損失，因為保險人將無法代位求償取回其賠償給付。

五、損失發生之通知

遇有保單所承保之危險事故發生時，要保人或被保人等保單之相關人❻，應於規定時間之內向保險人**通知損失** (notice of loss)，否則可能影響損失理賠之權利。例如我國之住宅火災及地震基本保險保單規定：遇有承保之危險事故發生時，要保人、被保險人或其他有保險賠償請求權之人，應於知悉後五日內通知保險人。要保人或被保險人未依前項約定為通知者，對於保險人因此所受之損失，應負賠償責任。而人壽保險保單之要保人或受益人則應於知悉事故後之十日內通知保險人。

六、其他限制條件

各類險種保單可能依保單本身之性質而另設各種限制條件，要保人或被保人等必須依規定辦理，才能獲得損失賠償。例如財產保險之保單，通常有「**損失擴大之防止**」(protection against further damage) 的規定，要求要保人或被保人於危險事故發生時，應立即採取必要合理之措施，以避免或減輕保險標的物之損失。倘若違反這項損害防阻義務，因而致使損失擴大，保險人對於這些因而擴大之損失不負賠償責任。

---

❻ 例如人壽保險之受益人。

第五節　保險契約之主要內容

由於保險契約乃是針對各種未來意外危險之處理協議，因此其內容條款必須非常謹慎設計與擬定，將各種潛在危險狀況納入考慮。例如前文所述之各項原則與限制條件等。買賣雙方對於未來各種狀況下，彼此如何處理所發生之意外損失，必須事先達成協議。即使該情況發生之機率相當低，只要機率不為零，就必須納入考慮。因此可想而知，其所產生之文件內容絕非簡單之三言兩語所能道盡。

雖然保險契約相當複雜，且各險種之保單內容亦有所差異，但是對於某些契約根本要項，則無論任何險種之契約都應包括。認識這些共同項目，對於保險契約之瞭解將有相當大之幫助。

一份保險契約通常必須指明其所保障之項目，因為沒有任何一份保險契約可以涵蓋所有意外危險。因此，保單必須盡可能清楚說明其保障範圍、給付上限、與除外不保之項目等。例如火災保險並未包括戰爭所引起之火災，因此保險人應在保單上清楚敘述此種損失不在承保範圍內。

另一方面，由於保單代表買賣雙方權利義務之協議書，因此它不僅說明對於被保人或被保損失之限制，同時亦記載保險人如何實現其補償損失之責任。例如損失補償必須在某段期間內或某些狀況下實現等，保險契約皆必須事先清楚說明，以避免未來實際求償時發生爭議。這些種種約定即構成保單之「**條款**」(provisions and clauses)。通常決定一份保單之保障是否恰當，最佳方法即是針對下列這些項目逐條閱讀其條款：一、保險人與被保人名稱，二、保險期間，三、承保範圍與除外事項，四、對價，五、定義，六、給付限制與評價方法，七、保險人與要保人或被保人之義務，八、爭議發生之解決方式，分別說明如下。

一、保險人與被保人名稱

一份保險契約首先必須確認買賣雙方當事人，因此雙方之名稱通常出現於保單之第一頁，此頁又稱為**宣告頁** (declaration page, or declarations),

是契約之一部份。通常賣方保險人之名稱多已預先印上，買方要保人與被保人之名稱則於簽訂契約時填寫。這些當事人必須依契約規定執行其權利與義務，例如要保人有繳交保費之義務，保險人負有賠償損失之責任等，否則可能造成契約失效，或遭受法律處罰。一般而言：

「保險人」(insurer) 是負有承擔危險賠償損失責任之保險組織。

「要保人」(applicant, or policyowner) 是指購買保險有繳納保費義務之人，是保單之所有權人。我國之「保險法」所稱之「要保人」❼，乃指對保險標的具有保險利益，向保險人申請訂立契約，並負有交付保費義務之人。因此包含國外保險市場（如美國）之**保險申請人** (applicant) 與**保單所有人** (policyowner) 雙重意義❽。

「被保人」或稱**「被保險人」**(insured) 則是以其人身或財產與責任等為保險標的之人，是評估損失計算費率之關鍵人。根據我國之「保險法」❾，「被保險人」乃指於保險事故發生時，遭受損害，享有賠償請求權之人。

一般上財產保險與責任保險，其要保人通常即是被保人，因此多直接以「被保人」代表買方，而少用「要保人」一詞。在人身保險方面，要保人並不常等於被保人，例如夫妻，可能妻為要保人，而夫為被保人。因此提及保險契約之買方時，常以「要保人或被保人」稱之❿。這些名詞之區別，將於本書第三與第四部份介紹保險產品時，再作進一步之說明。

---

❼ 參閱「保險法」第 3 條。

❽ 實務上保險申請人通常即為支付保費者，因此我國「保險法」並未對於申請保險之人另給予名稱，因此無對照英文 applicant 之中文詞彙。

❾ 參閱「保險法」第 4 條。保險法上對於 insured 僅稱「被保險人」，而無「被保人」一詞，但是實務上則常用「被保人」稱之。

❿ 「要保人」或「被保人」（被保險人）為保險契約上之正式名稱，各有專門之定義；而「投保人」則是一般口語，並非保險契約之專有名詞。在一般非關保險契約之討論中，有時為了溝通方便或行文流暢，常以「投保人」代表保險消費者或買方，而不用冗長之「要保人或被保人」。

二、保險期間

保險契約通常僅提供某一特定時段內之保障，而非永久之保障。因此必須於契約中明確指明其所涵蓋之時間，這段享有保險保障的時間稱為「**保險期間**」(policy period)。保險期間通常亦記載於保單首頁之宣告頁。

一般上，多數保險契約以被保危險事故是否發生於保險期間內，作為保險人應否負賠償責任之標準，此即所謂之「**發生基礎**」(occurrence basis)。例如某人購買火災保險，保險期間為 2011/3/15 至 2012/3/14，則被保房屋必須於此期間內發生火災方能獲得賠償。然而近日在責任保險方面，由於某些人身傷害潛伏期甚長，難以確認其發生時點，實務上為化解理賠之困難，遂發展出「**求償基礎**」(claim basis) 之保單。意即以損失求償是否在保險期間內出現而劃分保險人之責任。因此被保人不僅應熟記其保單之保險期間日期，亦應留意其所採用之認定基礎。

有些時候保險契約之買方或賣方，可能在保險期間到期之前即想終止契約。因此通常保單上會有一段文字說明終止契約之規定，例如應於多少日前通知，或是否退還保費等，可參照前文之「契約終止」條件所述。另一方面，保單本身雖指定保險期間，但若是保費未能依約定時間繳納，可能造成保險期間中途停止保障之現象。例如人壽保險之要保人在保險期間，可能因故未繳納保費，此時保單效力將暫停，但是要保人可於二年內申請恢復效力。此外，住宅火災及地震基本保險保單所承保之建物，倘若連續六十日以上無人看管或使用者，亦可能被停止保險效力。因此要保人或被保人必須留意保險期間規定。

三、承保範圍與除外事項

保險契約中相當重要之內容是關於保險人之承諾，因為此單元敘述保險人之承保範圍與除外事項，關係被保人獲得損失賠償之權益。例如火災保險承保房屋本身因火災之損毀，但是可能不包括房屋內之貴重珠寶等。

承保範圍代表保險人所同意給予之保障，而除外事項則限制保險人之保障，即刪減某些事項之保障。誠如上文所述，沒有一張保單是保障所有意外危險，因此消費者必須留意這些除外事項。例如汽車保險之「全險」保單，事實上仍有地震、颱風等多項危險是屬除外不保。依各險種之特性，保單上對於除外事項可能稱為「**不保事項**」(exceptions)、「**除外責任**」(exclusions)，或是再細分為**不保財物**與**不保之危險事故**等。保險契約包含除外事項之原因如下：

1.避免不可保危險

保險人固然是銷售大量保單，獲得龐大之保費收入，但是某些巨災損失，例如戰爭、地震等巨災危險，其損失金額相當龐大，可能危及保險人本身之財務安全。因此對於這些巨大危險，保險人通常除外不承保，即便被保人之需求可能相當高。

2.避免承保易受要保人、被保人或受益人操縱控制之損失

由於保險契約乃是一種以小換大之射倖契約，要保人或被保人購買保險之後，可能產生道德危險，故意增加損失發生之機會，以便向保險人申請求償。保險人為避免這種道德危險之損失，通常將容易受要保人、被保人操縱控制之損失排除不保。例如量小質輕而價值高之貴重珠寶與現金，往往是屬於不保財物，以免要保人或被保人故意藏匿或搬移。除要保人或被保人之外，某些保單之保險金乃是支付給予受益人，例如人壽保險，此時對於受益人故意造成之損失，通常亦除外不保。

3.避免重複保障

由於保險之目的乃在於補償損失，並且是藉由眾人之合力而匯集補償資金。因此必須避免要保人或被保人有額外獲利之機會，否則容易引起道德危險，並且對於其他參與保險之人不公平。除人身危險因假設生命無價，而可購買多份保險保障外，一般財產保險均排除重複保險，防止要保人或被保人因一件財物之損失而有二份以上之補償。

4.刪除一般人不需要之保障或自然損耗

在大多數定型化保單中，由於保單內容已事先印製，被保人只能附和接受或不接受，因此必須針對多數消費者之需要，並且考慮其保費負擔之

能力。通常定型化保單僅針對多數共同危險提供保障，排除特殊個別需要之項目，以符合社會大眾之需要，並且降低保費使保單較易銷售。例如汽車上之音響或導航設備等，並非大多數車輛均有配備，因此一般車險保單通常將其列為不保事項。由於本除外事項較不涉及道德危險因素，因此對於有需要投保之個別情況，通常可以另加保費而以批單方式加保。另外，對於一般人可預期之自然損耗或是日常發生之小損失，保單亦常將其除外不保以節省保費。例如財產常隨時間而折舊或是潮濕蟲害等，這些自然損耗是一般人可預期或可自行防護保養者，因此不須利用保險制度由他人來分擔損失。

5.刪除某些需要保險人特殊處理之危險項目

有些時候保險人基於理賠行政成本之考量，而排除一些需要特別處理之危險。這些危險可能單獨成項，另外購買專門之保險，而不與普通危險合併，以免增加保費，造成多數不需要此類保障之消費者不願投保。例如郵票與藝術品等通常不包括於火災保險所保障之一般財產項目，而必須單獨購買郵票或藝術品保單。

四、對　價

誠如前文所述，契約之生效必須有對價存在。保險契約必須說明雙方對價。要保人或被保人之對價為其應繳之第一期保費，保險人之對價則是其所承諾之損失賠償。保單之宣告頁通常會明列保費金額，倘若是分期繳納方式，則亦會說明繳費期間方式，例如月繳、季繳、或年繳等。此外對於逾期未繳保費亦有所規定，但另置於他處，例如長期人壽保險自第二期保費起，將有一段保費繳納之寬限期，在此期間內保單依然有效。

五、定　義

一般慣例上對於保險契約之文字用語，大多以其平常定義或字典上之定義為準，但是對於某些文字，保險契約則特別限定其意義。因為保險契約通常包括若干技術性專有名詞，僅適用於特定範圍，是故保單上通常有一獨立章節標題為「**定義**」(definitions)。這些名詞定義可能置於保單之前端，亦有置於末後，但有時則直接置於該文字出現之處。

實務上常將這些專有定義之文字，用引號或不同字體標出，提醒要保人或被保人注意，以減少日後雙方因文字誤解而爭議。例如我國住宅火災保險保單上之「定義」條款，說明該保險契約所稱之「時間」，乃指本保險簽發地之標準時間，避免因時區不同而產生爭議。

六、給付限制與評價方法

保險契約中必須明確敘述保險人決定損失賠償之方法。保險契約雖是提供意外損失之保障，但是並非一定全額保障。實務上保險人為保障本身之財務安全，通常保單會指明最高賠償金額，稱為「**保單賠款限額**」或簡稱「**保單限額**」(policy limit)。保險人雖然對於損失進行補償，但是對於一件損失可能給付之最高金額將不會超過保單限額。

另一方面，保險理賠金額之多寡，往往與保單之**評價方法** (valuation) 有關。對於壽險或其他定值保單，乃是以簽約時所約定之價值作為損失賠償之計算基礎。然而在財產保險之補償契約方面，通常其保單尚包括評價方法之規定，以解釋如何決定被保財產之價值。例如是否扣除折舊、是採用**實際現金價值** (actual cash value) 或直接給付**重置成本** (replacement cost)；此外，理賠計算是否有採用共保分攤比例等。例如住宅火災及地震基本保險保單上，可能說明理賠計算方式為：「按重置成本為基礎計算之損失金額×建築物之保險金額÷(建築物於承保事故發生時之重置成本×60%)。」評價方法不同將影響損失賠償之金額，對於買賣雙方皆極為重要，投保人在購買保單時必須特別注意，以減少理賠糾紛。

七、保險人與要保人或被保人之義務

欲使保險制度正常運作，保險人與要保人或被保人雙方必須善盡契約所規定之**義務** (duties)。因此保單上通常會有若干敘述是關於雙方之義務，倘若未實現這些義務，可能影響其契約之權利。例如要保人或被保人於購買保單時，對於重要資訊有**誠實告知之義務**。而購買保單之後，若是危險因素有所變動，則要保人或被保人應盡**危險變更之通知義務**。此外，要保人或被保人於損失發生後應迅速通知保險人，否則保險人無法賠償損失；並且要保人或被保人應協助搶救工作，以避免損失之擴大等。另一方面，保單上亦有關於保險人義務之條款。例如我國住宅火災及地震基本保險保單上規定:「保險人以現金為給付者，應於被保人或有賠償請求權之人檢齊文件及證據後十五天內賠付損失。」

八、爭議發生之解決方式

雖然保險契約是獲得雙方同意而簽訂，然而由於保險之時間因素，因此在簽約之後有時仍有爭議出現。尤其是關於理賠方面之爭議，往往層出不窮。因此保單上通常會對於爭議之處理方式有所規定，以便爭議發生時能依此程序進行。爭議可能有下列二種情況:

(1)爭議該損失求償是否屬於契約之保障範圍；

(2)雙方雖同意該求償是屬保障範圍，但是對於補償金額卻有所爭議。

倘若不屬於保險契約之保障範圍，則保險人不負賠償損失之責。例如事故並非發生於保險期間，或是該危險乃是除外不保項目等。倘若是屬於保障範圍內，則保險人必須計算損失賠償之金額。由於財產保險之損失評價方法有多種，因此在財產保險之契約中，經常包含一「**估價條款**」(appraisal provision)，以解決補償金額之爭議。此外，保單亦可能有「**仲裁條款**」(arbitration provision)，說明當被保人或其他有權求償之人，對於保險人之理賠處理存有爭議時，得依相關法令，以仲裁方式解決。倘若這些方法仍無法化解爭議，最後只有經由法律訴訟。因此保險契約中往往有一「**訴訟條款**」(suit against the insurer provision)，准許要保人或被保人控訴保險人。但是此條款規定除非保單上之所有條款都已符合或達成，而且要保人或被保人都已盡其義務，才得以採取法律途徑。換言之，訴訟是最後一種處理方法。

第二部份

保險市場之運作

第四章　保險市場之組成

第五章　保險事業經營之一：業務管理

第六章　保險事業經營之二：財務管理

第七章　保險市場之監理

第八章　購買保險之考慮因素

第四章 保險市場之組成

本章目的

本章目的在於探討保險市場之成員，包括需求者、供給者、仲介人與監理機關，並且介紹保險產品之種類。讀完本章之後，讀者應該能夠回答下列問題：

1. 保險市場之需求者為何？
2. 保險市場之供給者有哪些類型？
3. 保險市場為何需要仲介者？
4. 政府法令對於保險市場有何重要性？
5. 保險產品主要分為哪些類型？

前言

保險制度由於具有分散危險之功能，一向是廣為採用之危險管理方法，因此自從保險制度發明以來即迅速成長，而保險事業目前已成為先進國家經濟體系中之重要環節。經由第一部份之介紹，讀者已知保險制度之經營有其本身特殊之方式，一方面以數學原理為理論根基，另一方面又以法律契約落實經營策略，是故與一般商品有所差異。本書第二部份共分為五章，主要介紹保險市場之運作，說明實務上保險制度如何經營管理，以發揮其分散危險補償損失之功能。

本章是以經濟市場之架構介紹保險事業，首先分析保險事業之組成份子。市場成員中不可或缺的當然是保險之需求者與供給者；而由於保險商品本身之特色，因此仲介人亦在市場中扮演重要角色。此外，政府法令對於市場三種成員之影響力亦不能忽視。此四者之關係可簡單摘要如圖 4–1。本章第五節介紹市場交易之目標——保險產品——之類別，最後一節則摘要介紹我國保險市場之現況，使讀者對於保險市場之基本元素有初步認識。

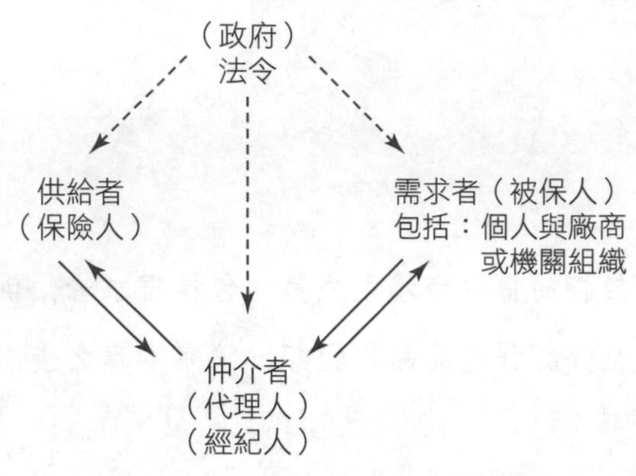

圖 4–1　保險市場之成員

第一節　保險市場之需求者

經濟市場之形成，首先必然是有一群消費者對於某項商品有所需求。由於意外危險之不確定性增加各種決策之困擾，因此任何人都希望能免除意外損失之憂慮，不論是人身危險或是財產與責任危險，社會大眾莫不希望能有一套危險管理方法，因此只要價格合理，保險需求之存在乃是無庸置疑。實際上，社會中大多數成年人多少皆曾購買某些保險商品，例如汽車保險或健康保險等。尤其是在先進國家如美國，幾乎每位成年人至少擁有一件以上之保險商品❶。而我國近日保險需求亦大幅提高，隨著所得與財富之增加而購買更多之人身保險或財產與責任保險。

除個人消費者外，多數廠商，包括製造業、服務業、與金融業等，亦需要購買保險以保障其生產經營之意外危險。不論是廠房與辦公室之火災保險，或是製造產品之產品責任險，以及出貨進貨之運輸保險、貸款倒帳

❶ 參閱 Dorfman (1991), pp. 99–100。

之信用保險等，其需求量足以與個人消費者相匹敵。

根據一般經濟理論，市場之需求主要受銷售價格之影響，當價格降低時需求量增加，反之則減少。保險市場之經營雖大致上亦反映此經濟模式，但是其價格對於需求者之影響力並非完全彈性。亦即需求量並非立即隨價格調整而變動，其主要原因如下：

⑴保險消費者對於保險商品之知識有限。由於保費計算是根據機率理論，一般人難以辨別價格是否反映商品之價值或成本。因此，當價格變動幅度不大時，需求敏感性並不明顯。況且市場上危險理財之替代品不多，此種傾向尤以個人消費者更為嚴重。因為一般金融機構之個人貸款不易取得，消費者不得不仰賴保險作為不時之需。然而自 2000 年以來，金融市場發展迅速，以及金融自由化之趨勢，使得各式金融商品紛紛開發，消費者獲得資金的來源增加。例如銀行對於個人或廠商之信用貸款大幅提高，這些信用貸款可能取代保險而提供意外事故之理財功能。創新之金融商品既然成為保險之替代品，將會促使消費者對於保險商品之需求較為敏感。一旦保險費率提高，消費者可能捨棄保險而採用其他危險理財工具。

⑵取得認識商品之知識或資訊的成本相當昂貴。由於保險商品含有高度之專業知識，如數學與法律，消費者之學習成本高昂。例如保險契約之法律文字，以及保險價格之制定，均非一般消費者能於短時間內理解。而另一方面對於分散危險之需求又極為殷切，因此只能跟隨市場之價格購買。

⑶強制保險之法令限制使消費者無選擇之餘地。政府基於保護人民或促進社會福祉等政策上之執行，可能將某些保險定為強制保險，因此價格之變動對於需求量之影響不大。例如汽車責任保險在某些國家為強制保險，因此除非不以汽車為交通工具，否則不論保費高低仍然需要購買保險。此外，有些保險形式上雖非強制性保險，但是經常伴隨其他必需品並存，使消費者不得不購買。例如火災保險、住家綜合險，或汽車綜合損失險等，通常是辦理房屋貸款或汽車貸

款之必要文件，因此即便是保險費率變動，其需求量仍然不受影響。

第二節　保險市場之供給者

相對於需求者，供給者是市場之另一重要元素。保險市場之供給者一般泛稱為保險人，意即提供保險之人。隨著保險制度之發展與演進，實務上保險人之組織型態有多種類型，分別敘述如下。

一、股份保險公司

股份保險公司 (stock insurance company) 類似其他一般股份公司，由某些股票持有人提供資本設立公司，並且以獲得投資報酬為設立之目的，而公司經營之盈虧則由這些出資人承受。公司之出資人並不必然向公司購買保險，保險人與要保人或被保人可完全獨立，此特性為股份公司與相互公司之主要區別。

股份保險公司之設立有一最低資本額之限制，此資本作為賠付損失及保障被保人之基金，以防保費之收入無法支應損失給付。由於保險商品是先收取保費而後才提供保障，為了保護保險消費者，通常保險業之資本額要求較一般公司行號高出許多，例如我國要求保險公司設立之最低資本額為新臺幣二十億元❷。因為投保金額相當龐大，倘若有非預期損失發生，例如大地震造成多人死亡，因而死亡率高於原先收取保費時之估計水準，則保費收入將不足以補償損失。此時必須以保險人之資本額支付保險理賠，因此平日必須有較高之資本以為準備。

股份保險公司所經營之保險產品類型，與其他方式之保險組織同樣必須獲得主管機關之授權。一般之規定是人身保險與非人身保險不得兼營，其原因不外是擔心保險人技術不足，無法兼顧二方面產品之經營特性，以及長短期資金互相混用，容易發生財務問題等。然而近年來在先進國家已有允許兼營之趨勢。至於非人身保險是否必須依險種而區別，目前之限制

❷ 參閱金融監督管理委員會（民 103 年）「保險業設立許可及管理辦法」第 2 條。

多已去除，只要資本額提高，通常均可**多線** (multiple-line) 經營❸。例如我國「保險法」第 13 條將保險區分為財產保險與人身保險❹，財產保險包括火災保險、海上保險、陸空保險、責任保險、保證保險以及其他財產保險，人身保險則包括人壽保險、健康保險、傷害保險及年金保險。而第 138 條則規定，財產保險業經營財產保險，人身保險業經營人身保險，同一保險業不得兼營財產保險及人身保險業務，但財產保險業經主管機關核准經營傷害保險及健康保險者，不在此限。總而言之，隨著保險市場之發展，以及配合社會與經濟環境之變化，保險產品之供給方式將更有彈性，原先許多供給限制紛紛取消。例如上述財產保險業者已可經營傷害與健康保險，未來跨業經營情況可能更為普遍。

二、相互保險公司

相互保險公司 (mutual insurance company) 是由保單要保人依法組成之非營利目的公司。相互公司並無獨立之股本出資人，要保人亦即是股本出資人，因此要保人同時是公司之所有人 (owner)。相互公司之資本額要求通常低於股份公司，但是公司發起人之人數要求則高於股份公司。公司設立時之發起人（即初期要保人）所繳納之保費的一部份，則視為公司設立基金(如同股本)，亦無所謂之利潤觀念。凡是保費收入大於損失給付之餘額，以及其他任何收入，則回饋於保單要保人作為紅利，或是用以降低保費，或是暫時保留作為融資未來發展之需。

---

❸ 以往由於擔心保險技術不足，因此限制非人身保險組織僅能單線 (mono-line) 經營，即保險人僅能就火險、海上保險，或意外險等擇一經營。然而隨著時代發展，這項限制多已不存在。

❹ 我國「保險法」所稱之財產保險乃是廣義之財產保險，亦即本書所稱之「非人身保險」(nonlife insurance)，而非狹義之財產保險 (property insurance)。目前國際上之保險統計資料，例如 sigma 等，多將保險業務區分為 life 與 nonlife，因此本書採用「非人身保險」譯詞而非「財產保險」，來代表各種財產與責任保險，以避免與狹義之財產保險混淆。參閱本章第五節之保險產品的分類。

相互保險公司是一種特殊之組織型態，一方面希望保留保險制度互助合作之精神，一方面又希望以公司型態促進經營效率，避免合作會社等社團組織之缺失。相互公司之經營，是由保單要保人所選舉之董事會負責，如同股份公司一般。理論上相互公司之保費收取乃是多退少補，當保費收入不足以應付損失理賠與經營費用時，公司可向保單要保人要求補繳保費。然而實務上通常不採用補繳保費，以免引起要保人之反感，因此可能會先保守估計以收取較充足之保費。但是這並不表示相互公司之保險費率高於股份公司，因為經營效率與被保人等因素可能影響最終之費率水準。一般而言，當相互公司規模達一定水準以後，必須自行規劃經營策略以穩定公司之財務，不再仰賴多退少補保費之經營模式。

相互公司之實際經營型態相當分歧，依各地區之保險法有所差異。有些僅針對某類危險之需要而設立，例如農場相互公司 (farm mutual) 專門承保農場財產，而工廠相互公司 (factory mutual) 則著重於廠房之損失控制等。有些相互公司則規模龐大不亞於股份公司，例如美國一些人身保險相互公司由於歷史悠久，其市場重要性與股份公司分庭抗禮，難以忽視其影響力❺。

相互公司與股份公司之優劣比較，可由下列三方面進行分析：㈠保費成本，㈡財務安全，㈢公司之控制權。分別說明如下。

㈠保費成本

理論上相互公司乃是非營利組織，保費僅反映損失成本，未包含保險人之利潤。況且要保人等於保險人，損失控制之誘導性較強，可能會盡力防阻損失。此外，相互公司之發起可能來自一群面臨相同危險之人，因此危險之同質性較高，損失預測可較為準確，逆選擇之現象應較少。因此，

❺ 在二十世紀時，美國許多大型壽險公司為相互公司，因此市場佔有率與股份公司分庭抗禮。但是 2001 年以來，由於金融自由化以及資本市場資金取得較易等因素，許多相互公司紛紛改制為股份公司。因此目前相互公司之市場佔有率已經縮小。

理論上相互公司之費率應較股份公司為低。然而實際上，公司經營效率才是保險成本高低之關鍵。倘若股份公司慎選被保人，則損失賠償亦可能低於相互公司。此外，目前多數股份公司亦採用分紅保單，將實際損失經驗與預期損失之差價退還保戶。因此，實務上保險價格高低與公司型態並無絕對關係。

㈡財務安全

股份公司因設立之時必須準備一定之資本額，在多數國家中，此資本額標準相當高，可作為非預期損失之補充，給予被保人較高之財務保障。而相互公司設立時雖有基金之要求，但是其數額往往遠低於股份公司之資本。因此，理論上，相互公司對於被保人之保障似乎不如股份公司。然而這種差異一般僅存在於公司設立之初期階段，一旦相互公司經營成長之後，其累積之盈餘可能相當雄厚。例如目前所見之美日大型相互公司一般，其財務安全能力不亞於股份公司。

㈢公司之控制權

股份公司之控制權屬於股東所有，與要保人無關。股東推選董事會負責公司之經營，而公司之盈虧由股東自行承擔。相對地，相互公司之要保人即為公司之所有人，換言之，要保人等於股東，公司之經營由要保人所選舉之董事會負責。因此理論上相互公司之要保人，對於公司之控制權較高。然而實務上絕大多數之相互公司要保人並未出席股東會❻，其參與公司經營之狀況，與股份公司之要保人並無明顯差異。

總而言之，就消費者之立場而言，選擇一家經營績效優良之公司，遠比選擇公司之法定組織型態重要。雖然理論上，相互公司為非營利目的之公司，保費可能較為低廉；而股份公司則因較高之自有資本，可能財務上較為安全。但是理論所表達者是一種整體平均之現象，而當消費者購買保險時，僅選擇某一家公司，並非選擇「平均」公司。某家相互公司可能經

❻ 參閱 Greene and Johnson (1980)。

營不佳造成虧損，而須提高保費；某家股份公司可能慎選顧客降低損失，因而有紅利發放等。因此不論是股份公司或是相互公司，其中皆有經營優良與拙劣者。消費者之選擇標準應是公司之經營優良與否，而非公司之組織型態。

相互公司之設立因需要相當多之發起人（初期要保人）❼，並且必須將初期保費投入作為設立基金等。這些規定在目前之社會與經濟結構下頗難達成，因此近年來直接以相互公司方式而新成立保險組織者已不多見。雖然市場上仍可見到一些新的相互保險公司，但這可能是股份公司在經營一段時間之後，財務充足且穩定而申請轉換組織型態❽。我國「保險法」第 136 條對於保險業之組織，則規定以股份公司及合作社為限，並無相互公司之組織型態，因此國內目前並無保險相互公司。

三、勞依茲協會

勞依茲協會 (Lloyd's Association) 之保險組織，乃是由個別會員保險人組成。每位會員是一獨立經營之保險人，憑其財力與經驗承保危險，並以獲利為經營目的。由於個人財力有限，因此許多時候部份會員會以合作方式聯合組成，用以承保危險，如同數家銀行組成銀行團辦理聯貸案一般。勞依茲組織之最大特色，是每一會員以其個人財力為承保危險之基礎，而非以組織為單位負擔損失賠償之義務，協會組織僅是提供硬體設施與行政協助。目前勞依茲協會以英國倫敦為主，其他國家較少設立，因此通常又稱為「**倫敦勞依茲**」(Lloyd's of London)。然而其業務範圍遍及世界各國，並非僅限於英國。

倫敦勞依茲之會員通常並未實際參與協會之日常行政工作，而是如同投資人一般，希望從協會所接洽之保險業務獲得利潤。這些個別會員視其個人之業務興趣而結集成各種小團體，稱為團組或**辛狄卡** (syndicate)。每一

---

❼ 例如紐約州法規要求至少要有一千位要保人，參閱 Black and Skipper (2000), p. 578。

❽ 參閱 Black and Skipper (2000), p. 578。

團組由數位領導人負責日常經營工作，以及分析前來洽購保險之危險狀況。對於可接受之投保，這些領導人通常只承保其中一部份業務，而將部份業務分給團組之其他會員或其他團組。團組之領導人負責分析危險並決定價格，而後再將業務分送其他團組與會員。其他團組是否參加該危險之承保，往往是仰賴該領導人之商譽。

倫敦勞依茲歷史悠久，早在十七世紀（1688 年）即已開始，其承保之業務範圍廣泛。然而歷經三百多年之演進，業務內容亦不斷翻新，目前以財產與責任保險為主，尤其是海上保險與航空保險。此外，倫敦勞依茲並以承保特殊危險著名於世，例如足球明星之雙腳等。

勞依茲已成功地經營運作三百多年，會員獲得高水準之投資報酬，因此勞依茲一向不愁吸引新會員之加入。勞依茲承保人優異之專業經驗與分析危險之專業知識，使其成為某些險種之國際領導人，並且為團組之會員帶來豐富之利潤。勞依茲經營之成功主要歸功於團隊精神，而通常只有符合嚴格財務標準之投資人才得以加入勞依茲。因此雖歷經各種嚴重之巨災危險與承保失誤，會員們仍有足夠之財務資源繼續生存奮鬥，今日勞依茲仍然是國際上最重要之保險洽購對象之一。

四、互保交易社

不同於相互公司，**互保交易社** (reciprocal insurance exchange) 是一種非公司組織之協會，其形成之目的在於提供會員保險，會員稱之為訂戶 (subscriber)，其角色與相互公司之保戶略有不同。每位訂戶在互保會社中有一單獨之帳戶，該帳戶存入訂戶之保費收入及其所產生之投資收入，並支出訂戶所應分攤協會損失與費用之額份。在此種運作方式之下，每位訂戶既是保險人亦是要保人。互保會社通常被視為非營利組織，因為會員僅支付損失與費用，並未包括附加利潤。

由於會員並無經營該互保會社之專業知識，因此通常指定一代理人或代理公司負責管理工作。基於會員之授權，並以會員之利益為前提下，此代理人通常執行所有如同保險公司之相關工作，包括行銷、核保、與簽發保單等（見第五章），而收取保費之某一比例作為工作報酬。

雖然互保交易社之數量不多，市場佔有率不高，但是有少數幾家互保交易社之規模卻相當龐大，不亞於大型之保險公司，尤其是在汽車保險方面。例如美國之 Farmer's Insurance Exchange 與 Auto Club Insurance Association。

五、其　他

民營保險組織除上述四種主要類型外，市場中尚有其他多種保險供給者可以提供保險保障。

㈠兄弟會保險人

某些宗教或社團組織，常被歸類為**兄弟會保險人** (fraternal insurer)，亦提供社員若干保險保障，尤其是人壽保險方面。這些兄弟會等社團組織之成立，其目的並非提供保險，而是另有社團目標與宗旨，提供保險僅是給予社員一種額外服務。一般而言，社團組織所提供之保險保障金額並不大，不如一般保險公司保單所承保之金額。

㈡健康保險組織

健康保險雖屬人身保險，但其經營方式與一般人壽保險並不相同。被保人於購買保險之後，因就醫成本降低，往往增加其就醫機會，因而使社會上之醫療支出大幅提高，容易產生道德危險。另一方面，其損失賠償金額往往受到醫療機構之成本控制的影響，由於有保險人代為支付醫療費用，醫療機構往往更易使用昂貴之醫藥與設備。因此健康保險之損失給付節節高升，一般民營保險公司必須提高保費以為應對。近年來由於醫療成本大幅上漲，社會大眾難以負擔高昂之健康保險保費，於是各種控制醫療費用之方法相繼出現，其中包括保險組織方式之翻新。

健康保險除可由一般保險公司提供外，亦可由其他團體提供。傳統上最著名之醫療保障組織，為美國之**藍十字** (Blue Cross) 與**藍盾** (Blue Shield)

組織。此二組織出現於 1930 年代，藍十字提供住院費用給付，而藍盾則支付手術與一般門診就醫費用。藍十字與藍盾並非一般保險公司，而是由醫療服務之供給者所組成。藍十字是由醫院協會組成，而藍盾則由醫生聯合設立。由於保險人即為醫療服務之供給者，因此醫療機構將控制成本，避免濫用醫藥設備以領取保險給付。

健康保險之另一供給來源為「**健康維護組織**」(Health Maintenance Organization, HMO)。會員藉由繳交會費給予此組織而獲得廣泛之醫療照護，包括門診、住院、檢驗，與急診等。此外，此組織強調預防保健之重要，因此並提供固定健康檢查之給付。由於 HMO 給付範圍廣泛，且求償手續不複雜，因而受到大眾之歡迎。然而會員就診必須前往簽約醫療機構，否則不予給付，是其最大之限制。

此外，尚有另一種健康保險組織，稱為「**優先供應者組織**」(Preferred Provider Organization, PPO)。PPO 通常是由相關之醫生與醫院所組成之協會，主要是提供企業或組織之團體健康保險，並承諾給予這些組織之員工較優惠之就醫費用。不同於 HMO 之會費與就醫多寡無關，PPO 向雇主（或被保人）之收費將隨就醫情況而定，雖然就醫費用享有折扣。但是另一方面，員工之就醫則不限於簽約醫療機構，惟費用可能較高。

㈢金融機構之保險部

目前在某些地區，例如美國之紐約州與麻州，已允許儲蓄銀行 (savings bank) 兼賣保險給予銀行之客戶❾，例如人壽保險。保費之收取則直接由銀行帳戶存款中扣除，相當方便。然而一般上其保險金額多設有上限，因此尚無法完全取代傳統壽險公司之保障。這些由儲蓄銀行所出售之人壽保險，其性質頗為類似團體壽險，或是郵局之簡易壽險，例如保額較低、有時可免除核保手續，以及保費按月由銀行帳戶扣除等。我國自 2005 年起亦開放准許銀行銷售保險產品。由於國內銀行行銷據點廣泛，因此業務成長迅速，

---

❾ 儲蓄銀行 (savings bank) 類似我國之信用合作社或農會儲蓄部等小型金融機構，規模與業務範圍不及一般商業銀行。

尤其是在人身保險方面，銀行已經成為人身保險市場之重要行銷管道。但是目前我國銀行只有招攬而不承保，其性質類似仲介人而非保險人。

六、政府保險人

除上述各種民營之保險人外，**政府保險人** (government insurer) 是另一重要之保險供給者。雖然民營保險人已提供多種危險之保障，但是仍然有某些保障無法向民營保險人取得，卻是社會大眾所需要，因此必須仰賴政府保險人提供。政府保險人之存在有下列幾項原因:

1.提供巨災損失保障

由於民營保險人必須顧慮本身之財務安全，有時不願意提供某些危險保障，因為可能遭受巨災損失，或難以估計合理保費。例如洪水或核能爆炸等重大災害，或是與經濟景氣有關之失業危險。由於這些事故涵蓋範圍廣泛難以分散危險，因此民營保險人多不願意提供保險保障，而必須由政府負責承保。

2.照顧人民基本生活

政府基於政治理想與社會政策之目標，必須設法保障人民基本生活之安全，減輕社會大眾遭受意外事故之打擊。因此對於無力購買商業保險之人民，政府可能提供一些基本保障水準之保險，例如郵政簡易壽險、社會保險等，以照顧低所得家庭之經濟安全。

3.配合政府政策之推行

某些危險不具有可保危險之條件，例如政治危險，或是農作收成危險等，一般民營保險人難以估計損失與計算合理保費，因此多不願提供保險保障。然而政府為了鼓勵國際貿易，或輔助農業生產，通常以低廉之保費提供保險保障。營運方式有一部份是具有補助性質，以配合政府經濟政策之施行。例如輸出保險與農作物保險等。

第三節　保險之仲介者

經濟市場上出現供給與需求之後，買賣雙方如何達成交易將是另一研究課題。分配通路之順暢與否，將影響資源利用之效率與產品之價格。保險人將保險產品送達消費者手中之分配通路有多種，除保險人直接向要保人或被保人招攬外，一般上保險產品之銷售往往藉由仲介人傳遞。通路方式之詳細內容將於下一章說明，此處先著重於介紹通路上之仲介者——代理人與經紀人——本身之角色與功能。

由於保險制度之精神在於分散風險，因此保險產品之客戶對象亦盡可能求取地理區之分散，避免將潛在客戶集中於某一地區。因為萬一該區發生意外危險，則保險人將同時面臨眾多理賠求償，可能導致保險人無力清償之現象。另一方面，各地區對於保險公司之分公司與辦事處，往往有某些法令上之限制，例如資本額與專業人員之人數要求等。保險人倘若親自前往各地區設立分公司或辦事處，則其經營成本必然大為提高。因此實務上，藉由分散各地之代理人與經紀人協助銷售產品，便成為一種方便而有效之方法。

一、保險代理人

「**保險代理人**」(insurance agent) 為一獨立經營之廠商，藉由與保險人簽訂代理合約，在保險人之授權範圍內，對外代表保險人執行保險業務相關事宜。而保險人之義務則是支付代理佣金以為代理人服務之報酬。例如我國「保險法」第 8 條定義保險代理人為:「根據代理契約或授權書，向保險人收取費用，並代理經營業務之人。」

代理人既為保險人之代表，必須就保險人之立場爭取最大之權益，例如謹慎選擇被保人、按時收取保費、妥善處理求償案件等，否則保險人可能取消其代理資格。因為代理人往往是首先接洽客戶之人，其核保判斷力對於未來損失成本將有所影響。誠如前文所述，暫保單對於保險人具有約束力，被保人在暫保單期間發生危險事故，保險人必須負補償損失之責任，而代理人往往是開發暫保單之主要來源。因此，代理人在保險交易中之角色相當重要，保險人必須審慎選擇代理人。

代理人不僅須具備保險專業知識，而且必須通過代理人專業考試，取得執照後才能營業，此外並須不斷進修以配合市場發展。各國之保險法令中，通常對於保險代理人訂有特別之管理辦法。例如我國有「保險代理人管理規則」，其中規定代理人有不誠信之交易行為、或是未參加職前教育訓練課程者，不得申請代理人執業證書⑩。

代理人公司之業務規模與營業範圍可能有顯著差異。小型代理人公司多半僅負責銷售工作，而將核保、理賠等工作交給保險人。大型代理人公司之業務範圍彷如保險人一般，不僅代為銷售保險，同時亦進行篩選客戶、收取保費、提供損失控制服務，以及進行小額之理賠求償等。實務上每每發現許多被保人在其保單持有期間內，往往只與代理人接洽，而從不曾接觸其真正承保保險人，因此代理人之橋樑角色，在保險交易中不可忽視。

二、保險經紀人

所謂「**保險經紀人**」(insurance broker)，基本上是獨立開業之廠商，如同一般獨立經營之公司行號，並非附屬於保險公司。經紀人主要之營業內容在於為消費者洽購最適當之保險產品，因此經紀人是代表客戶而非代表保險人，恰與代理人之角色相對應。例如我國「保險法」第 9 條指保險經紀人為「基於被保險人之利益，洽訂保險契約或提供相關服務，而收取佣金或報酬之人。」理論上經紀人應基於客戶之保障需要，向各家保險人洽詢相關產品，而後向客戶推薦最適當之保單。

保險經紀人之收入主要來自保險人所支付之佣金。當經紀人為客戶洽購某家保險人之產品作成交易之後，該保險人將從保費收入中，支出一部份給予經紀人。理論上，保險經紀人代表客戶洽購保險，必須以客戶之最大利益為前提。然而實務上，由於經紀人佣金來自保險人，其是否能真正就被保人權益，提供最適當之保險產品仍有待商榷。因此，其實質角色與代理人之差別相當有限。

如同代理人一般，保險經紀人必須具有豐富之保險專業知識，以便提

⑩ 參閱金融監督管理委員會（民 103 年）「保險代理人管理規則」第 7 條、第 9 條等。

供客戶最優良之服務。通常經紀人在執業之前，必須通過經紀人考試取得經紀人之資格。法令上對於經紀人之資格取得與撤銷等，通常有專門之管理規則規定之。例如我國之「保險經紀人管理規則」。

保險經紀人之業務規模差異頗多。有些小型公司，可能僅有一位有執照經紀人與一二位助手，其工作內容僅止於銷售保單。但是某些大型經紀人公司規模龐大，甚至超過一般中小型保險公司，其工作內容不僅包括銷售，可能亦提供某些損失控制、資產評價、精算等服務。

第四節　保險市場之法令規範

由於保險乃是無形產品，且牽涉公共利益 (public interest)，藉由匯集眾人之資金而分散意外危險之損失，其性質特殊不同於一般商品或服務，因此政府介入市場運作之程度，較之其他產業更為深入。各國政府對於保險市場之監督管理，多有專門之保險法令規範。政府之法令對於保險需求面、供給面、與仲介人三方面皆有影響，以下分別說明之。

一、對於需求面之影響

政府為推行公共政策，完成其保護人民、促進社會安和樂利等目標，有時必須借助保險制度以作為分散損失之方法。因此，政府往往視政策之需要，而宣告某項保險為強制性保險。某項保險產品一旦成為強制性保險，其需求量無疑地必然大為增加。例如強制汽車責任保險，消費者凡是需要駕駛汽車，無論是否有此需求，將無選擇之餘地必須購買汽車責任保險。除一般個人消費者外，政府法令亦影響企業廠商或其他機關組織之保險需求。例如強制職業災害保險，以及部份行業之公共意外責任保險等。政府實施這些強制性保險時，不僅直接增加該保險之需求，有時亦會間接促使消費者購買更多之自願性保險。例如全民健康保險之施行，社會大眾除參加全民健保之外，可能因更加瞭解保險產品之功能，而購買較多之一般民營健康保險。

二、對於供給面之影響

由於保險是一種無形產品，消費者支付保費換取保險人之一項承諾——承諾未來萬一損失發生時，由保險人支付損失補償。因此，如何促使保險人信守承諾，將是保險市場健全運作、持續經營之主要關鍵。由於個別要保人或被保人無力約束保險人，必須借助政府法令之監督。有關保險市場之各種監理規範將於第八章介紹，此處僅針對保險法令與供給量之關係加以說明。

由於法令限制保險人之保費收入與其資本額間必須維持一定之比例（例如三倍⓫），或是保險人之資本額必須隨承保風險提高⓬。以免保險人銷售過多保單，而卻無足夠之資本額以為異常損失之最後保障，容易導致財務危機。因此即便市場之需求旺盛，倘若保險人本身之財力不足，則不能如數供給滿足消費者之需要。意即保險市場之均衡，並非完全如經濟理論所述之決定於供需二方。此外，保險產品之價格，亦非完全由市場之供需二方決定。政府經常介入保險費率之釐定，以維持公平合理之適當費率水準。即便市場有相當高之需求，保險人亦不能立即調高費率；反之，市場需求不足時，保險人亦不能任意降價以促銷保單。

此外，政府為施行其公共政策，有時亦限制某些保險產品之上市。例如我國於民國 83 年為推行全民健保，即要求保險公司不得出售「實支實付」型之健康保險。另一方面，有時基於政府監理人力之考量，而限制某些產品上市。例如我國以往之年金保險以及變額壽險未能上市，而近年來因人身保險經營技術已較成熟，因此得以開放銷售。相反地，有時政府會要求保險人提供某些保險產品，即便保險人並不認為那些產品可為其帶來利潤。例如政府實施強制保險時，必須充分供給保單給予社會大眾，此時倘若採

⓫ 參閱財政部保險司《保險業務檢查手冊》。

⓬ 早年常以單一之財務指標（簽單保費 ÷ 淨值 < 3）作為約束保險人承保風險之方法。近年來由於實施風險資本額制度 (risk-based capital, RBC)，保險人之資本必須隨承保風險增加，因此亦具有約束效果。

用公辦民營方式⓭，保險人常被要求提供保單給予一些高風險之被保人。即便不是強制保險，政府有時也會建議保險人提供某些產品，例如 921 地震之後，政府即建議保險人提供更多之地震保險保單。

除了保險產品之限制外，政府亦規範保險人之申請設立，這些規範亦可能影響保險市場之供給量。例如我國於民國 51 年至民國 75 年期間，限制新保險人之設立，直到民國 80 年才全面開放國人設立新保險公司。而設立公司之資本與人力的要求，亦可能影響設立家數。這些法令規定對於保險市場之供給均有若干程度之影響。

三、對於仲介人之影響

保險市場之交易過程中，仲介人之地位舉足輕重。許多保險契約自簽訂以至終止，保險人與要保人或被保人之間不曾互相接觸，完全借助於仲介人之手。因此，為確保仲介人之服務品質，政府法令必須對於仲介人有所規範。

政府法令對於仲介人之影響主要可分為三方面：

⑴資格取得——誠如上文所述，不論是代理人或經紀人，皆必須參加資格考試取得代理人或經紀人執照，才得以營業。而除了開業需取得資格外，代理人或經紀人尚須有執業證書才得以執行業務。執業證書有時效之限制⓮，每隔一段時間必須更新換證，而換證時除一般必備文件外，其中一項規定是要取得主管機關認可之在職訓練證明。這項規定可促使代理人或經紀人不斷充實專業知識，瞭解保險市場當前之發展，因此可以提供消費者更良好之服務。

⑵佣金報酬——政府一方面為保障仲介人之權益，避免保險人剝削，

⓭ 政府實施強制保險時，可能是自行供給保險，例如全民健保之中央健保局；亦可能是委由民營保險人供給保險，例如強制汽車責任保險。

⓮ 例如我國規定執業證書之有效期間為五年。參閱金融監督管理委員會（民 103 年）「保險代理人管理規則」第 20 條，以及金融監督管理委員會（民 103 年）「保險經紀人管理規則」第 21 條。

一方面為控制保費水準，避免消費者無法負擔，因此對於仲介人之佣金報酬水準進行規範，以保障服務品質與維持市場秩序。

⑶營業規定——代理人或經紀人對於保單之說明，不得有誇大不實或誤導要保人或被保人等情形。代理人或經紀人應在其授權範圍內辦理各項招攬、收費、簽單或理賠等事項。若有違反規定者，將受到主管機關之處分，例如撤銷執業證書等，以維持服務品質。

第五節　保險產品之分類

保險制度以小額之保費支出而能分散重大潛在危險，因此廣受社會大眾之歡迎，而保險人不斷開發出新產品，以符合社會大眾之需要。目前在先進國家中，保險市場相當發達，保險產品種類繁多。保險產品之分類可依其劃分標準之採用，而有下列區別。

一、人身與非人身保險

保險產品就其承保標的而言，可區分為人身保險與非人身保險。**「人身保險」**(life insurance) 乃是直接與個人身體傷害有關之保障。由於某些人身危險之發生，個人之所得收入因而中斷，其個人或家庭之經濟安全將遭受打擊。這些人身危險包括：死亡、傷害與疾病、失業、以及老化。於是人身保險即針對這些項目給予保障，產品分別稱為人壽保險、健康保險、失業保險、與老年年金。其中失業保險一般上多由政府提供，而民營保險人通常並不經營，其他三種保險主要來自民營保險人。某些國家倘若實施社會保險制度，則可能亦提供這幾方面之人身危險的保障。

「非人身保險」(nonlife insurance) 包括財產保險與責任保險。財產保險主要是保障某些危險對於被保人之財產的損毀。由於財產可能遭受之危險種類相當多，因此財產保險之產品項目亦不勝枚舉。有些以潛在危險事故為名，保障該危險事故對於多項財產之損毀，例如火災保險、海上保險、竊盜保險等。有些則以某項財產為名，保障多種危險對於該財產之損毀，例如汽車保險、珠寶保險等。

責任保險則保障被保人因疏忽行為造成第三人之人身或財產損毀，而應負法律賠償責任之損失。這些疏忽行為可能來自駕駛汽車、執行工作、或是擁有公共場所等。因而保險產品包括汽車責任保險、專業服務責任保險、公共場所意外責任保險等。隨著社會生態與科技環境愈形複雜，人與人之間的關係愈加密切，疏忽責任之類型不斷擴增。例如產品傷害責任、環境污染責任、董監事責任等。因此，責任保險產品之種類亦隨之增加，近年來業務量急遽上升。

二、民營保險與公營保險

就保險供給來源而區分，依據保險人之組織特性，保險產品可區分為民營保險與公營保險（或稱為政府保險）。「**民營保險**」(private insurance) 包括各種民營保險人所提供之保險產品，例如人壽保險、火災保險、汽車保險等。不論民營保險人之組織型態是股份公司、相互公司、勞依茲、互保交易社，或其他任何民間組織。

相對地，「**公營保險**」(government insurance) 泛指由政府擔任保險人所提供之各種保險產品，不論是地方政府、省政府、或是中央政府。公營保險產品可能包括健康、傷殘、老年、遺族、失業保險等多種人身保險，以及洪水保險、農作物保險、輸出保險等非人身保險。隨各國之經濟與社會環境不同，其政府所提供之保險產品可能有所不同。例如我國有公保、勞保、全民健保，以及農作物保險、輸出保險等。公營保險在市場上之佔有率多寡，與各國之政治環境有關。有些國家公營保險之市場佔有率相當高，某些險種甚至是獨佔；而有些國家則政府甚少介入市場，僅提供民營保險不保之產品，作為補充或輔助之角色。

三、自願性保險與強制性保險

以被保人購買保險產品之意願而論，可區分為自願性保險與強制性保險。不論是民營保險或公營保險，皆可進一步區分為自願性保險與強制性保險。所謂「**自願性保險**」(voluntary insurance)，是指消費者可依其本人之意願決定購買該產品與否，反之則是「**強制性保險**」(compulsory insurance)。大部份民營保險是屬自願性保險，消費者可自由採購，其中主要之例外為強制汽車責任保險。某些地區由於政府法令規定，汽車駕駛人必須購買責任保險，因此乃屬強制性保險。

公營保險可能是自願性保險，或是強制性保險。政府經由法令規定，要求符合資格之人民必須參加特定項目保險，不論人民本身是否有採購之意願，這類型保險即是典型之強制性保險。例如社會保險或我國之全民健保。然而某些保險則是政府基於鼓勵與輔導產業發展之目的而設立，人民可自由決定購買與否，例如農作物保險或是輸出保險等。

四、個人保險與商業保險

以購買保險之目的而區分，保險可分為個人保險與商業保險。「**個人保險**」(personal insurance) 乃是基於保障個人身家安全而購買之保險。相對地，「**商業保險**」(commercial insurance) 多半是基於營業上之需要而購買保險。例如個人因開車需要所買之汽車保險，乃屬個人保險；相對地，營業用車如計程車、公車，或是公司行號為公司用車所買之車險，則是商業保險。此外某些險種本身即是配合商業用途，例如產品責任保險與專業服務責任保險等。商業保險與個人保險名詞之區分，實務上多用於非人身保險，但有時亦可用以稱呼人身保險。

五、團體保險與個別保險

相對於商業保險與個人保險之區分多用於非人身保險，人身保險每每劃分為團體保險與個別保險。「**團體保險**」(group insurance) 與「**個別保險**」(individual insurance) 主要是以被保人人數之多寡以及核保程序而區別。一般上個人或家庭所購買之人身保險，多屬個別保險。傳統上個別保險之被保人以一人居多，然而有時家庭保單或許包含二位以上之被保人，但是理論上被保人必須一一經過核保程序。

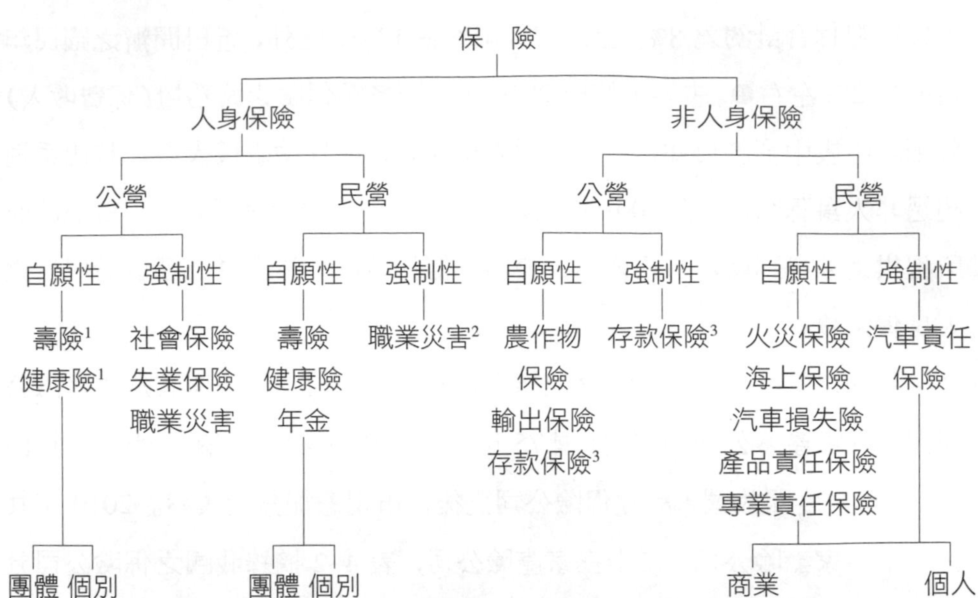

【註】1. 某些國家如美國之州政府提供自願性人身保險。
2. 美國某些州之職災保險可直接向民營保險人購買。此外，職業災害有時被視為是雇主責任，因此職災保險亦可歸類為責任保險。
3. 有些地區限制某些類型之銀行必須強制投保存款保險，有些地區則可自由投保。

圖 4–2　保險產品之分類

相對地，團體保險則主要用於公司行號或其他機關組織，以其員工多人一併投保，共同包括於一張主保單之下。只要該組織為保險人所接受，被保人不需一一核保，而被保人通常只擁有保險卡以為保險憑證，但無個別之保險契約。實務上團體保險多用於企業之員工福利。

目前實務上所提供之保險產品大致上可摘要如圖 4–2，而產品之詳細內容則於本書第三、四、五部份再行說明。

第六節　我國之保險市場

我國之保險市場經歷過去五十餘年來之發展，不論是消費者對於保險產品之需求量、保險公司家數與規模、或是保險產品之種類等，各方面皆有長足之進步。根據 2010 年之資料，國人在人身保險方面之保費支出約為新臺幣 2.3 兆元，而財產保險方面之保費支出為新臺幣 1,058 億元。政府之公保與勞保保費佔保險總保費收入之比例，早年約有 30% 左右，但民國 84 年以後，由於全民健保之開辦，取代部份公、勞保之保險範圍，因此目前公保與勞保合計約為 8%，全民健保則約佔 13%，此外，近日開辦之國民年金約佔 2% 左右⓯。表 4–1 摘要 2010 年我國各類保險之業務量（保費收入）分配。由表中資料可知，我國之保險業務以人身保險為最大宗，其比重遠超過非人身保險。而自 2001 年以來，民營人身保險快速成長，相對上政府所提供之人身保險，包括公保、勞保、健保等，其業務量已遠遜於民營之人身保險⓰。

我國之保險公司其組織之型態主要為股份公司，過去原有八家壽險公司與十四家產險公司。自從民國 75 年開放外商公司進入我國市場，以及民國 81 年再度開放國人設立保險公司之後，市場愈加蓬勃興盛。2010 年共有三十一家壽險公司，二十三家產險公司，表 4–2 摘錄我國之保險公司分佈狀況。由表中數字可看出，目前我國保險市場仍以本國公司為主，其業務量遠大於外商公司。

目前國內之保險商品種類繁多，由於近年來政府對於保險市場之政策較為開放自由，因此保險業者不斷開發新產品。人身保險產品有壽險、傷害險與健康險，並有個別保險與團體保險之區別，而年金保險以及結合保險與投資之新式保單等亦紛紛上市。非人身保險方面包括火災保險、海上保險、汽車保險、以及其他多種財產與責任保險等，個人保險與商業保險均有之。政府保險人亦提供若干保障，例如包含多種人身保險之勞工保險與公務員保險，84 年 3 月起推出全民健康保險等；此外並提供輸出保險以鼓勵國際貿易。總而言之，目前我國保險市場可說是蓬勃發展，新險種與新保單不斷開發，而保險業務量持續增加，乃是極具潛力之產業。

⓯ 財團法人保險事業發展中心 (2010)，《保險年鑑》。參閱表 4–1。

⓰ 雖然郵局目前仍是交通部持有之國營公司，但是在保發中心之保險統計資料中，郵局簡易壽險自 2003 年起被包括在民營壽險中，因此降低表 4–1 中政府保險之比例。目前（2010 年）郵局簡易壽險約佔民營人身保險業務量之 7.2%。

表 4-1 我國各類保險之保費收入比較，2010

保險種類	保費收入（新臺幣百萬元）	百分比 (%)
非人身保險[1]	105,833	3.38
人身保險[2]	2,312,850	73.83
信用保險	604	0.02
全民健康保險	409,376	13.07
公教人員保險	17,417	0.56
退休人員保險	1	0.00
勞工保險	207,150	6.61
就業保險	20,476	0.65
農民健康保險	4,720	0.15
國民年金保險	53,748	1.72
家畜保險	313	0.01
合 計	3,132,488	100.00

資料來源：財團法人保險事業發展中心 (2010)，《保險年鑑》。

【註】1. 包括民營之財產與責任保險等各類非人身保險產品。

2. 包括民營之壽險年金與健康險等各類人身保險產品，以及郵政壽險。

表 4-2 我國之保險公司分佈狀況，2010

公司類型	公司家數		市場佔有率 (%)[2]	
再保險公司	3		100.00	
產物保險公司	23		100.00	
本 國[1]		17		97.83
外 商		6		2.17
人壽保險公司	31		100.00	
本 國[1]		24		97.06
外 商		7		2.94
總 計		57		

資料來源：財團法人保險事業發展中心 (2010)，《保險年鑑》。

【註】1. 本國產物保險公司包含合作社，本國人身保險公司包含中華郵政公司。

2. 市場佔有率為保費收入之比率

筆記欄

第五章 保險事業經營之一：業務管理

本章目的

本章目的在於探討保險事業之經營。保險事業順暢運作主要仰賴一系列專業技術與專業人員，例如行銷、核保、定價與理賠；此外對於所收入之保費進行投資與財務規劃，亦是經營之重要環節，本書分別於第五、六章說明。讀完本章之後，讀者應該能夠回答下列問題：

1. 保險市場之行銷通路有哪些方式？
2. 核保之主要目的為何？
3. 核保尺度設定之考慮因素為何？
4. 保險產品之定價原則為何？
5. 求償理賠應注意哪些事項？

前言

保險機構屬金融事業，然而與一般銀行或信託公司有明顯區別。一般金融機構主要扮演財務仲介之角色，一方面接受存款或委託，一方面進行投資以為機構或委託人賺取最大報酬，其經營之重心純粹是理財與投資，賺取仲介差價與服務費用，並無生產部門，直接販售產品賺取利潤。保險業事實上如製造業一般生產產品，並直接從產品價格與成本之差額上獲得利潤，惟其產品無形，不同於一般製造業之實體商品，可於購買時觀察比較。

此外，保險與一般服務業亦有所差異。服務業提供服務賺取利潤，例如律師，出售專業知識，雖亦屬無形商品，但是卻屬確定性商品，消費者支付費用後，必然取得某種服務。保險產品則是一種不確定之產品，消費者支付保費購買保險之後，萬一在保險期間內並未發生保險事故，則消費者除減低憂慮外，並未實質獲得任何服務，因此常會抱怨白白損失保費。但是萬一發生意外危險，卻又可得到高額之補償給付，其價值往往不是一般商品或服務可比擬。

由於保險產品本身獨特之性質，既是無實體外型又是不確定存在，保險事業之經營與一般金融業、製造業，或服務業並不相同。因此，保險經營有其特殊之運作方法與專業技術。保險業之營業利潤主要來自二部份：1.保險業務之利潤，即出售保險產品本身價格與成本之差額；2.投資收入，即保險機構資產所生之利得。第一部份之業務經營，依保險契約自銷售以至終止或滿期之過程，主要可區分為四階段：行銷、核保、定價、理賠。第二部份之財務經營則是仰賴投資理財之技術，與一般銀行等金融事業較為類似。

由於投資收入龐大，國人常將保險機構（尤其是壽險業），視同銀行一般之金融機構，此實為一種誤解。保險機構之經營，仍以保險業務為重心。尤其是在財產與責任保險業，業務淨收入約為財務淨收入之 3 倍（2010 年）。而壽險業之投資部門雖然角色吃重，但仍不可忽略保險業務本身之經營，因為投資之資金主要來自保費之收入。

本章共分為四節，分別說明保險事業經營之業務管理，即有關保險業務部份之行銷、核保、定價、與理賠。而保險業之投資與會計等財務管理部份將於第六章探討。

第一節　保險產品之行銷

一、保險行銷之意義

所謂「行銷」(marketing) 乃是一種開發潛在顧客、銷售、與提供產品或服務給予消費者之過程。行銷使產品之供給面與需求面互相溝通，促成交易市場之出現。保險業必須依賴行銷以發掘潛在顧客，因為保險機構雖有最佳產品與最適當價格，倘若消費者不知道，業者仍無法售出保單。另一方面，消費者有各種不同之保障需求，每位消費者所擔憂之意外損失有所差異，保險業者如何設計與供給符合消費者需求之產品，亦有賴行銷人員傳遞訊息。

由於保險產品主要用於保障意外損失，並無法帶來利潤，一般大眾較少積極主動購買保險產品。或許是因為缺乏危險意識，認為不幸事件不至於發生在自己身上；或許是認為眼前必須先支出一筆保費，而未來結果尚不可知，於是心生不捨。因此保險產品往往需要大量行銷工作才得以促成交易，不僅是藉由一般廣告媒體宣傳保險保障理念，尤其更需要與消費者直接接觸。是故保險行銷可說是相當勞力密集之行業，需要大量人力之投入。

保險行銷工作並不僅是將保單賣出，行銷人員與客戶之關係將隨保單期間而持續。因為客戶對於保單有任何疑問，不論是變更保障或是申請理賠，往往首先求助於銷售人員。銷售人員不僅為保險機構創造客戶，並且維持保單之存續，為業者製造營業收入來源。因此，就保險機構之立場而言，銷售人員如同**生產者** (producer)，銷售義同**生產** (production)，由此可見行銷工作對於保險之重要性。

在保險文獻上，保險之「生產者」泛指各種與保險銷售有關之人員，包括代理人、經紀人以及業務員等❶。亦即保險業之各種招攬人員，而非

❶　「保險業務員」(insurance solicitor) 泛指為保險業、保險經紀人公司、保險代理人公司，從事保險招攬之人。參閱「保險法」第 8–1 條。

單指保險機構內部雇用之銷售人員。由於保險行銷是一種勞力密集之工作，保險機構必須仰賴多種行銷管道以增加潛在客戶來源。保險機構可能自行雇用銷售人員，直接接洽客戶銷售保單，如此可以擁有較多客戶資訊，這是保險人之重要資產。然而許多時候保險機構藉由代理人與經紀人等仲介人銷售保單亦相當普遍，因為保險人可能缺乏某些技術或地利優勢，因此不得不仰賴仲介人。

二、保險行銷之通路

一份保單開發之後，保險機構有多種管道可將保單傳送至客戶手中。保險機構可能自行雇用銷售人員接洽客戶，此種方式稱為**直接銷售** (direct writing)；另一方面，保險機構可採用**間接銷售** (indirect writing) 管道，藉由代理人與經紀人等保險仲介人銷售保單。

第四章已介紹代理人與經紀人，基本上他們是獨立之公司行號，並不是保險機構之附屬單位，而以賺取佣金作為營業之報酬。仲介人對於保險機構業務之維持常有重要影響，因為有些代理人有保存客戶**暫保單** (binder) 之權利，亦即擁有客戶之投保資訊，這些資訊與保單是否續保關係密切。有些代理人雖無此權利，但是由於仲介人是真正接觸客戶之銷售人員，客戶與仲介人之關係可能比與保險人更為密切。倘若仲介人鼓勵客戶轉往其他保險機構，則原保險人將失去業務。因此保險機構若採用間接通路之行銷方式，必須考慮如何與仲介人維持良好關係，以及佣金報酬之設計等因素。

保險機構自行雇用員工招攬業務，一般而言較易掌握客戶來源，此為直接通路之最大優點。但是另一方面，保險機構必須花費較高之人員訓練成本，而且若在各地區設置分公司或辦事處，將增加許多資金與行政管理之負擔。

一般而言，壽險產品之行銷通路較短，壽險業較常採用直接銷售管道。然而財產與責任保險則偏好間接通路，尤其是以企業組織為對象之商業保單，泰半經由代理人銷售，因為需要較複雜之產業專門知識。但近日以來，較為簡易之財產保單（如汽車保險），亦逐漸採用直接銷售通路，以節省佣金成本。以下分別就人壽保險業（簡稱壽險業）以及財產與責任保險業（簡稱產險業）之行銷方式加以說明❷。

㈠人壽保險業之行銷

一般而言，壽險業之行銷方式偏重直接銷售，其主要原因如下：

1.保險人希望更充分掌握保單以維持市場競爭力

由於壽險契約之持續時間甚長，可能長達二、三十年，其間又有紅利分配等財務往來，倘若行銷通路太長，而仲介人在保單期間有發生變動，則對於傳遞紅利或是變更保單內容等，容易產生額外困擾而影響客戶關係。另一方面，壽險產品大同小異，各家機構之產品內容本質上相當類似，因此促銷策略與銷售人員之技術高低，通常即成為保險人是否能在市場佔有一席之地之關鍵要素。保險人為掌握市場競爭力，必須積極主動督導銷售部門，而非等待仲介人引進客戶來源。

2.壽險產品本身不需要密集服務

不同於財產與責任保險需要每年重新投保之短期保單，一般上壽險產品之期間相當長，一旦購買之後，再次購買頻率不高。而壽險保單之求償次數亦低，不需要經常與銷售人員洽詢賠償事宜。銷售人員之工作重心在於銷售新保單，因此保險人不太需要仰賴仲介人處理回答專業問題。

3.專業經營可帶來較高之報酬

由於保險產品本身之複雜性，因此銷售人員若專屬某家保險機構、專

---

❷ 經營人身保險產品之保險公司 (life insurance company)，國人通常慣稱為「人壽保險公司」而非「人身保險公司」。但其經營險種並非僅是狹義之人壽保險，而是包括各種人身保險。對於經營非人身保險之公司，國人慣稱為「產物保險公司」，國外則有「非人身保險公司」(nonlife insurance company)、「財產與責任保險公司」(property-liability insurance company) 或「財產與意外保險公司」(property-casualty insurance company) 等多種名稱。本書為配合保險產品之介紹，因此採用「財產與責任保險公司」之稱呼。此外，由於保險組織有多種類型（參閱第四章），並非全是公司型態，因此為涵蓋各種組織型態，本書依據「保險法」第 6 條，將經營保險之組織，概稱為「保險業」或「保險機構」。

門負責某種保單，由於嫻熟產品之特色，可能最易達成銷售目標，獲得最佳之報酬。因此，銷售人員亦樂於專屬某保險機構，於是保險人不太需要借助仲介人。

人身保險產品之銷售主要是依產品特性，分為團體保險與個別保險二種管道。團體保險之客戶主要為企業或其他組織，銷售人員接洽之對象為企業或其他組織之人事部門。由於團體保險之投保金額高、保障人數多、客戶詢問之問題較多等，銷售人員通常需要較多保險專業知識。因此團體保險之銷售人員，多屬較資深之業務員。通常保險人以支付薪水外加紅利方式作為報酬，較少採用銷售佣金制度。

個別保險產品則是以一般個人消費者為銷售對象，由保險機構所雇用之員工直接向客戶推銷產品，而保險機構一般以支付佣金方式作為報酬。

此外，目前有些壽險產品則採用刊登廣告或**郵購方式** (direct response)，由消費者自行以郵購單購買保險，不須藉由銷售人員之招攬。通常這些保單類型較為單純與標準化，保障金額較低，保費亦較為低廉，可能免除核保手續，如同郵政簡易壽險一般。保險人採用此種銷售方式，或許可以降低行銷成本，但是服務品質可能較差。就目前之市場狀況而言，僅佔一小部份，並不普遍。

㈡財產與責任保險業之行銷

財產與責任保險由於產品本身之複雜性，其銷售人員需要更多之專業知識。財產與責任保險機構不僅雇用員工銷售保險，而且有許多業務必須仰賴專業之代理人。大致上，財產與責任保險機構採用下列四種行銷通路銷售保單： 1. 獨立代理制度， 2. 專屬代理制度， 3. 直接銷售制度， 4. 直接郵購制度，前二者可視為間接通路，後二者則屬直接通路。分別說明如後：

1. 獨立代理制度

當保險機構採用「**獨立代理制度**」(independent agency system)，意謂保險銷售工作是藉由獨立代理人之手。前文已說明，代理人為獨立之廠商，並不附屬於保險機構，但與保險機構簽訂代理契約，在契約授權範圍內代表保險機構。因此此處所稱之「獨立」代理人並非指其為獨立廠商，乃是指該代理人可同時代理多家保險機構，不受特定某一保險人之約束，因此享有較獨立之自主權❸。

保險機構與代理人簽訂代理契約，授與代理人「**暫保單約束權**」(binding authority)，因此當客戶與獨立代理人達成交易，簽發暫保單時，該保單即告生效，不必再等待保險人之批准。亦即代理人所承諾之保障，保險人不得推翻。由於此約束權之效力關係重大，保險機構必須謹慎選擇代理人，而負責任之代理人通常亦會慎用此項權利。

獨立代理人與其他三種行銷管道之最大差異，在於擁有「**代理人到期日目錄**」(agency expiration list) 之所有權。這份目錄記載目前之保單持有人，以及其所持保單之到期日，此乃代理人最有價值之資產。由於保險機構與代理人在代理契約上言明：當代理契約終止時，這些客戶資料歸屬於代理人，保險機構不得轉交給予其他代理人。因此代理人有權利用這些資料，向這些客戶推銷保單。保險機構由於擔憂代理人將客戶轉往其他機構，通常必須支付獨立代理人較高之續保佣金，如同初保佣金一般水準。因為代理人若將客戶轉往其他機構，將可領取初保佣金。

獨立代理人制度歷史悠久、規模龐大，例如美國之財產與責任保險市場，其業務藉由此種行銷管道銷售之比例佔 50% 以上。尤其在商業保單方面之佔有率更高，例如海上保險約佔 95%，商業一般責任保險約佔 85%（1990 年）。個人保單方面，由於產品性質較為簡單，需要獨立代理人協助之處較少，保險機構逐漸改採其他成本較低之方法，例如專屬代理人或直接銷售。因此，在個人保單之業務量上，採用獨立代理人之銷售方式的市場佔有率已逐漸衰退，例如個人汽車保險約佔 34%（1990 年）❹，不及

❸ 民國 94 年修正發佈的「保險代理人管理規則」第 4 條規定，對於可代理二家以上之保險業的代理人稱為「普通代理人」，而只能代理一家保險業的代理人稱為「專屬代理人」。然而 100 年 2 月新修訂之「保險代理人管理規則」第 4 條已刪除這些名稱區別。

❹ 參閱 Webb et al. (1992)。

市場之 50%。

2. 專屬代理制度

「專屬代理制度」(exclusive agency system) 如同獨立代理制度一般，其代理人乃是獨立經營之廠商，並非附屬於保險機構。然而與獨立代理人不同之處，在於專屬代理人在代理契約期間，僅能代理一家保險機構之業務，不得同時代理多家機構。

專屬代理人對於保險人約束力大小，可隨二者之相對關係而有所差異。倘若代理人居於優勢地位，例如擁有精湛之專業知識，保險人不易尋獲其他替代之管道，則代理人對於保險人之約束力將提高。然而多數情況下，專屬代理人並未擁有「代理人到期日目錄」，雖然亦有保險機構同意給予，但是終究是少數。

如同獨立代理人，專屬代理人之報酬主要來自佣金收入，但是續保佣金通常較低。因為既然代理人是專屬於該保險機構，代理人無法將業務隨意轉洽其他保險機構，否則將違反代理契約之規定，因此保險機構較少有流失客戶之虞，不需支付如初保一般之佣金水準。

3. 直接銷售制度

「直接銷售制度」(direct writing system) 是指保險機構本身雇用員工銷售保單之行銷方法，並未藉由仲介人接洽客戶。保險機構以薪水、銷售佣金、或二者並用等方式支付報酬給予銷售人員。由於直接銷售制度之保險銷售人員，乃是保險機構之員工，因此並不產生「代理人到期日目錄」之問題，客戶資料屬於保險人所擁有。

4. 直接郵購制度

「直接郵購制度」(direct response system) 是藉由傳播媒體銷售保單，這是近年來所興起之另一種行銷方法。一方面由於消費者對於保險之知識愈加豐富，一方面由於保險契約之文字用語愈趨口語化，較不需要專人解釋與說明，因此某些較簡易之險種開始採用直接郵購方式銷售。目前大多運用於個人產品線，例如個人汽車保險。

保險人採用此種行銷方式之最大優點在於成本低廉，因為不需要銷售人員接洽客戶，故可節省昂貴之行銷人員人事與訓練費用。但是另一方面，由於沒有行銷人員負責接觸客戶，建立與客戶之友善關係，因此業務往往容易流失，客戶之忠誠度較低。此外，缺乏銷售人員進行初步核保，逆選擇之機會可能較高。

隨著金融自由化政策與保險市場之發達，保險機構經營之產品種類大幅增加，為配合產品特性，一家保險機構可能同時採用數種行銷通路。例如目前之財產與責任保險機構往往同時經營多種產品，亦即**多線經營**(multiple-line)，而非僅專注某一產品線之**單線經營** (mono-line)，因此可能依其產品之特性而採用適當之行銷方法，商業保單採用獨立代理人制度，而個人保單則採用直接銷售方式等。總而言之，上述這些行銷管道彼此並非互斥，一家保險機構可同時混合採用多種行銷制度。

三、行銷管理

保險產品之銷售需要大量人力直接接洽消費者，因此保險銷售之相關人員數目龐大。保險機構必須經常監督管理這些銷售人員（泛指各種生產者)，以便能維持一定水準之服務品質，減少客戶之流失，並避免銷售人員侵佔保費等損失。保險機構之行銷管理可從銷售人員之監督、佣金制度與產品設計三方面著手。

㈠銷售人員之監督

保險機構對於銷售人員之監督，可能採用下列幾種方式：1.總公司制，2.分公司制，3.管理顧問制。分別說明如下：

1.總公司制

「**總公司制**」(home office system) 是由保險機構之總部直接監督銷售人員，通常是由該機構之行銷部經理負責。這方式一般只適用於小型業者，營業規模不大之保險機構。例如地區性保險機構，其業務對象僅集中於某一地區，因此總公司可直接進行監督。

2.分公司制

當保險人之業務範圍廣大，客戶遍及許多地區時，通常需要採用「**分公司制**」(branch office, or regional office system)，在數個營業地區建立分公司或辦事處，以便就近監督當地之銷售人員。

3. **管理顧問制**

倘若在各地設立分公司或辦事處之成本過高，例如偏遠地區，僅有少數客戶，則保險機構可能不願意親自設立這些單位。此時保險機構可採用「**管理顧問制**」(managing general agency system)，借重某些獨立廠商——管理顧問公司，代為監督銷售人員，而保險機構則支付管理佣金給予顧問公司作為報酬。

㈡佣金制度

保險機構必須給予銷售人員適當之激勵，才能促使銷售人員積極開拓業務。除藉由各種言語文字與獎章等精神上之鼓舞外，財務上之報酬往往具有最重要之影響力。一般而言，銷售人員之財務激勵主要來自銷售**佣金**(commission)。由於每賣出一份保單，銷售人員即可獲得保費之某一比例作為佣金，因此銷售人員將積極銷售保單。

傳統上由於佣金多半以保費收入為基礎，並且初保佣金高於續保佣金，因此銷售人員往往著重於開發新客戶與促銷高額保單，而對於維持續保保單與促銷低保額保單之興趣不高，有時甚且鼓勵客戶更換保單等。由於更換保單往往使要保人發生額外成本，因此除非是新保單的確提供較佳之保障，否則實無必要更換保單。在此情況下，業務員鼓勵更換保單，乃是未以服務客戶為前提，不僅其本身可能觸犯法令規定而受到懲罰❺，亦可能影響保險機構之形象與利潤。保險機構於設計佣金制度時必須考慮這些潛在問題。

❺ 參閱金融監督管理委員會（民 99 年）「保險業務員管理規則」第 19 條。

㈢產品設計

銷售人員無論專業知識與銷售技術如何高明，倘若沒有適合客戶之產品，亦難以達成銷售之目標。因此保險機構之行銷部門必須隨時掌握市場之趨勢，瞭解消費者之需要，並將這些訊息傳達給予機構內之其他部門，以設計適合市場需求之產品。例如經濟環境變動而利率下降或上升時，投資型壽險產品可能較受消費者歡迎，而社會之人口逐漸高齡化後，年金產品之需求量可能提高。此外，醫療費用不斷上漲、地震天災之發生較為頻繁，或是侵權責任法令愈加嚴格等，種種經濟與社會因素之變動，都可能影響保險產品之需求。

第二節　核保之意義

藉由廣告與行銷人員之努力，消費者產生購買保單意願並提出要保申請之後，保險人不一定接受投保。保險人首先必須篩選這些潛在客戶以決定是否承保。其次，倘若決定承保，必須進一步分析該客戶之危險程度，以便決定其應繳納之保費，必要時可能修改保單內容等。保險人這一系列之行動稱之為「**核保**」(underwriting)。

實際執行核保工作者稱之為「**核保人**」(underwriter)。核保人之工作層次有所差別，有時保險機構授權銷售人員進行初步之顧客篩選，所以銷售人員亦可能進行部份核保工作，而對於重大案件，保險機構之高層主管可能皆需參與審核工作。因此廣義而言，保險機構許多相關人員都與核保工作有關。但是一般所稱之「核保人」，則是狹義地指通過核保專業考試取得執照，或是具有核保經驗符合核保人資格規定之專業人員❻。如同前章之代理人與經紀人一般，是另一類保險專業人員。

核保乃是保險經營中極為重要之環節，關係保險機構之成敗，因為核保程序之重心即是判定風險之成本。由於風險無形，因此核保是保險經營

❻ 參閱金融監督管理委員會(民 102 年)「保險業招攬及核保理賠辦法」第 12 條。

之一大特色，亦是與其他行業經營最顯著區別之處。以下分別就核保之目的、核保之工作內容、與核保之管理三方面加以說明。

一、核保之目的

核保過程之焦點在於篩選被保人。眾多有意購買保險之潛在客戶，並非皆可購得保單。其原因為何？因為保險人無法接受全部之要保申請人，其中二項主要考慮因素為：(1)避免**逆選擇**，與(2)保險人之承保能量限制。

所謂「無危險則無保險」，通常前來購買保險之客戶，總是有發生意外事故之機率，而保險人亦預期將有損失求償發生，準備賠付被保人，否則社會將不需要保險市場。但是因為這些潛在客戶的危險程度各有差異，愈是危險程度高者愈需要購買保險，而保險人不一定有適合該申請人之保單。所謂「適合」，乃指保費能反映其危險程度。倘若以平均保費出售保單給予高危險程度之被保人，保險人將發生逆選擇現象，可能導致保險機構財務危機。因此保險人必需謹慎篩選客戶，對於無法與該保險機構其他客戶歸納為一類之潛在被保人，必須予以拒保。

其次，由於政府法令限制，保險機構之業務量必須與其淨值 (net worth) 維持一定比例。例如業務量（自留保費收入）不得超過淨值之三倍❼，或是保險人資本必須隨承保風險提高等，此稱為**承保能量限制** (capacity constraint)。因此保險機構不得任意擴增業務量，只能接受一部份之要保申請。既然保險人只能接受一部份要保申請，保險人應妥善利用有限之能量，適當分配這些潛在業務。通常分配之目標是以分散危險為前提，亦即將承保能量分散於不同險種，或是不同地理區。如此可避免某一意外事故發生時，保險機構之眾多被保人同時遭受損失，使該機構出現大量理賠求償而造成資金不足之危機。

另一方面，保險人於分配業務時，除分散危險之目標外，必須考慮本

❼ 承保能量比例依各國保險法令之規範而有所不同，此處三倍乃依據我國早年財政部之《保險業務檢查手冊》之規定。目前已多改採風險資本額之規範，保險人之資本額將隨承保風險而提高，因此亦可視為是一種承保能量之限制。

身之專業技術或資源。由於不同險種所需之專業技術有所差異，每家保險機構可能僅集中於某些險種，因此不能為分散危險而任意跨入不熟悉之領域。例如經營汽車保險之保險人，倘若未具備海上危險之知識，將不適合經營海上保險。因此即使有海上保險之業務需求，保險人亦無法出售保單。

最後必須說明，核保之目標有時會與行銷目標衝突。因為銷售部門努力開發客戶，希望增加銷售量，但是核保部門卻常常拒絕某些要保申請，以維持保險機構適當之損失理賠水準。此乃類似一般行業之銷售與授信部門之衝突。長期而言，不論是過度嚴格或過度寬鬆之核保政策，皆無法為保險機構帶來利潤。因為核保太嚴格，則銷售量低而保費收入有限；反之，過度寬鬆之核保則易造成逆選擇而引起損失賠償過巨。

二、核保之工作內容

核保是保險機構業務經營之一大重心，其工作內容繁重。對於一件要保申請，保險人之處理可能包含數項步驟：篩選顧客、決定售價、決定保單條件、與監督核保決策。通常視案件之投保金額大小與複雜性，保險人在每一案件之核保過程所花費心力不等。一般上，個人險較為單純，核保較為簡易，有時藉由電腦程式自動化處理即可。而商業保單較為複雜，常需較詳細之核保過程，耗費時間較多，且必須仰賴核保人之專業經驗判斷。以下分別說明各步驟之工作內容。

㈠篩選顧客

核保工作之首要內容在於篩選顧客，對於每份保險申請案件，保險人必須收集必要之相關資訊、進行危險因素分析以及執行核保決策。

1.收集資訊

對於每份保險申請案件之核保決策，大致上是以所收集之資訊為基礎，再加上核保人之專業經驗判斷而做成決定。因此，正確與充分之資訊對於核保決策相當重要。核保相關資訊可從下列幾方面來源獲得：

a. 保險申請書（要保書）

保險申請書為要保人或被保人所提供之資訊，其中包含核保之基本資訊。例如壽險之被保人的疾病與就醫歷史，或是產險之財產估價單等。

b. 銷售人員

銷售人員直接接觸客戶，憑其業務經驗判斷，可能提供要保書書面資料以外之相關訊息。例如壽險被保人之臉色蒼白、火險要保人之鄰居龍蛇雜處等。

c. 政府資料與民營資訊公司

政府資料可提供明確而公正之重要資訊。例如犯罪記錄、交通違規或肇事記錄等。此外，社會上一些民營資訊公司，例如徵信社或研究機構，專門針對企業之財務狀況進行排名或分析，對於商業保單之核保可能有所助益。

d. 被保人之求償記錄

倘若該被保人曾經有求償記錄，則對於續保申請之核保是一項相當重要之資訊來源，因為此資訊乃與該保險業務最密切相關。

2. 分析危險因素

當資訊收集齊全之後，下一步驟便是進行危險因素之分析。倘若被保人之危險因素高於正常狀況，而這些因素又無法在承保之前去除或降低，則該保險申請可能被拒絕。危險因素包括實體危險因素、道德危險因素、心理危險因素等，已於第二章說明，此處不再贅述。

3. 執行核保決策

危險因素分析之後，核保人對於該要保申請之決策可能是下列三者之一：(1)完全接受，(2)完全拒絕，與(3)有條件之接受。對於低度危險之被保人，核保人當然樂於接受。而另一方面，對於危險過高、極可能造成保險機構虧損之被保人，則應予以拒絕。

然而過度嚴格之核保標準，將使保險機構之業務來源受到限制。因此對於危險程度略高於標準情況之被保人，核保人通常仍予以承保，但是可能附帶某些要求條件。例如裝置損失控制之設備、提高保險費率、修改保障範圍等。例如餐廳業者購買火災保險，核保人可能要求加裝消防設備、提高保費、或是設定自負額與承保上限等。

㈡決定售價

一份要保書一旦通過核保人之批准而決定承保之後，緊接而來便是核定該保單之價格。根據核保資訊與核保人之判斷，一份被接受之要保書將分派至某一危險等級。例如住宅火險可能依建築結構與樓層高低而劃分危險等級，而壽險可能因被保人之年齡與病史而劃分危險等級。由於各等級危險之單位價格（費率）已由保險機構之精算部門計算提供，因此只要將承保之總單位數乘上單位價格，即可得知應收取之總保費。

一般而言，保險費率多以大量統計資料為基礎，並以數理公式加以計算。實務上通常由保險機構之精算部門負責，尤其是壽險保單，大半已有固定之計算公式。然而財產與責任保險之費率方法頗為複雜，各種保單自有其費率決定模式。例如海上保險，則相當仰賴核保人之經驗判斷，而非依據數理公式；但是個人汽車保險則是以客觀之統計資料為基礎。費率之制定方式有多種，依各保險類型而有所差別，其詳細內容將於第三節再作說明。

㈢決定保單條件

要保申請人通過核保篩選之後，有時在計算保費之前，必須就保單內容條件加以討論，以確定承保範圍。倘若所購買是一般標準保單，而被保人又屬於可完全接受之低危險程度客戶，通常並不需要再調整保單內容。但是對於無標準保單之險種，或是較為複雜之要保申請，核保人必須與要保人或被保人討論承保條件，例如安裝損失控制設施、自負額、或承保上限等。當這些條件確定之後，再據以計算費率而收取保費。這種需要溝通討論才能決定承保與否的情況，較常發生於商業財產與責任保險保單，個人保單較為少見。

㈣監督核保決策

對於已經承保之保單，核保人仍需時常注意被保人之危險因素或其他狀況是否改變。例如火災保險之被保房屋，是否由住宅用途變更為營業用途、原先保證功能正常之消防設備是否依然正常等。因為這些危險變更往往影響保險人之潛在損失。即使原先是低危險程度之被保人，亦可能變成高危險組群。當這些情況發生時，保險保障可能必須終止，或是保費必須重新調整等❽。

除針對個別保單進行監督之外，核保人亦需留意某些險種整體業務之損失狀況，或該保險機構全部業務之損失支出，與原先預期水準是否相近。因為經濟或社會環境不斷變化，許多新型潛在危險可能隨時出現，例如環境污染等，對於承保綜合性危險之保單可能有所影響。

核保決策之監督通常藉由「**損失率**」(loss ratio) 高低加以判斷，亦即發生損失與保費收入之比。核保愈嚴格，通常損失率愈低，反之則愈高。經由各年度損失率之比較，保險機構可發現其核保決策之趨向。就核保人之立場而言，固然希望損失率愈低愈好❾，然而從保險機構整體經營之觀點，則必須考慮保費收入是否達到預定水準，以維持該機構之成長目標。

三、核保之管理

核保為保險事業經營之重要環節，核保之成敗關係保險機構未來發展之前景。因此，保險機構對於核保部門必須加以管理，以配合該機構經營之整體策略。保險機構之核保管理可從四方面加以探討：㈠核保策略與機構目標之配合，㈡核保政策之授權，㈢核保政策之制定與執行，㈣核保績效之評估，下文分別說明。

---

❽ 參閱保單上「危險變更之通知」條款。

❾ 損失率＝已發生損失÷滿期保費。參閱第六章第三節關於損失率之定義。

㈠核保策略與機構目標之配合

核保部門之主管人員應參與保險機構整體目標與決策之規劃，以便瞭解該機構未來之發展方向。這類高階會議通常包括機構內主要部門之主管，如行銷、核保、精算、理賠、財務等。各部門主管基於機構整體目標之共識，相互溝通而減少部門間之衝突。例如在預定之保費收入目標下，核保寬嚴標準應如何調整配合。當核保政策確定後，核保部門便可發展與負責各項後續之策略執行工作。

㈡核保政策之授權

由於核保之管理經常是由保險機構之高層主管負責，而核保人基於接近客戶之地緣關係，通常需要分佈於各營業地區，因此核保之管理必須考慮授權問題。核保人基於工作經驗與專業技術分成數種等級，從見習之核保助理以至資深之核保經理等。保險機構之核保管理必須決定各等級核保人之授權範圍，在該範圍內不須再請求上級之核准，以便發揮各單位之工作效率。

授權範圍之大小，與該機構之經營理念或機構規模大小有關。有些機構傾向充分授權，給與核保執行人員較高之自主權。然而亦有保險機構採用集權方式管理，多數要保申請皆需經由該機構之總核保部門審核。一般而言，目前之保險機構多半在充分授權與絕對集權二者間求取平衡。一方面希望促進機構之經營效率，一方面又必須維持適當之核保尺度。

㈢核保政策之制定與執行

管理階層於決定核保目標之後，必須將這些目標具體化為可實行之行動指示。在實務上，這些行動指示通常編纂成核保手冊以供核保人使用。保險機構藉由這些統一編定之核保手冊，可使分散各地之核保人在執行核保政策之態度上較為一致。

核保手冊通常告訴核保人執行核保工作之應注意事項以及指示核保人

必須考慮之重要危險因素。例如收集客戶資訊時，必須同時留意隱私權之維護；或是核保火險必須注意被保人之居家環境與往來朋友等，以便發現潛在之實體危險與道德危險等。此外，核保手冊亦說明該保險機構整體上之核保立場，例如以保費最大化為主要導向，或是以損失最小化為導向等，以便核保人執行工作之態度能與該機構之經營理念配合。

㈣核保績效之評估

核保之管理不僅包括事前慎選客戶之指導原則，尚且包括事後之核保績效評估，以確定核保人是否依循核保政策之指示執行工作，以及是否達成預定之核保目標。核保績效之評估通常藉由損失率水準而衡量，管理階層除比較實際損失率與預定損失率之差距外，並可比較本機構與其他同業之損失率水準，藉由彼此之差距而檢討本機構之核保績效。

此外，對於某些無法由損失率觀察之潛在問題，管理階層可派遣績效評估小組前往各營業處現場視察。這種實地訪查可瞭解核保人之工作態度是否符合該機構之要求、有否超越授權之權限範圍，或是對於要保客戶之申請資料是否妥善保管或分類等。由這些評估可瞭解核保人之行政與管理能力，長期上將有助於保險機構整體核保目標之達成。

第三節　保險費率之釐訂

與核保工作密切關聯之另一保險事業經營重心為**費率釐訂**(rate-making)。費率釐訂主要是針對各險種之各級危險組群，收集相關統計資料，計算其預期損失，並決定各類危險之單位價格。費率釐訂通常由公司之精算部門負責，其專業人員稱為「**精算師**」或「**精算人員**」(actuary)。如同核保人一般，精算師通常必須通過考試或是符合相關法令之規定，例如曾任保險精算工作若干年等，才能具有精算師或精算人員資格❿。精算部門之工作牽涉高度專業技術，例如數學、統計、與電腦，大多屬於內勤

❿ 參閱金融監督管理委員會(民96年)「保險業簽證精算人員管理辦法」第2條。

性質，而較少直接接觸客戶。

費率釐訂與核保可謂互為因果相輔相成。一方面核保人將危險組群劃分之後，精算人員則計算各組群之預期損失與費率；另一方面精算人員藉由損失資料之統計，可以發現危險組群分類之適當與否，並提供更正確而有效之分類標準。

根據經濟市場理論，價格毫無疑問地是買賣雙方共同關切之焦點，價格高低將影響供給與需求之意願。然而保險價格之決定卻常使消費者感到困擾，因為保險是無形產品，並且其成本發生於銷售之後，而又具有不確定發生之特性。為更進一步瞭解保險價格，本文擬從下列幾方面加以探討：一、保費之意義，二、費率釐訂之原則，三、費率釐訂之方法。

一、保費之意義

㈠保費與費率

一般上消費者購買保險所繳交之價格稱為「**保險費**」或簡稱**保費** (insurance premium, or premium)，每一「**曝險單位**」(exposure unit) 之價格稱為「**保險費率**」或簡稱**費率** (insurance premium rate, or premium rate)。保費等於費率乘以所投保之曝險單位數，如公式 (5.1) 所示。曝險單位之採用依險種而不同，例如人壽保險可能是以每十萬元保險金額為一單位，倘若其費率為五千元，則投保一百萬元壽險即是投保十單位，因此保費為五萬元。而汽車保險則是以一部汽車一年為一曝險單位，多數車險消費者即購買一單位，因此一部車一年之保費即等於其費率。保費與費率之關係如公式 (5.1) 所示：

$$\text{保費 (P)} = \text{費率 (R)} \times \text{曝險單位數 (N)} \tag{5.1}$$

㈡毛保費與淨保費

倘若更嚴格地區分，事實上消費者所繳交之保費是所謂之「**毛保費**」或「**總保費**」(gross premium)。毛保費包含二部份：預期損失，以及保險人之經營成本與利潤。預期損失即依據機率與大數法則所計算之潛在危險損失，此部份稱為「**淨保費**」(net premium) 或「**純保費**」(pure premium)⓫，乃是保險制度分散危險之主要財務來源。保險人以這些純保費收入支付損失理賠。另一方面，保險人經營一保險庫必然發生若干經營成本，例如廣告促銷、銷售佣金、行政管理、稅賦等；此外，在營利性保險機構中，尚包括保險人將賺取之利潤，這些項目合計總稱為「**附加保費**」(loading)。附加保費乃是基於保險經營所發生之實務成本，與大數法則原理無關，消費者為去除意外損失之憂慮，必須支付此成本。因此毛保費即如公式 (5.2) 所示：

毛保費 (GP) = 純保費 (PP) + 附加保費 (loading)　　(5.2)

依目前實務慣例，通常附加保費多半等於毛保費之某一比例，約 15% 至 45% 左右，其數字高低依險種而定。該比例大致上與銷售佣金、危險之不確定性，以及市場之競爭程度等因素有關。

例如前文第二章一百戶房屋購買火災保險之例，火災危險為一百萬元，發生機率為 1%，因此各戶之預期損失為一萬元，此為理論上保險庫運作所需之成本分攤，即純保費。但是實務上，消費者向保險機構購買火險卻必須繳交一萬元以上之保費，例如一萬二千元等。此額外之二千元即為保險經營之附加保費，乃是消費者移轉危險所需支付之代價，亦即保險人因承受危險所發生之費用與應得之利潤。若是僅收取純保費，對於保險人而言並不公平。倘若保險人乃是被保人所組織之相互公司或互助會社等，理論上可免除利潤負擔，然而行政與管理費用依然不可避免。

⓫ 壽險保費用語多稱為「淨保費」，而產險保費則較常稱為「純保費」。

二、費率釐訂之原則

通常保險之價格決定於成本發生之前⓬，而成本之發生具有不確定性，個別消費者通常無法自行估計所購買保單之成本，因此政府居於維持市場秩序之立場，對於保險費率之制定有所規範。一般上監理機關要求保險人所使用之費率必須符合下列三原則：㈠充分適當，㈡不得過高，㈢不得差別待遇。此外，保險人本身因為經營順暢之考慮，通常所制定費率必須能夠配合下列二項目標：㈠逐步修正損失估計之誤差，㈡具有促進損失控制之效果。以下分別就此五方面加以說明。

㈠充分適當

充分適當 (adequacy) 原則是指保險費率之訂定，首先要求必須充分，意即不得過低。因為保險制度最重要之目標在於補償損失，而危險損失之賠償基金來源主要仰賴保費收入。倘若保費收取不足，屆時將無法償付損失，保險人無法兌現其保障之承諾。由於保險保費之收取在於損失發生之前，保險人有時為爭取客戶而削價競爭，其心態或許是心存僥倖，認為危險不一定發生，如此則可多賺取保費。而萬一危險果真發生，則保險人宣告破產，而被保人將失去保障。這種情況較常發生於缺乏經驗或商譽不佳之保險人。政府為保障消費者，維持保險制度之健全發展，因此要求保險之價格不得削價競爭。

另有一種情況較普遍發生於一般保險人，是在投資市場景氣良好時，為增加投資資金而降低核保標準，於是保費低於應有之水準。保險人並非心存僥倖，而是計畫利用豐富之投資收入來彌補保險業務部份之虧損。就經營之觀點而言，保險人追求最終之總利潤原屬合理，但是就保險制度自

⓬ 一般上保險契約生效時，即應繳交第一筆保費，因此保險價格通常在成本發生之前即已決定。然而有些時候可能會採用事後追繳方式 (post-assessment)，在此方式下，整個保險庫之總損失可能已經確定，但是每位投保人仍要面臨如何公平合理分攤等問題。

給自足之精神而言，這並非是正常之費率釐訂策略。況且投資市場之波動甚大，而保險契約卻有一定之約束期間。倘若投資市場突然衰退，保費卻無法即時調高，則保險人將產生資金調度之困難。

㈡不得過高

為實現經濟損失保障之承諾，保險價格不得過低，但是另一方面，保險價格亦不應過高，以免圖利保險人而使消費者權益受損。保費**不得過高** (not excessive) 之原則，乃是基於保護消費者之觀點，與其他商品之理由相同。然而由於保險是一種無形商品，消費者難以自行評估其價格是否貨真價實，因此監理機關必須監督保險人是否收取過高之費率。

誠如上文之保費公式所示，消費者所繳交之保費乃是由預期損失與附加保費所組成。預期損失之計算一般多以統計資料為基礎，因此應可達到客觀合理之要求。至於附加保費之經營費用與合理利潤，並無一定之標準，實務上多由政府依當地市場慣例，規定某一固定比例，例如 15%；或是規定不超過某一比例上限，例如 20% 以下。因此純粹就損失賠償與保費收入二者做比較，事實上市場中保費過高之情況並不多。

例如在汽車保險市場中，有時損失率已超過 100%，即損失賠償超出保費收入，然而消費者卻依然抱怨保費過高。就多數被保人而言，他們並未發生事故申請求償，但是卻繳交一筆為數不小之保費，因此必然感到太昂貴。反之，對於有發生事故者，通常其所繳交之保費遠低於所獲得之補償。由於危險具有不確定性，保費之高低應以平均損失率衡量，而非依個人之經驗評斷。倘若欲降低保費水準，首先應設法降低危險組群整體之損失成本。當一個危險組群之整體損失降低時，該組群內之各要保人所分攤之成本與保費才得以隨之降低。其次，在附加保費方面，倘若保險人之行銷與行政之效率提高，則可降低這些銷管成本等，如此將可降低費率。

㈢不得差別待遇

不得差別待遇 (not unfairly discriminatory) 有時亦稱為「**不得錯價**」，意

指對於相同危險程度之被保人必須收取相等之保費，不可因其他主觀因素，例如種族、人情關係等，而使用不同之費率水準。

由於保單之被保人的危險程度各有差異，必須經由核保過程而將客戶分類為不同危險組群，此為保險經營所必要之程序。危險分類乃是根據專業經驗或統計資料為基礎，目的在於使同一類組之被保人其危險程度相同，因此當收取平均預期損失為保費時，不致發生補貼之現象。因此分類是為追求真正之公平而非歧視，此種分類是屬正當合法，亦是訂定費率所必要之手續。政府法規所強調者在於「不公平」之分類，而非分類本身。所謂「不公平」之分類，乃非以專業知識經驗或統計資料為基礎，而由保險人憑主觀意見裁定危險等級之方式。

㈣逐步修正損失估計之誤差

逐步修正損失估計之誤差 (responsive) 之目標即指保險費率之訂定必須允許逐步調整修正。由於保費之制定在前，而成本發生於後，適用於本年度保單之費率水準，通常是根據過往之損失經驗為基礎，並非當期被保人所發生之損失成本。因此於該年度結束後，必然發現保費收入與實際損失間之估計誤差。

對於這些估計誤差之處理方法，各險種有所差異。人壽保險通常以紅利方式返還要保人 (細節參閱本書第三部份)。財產與責任保險則將誤差逐年反映於未來數年之費率，換言之，各年度訂定費率時，必須加入一估計誤差調整項目。

此外，估計誤差之修正通常是採取逐步調整方式，而非於某一年度立即反映。由於意外危險之發生本身相當不確定，經常多年平安無事，而某一年卻損失慘重。倘若下一年度立即足額調整費率，反映其間之估計誤差，則費率必然大幅上揚。在此情況下，消費者將難以應付保費支出，保險需求可能因而銳減。因此，實務上保險人訂定費率時，多採用逐步調整之方式，以維持價格之穩定，並配合銷售之可行性。

㈤具有促進損失控制之效果

雖然理論上，保險人原本即預期將賠付損失，並且已由保費收入匯集補償損失所需之基金，因此保險人似乎不需關心損失控制問題。但是一般而言，社會大眾與保險人多不希望意外危險發生，除基於人道精神因素外，對於保險人更有經濟上益處，因為損失愈小，保險人之成本愈小而利潤愈高。

許多時候，意外危險事實上可以有效預防或抑制。例如小心火燭、定期檢查廠房機器鍋爐或裝置消防設備等，所需花費不大，但卻可以減少許多不幸事件，當然亦降低保險人之賠償支出。因此為鼓勵被保人加強本身損失控制之責任，同時亦避免被保人因購買保險而產生心理危險或道德危險，保險人於制定費率時，通常會納入損失控制誘因，此乃保險**具有促進損失控制之效果** (with loss control incentives) 的目標。例如裝置消防設備，則給予火災保險保費折扣；三年未曾有車禍肇事記錄之被保人，其車險保費較為低廉等。

由於保險產品獨特之性質，無法藉由市場本身之需求與供給均衡產生合理價格，實務上為促使保險人所釐訂之費率能符合上述之原則，通常需要政府法令規範之介入。政府監理單位通常要求保險人必須先將費率送審而後才可施行，或是由政府或公會統一規定費率等，以維持保險交易之市場秩序。詳細之費率監理措施將於第七章「保險市場之監理」再予以說明。

三、費率釐訂之方法⑬

費率釐訂始終是保險經營之一大難題，一方面必須考慮上述之費率制定原則，另一方面又受限於實務技術上之困難，往往無法完全依循理論或原則。目前常用之費率釐訂方法包括：㈠判斷法，㈡分類法，㈢增減法，分別敘述如下。

⑬ 本處僅就各方法之原理略加說明，並未探討詳細之計算過程與精算技術，有興趣之讀者可自行參考精算數學方面之書籍。

㈠判斷法

所謂「**判斷法**」(judgement rating method) 乃是指費率之釐訂主要仰賴核保人之專業經驗判斷。但是這並不意謂全然是憑空猜測或主觀決定，因為核保人累積多年之專業經驗，並且可能亦參考某些統計資料或相關科學資訊，因此並非任意制定不理性之價格。然而無論如何，判斷法中並無明定之費率公式，以說明如何決定曝險單位之價格。

判斷法雖然在觀念上似乎與現代社會講究科學客觀之風氣不符，然而在保險實務上，判斷法依然佔有重要地位，其可能之原因如下：

1.危險本身具有高度不確定性

由於某些意外危險本身之不確定性，超乎目前人類之預測能力，任何人為發明之數學預測模式或電腦科學儀器，並無法絕對正確預測意外危險。因此，有時候專業經驗判斷並不必然遜於數理方法，卻可節省許多人力與物力。

2.缺乏大量之統計資料

某些危險並無大量之統計資料可以作為計算估計之基礎。例如新型產品之責任危險，保險人尚未累積足夠之損失經驗與統計資料；或是足球明星之雙足等特殊危險，難以使用大數法則加以估計。這些危險在理論上並非屬可保危險，但實務上為增加業務量仍然承保這些危險，此時費率之訂定可能必須仰賴核保人之判斷。

3.競爭業務之需要

基於國際市場競爭業務之需要，若採用固定公式計算費率，恐無法與其他國家之保險人競爭或合作。例如海上保險通常與國際貿易有關，倘若堅持使用統計資料計算費率，唯恐緩不濟急而無法贏得貿易機會。因此，政府可能允許保險人採用判斷法制定費率，以應付國際市場業務競爭之需要。

㈡分類法

「**分類法**」(class rating method) 是對於同一組群之所有曝險單位皆採用相同費率。經由核保人將投保單位依其危險程度分門別類，同一類危險組群內之各投保單位則視為完全相同。任何個別差異則予以忽略，費率即為該組群之平均損失。分類法之邏輯完全以大數法則為基礎，並不參雜人為判斷或修正個別差異。

分類法有時又稱為「手冊法」(manual rating method)，因為各類組之費率固定，因此可編印成冊，核保人只要將投保單位歸類，即可確定其適用之費率。費率手冊使用簡易，又不受個別核保人判斷之影響，對於營業範圍廣泛之保險機構相當方便。因此許多險種採用此種費率方法，尤其是個人保單。例如傳統終身壽險與個人汽車保險等，其危險程度近似且又有大量業務，符合大數法則原理。例如人壽保險依被保人之性別及年齡分為若干組，每一組各有其費率等級，如表 5-1。

表 5-1　男性被保人每十萬元投保金額之終身壽險費率

年　齡	費　率
26	$1,264
27	1,458
28	1,779
29	1,918
30	2,031

分類費率之釐訂常採用純保費法以及損失率法二種方法：

1. 純保費法

「純保費法」(pure premium method) 乃是將已發生損失及理賠費用之總和，除以曝險單位數，即可求得純保費率。之後，再將純保費率加上費用率，即可得知毛保費率。其公式如下：

$$\text{純保費率} = \frac{\text{已發生損失} + \text{理賠費用}}{\text{曝險單位數}} \tag{5.3}$$

$$\text{毛保費率} = \frac{\text{純保費率}}{1 - \text{費用率}} \tag{5.4}$$

例如根據統計資料，汽車車體損失保險之某一類組共有一萬個曝險單位，其損失賠償與理賠費用共計四千萬元，而費用率為 20%，因此其純保費率為四千元，而毛保費率則為五千元。

2. 損失率法

「**損失率法**」(loss ratio method) 則是比較**實際損失率** (actual loss ratio) 與原先之**預期損失率** (expected loss ratio) 之差異，而後將下年度之費率依此差異加以調整，如公式 (5.5) 所示：

$$\text{費率調整比例} = \frac{\text{實際損失率} - \text{預期損失率}}{\text{預期損失率}} \tag{5.5}$$

$$\text{毛費率}_t = \text{毛費率}_{t-1} \times (1 + \text{費率調整比例}) \tag{5.6}$$

例如汽車車體損失保險本年度之費率為五千元，原先預期之損失率為 0.8，而實際損失率為 0.85，因此下年度之費率應為 5,312.5 元 (5,000 × [1 + (0.85 − 0.8) ÷ 0.8])。

㈢增減法

由於分類法將各類組之所有被保人視為完全相同，收取同一費率，忽略個別差異，因此往往遭人詬病，畢竟真正完全相同之被保人總是少數。隨著近日各種估計技術之演進，出現多種分類費率之修正方法。其中主要之修正，在於納入個別差異之因素，而增減原先統一制定之費率。

增減費率之目的，除反映被保人之差異性，給予較公平之費率水準外；另一方面，則是具有促進損失控制之效果。「**增減法**」(merit rating method) 對於損失低於預期水準之客戶，給予費率折扣，反之則加徵保費。由於近年來損失控制觀念極受重視，增減費率法因而大為推廣，目前已發展出多種不同類型。例如人壽保險對於不吸菸或健康較佳之被保人適用**優惠費率** (preferred rate)，亦即低於標準體之費率水準，而對於健康情況不佳者，則採用**次標準體費率** (substandard rate)，費率較一般標準體之被保人為高。

在財產與責任保險方面，由於險種類別相當多，各險種之危險性質與經營方法又各不相同，因此其採用之增減費率方法相當分歧，有些方法之

計算相當複雜。目前較為普遍之方法為下列三種:

1. 表定費率法

「表定費率法」(schedule rating method) 乃是保險人將危險相關因素及其應享之折扣列表，而後將各被保人之條件與此表相對照，凡是符合之項目則依列表給予費率加減。例如商業火災保險將各種建材與結構列表，分別予以不同之加減費率等級。例如表 5–2 列示火災保險對於房屋樓層高度之加費係數，而各樓層屋主之火災保險費率將等於基本費率 × (1 + 樓層加費係數)，因此消防設備相同之同棟大樓的屋主，將因其樓層高度不同而需支付不等之火災保險費率。

表 5–2　火災保險之房屋建築樓層加費係數

建築樓層	1～5 樓	6～12 樓	13～18 樓	19～24 樓
加費係數	0.15	0.20	0.25	0.30
火災保險費率	$1,150	$1,200	$1,250	$1,300

【註】假設基本費率為 1,000 元。

2. 經驗費率法

「經驗費率法」(experience rating method) 對於被保人之費率增減，是以其前（數）年度之損失率為標準，若其損失經驗優於平均狀況，則本年度之費率予以折扣，反之則加重費率。經驗費率之觀念類似前文之損失率法，但是通常在調整係數上另乘一「信度因子」(credibility factor)，以免個別被保人因某年度損失過巨而立即大幅調整。費率調整係數可簡單表示如公式 (5.7):

$$\text{費率調整係數} = \frac{\text{實際損失率} - \text{預期損失率}}{\text{預期損失率}} \times \text{信度因子} \tag{5.7}$$

至於經驗費率之計算，可能隨險種而有所不同。較簡單者如同前文損失率法，即：$\text{毛費率}_t = \text{毛費率}_{t-1} \times (1 + \text{費率調整係數})$。至於其他較複雜之公式，因超出本書範圍，此處予以略過[14]。

[14] 有興趣之讀者可參閱 Webb et al. (1984), p. 130。

3.追溯費率法

相較於經驗費率是以過去之損失經驗為基礎修正未來（下年度）之費率，**「追溯費率法」**(retrospective rating method) 則是以本年度之損失經驗，調整本年之費率。被保人期初購買保險時先繳交一預定保費（標準保費），而年度結束時，再以當年之實際損失經驗多退少補其間之差額，使損失與費率互相配合。但是為避免直接依據當年損失反映費率，而使費率超出合理負擔範圍，通常費率調整多設有上下限，以免費率過高或過低，如圖 5-1 所示。費率如公式 (5.8) 所示⓯：

追溯費率＝[基本費率＋（已發生損失）× 轉換因子] × 稅賦乘數 (5.8)

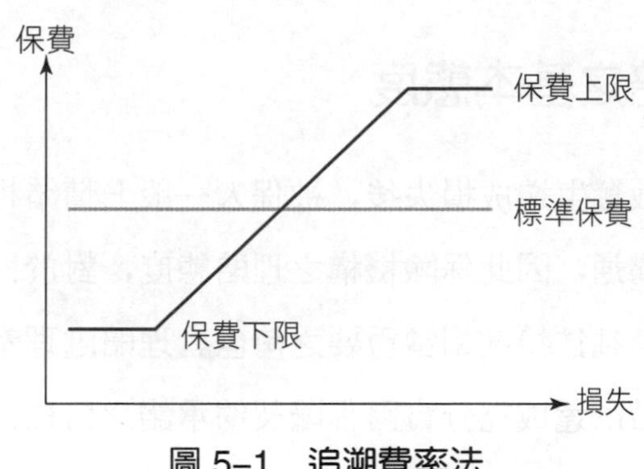

圖 5-1　追溯費率法

第四節　損失之理賠

保險事業經營之另一重心乃是損失賠償之處理。消費者購買保單支付保費之後，倘若發生保單所承保之意外危險而遭遇損失（俗稱**出險**），被保人或其他有求償權之人即可向保險人要求賠償，保險人在保險契約範圍內有責任給予補償。保險機構進行賠償所必經之各種相關處理過程，通稱為**「損失理賠」**或簡稱**理賠** (loss adjusting, or adjusting)，而負責處理求償理賠案件之專業人員則稱為**「理賠人」**(adjuster)。

理賠之主要目的在於實現保險人對於保險契約之義務。要保人支付保費以換取保險人之保障承諾，理賠則是兌現承諾之最終表示。與一般商品

⓯ 對於本公式之說明可參閱 Vaughan and Vaughan (1999), pp. 133–134。

「一手交錢一手交貨」之交易方式不同，一件保險交易之完成是在於理賠之後，而非在於支付保費取得契約時。事實上「理賠」可說是消費者購買保險之真正產品，是保險消費者之關切所在，亦是影響保險人形象之關鍵因素。

理賠處理除需要保險、法律、財產估價等專業知識與技術外，更牽涉若干人性心理因素。舉凡溝通技巧與應對態度等，皆可能影響理賠工作進行之順利與否。如何使理賠過程充分實現保險人承諾，是保險經營中相當重要之課題。本節擬由下列三方面說明保險機構之理賠管理：一、理賠之基本態度，二、理賠人之類別，三、理賠程序，此外本節最後並附帶說明被保人或其他有求償權之人於理賠過程中應盡之義務。

一、理賠之基本態度

由於意外事故發生造成損失後，被保人一般上情緒相當激動，有時容易失去理性不易溝通，因此保險機構之理賠態度，對於日後雙方關係與該機構形象之維持，往往扮演相當重要之角色。理賠處理牽涉若干人性心理因素，保險機構若欲達成充分實踐保險契約承諾之目標，理賠部門應從下列幾方面著手：㈠迅速回應求償申請，㈡收集充分之資訊，㈢評估求償責任，㈣公平合理對待求償人。以下分別說明之。

㈠迅速回應求償申請

理賠部門對於求償申請之首要態度是迅速回應。由於發生意外災變之被保人或其相關人往往非常痛苦或焦慮⓰，對於災後重建工作相當期待保險機構之協助。倘若理賠部門對於這些求償申請未能儘速回應，通常容易加劇被保人或其相關人之痛苦情緒。有時甚且造成被保人等對該保險機構失去信心，而使後續之理賠處理上增加額外困擾。若干有經驗之保險機構，有時在災變發生後而尚未有求償申請時，即前往現場瞭解損失狀況。如此將有助於掌握未來理賠之各種相關事宜，並迅速回應被保人或其他求償人

⓰ 若是壽險保單，因被保人已亡故，則通常是由其親友負責損失善後事宜。

之索賠要求，減少延遲之抱怨。

迅速回應並非立即理賠，畢竟理賠與否或理賠多寡尚須進一步分析保險契約。迅速回應是強調理賠人員之處理態度，對於求償申請必須以誠懇、希望協助客戶解決困難之態度應對，並且發揮高度工作效率儘速著手處理該申請案件。因此，保險機構之管理階層應注意理賠處理流程之設計，促使理賠申請更簡易迅速而有效率。

㈡收集充分之資訊

當理賠部門受理被保人或其他有求償權之人的求償申請之後，下一步驟便是收集理賠所需之相關資訊。例如確定危險事故是否發生於保單期間、是否有道德危險之情況存在、是否有多位保險人同時承保此事故等，這些資訊關係保險人之賠償責任。不論是該求償尚有疑義必須再行調查，或是已確定該求償是屬於保險人之責任範圍，理賠部門皆應儘速收集相關資訊，以便提供理賠人進行賠償評估。

資訊之時效性與充分性對於賠償責任有重大影響。因為時間愈長，外在因素介入之機會愈高，而調查真實情況愈加困難。例如災變現場被移動，或是被保人隱藏不利於自己求償之消息等。而不正確或不充分之資訊容易誤導理賠人之判斷，可能造成保險給付過高或過低，對於保險人或被保人等不公平。因此雖然收集資訊耗時費事，卻是理賠過程中必須且重要之步驟。

㈢評估求償責任

理賠部門之主要工作內容即是評估與決定求償責任。當正確而充分之相關資訊匯集之後，理賠人首先評定該求償是否屬於保險契約之保障範圍。若是，則進而評估賠償責任，實現保險人之承諾。因此求償責任之評估是被保人等能否取得賠償，以及賠償金額大小之關鍵，亦是保險交易中要保人或被保人最關切之焦點重心，一份保險契約之價值高低將於此處顯露。

求償責任之確定，牽涉若干調查、評價、與協調談判之細節，必須仰賴理賠人豐富之專業知識技術以及人際溝通技巧。因此，保險機構應雇用優秀之理賠人員，以促使理賠工作順利完成。

㈣公平合理對待求償人

在所有理賠過程中，理賠人員必須注意心理與情緒因素經常扮演重要角色。被保人及其相關人經歷災變傷心痛苦，容易出現不理性之行為或思考模式。在此情況下，理賠人員之人際溝通技巧變得相當重要，有時更甚於理賠金額之多寡。因此理賠人員如何適當應對情緒失控之被保人等，避免失去耐心，將是理賠人員之一大挑戰。但是無論如何，理賠人員應當抱持公平合理之態度處理損失求償，不應藉故拖延或刪減賠償給付。

二、理賠人之類別

理賠人員負責保險求償之相關事宜，包括保單分析、災變調查、損失評價、協調談判等，一般上必須擁有保險、法律、財務等專業知識，有時尚須醫學或工程方面之常識。因此，理賠是高度專業之工作，理賠人員必須通過專業考試取得執照或是具備若干年之理賠實務經驗，才能獲得正式「理賠人」之資格⓱。

不同於精算部門之獨立作業，精算師與客戶少有直接往來，而理賠人必須與客戶有較多之接觸，經常需要前往現場勘查。因此理賠人員可能分散在分公司或辦事處，而對於某些無法自行處理之理賠案件，保險機構可能雇用獨立開業之理賠人負責理賠工作。此外，被保人或其他有求償權之人可能亦需要另行雇用其他理賠人，因為不服保險機構之賠償等。實務上，負責處理理賠工作之人員有數種類型，以下分別一一介紹。

㈠保險機構之理賠部人員

保險機構之組織中，通常設有理賠部門負責理賠工作，並雇用若干專

⓱ 參閱金融監督管理委員會（民 102 年）「保險業招攬及核保理賠辦法」第 13 條。

屬之理賠人員。保險機構之理賠人常分為內部人員與外部人員。內部理賠人員負責資訊收集，以及處理較單純之理賠案件，大多只需利用電話或郵件與被保人或其他求償人接洽，而不必親赴現場瞭解狀況。外部理賠人員通常位於分公司或辦事處，以便就近勘查事故現場，並進行理賠工作。通常較大型或較複雜之求償，無法僅使用電話聯絡，而必須借助外部人員。

㈡銷售人員代行理賠工作

許多時候保單之銷售人員（生產者）是最先接獲求償通知之人，因為他們銷售保單並接洽客戶。客戶對於銷售保單之代理人、經紀人或業務員之熟悉度高於保險機構，因此當意外事故發生時，他們首先求助於當初之保單銷售人。

銷售人員之理賠工作範圍，視銷售者本身之規模與能力而定。小型銷售者通常只代為傳遞求償通知或相關資訊給予保險機構，並未實際進行評價理賠等工作。大型之銷售者，尤其是代理人，可能較為積極介入理賠過程。例如成立求償檔案、進行資料收集等，對於較單純而金額不高之求償，有時保險機構亦授權由銷售者直接賠償損失。

由於銷售者地緣上較接近被保人等，倘若由其代為處理求償理賠，可節省保險機構資訊收集、往返現場等之時間與費用，促使理賠處理過程更有效率。此外，對於提高保險機構之形象與降低保險費率皆有所助益，因此不失為是一種有效率之經營策略。惟銷售者之專長畢竟是行銷而非理賠，一般而言僅能處理小型而單純之求償。

㈢獨立理賠人

由於保險機構之業務範圍廣泛，倘若在各地區均設有外部理賠人員，則經營成本可能過高。因此保險機構通常僅在業務量較密集之地區，才自行雇用理賠人，其餘地區則採用獨立之理賠人員。「**獨立理賠人**」(independent adjuster) 是獨立營業之廠商，與保險機構簽訂合約提供理賠服務，以收取服務費用作為報酬。獨立理賠人之規模大小不一，有些僅是少數幾人之辦公室，有些則規模相當龐大，遍佈全國各地，可同時為多家保險機構服務。

此外，某些求償案件相當特殊複雜，保險機構即便在該地區有自行雇用之理賠人，但是卻缺乏處理該類案件之經驗或技術。在此情況下，採用獨立理賠人可能是較佳之選擇。

㈣公共理賠人

上述之數種理賠人皆是代表保險人進行理賠工作，然而這並非表示被保人或其他求償人只能被動等待賠償給付。事實上，被保人等亦可雇用理賠人代為向保險機構求償。代表被保人或其他求償人之理賠人稱為**「公共理賠人」**(public adjuster)。

一般而言，被保人等雇用理賠人之情況並不多見，通常是相當複雜之案件，或是被保人等對於保險人之賠償不滿意。例如受損財產之估價過低等。被保人可雇用公共理賠人向保險人爭取求償，但必須支付公共理賠人若干服務費用，例如求償所得之某一比例等。

三、理賠程序

保險產品之種類繁多性質各異，人身保險不同於財產與責任保險，而個人保單又與商業保單互異，因此理賠過程之難易繁簡差距相當大。例如個人壽險一般上較為簡易，而商業責任保險則相當耗時費事。然而不論繁簡，理賠程序大致上可分為下列三階段：㈠調查，㈡評價，㈢協調結案，下文分別說明。

㈠調　查

理賠部門接獲求償申請之後，首先便是進行調查工作，以便瞭解發生損失之原因是否屬於保單之被保危險。例如人壽保險必須鑑定死亡原因，是否有謀財害命詐領保險給付之情況。而財產保險可能必須勘查火災或車禍現場，以記錄確實之災禍原因與損失程度，並調查損失發生前之財產狀況等。

理賠人員一方面勘查被保人與被保財物之損失狀況，另一方面必須研究該出險保單，以瞭解本次損失是否屬於保障範圍。保單研究主要包括下列項目：

1.保險利益是否存在

一般上人壽保險之保險利益，只要購買保單時存在即可，理賠時並無需具備保險利益。例如要保人與被保人已無婚姻關係，保險人仍需負賠償責任。相反地，財產與責任保險則於理賠之時，被保人必須具有保險利益才可獲得損失補償。例如火險房屋之所有人已將房屋出售轉讓，則視為失去保險利益而無法取得賠償。

2.損失發生之原因是否為保單之保障範圍

每份保單往往排除某些危險事故之保障。例如人壽保險保單，被保人死亡若是因要保人故意謀害致死、或投保後二年內自殺等原因，則保險人不予理賠。而財產保險對於因戰爭、核能爆炸等原因所致之財物傷害，一向除外不保，保險人不負賠償責任。理賠人員於調查損失原因後，可與契約上之承保危險作一對照，以確定保險人之賠償責任。

3.損毀之人身與財物是否屬於保單之承保項目

保險契約上往往列有若干除外不保之項目，當這些項目發生損失時，保險人不負賠償責任。人身保險由於指定以被保人之人身為承保對象，因此一般上較少發生疑義。財產保險之保單則可能列舉若干不保財物，例如火災保險不承保珠寶、現金、藝術品等之損毀。責任保險只負責補償被保人之法律責任損失，並不包括道義補償；此外，亦不補償被保人對於其家屬之傷害。

4.保單是否有承保上限或是額外附加之保障項目

一份保單除基本保障外，往往因要保人或被保人之要求而有若干修正。例如僅購買某一金額以下之保障，或是附加批單額外承保某些危險事故或財物等。這些修正將影響保險人之補償責任。

㈡評　價

當理賠部門完成調查，確定該損失是屬於保險人之補償責任範圍後，下一階段便是估計損失之價值以決定保險給付。若是該保險契約是屬於定值保單且被保標的全損，則估價步驟即可省略，因為補償金額於購買保單時已經決定，例如人壽保險之給付。倘若是屬補償契約，則估價步驟是理賠程序中重要且困難之過程。因為理賠人只見到損毀後之財物，卻必須比較其受損前後之價值差異，以便計算被保人所發生之損失。通常損失評價必須考慮下列因素：

1. 保險契約上所約定之評價方法

保險契約上可能指定採用重置成本法、現金價值法⓲，或是由公證人估價等。

2. 理賠人之估價方式

評價方法確定之後，理賠人通常還須根據某些理賠慣例或規則分析受損財物之品質、結構或類別等。例如財物折舊比例之計算。

㈢協調結案

理賠人員估計損失價值之後，必須向被保人或其他求償人說明或討論評價之要項。倘若被保人等接受該評價結果，則保險人必須於契約規定之時限內（例如十五日等）內支付保險賠償金額⓳。然而許多時候被保人認為評價偏低而不願接受，此時理賠人必須發揮其溝通協調之能力，與被保人作進一步分析討論。倘若雙方始終未能達成共識，則必須依循契約上之爭議條款尋求協議，例如委由中立之仲裁人協調等。

此外，倘若該損失有其他應負責任之肇事人，則理賠人於給付損失之後，必須向被保人取得代位求償權，以便向肇事人追索補償。另一方面，若是同時有多位保險人參與承保，則必須考慮各保險人所應分攤之損失補

⓲ 這些方法將於本書第十四章再予以說明。

⓳ 參閱「保險法」第34條。

償責任。

四、被保人或其他有求償權之人的義務

雖然理賠過程主要是由保險人負擔所有調查與估價等賠償工作，但是被保人或其他有求償權之人亦必須實現若干義務，才得以獲得保險人之賠償。首先，意外損失發生之後，被保人等必須儘速通知保險人，報告損失發生之時、地、物或人。其次，必須盡力協助防阻損失之擴大。第三，對於理賠人員之調查或估價等工作應盡力協助與配合，例如保留損失現場，或提供損失財物之憑證與文件。倘若被保人未能善盡這些義務，可能影響其獲得理賠之機會或金額。

筆記欄

第六章 保險事業經營之二：財務管理

本章目的

本章探討保險事業經營之財務面問題，主要包括投資理財、再保險、保險會計、與保險稅賦等四項。讀完本章之後，讀者應該能夠回答下列問題：

1. 保險機構投資政策之原則為何？
2. 再保險之意義為何？
3. 保險會計原則之目標為何？
4. 如何衡量保險機構之財務績效？
5. 保險機構稅賦之特色為何？

前言

要保人購買保單與繳納保費之後，倘若尚未有損失發生而不必求償理賠，則所繳納之保費將暫時存放於保險人手中。保險人必然充分利用保費收入之資金進行投資，一方面可以增加保險機構之利潤，另一方面亦可利用投資收入補充非預期之理賠虧損，維持該機構之清償能力。投資收入是保險機構收入二大來源之一，因此保險人如何有效運用保費收入，發揮投資策略之功能，是保險事業經營之一大課題。

由於保險契約之法律效力，保險人對於保險期間內所發生之意外損失必須負賠償責任，且必須在規定期限內支付保險金，於是產生現金流出之資金需要。倘若理賠金額超出保險機構目前之現金餘額，保險人便須立即讓售資產或向外借款以支應保險給付，此時必然發生額外成本。因此保險人除尋求投資管道，設法增加收入之外，亦應考慮資產與負債之流動性配合等財務管理問題。

保險人接受被保人轉移而來之危險後，固然可利用大數法則原理分散潛在損失，但是有時仍難免有非預期損失出現。尤其實務上許多危險之承保，並未依據可保危險之條件。例如某些危險之損失不易估計，或是投保單位相當稀少等。因此，保險人本身仍有發生財務危機之虞。而保險人除藉由投資收入沖抵業務虧損外，可能尚必須尋求其他保險人之協助，亦即需要「再保險」。

由於保險產品之成本具有不確定性，損失給付牽涉若干估計值，與一般製造商品不同，因此其會計科目之記錄亦有所差異。此外基於保險人清償能力之要求，監理機關對於保險機構之資產與負債的價值，將要求較嚴格之計算方法，必須另行使用其他制度，與一般公認會計原則不同。

此外，任何事業之經營必然牽涉若干稅賦問題，保險事業亦不例外。政府對於保險機構之稅賦有若干特殊規定，不同於一般公司行號之稅賦。

經由上述可知，投資理財、再保險、保險會計以及保險稅賦等四方面，是保險事業經營之財務面所必然面臨之問題，因此本章將針對這些課題加以探討。

第一節　投資理財

由於保險業務之經營特色是先收入保費而後才支付成本，因此提供保險人大筆資金可為投資之用。此外，各國政府對於保險機構之設立，通常要求高額之自有資本，例如我國之最低資本額為新臺幣二十億元；而公司經營過程中亦累積為數不小之盈餘，保險人必須思考如何有效發揮這些資金之效益。此外由於保險契約之保障承諾，保險人必須維持其清償能力，因此保險機構必須注意資產與負債流動性之配合。

本節首先介紹保險機構之財務風險，而後說明其投資原則，以及財務管理之要點。

一、財務風險

保險機構之經營，除必須面臨逆選擇或意外巨災之業務風險外，其財務面之經營亦有**資產風險** (asset risk)，以及**資產負債配合風險** (asset/liability matching risk) 之挑戰。分別說明如下。

㈠資產風險

保費收入與資本等龐大之資金被投入於債券、股票、貸款、不動產等有價資產，目的是為賺取較高之投資報酬。然而報酬愈高，風險必然隨之增加。保險機構之資產投資，視其投資項目而定，主要面臨下列數種風險：

1.利率風險

基於保險監理法規對於資產投資比例之限制，保險機構往往將大量資金放置於銀行，或是購買債券與股票等有價證券。例如 2010 年我國壽險機構之銀行存款約佔總資產之 6.95% 左右，而產險機構之銀行存款則高達總資產之 25.08% 左右；此外壽險機構與產險機構所擁有之有價證券，約佔其總資產之 45% 左右，其中常含有大量債券。其他國家之保險機構亦有類似之情況，例如美國保險公司亦多以債券為主要投資工具。因此，利率變動將影響這些資產之價值。此外保險機構經常扮演放款人之角色，尤其壽險業者。例如我國壽險業之壽險貸款與擔保放款分別佔總資產之 5.98% 與 5.19%。放款之目的在於賺取利息收入，因此資產之價值將受利率高低而變動❶。

2.信用風險

債券投資與放款不僅受市場利率風險之左右，並且必須考慮個別債券發行人以及借款人之信用風險。因為發行人可能破產或無力清償其債務，而導致保險人之本金無法收回。

3.股票市場風險

❶ 資料來源：財團法人保險事業發展中心，2010。參閱後文表 6–1。

保險機構之資產有一部份投資於股票市場，因此股票市場價格之變動將影響保險人資產之價值。

4. 不動產市場風險

由於不動產之流動性低，保險人投資不動產之興趣，各國情況並不相同。例如我國壽險機構以往（1990 年以前）不動產投資約佔總資產之 20% 以上，後來逐年減少，2010 年已銳減至 5% 以下。而美國壽險機構之不動產投資則僅佔 0.5% 左右。其他國家的產險機構由於短期資金需求較多，不動產之投資一向不多，但是我國情況較為特殊，仍佔有 11% 左右。因此不動產市場變化，對於保險機構資產之影響力大小，各國之差異頗大❷。

5. 匯率風險

一般而言，以往保險機構投資外幣或國外市場之比例不高，因為各國政府可能擔心資金流向他國。然而近年來金融市場趨向國際化，全球資金流動迅速，因此保險機構之投資策略亦隨之改變。雖然各國法規與市場狀況可能略有不同，但大致而言，保險人之國外投資不斷增加。例如我國壽險業者之國外投資佔總資產之比例，由 12%（2001 年）提高至 34%（2010 年）。因此，匯率變化可能影響保險機構之投資報酬率。

㈡資產負債配合風險

保險機構除必須面臨資產投資價值變化之風險外，另一方面，機構尚須考慮資產與負債之配合問題。由於保險契約本身具有時間約束力，保險人對於保險期間內所發生之意外損失必須負賠償責任，且在賠償金額確定後相當短暫的時限內必須支付保險金❸。因此，必然產生現金流出之資金需要，資產之流動性必須與之配合。因為有些時候雖然保險人所擁有之資

❷ 本國市場資料來源同❶，美國市場資料來自 *Life Insurance Fact Book*(2010), pp. 16–17。

❸ 例如我國「保險法」第 34 條規定：「保險人應於要保人或被保險人交齊證明文件後，於約定期限內給付賠償金額。無約定期限者，應於接到通知後十五日內給付之。」

產其帳面價值超過負債，並未發生無力清償之現象，但是由於其資產之變現性低，倘若理賠金額超出保險機構目前之現金餘額，保險人便須立即折讓資產或向外借款以資應付，因而發生額外成本。

除保險給付之外，保險機構（尤其是壽險業）尚必須留意解約金或保單貸款之現金需求。有些要保人可能在保單滿期之前，即要求終止契約並領取解約金，或是辦理保單貸款。究其原因，可能是來自個人財務因素，但亦可能是來自總體經濟因素。若是前者，則保險公司根據營業經驗，通常在制定費率時已納入**脫退率** (withdrawal rate) 等之考量，因此有所準備而較少構成財務危機。倘若是總體經濟因素變化，例如利率迅速上升等，可能造成許多要保人同時要求解約或辦理貸款，如同銀行擠兌一般，此時保險機構可能發生現金不足之週轉危機❹。

二、投資管理

保險機構握有龐大資金，一方面必須維持資金之安全，以實現保險契約之保障承諾，另一方面又希望增加投資收入，以提高保險人之投資報酬率。因此，其投資政策應考慮下列三項原則：㈠安全原則，㈡流動原則，㈢獲利原則，下文分別說明之。

㈠安全原則

所謂**「安全原則」**乃是保險人必須維持其**清償能力** (slovency)，即財務報表上之資產總額必須大於負債總額。由於保險契約之法律效力，保險人有補償被保人損失之義務，因此投資安全性是保險機構投資政策之首要考慮因素。保險基金匯集眾人之保費以作為意外損失之保障，乃具有**公共利益** (public interest)。倘若將資金投入冒險活動而發生虧損，屆時無法清償被保人之出險理賠，形同騙取保費，將影響大眾權益，並增加社會不安。

基於安全原則之考量，目前保險機構之投資策略一方面採用分散原理，

❹　例如美國 1970 年代晚期至 1980 年代初期之壽險業所面臨之問題。參閱 Black and Skipper (1994), p. 861，以及 Black and Skipper (2000), p. 111。

將資產分散於多種不同之投資項目❺，例如銀行存款、債券、股票、不動產等，以避免某一市場波動之影響幅度過巨。另一方面則是投資項目之選擇多傾向於保守穩健，保險人將高比例之資金分配於銀行存款、公債與公司債等價值較穩定且變現性高之項目。例如表 6–1 所示，我國壽險公司之資金運用，其中 40% 以上是存款與有價證券；而產險公司由於經營短期契約，求償機會密集，因此現金週轉需求更高，於是 70% 以上資金投入銀行存款與有價證券。

表 6–1　我國保險公司之資金運用比率，2010

資產類別	壽險公司 (%)	產險公司 (%)
銀行存款	6.95	25.08
有價證券	43.29	47.21
不動產投資	3.89	11.37
壽險貸款	5.96	–
擔保放款	5.19	–
抵押放款	–	0.48
國外投資	34.47	12.28
專案運用及公共投資	0.24	1.40
投資保險相關事業		1.77
從事衍生性商品交易		0.35
其他經核准之資金運用		0.08
總　計	100.00	100.00

資料來源：財團法人保險事業發展中心 (http://www.tii.org.twM/index.asp)。

㈡流動原則

誠如前文所述，保險機構之財務經營將面臨資產與負債配合風險。有些時候雖然保險人所擁有之資產其帳面價值超過負債，並未發生無力清償之現象，但是由於其資產之變現性低，例如長期公債或不動產，可能無法應付理賠給付之立即現金需要，而必須低價拋售所持資產，造成投資損失。

❺ 參閱「保險法」第 146 條，以及第 146–1 條至第 146–9 條。

因此保險機構在進行投資之前，應首先分析其負債面（主要是理賠損失準備）之組成。倘若多數負債將於短期內支付，則應選擇投資於短期資產；反之，將可分配較高比例於中長期資產以增加收益，亦即應考慮流動性因素。

例如壽險機構之契約大多屬中長期性質，臨時需要變現週轉之機會不多，故較多投資於長期債券或不動產，可獲得較高之報酬率，因為一般上長期投資之報酬率較高。相反地，財產與責任保險機構則大多是經營短期契約，因此其資產投資項目主要是現金存款與有價證券，因為隨時可能有意外事故發生而必須支付理賠金。倘若投資於長期資產，可能發生現金週轉不靈之現象。

㈢獲利原則

不論任何一種事業，投資之目的無非是為求取較高之報酬，保險機構亦不例外。保險機構之投資收入不僅是提高股東之投資報酬率，並且可用來降低保費以增加市場競爭力。因為投資報酬可以補充部份業務收入，於是附加保費之利潤部份將可調降。此外，若是可分紅之壽險保單，其紅利高低與投資報酬更是關係密切，獲利性愈高，保單之競爭力隨之提高。因此保險機構在顧及契約責任，維持資產投資之安全性與流動性之餘，則應設法提高投資之報酬率。

不論是壽險業或產險業，其經營之成功與否，投資收入皆是一項重要因素。壽險機構之資產報酬率至少必須達到契約之保證報酬率以上，才得以維持清償能力。而財產與責任保險機構更是經常仰賴投資收入以彌補業務虧損，減少非預期理賠損失之衝擊。由於保險機構之投資策略關係要保人或被保人之保障，因此政府往往設立各種法規予以監督限制，其詳細規定將於第七章「保險市場之監理」再行說明。

三、財務管理

經由上述分析，可知保險機構之財務經營，除應慎重研擬投資策略增加收入外，對於機構之資產負債管理亦不可忽視。因此下文分別由㈠資產負債管理之目標，以及㈡現金流量分析二方面，說明保險機構之理財要點。

㈠資產負債管理之目標

以往保險機構之主要功能在於危險移轉與分散，而要保人或被保人購買保險之目的是為尋求保障，保單通常維持至到期日。此外，市場上之利率大致上相當穩定，因此保險機構之投資策略較為單純，只需考慮資產之到期收益率 (yield)，並以長期持有資產為導向。然而自 1970 年代中期以後，市場利率大幅波動，傳統之理財方式無法應付市場變化，若干保險機構發生無力清償現象，因此保險機構必須重新思考其財務管理之目標。

一般而言，保險機構資產投資以存款及有價證券所佔比例最高，因此資產價值變動之風險主要來自利率。負債方面，由於傳統壽險契約通常含有保證利率，因此當市場利率變動時，客戶可能前來解約或申請保單借款，而保險人必須立即提供解約金或貸款資金。為使資金週轉順暢而有效率，資產負債管理之目的，即在於掌握市場利率變動對於保險機構現金流量之影響。至於財產與責任保險契約，其主要難題並非在於利率變動之影響，而是在於非預期之巨災事故可能造成突然而大量之理賠支出，例如 2001 年之 911 事件等。因此財產與責任保險機構必須設法增進其損失預測能力，另一方面必須設法分散其承保風險，例如利用再保險或是其他新興風險管理方法，以減少負債面之突發性大量現金流出。

誠如上文所述，資產投資必須兼顧安全性、流動性、與收益性。因此，保險機構一方面必須隨時有足夠之現金應付各種支出，另一方面過多而閒置之現金將減少投資收益。大致而言，資產負債管理之理想狀況，應是使資產面與負債面之現金變動淨值為零，亦即完全消除利率風險。然而實務上，完全消除利率風險似乎不可能，因此一般上是以保持一穩定水準，作為資產負債管理之目標。

㈡現金流量分析

為達成資產負債管理之目標，首先必須進行現金流量分析。由於利率對於資產與負債之影響效果不必然相等，因此通常是採用個別分析方式。在資產方面，必須考慮各項資產之類別與到期日，以及其影響因素，例如利息、資本利得、租金、股利等與市場利率變動之關係等。一般而言，利率升高則資產價值降低，因為考慮其**現值** (present value)。此外，尚須考慮資產之組成結構，例如短期與長期債券之比例，因為長期資產較之短期資產受利率變化之影響更為嚴重❻。

保險機構之負債來源主要是來自保單。壽險機構負債主要是各項責任準備（金），其中最主要之項目乃是「**保單責任準備（金）**」(policy reserve) 或簡稱「**責任準備（金）**」❼。產險機構負債主要是「**損失準備（金）**」或稱「**賠款準備（金）**」(loss reserve)，以及「**未滿期保費準備（金）**」(unearned premium reserve)。一般而言，保險機構甚少向外界舉債，因此負債之現金流量分析主要必須考慮保單本身之性質。例如壽險業者若是以長期壽險或年金為主要業務，則現金流量受利率影響甚深；反之，若是以短期定期壽險或是健康險為主要業務，則利率之影響力較小。利率對於壽險保單負債面之影響，主要在於解約金之償還以及保單借款。因為當利率升高時，客戶可能前來解約或辦理保單貸款，以領取解約金或貸款另作其他投資，此種因經濟因素影響而解約或貸款是壽險經營之一大難題。至於財產與責任保險方面，由於是補償契約，且多為短期契約，利率對於負債面之影響應屬間接性質。因為利率提高可能帶動通貨膨脹，因此損失理賠之支出將因而擴增。一般而言，對於財產與責任保險而言，非預期之巨災所造成之損失理賠，例如地震與水災，或是重大損害之賠償等，可能是更直接影響現金流量管理之因素。

不論是壽險業或產險業，目前均廣泛運用各種財務技術，例如**平均存續期間** (duration) 與**現金流量模擬分析** (cash flow simulation) 等，企圖對於

---

❻ 參閱 Saunders (2000), chapters 8 and 9。

❼ Reserve 在我國保險會計報表之負債科目上，多數譯為「準備」，但有些科目亦作「準備金」。參閱我國之《人壽保險業務統計年報》。另外，「保險法」則多使用「準備金」。

現金流量能有更精確之控制。隨著電腦科技之發展，估計與預測技術不斷提昇，保險機構之財務管理將愈加專業。由於資產與負債資金配合之必要性，現今保險機構之理財策略必須將保單因素納入考量，而保險價格亦應包含投資變動之影響，亦即財務面與業務面之互動將更為密切。

第二節　再保險[8]

所謂「**再保險**」(reinsurance) 乃是指保險人將所承保之業務，再向其他保險人尋求保險保障。因為保險人固然可利用大數法則匯集資金分散危險，但是由於危險之不確定性，有時仍難免有非預期損失出現。尤其實務上許多危險之承保，有時並未依循可保危險之原則，因此保險人本身仍有發生財務危機之虞。而保險人除藉由投資收入沖抵業務虧損外，可能尚必須尋求其他保險人之協助，如同消費者將危險向外移轉一般，因此需要「再保險」。

再保險對於保險業之清償能力有重要之輔助功能，尤其是理賠波動較大之財產與責任保險業，再保險更是保險機構經營必要之工具。下文分別就一、再保險之意義，二、再保險之功能，三、再保險之類型，與四、再保險市場等四方面加以說明。

一、再保險之意義

上文已說明，「再保險」事實上即是保險人將其業務危險之一部份，向外尋求其他保險人之保障。再保險交易中，原保險人又稱為「**分保公司**」(ceding company)，而承保移轉危險之保險人則稱為「**再保險人**」(reinsurer)。原保險人所保留之業務部份稱為「**自留額**」(retention)，而向外投保之部份則稱為「**分保額**」(cession)。倘若再保險人將其接受之危險，再次向外尋求

[8] 再保險與保險機構之業務經營亦有密切關係，因為再保險保單亦是保險業務來源之一，因此亦可納入業務經營之一部份，參閱袁宗蔚 (1990)。然而本書著重於再保險對於原保險人之降低財務風險的功能，因此將其置於財務經營項下加以討論。

保險，則此第二階段過程稱為「**轉再保險**」(retrocession)❾。圖 6–1 簡單摘要再保險之交易過程。

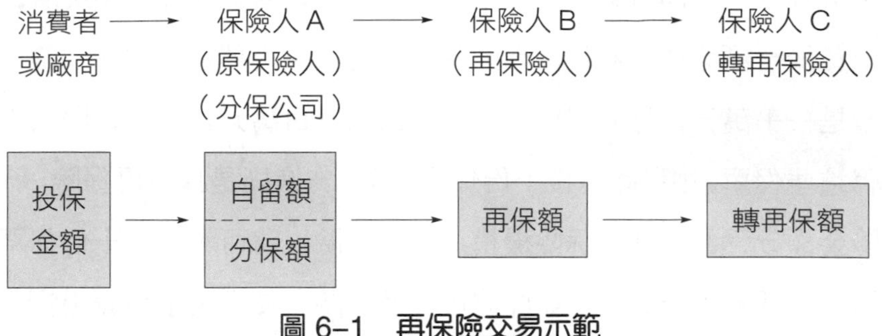

圖 6–1　再保險交易示範

二、再保險之功能

再保險對於保險機構分散危險，避免巨災損失匯集之貢獻，正如同保險對於社會大眾一般。保險機構借助再保險之技術後，其經營管理更容易發揮功效，因為再保險具有下列功能：㈠擴大原保險人之承保能量，㈡穩定業務利潤，㈢順利清算業務，㈣提供專業經驗與技術。

㈠擴大原保險人之承保能量

保險人於承接保單之時，有時難免遇到投保金額龐大之個案，倘若因能量之限制而拒絕承保，恐將失去客戶。若是由多位保險人共同承保，對於保險人與被保人雙方均非便利。尤其是小型保險人，或許有優秀之行銷人員善於開拓市場，但是該機構財力不足，無法容納大額保單，因此只有被迫放棄該保單。反之，由於再保險之存在，保險人面對客戶時，可以不受能量限制而承接保單，然後再將超出本身承保能量之部份業務分保給予再保險人。如此方式，不但省卻多位保險人共同承保之時間延誤與保單複雜性，對於保單購買者亦較為方便，同時保險人亦可與客戶建立較完整之承保關係，增加未來市場之競爭力。

❾　參閱陳繼堯 (2001)，p. 38。

㈡穩定業務利潤

由於保險人將部份業務分保給予再保險人，當保單發生損失時，保險人不至負擔全額之補償責任，因此降低巨災損失之機會。例如保險人之承保能量是一千萬元，每張保單之保險金額為一百萬元，倘若保險人本身完全承保這些保單，則僅能承接十份保單。另一方案則是採用再保險，將 50% 之保險金額分保給予其他保險機構，則原保險人將可承保二十份保單，每份之賠償責任為五十萬元，如此將可分散危險，使損失率較為穩定。

值得一提的是再保險安排可穩定損失率之波動，但並不必然減少利潤水準，因為再保險是利用大數法則去除個別危險，與投資之「利潤愈高，危險愈高」之原理並不相同。大數法則所分散者為估計誤差之**「非系統風險」**(unsystematic risk)，而投資危險乃是整體環境變動之**「系統風險」**(systematic risk)。此外，再保險並未降低保險機構之保費收入，雖然每份保單之保費僅保留某一比例，但是可承保之保單份數卻增加。如上例每張保單之保費收入雖減少 50%，但是保單數量卻增加為原先之二倍。

㈢順利清算業務

再保險之另一功能是促使業務清算順利進行，一方面保障要保人或被保人之權益，另一方面保險人亦可避免業務利潤之喪失。因為當保險人計畫退出保險市場時，某些保單尚未到期。倘若保險人終止承保而將保費退還要保人，要保人或被保人可能因此失去保障，或是必須另付較高保費購買其他保單。而保險人由於終止保單，必須依保險期間比例退還保費，但是行銷與管理費用等卻可能已全額支付，原本可賺取之利潤因而喪失。

藉由再保險之安排，現存尚未到期之保單可移轉給予再保險人，因此要保人或被保人之保障不受影響，而原保險人可順利結束該業務。此項功能對於壽險保單尤其重要。因為壽險之保險期間相當長，而實務上多半不准保險人隨意終止保單，因為被保人可能已年老或健康情況不佳而無法再購得其他壽險保單。因此，若無再保險之安排，原保險人必須繼續提供保障，勢將難以順利退出該業務。根據經濟市場之觀點，倘若無法自由退出市場，則必然影響廠商加入市場之意願，是故保險事業之發展將較為保守遲緩。因此再保險之存在，有利於保險市場之發展。

㈣提供專業經驗與技術

再保險人對於保險市場之另一重要貢獻，在於提供專業知識與技術。通常再保險人，尤其是專業再保險人（見下文），具有豐富之核保與理賠經驗，可以提供一般保險人若干諮詢服務或損失控制技術，對於保險業務之經營將有所助益。尤其是新成立之保險機構，藉由再保險人之協助，將更容易開拓新業務。

三、再保險之類型

保險機構處理再保險安排之方式有多種，可能視個別契約之需要而臨時再保險，亦可能於平日即與再保險人定妥分保計畫等。因此一般上再保險安排可從原保險人之分保方式分成二大類別，一為個案處理之「**臨時再保險**」(faculative reinsurance)，另一方式是預先簽訂合約之「**合約再保險**」(treaty reinsurance)❿，其中又可依再保險契約內容各自區分為若干不同之安排計畫，如圖 6–2 所示。以下分別說明之。

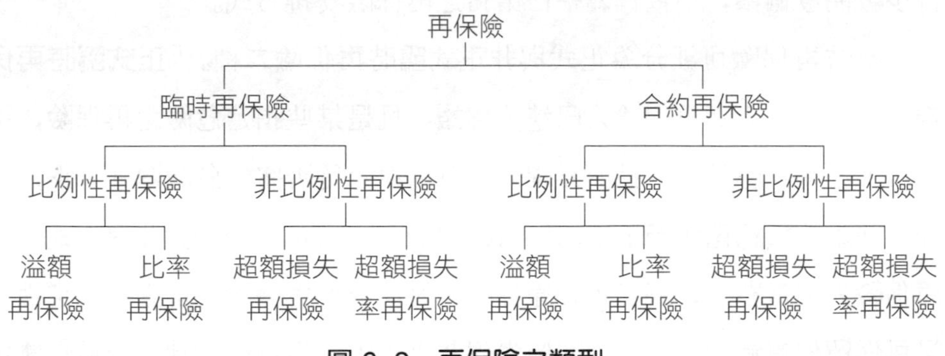

圖 6–2　再保險之類型

❿　更詳細之再保險分類方式，可參閱陳繼堯 (2001)，第六章。

㈠臨時再保險

所謂「**臨時再保險**」(facultative reinsurance) 乃是指原保險人於考慮承保某些危險時，針對此特定保單之保障需要，臨時尋求適當之再保險安排。例如保險人計畫承保某百貨公司之火災保險，但因投保金額一千萬元超出保險人之承保能量，於是保險人便尋求其他保險人或再保險人，將其中40%（四百萬元）向外分保。

保險人安排臨時再保險，可能是在考慮承保特定保單之時，亦可能是在簽訂承保契約之後。因為有些保險人必須確定可獲得再保險，才願意承保該危險，倘若無法取得再保險，則寧願捨棄該保單以避免巨災損失。但是有些時候，保險人是承接保單之後，基於某些財務考量或發現其他潛在危險，因而需要向外尋求再保險之協助。但無論是事前或事後安排再保險，一般而言並未影響被保人之權益，因此通常亦不需徵求被保人之同意。

臨時再保險安排對於原保險人之主要優點，在於保險人可視所承保危險之狀況而決定再保險與否，可保留優良契約，避免保費收入之減少。然而另一方面，保險人由於平日未建立合約關係，可能無法臨時取得再保險，倘若保險人無力獨自承擔該危險，則可能因此必須放棄該業務。此外，由於臨時再保險是個案處理每一再保險安排，相當耗時費事，因此通常只適合少數偶發個案，不宜作為平日業務之再保險安排方式。

臨時再保險可細分為正式與非正式臨時再保險二種。「**正式臨時再保險**」是指保險人與再保險人已達成協議，凡是某些指定危險之再保險，再保險人不得拒絕接受，然而原保險人有權決定是否將該危險向外分保，因此又稱為「**預約再保險**」(facultative obligatory reinsurance)。此種方式對於原保險人相當有利，既可免除原保險人無法取得再保險安排之不確定性，又可保留優良危險不予分保而節省保費之流出。但是相對地，分保保費可能較高，因為此種安排不利於再保險人。「**非正式臨時再保險**」即前文所述之安排方式，原保險人可個案決定是否向外分保，而再保險人亦可自行決定是否接受承保，因此不再贅述其優缺點。

㈡合約再保險

相對於臨時再保險之個案安排方式，**「合約再保險」**(treaty reinsurance) 省卻一一處理之時間與成本，以及避免可能無法獲得再保險之不確定性。因為保險人平日已與再保險人簽訂再保險契約，凡是符合契約規定之危險分擔狀況，則自動依循所約定之分擔方式辦理再保險。原保險人不能挑選保留優良危險，而再保險人亦不能任意拒絕承保，因此對於雙方皆屬公平合理。

不論是臨時再保險或是合約再保險，其再保險契約對於分攤損失之安排，又可區分為二類：1.比例性再保險，2.非比例性再保險，下文分別說明之。

1.比例性再保險

「比例性再保險」(proportional reinsurance) 之保費與損失賠款完全依事前約定之比例分攤。例如前述百貨公司再保 40% 之例，即原保險人向被保人所收取之保費，必須分配 40% 給予再保險人，而倘若損失發生，則再保險人必須分攤原保險人賠償責任之 40%。比例性再保險方法簡單明白，且對於新成立之小型公司特別有益，因為可協助其擴大承保範圍與分散危險。常見之比例性再保險有下列二種：

a. 溢額再保險 (surplus reinsurance)

原保險人設定一自留額，凡是超出原保險人自留額部份，即比例分攤給予再保險人。

b. 比率再保險 (quota share reinsurance)

原保險人將全部或部份業務，一律以某一約定比率向外再保，無自留額之設定。

2.非比例性再保險

「非比例性再保險」(nonproportional reinsurance) 又稱為**「超額損失再保險」**或**「超額賠款再保險」**(excess of loss reinsurance)，是指損失賠款超過原保險人自留額之部份，即由再保險人負責賠償（但以合約約定之額度為限)。在此種方式下，原保險人保費收入之分配，與再保險人賠款分攤之間並無直接之比例關係。超額損失再保險之優點是原保險人可以衡量本身之財務能力而決定自留額水準，對於一般性危險自行承擔損失理賠，可減少保費收入向外分配，但是當巨額損失發生時，又可有合約要求再保險人分攤損失。超額損失再保險之類型有多種，較常見者如下列二種：

a. **超額損失再保險** (excess of loss reinsurance)

或稱為「超額賠款再保險」，是指對於某一危險事故所發生之損失理賠，超過原保險人之自留額部份，由再保險人依合約規定負責賠償。

b. **超額損失率再保險** (excess of loss ratio reinsurance)

或稱為「超額賠款率再保險」，乃指對於某一約定期間內，倘若原保險人之損失率超過約定水準，則超過部份由再保險人依合約規定負責賠償。又稱「**停止損失再保險**」(stop loss reinsurance)。

四、再保險市場

再保險市場與一般保險市場有所不同，因為市場之需求者為具有保險專業知識與技術之保險人，而非一般之社會大眾消費者。此外，再保險之需求者可能同時亦扮演再保險供給者之角色，接受其他保險人分保而來之危險。以下分別就再保險市場之需求面與供給面加以說明。

㈠再保險之需求

一般而言，凡是承銷保險或再保險之機構都需要購買再保險。因此再保險之需求者包括各種保險組織類型，不論是股份公司或是相互公司，或是勞依茲與互保交易社等，亦不論是民營保險人或是公營保險人。此外，**專業再保險人** (professional reinsurer)，即只經營再保險業務，而無普通保險業務之保險人，亦不例外地需要再保險以分散危險，雖然其主要之角色是再保險銷售者。

再保險需求數量之多寡與若干因素相關，包括經濟、社會與科技環境等總體影響因素，以及其他針對個別保險人之相關因素，例如承保險種、自留額大小、資本額與盈餘、監理法規要求，以及再保險之價格等。

㈡再保險之供給

市場中提供再保險能量之保險人，其類型涵蓋範圍甚廣。一般保險機構（尤其是財產與責任保險機構）多少承作若干再保險業務，或與同業交換部份業務，其目的在於擴充業務來源以分散危險。此外，專業再保險機構對於再保險之供給具有重要地位。許多專業再保險機構是國際企業，經由分支機構與附屬機構在不同國家運作，可以廣泛分散地理性危險。例如颱風或地震等，避免損失之匯集。此外，並可提供客戶有關核保、理賠等技術協助。

勞依茲團組 (Lloyd's syndicate) 亦是再保險之重要供給者。在此種組織中，大型團組領導與分配危險，而小型團組則提供支持承保能量。因此藉由個別團組之集合，可以提供市場豐富之再保險資源。勞依茲團組有其長年所建立之名聲，尤其擅長非比例性再保險，以及提供特殊危險之保單。

再保險之另一重要供給者是公營再保險機構。自從 1950 年代起，許多國家之政府，尤其是開發中國家，成立公營再保險機構，以提供再保險給予當地之保險人。其目的一方面是協助本國保險人分散危險，以鼓勵當地市場之發展，另一方面則是減少再保險保費資金流至其他國家，尤其是外匯管制國家。然而過度依賴公營再保險人，將減少與國際專業再保險人接洽之機會。因此可能失去專業再保險人所提供之核保理賠技術服務，反而不利於本國保險市場之發展。

第三節　保險會計

保險機構亦如同所有其他廠商一般，必須借助會計制度以記錄彙整該機構之經營狀況。並且經由會計資料之分析，可獲取監督改善該機構營運之資訊。因此就其主要目的而言，會計制度對於保險機構與一般公司行號相同。然而由於保險產品本身之性質特殊，以及保險機構之經營受特定法令之規範，保險會計制度因而有別於一般之會計制度。下文分別就其目的與特色加以說明，以瞭解其間之差異性。此外，本節並介紹保險會計報表上之重要帳戶，最後並列舉數項常用財務比率，說明如何利用會計資訊衡量保險機構之經營績效。

一、保險會計之目的

會計制度之設計必須考慮其使用範圍與目標，不同之使用者其有興趣之資訊並不相同。多數企業、投資人、或銀行等大多較為熟悉根據一般公認會計原則 (GAAP) 所編製之財務報表，此種報表強調損益表，並且採用收入與費用配合之應計基礎。雖然保險機構（尤其股份公司）有些時候亦編製此種報表，以供投資大眾之參考比較，但是事實上對於保險機構而言，最重要且必須編製之報表，卻是依據「**法定會計原則**」(Statutory Accounting Principles, SAP) 所編製。因為所有保險人每年必須以此報表向監理機關呈報其經營成果，因此通常所稱之「保險會計」即是針對法定會計制度而言。

欲明白法定會計原則之特色，首先必須瞭解監理機關之目標。由於保險產品具有公共利益，監理機關對於保險人之監督，最重要的項目莫過於其清償能力。因此，法定會計原則之重心在於資產負債表，並且對於資產與負債之評價是採用清算基礎，而非一般會計原則之永續經營觀念。於是報表上將展現較為保守之財務數字，亦即低估保險人之財務狀況。保險會計採用悲觀估計之目的在於保障被保人之權益，因為保險人之實際經營成果可能優於報表所顯示之數字。理論上只要報表上呈現充足之清償能力，則實際狀況可能優於報表所顯示，因此被保人之求償理賠大致上應無困難，除非保險人捏造帳目。

雖然多數保險機構將持續經營而非即將清算結束，採用清算基礎編製財務報表似乎未能反映保險人之實際經營狀況，然而當清償能力被置於首要關切地位時，這些衝突與矛盾將暫時被忽略與諒解。

二、保險會計之特色

基於上述保障被保人權益之目標，保險會計有數項特色與一般會計制度不同，主要表現於下列三方面：㈠評價觀念，㈡永續經營觀念，㈢收益實現觀念，分別敘述之⓫。

㈠評價觀念

保險會計對於資產與負債之評價，必須符合二項原則。第一，必須產生保守估計之淨值；其次，必須避免各年度淨值數字之大幅波動。為獲得保守估計之淨值數字，資產價值必須以最低價入帳，而相反地，負債則盡可能採用最高之估計價值。另一方面，為求各年度淨值之穩定性，資產與負債之價值則選擇波動最少之數字。倘若此二目標之計價有所衝突，則將採取某些妥協方式處理。

由於監理單位希望資產價值盡量保守估計，因此法定會計原則將某些資產排除於資產負債表之外，稱之為**「非認許資產」**(nonadmitted asset)，這些非認許資產不列於財務報表上，因此視同無貢獻價值。將資產區分為**「認許資產」**(admitted asset) 與非認許資產，是保險會計與一般公認會計原則之一大差異。一般會計對於所有資產皆賦予某些價值，然而保險會計只承認變現價值高之資產，例如存款、有價證券、貸款、不動產等，而對於一般辦公室家具、設備、過期九十天以上之應收保費等則不予入帳⓬。除此之外，認許資產之價值，其衡量方法亦必須根據監理機關之規定計算，以便配合保守原則。

有關第二項目標之淨值穩定性，一般上較難直接限定評價方法，因為任何一種方法皆難以固定資產之價值。通常監理機關是借助於某些財務比率之監督，要求保險機構各年度淨值之波動變化不得超出某一百分比。

㈡永續經營觀念

一般公認會計原則假設公司行號將持續經營，其財務報表亦以此為基礎而編製。然而法定會計原則並無一致之永續經營觀念。若干項目假設將持續至未來某一期間，例如債券價值之成本分攤，是假定債券將持有至到

⓫ 參閱 Troxel and Bouchie (1990)。

⓬ 參閱先前財政部(民 92 年)「保險業認許資產之標準及評價準則」第 4～10 條，或目前金管會（民 103 年）「保險業資本適足性填報手冊」。

期日，亦即假設保險人將永續經營。但是另一方面，某些項目則採用清算基礎，其目的在於保守估計保險人之現有資金。例如業務取得成本（如銷售佣金等），則於承接保單時全部承認。此乃如同清算基礎，以便確定倘若保險人不再繼續經營時，則其結餘之資金皆可充分移轉至其他保險人，作為保障未到期保單之用。

㈢收益實現觀念

所謂「收益實現原則」是有關收入、費用、利得、與損失等之評價與承認入帳等之規定。保險會計之收益實現觀念，充分反映監理法規所強調之清償能力與清算價值。因此，對於預收款項必須承認為負債帳戶，如同公認會計原則一般，然而對於預付費用，卻視為當期之成本，不同於公認會計原則將其視為資產。例如保費收入，即使全年保費之現金款項已取得，亦必須對於未到期之保險期間部份承認「未滿期保費準備」（負債帳戶）；但是取得業務成本如佣金等，卻全額視為當期費用，並未依保險期間將預付費用入帳為資產。

三、保險會計之重要帳戶

保險機構之會計報表主要亦包括資產負債表與損益表，其次可能包括某些補充報表，說明理賠成本之攤提，或是投資收入之分析等。然而由於保險交易之特殊性質，保險會計有若干帳戶名稱不同於一般會計科目，必須加以介紹，下文分別說明之。

㈠保費收入

由於保險契約之期間往往長達數月或數年，而保費之繳交無法每日收取，通常一次支付若干時日之保費。因此，在保險機構之會計處理，必然出現預收保費之難題。產險機構損益表上之保費收入，通常分別列示「**簽單保費**」(premium written) 與「**滿期保費**」(premium earned) 二項⓭。簽單

⓭ 我國之產險損益表並未直接列示滿期保費，必須經由簽單保費與未滿期保費準備之計算而得。

保費代表保險人實際上所收入之保費金額，滿期保費則是已實現保險期間之應得保費。由於實務上購買保險時，通常一次繳交若干保費，例如半年或一年，然而會計年度日往往並非等於保費到期日，因此必須反映其間之保費差異。

壽險保單之保險期間甚長，可能長達數十年，可想而知早期之預收保費比率相當高。若是每年區分簽單保費與滿期保費，可能產生記錄上之困難。因此實務上之處理，乃是藉由保單責任準備金提列負債，而未如產險機構一般，將保費依會計期間區分簽單保費與滿期保費，而是直接將各年度所收取之保費認列「保費收入」。

茲舉一例說明產險保費收入帳目之區別。張三於 2011/5/1 購買一年期汽車保險，繳納全年保費一萬元。假設保險人之會計年度日為 12/31，因此保險人於 2011/12/31 將記錄簽單保費收入一萬元，另記錄滿期保費六千六百六十七元 (10,000 × 2/3)，因為保險期間已實現八個月，至於其他四個月之未滿期保費則是屬負債科目，應提列**未滿期保費準備金** (unearned premium reserve)，圖 6–3 摘要這些帳戶之區別。

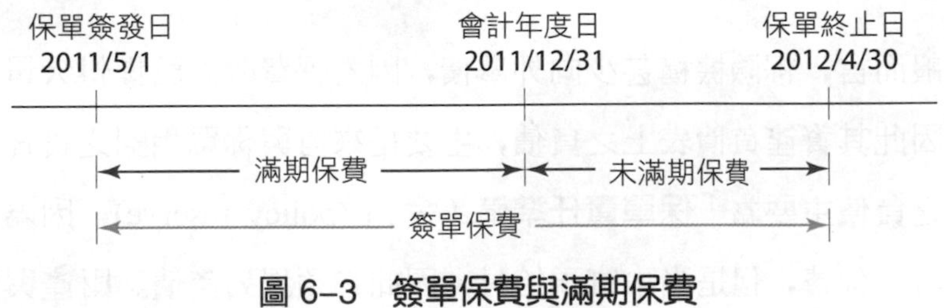

圖 6–3　簽單保費與滿期保費

㈡損失成本

保險損失成本之會計處理相當複雜，其難易程度隨險種而不同。一般而言，人壽保險與財產保險由於理賠結案較為迅速，損失記錄較為簡單。而責任保險之理賠往往拖延甚久，必須牽涉若干預測與估計。保險人對於在會計年度日已支付之理賠成本通常登記為「**已付損失**」或稱「**已付賠款**」(paid loss)，對於尚未支付部份稱為「**損失準備(金)**」或稱「**賠款準備(金)**」

(loss reserve)，二者合計則稱為「**已發生損失**」或稱「**已發生賠款**」(incurred loss)。已付賠款與已發生賠款出現於損益表上，而賠款準備則屬負債科目⑭。

㈢費　用

保險經營經常發生若干費用，這些費用通常單獨列項，而非併入賠款成本。保險機構損益表上之費用一般上包括：⑴業務取得成本，例如佣金、廣告等支出；⑵理賠費用，例如調查、訴訟等費用；⑶管理費用，即該機構之行政與人事費用等。保險機構之費用通常視為當期成本，而未依保險期間將預付費用列入資產。

㈣認許資產

誠如前文所述，保險機構之資產評價採取保守原則，因此資產負債表上僅承認部份資產，這些承認之資產稱為「認許資產」。通常它們是屬變現容易或價值較高之資產，例如現金、債券、股票、抵押放款、不動產等。

㈤準備（金）

一般而言，保險機構甚少向外舉債，因為保費收入已提供大量之經營資金，因此其資產負債表上之負債，主要是來自與保單相關之責任。人壽保險業之負債主要為「**保單責任準備（金）**」(policy reserve)，因為保險人已收入若干保費，但是尚未實現給付，因此必須提列負債。財產與責任保險業則有二項主要準備（金）科目，「**未滿期保費準備（金）**」與「**損失準備（金）**」（或稱**賠款準備（金）**），其意義已於上文說明，無需贅述。

㈥盈　餘

一般企業之會計報表，其資產與負債之差額通常稱為「**股東權益**」或簡稱**權益** (shareholders' equity, or equity)，然而保險機構之報表則稱此項目為「**保戶盈餘**」或簡稱**盈餘** (policyholders' surplus, or surplus)，代表該機構

⑭ 我國之會計報表通常將保單之出險損失 (loss) 稱為「賠款」。

之淨值。盈餘包括保險人之自有資本與營運利得之累積，可用以補充非預期損失，乃是被保人最終之保障。此外，盈餘亦可作為開發新業務之資金，因此是衡量保險人財務能力之重要項目。

四、經營績效之衡量

保險機構之經營績效影響契約權益之保障，因此不論是監理機關或是要保人與被保人莫不關切其經營成果。一般上保險人經營績效之衡量，主要集中於獲利力與清償能力二方面。任何企業必須達成一定水準之獲利力方能順利成長，保險機構亦不例外。雖然初期階段或許產生利潤赤字，但是長期上收入來源必須大於成本支出，否則該機構將破產而無法繼續經營。清償能力之重要性已於前文說明，不再贅述。

傳統上保險機構經營績效之衡量，經常借助於會計報表分析，藉由某些財務比率指標，監理機關或要保人與被保人可約略瞭解保險人之營運狀況。數項常用財務比率分別介紹如後[15]。

㈠損失率

「損失率」或稱**「賠款率」**(loss ratio)，是衡量保險機構經營狀況之首要比率。損失率代表理賠成本與保費收入之比值，數字愈大則代表保險成本愈高。由於保險之時間因素，實務上常有簽單保費與滿期保費之區別，以及「已付損失」與「已發生損失」之劃分，因此損失率可依不同需要而有數種表示方法。然而一般上最為普遍之定義則如公式 (6.1) 所示：

$$\text{損失率}_t = \text{已發生損失}_t \div \text{滿期保費}_t \tag{6.1}$$

「已發生損失」(incurred loss) 為當年度 t 之損失準備與已付損失之總和，再減去上年度之損失準備而得之結果，用以代表本年度之賠款成本。然而由於會計年度與保險期間無法配合，其所呈現之數字事實上並非保單之真正損失賠款。

---

[15] 參閱 Smith et al. (1994), pp. 130–134。

損失率代表保險人業務收入與理賠成本之比率，亦代表預期損失與實際損失之差距，因為保費是以預期損失為基礎計算，而「已發生損失」則代表被保人之出險狀況。理論上損失率大於一代表虧損，但是實務上，由於滿期保費包含部份附加費用而非僅是淨保費，因此通常損失率高於某一百分比，例如 80%（視淨費率而定），即認為保費不足以應付理賠成本支出。在此情況下，保險人應考慮調整保費或檢討理賠策略等，以便改善未來之經營績效。

㈡費用率

與保險業務經營密切相關之另一衡量比率，是所謂之「**費用率**」(expense ratio)，即經營費用與簽單保費之比值，其定義如公式 (6.2) 所示：

$$\text{費用率}_t = \text{經營費用}_t \div \text{簽單保費}_t \tag{6.2}$$

此數值提供保險人經營效率之訊息，保險人可藉由內部管理制度之改善而降低費用率。經營費用主要包括銷售佣金與保險機構之行政管理費用，通常並不包括理賠處理費用，因為一般上理賠費用將併入損失率之計算。至於分母採用簽單保費而非滿期保費，主要是因為保險會計對於預付費用視同成本，因此與簽單保費之承認期間較為配合。

㈢合併比率

所謂「**合併比率**」或稱為「**綜合比率**」(combined ratio)，即是上述損失率與費用率二項之和，其定義如公式 (6.3) 所示：

$$\text{合併比率}_t = \text{損失率}_t + \text{費用率}_t \tag{6.3}$$

合併比率代表保險人業務面經營之資金流出與流入之比較。合併比率為實務上最常用之判斷指標，當合併比率大於一，代表保險人業務面經營發生虧損；反之，則保險人有利潤盈餘。因此實務上合併比率通常被視為是獲利力之指標。

㈣投資收入比率

保險機構之經營成果，除考慮業務面之績效外，投資收入亦是一項重要因素，許多時候投資收益甚至可用來彌補業務虧損。尤其當投資市場景氣旺盛時，保險人往往降低核保標準以增加業務來源，採取犧牲業務利潤而賺取投資收入之經營策略。因此，衡量保險人之整體獲利力時，必須考慮**「投資收入比率」**(investment income ratio)。此項比率之定義如公式 (6.4) 所示：

$$\text{投資收入比率}_t = \text{投資收入淨額}_t \div \text{滿期保費}_t \qquad (6.4)$$

公式中之投資收入淨額，乃是投資收入扣除相關費用後之餘額。此項比率可顯示保險人投資策略之成功水準。

㈤整體經營比率

倘若將上述合併比率之數值扣除投資收入比率，即可衡量保險人之整體經營績效，稱為**「整體經營比率」**(overall operating ratio)，其定義如公式 (6.5) 所示：

$$\text{整體經營比率}_t = \text{合併比率}_t - \text{投資收入比率}_t \qquad (6.5)$$

此項比率之數值愈大代表獲利力愈低。這項比率同時包括業務與財務二方面之成果，因此可算是最完整之經營衡量指標。

㈥能量比率

除上述數項獲利力衡量指標外，另一項重要之保險財務分析比率即是**「能量比率」**或稱為**「承保能量比率」**(capacity ratio)。此項比率之定義如公式 (6.6) 所示：

$$能量比率_t = 簽單保費_t \div 淨值_t \quad (6.6)$$

此項比率用以計算保險人可承保業務之容量。由於保險機構淨值（即資產減負債之餘額）是要保人或被保人之最終保障，萬一保費收入與投資收入不足以支付損失賠款時，淨值將用以補償其差額。能量比率關係保險人之清償能力，因此通常監理單位均有規定指標上限，例如簽單保費不超過淨值之三倍，以免保險人過度冒險，簽發過多之保單。

第四節　保險稅賦

保險機構如同一般企業必須繳納公司營業所得稅。稅法上通常將保險機構依其組織型態或業務種類分為數類，例如壽險公司、相互公司、其他保險組織等，其適用之稅率是否相同則視各國之稅法而定。在同一國家內之同一種組織型態，例如股份公司，則保險股份公司之稅率通常與其他行業之股份公司的稅率相同；但是對於應課稅所得之項目可能有所不同。例如責任準備金之變動，或是資產投資收入，在某些範圍內可以不列入課稅所得等⑯。由於稅賦是保險機構經營之一項重要成本，因此這些稅法規定對於保險機構之經營必然產生若干影響。例如投資於可免稅之資產上，或是採用不同方法提列準備金等。

此外，若干國家尚要求保險交易必須繳納**保費稅** (premium tax)，如同消費稅一般，是在收取保費時課徵，而非列入年度所得稅中。因此實務上通常將保費稅併入附加保費，轉嫁於要保人。

另一方面，政府對於要保人或被保人之保費或保險給付，其稅賦處理則有多項特別規定，這些將於介紹保險產品時再行說明。一般而言，保險給付乃是補償損失，並非獲利或所得。因此，被保人或受益人所領取之保險給付，大多不必扣繳稅賦。至於要保人之保費支出是否可抵減其個人所得稅，則各國之稅法規定不一。例如我國之壽險保費，每年可有二萬四千元之抵減額，然而美國則無此項優惠，保費如同一般生活費用支出，不可

⑯ 參閱 Vaughan and Vaughan (1999), pp. 152–154。

從所得中扣除。當保費可以抵減所得時，要保人購買保險之成本降低。依據經濟理論，價格降低可促使保險需求提高，對於保險機構而言，將會較容易銷售保單。此外，保險給付可以免課稅賦（所得稅或遺產稅），對於被保人或受益人之保障更為完備，因此將會提高保險需求。總而言之，各種稅賦規定無疑地將影響保險機構之經營策略。

筆記欄

第七章 保險市場之監理

本章目的

本章主要目的在於探討保險市場之政府規範，讀完本章之後，讀者應該能夠回答下列問題：

1. 政府為何必須監督保險市場？
2. 保險監理之主要目標為何？
3. 政府對於保險市場之規範包括哪些方面？
4. 保險費率之規定為何？
5. 政府如何監督保險人之清償能力？

前 言

由於保險產品之特色與一般有形商品不同，消費者個人無法鑑定產品之價值，並且必須先付費而後享受服務，因此事後從產品所獲得之效用，可能與消費者購買時之預期不同。此外，保險契約牽涉法律知識，一般消費者無法瞭解，而保險價格之計算，更非購買者所能秤斤論兩討價還價。因此，自由競爭之經濟理論難以在保險市場上發揮，而必須仰賴政府之介入規範，以保障消費者之權益，並促進保險市場之健全發展。

在世界各國之保險市場中，政府監理始終扮演相當重要之角色，不論是開發中國家或是已開發國家，保險消費者權益之保障均有賴政府監理機關之介入。另一方面，由於政府之介入，保險機構之經營將受若干限制。

不論是進入與退出市場，或是產品價格與投資策略等，皆受到法令管制，而無法完全由經營者自行決定，與一般產業有所差異。因此，保險監理是介紹保險市場與保險經營不可忽略之重要課題。本章首先說明政府介入市場之原因，其次介紹政府監理所影響之層面，包括進入市場與經營運作等之規範，而對於費率與清償能力二重要項目之監理，則分別於第三、四節作較深入之探討。

第一節　政府監理之原因

誠如上文所述，由於保險產品本身之特質，因此政府不得不介入保險市場，以保障消費者權益並維持市場秩序。為求進一步瞭解保險市場之特質，以及說明政府介入規範保險市場之原因，本節擬由下列四方面加以分析：一、保險經營之未來性，二、保險交易之不對稱性，三、保險價格之預測性，四、社會目標之促進與實現❶。

一、保險經營之未來性

由於保險人預先收取保費匯集資金，並負責所有營運與管理工作，然而意外危險之發生畢竟不可預知，必須等待未來某一時日，保險人之補償承諾才可能實現。因此，如何保障已繳交保費之要保人或被保人之權益，便成為社會大眾所關切之焦點。

政府對於保險市場之監理，其首要目標即是維持保險人之清償能力。因為唯有清償能力之存在，保險交易才具有意義並且值得信賴。事實上所有保險監理之法令規範，莫不以促進與維持清償能力為其最終目標。保險人之清償能力必須受到密切之政府規範，其主要原因有下列三點：第一，保險產品之價值在於保險人未來之承諾，倘若承諾未能實踐，則保單失去應有之價值。然而因為保險會計之複雜技術，一般消費者無法自行評估或監督保險人之清償能力。因此，為保障公眾利益，政府必須代替消費者監督保險人之清償能力。

❶ 參閱 Dorfman (1991), pp. 456–459。

其次，保險機構，尤其是壽險機構，如同銀行一般接受大量消費者之存款，因此對於存款人負有財務信託責任。不論是經營方面或是清償能力方面，財務信託機構一向受到嚴格之法令管制。因為這些機構之營運順利與否，相當仰賴社會大眾之信心。否則一旦發生擠兌現象，財務機構往往迅速瓦解崩潰，並造成社會經濟之不安。由於保險機構在某些面與存款機構近似，因此其清償能力必須受到嚴格之管制，以穩定社會大眾之信心。

最後一點，意外危險所造成之損失往往相當嚴重，與普通商品之損毀不同。例如房屋發生火災或車禍死傷賠償責任等，其復原所需之資金，遠較一件家具或一部汽車修復之需為多。倘若保險人無法實現其補償責任，消費者可能因意外損失而陷入經濟困境。相較於一般消費產品製造商之破產，僅是無法兌現產品保證或是造成產品修理困難，消費者並不至於發生經濟危機。因此，相較於一般企業保險人之清償能力，必須特別受到政府之監督。

二、保險交易之不對稱性

根據經濟理論之假設，自由競爭市場必須買賣雙方對於產品皆有充分之資訊，任何個人無法左右產品之價格。在此情況下，藉由市場需求與供給之均衡，可以達成最佳之消費數量與價格的組合。然而保險市場並未能符合自由競爭之條件，保險人與被保人對於產品之知識並不對等，無法充分發揮拉鋸制衡之優點。因此，必須仰賴監理機關介入，以彌補買賣雙方之資訊不對等地位。

保險交易買賣雙方之不對等地位，可明顯地由保險契約之附和性加以說明。保險契約文字冗長且艱深，有時並包含法律專業知識，一般大眾無法完全瞭解其意義。即使受有大專教育程度，倘若非保險或法律科系者，有時亦未能明白保險契約之條款與規定。況且契約多為保險人單方面所研擬，為避免保險人利用消費者之無知，妄加欺騙或不公平對待，必須借重監理機關之專業知識，以補充買方資訊之不足。

雖然保險交易之資訊不對稱性，多數集中於買方專業知識不足，但是某些情況下，則是保險人處於不利之地位，政府法令亦應介入以保障保險人。由於保險契約具有以小換大之射倖性，倘若被保人未能秉持誠信原則，確實告知與危險相關之重要事實，因而影響保險人之承保決策，對於保險人而言並不合理。另一方面，被保人於購買保單之後，有時為領取保險給付而製造意外事故，亦即發生道德危險情況，增加保險人之額外理賠成本，對於保險人將是不公平待遇。因此，為求保險交易之公平合理，法令必須介入，以設法阻止被保人違反誠信原則，並且懲罰道德危險之發生。

三、保險價格之預測性

任何產品市場中，價格始終是買賣雙方最關切之交易因素。根據一般經濟理論，藉由自由競爭市場之供需雙方互相拉鋸制衡所決定之價格，將是最理想之價格水準。實務上雖然無法完全符合自由競爭市場之條件，然而許多商品或勞務市場之交易狀況，已近似於自由競爭方式，價格是經由供需雙方均衡而決定。但是對於保險市場而言，卻有若干特定條件之限制，例如保險人與被保人之資訊不對稱性，因而自由競爭並不必然是最適當之定價模式。

由於保險價格決定於成本發生之前❷，而若干險種往往需要三、五年以上之時間，才得以完全確定損失成本，因此保險產品之價格必須仰賴統計資料與預測技術。對於個別消費者而言，幾乎不可能擁有決定價格所需之資料與預測技術，於是保險價格多半是由賣方（保險人）所決定。倘若保險人聯手抬高價格，消費者將增加額外負擔。反之，若是保險人彼此殺價競爭，消費者雖然支出低廉保費，但是卻可能面臨保險人無力清償之風險，最終受害者依然是被保人一方。因此，為保障消費者之權益，必須仰賴專業人士代表買方決定保險價格，而實務上多半由政府扮演此種角色。

政府介入監理保險價格，不僅保障消費者之權益，另一方面亦有助於維持保險市場之交易秩序，對於小型保險人之成長尤其重要。小型或是新

❷ 即使採用追溯費率或是事後分攤方式，保險人仍須考慮多年之平均損失成本，以求費率之穩定。

成立之保險人，由於業務量甚小，可能無法擁有充分之統計資料以預測損失。或是由於人力不足缺乏專業技術人員，難以制定適當之價格水準，而必須處處跟隨大型保險人之決策。有時甚或受到大型保險人削價策略之壓力，對於本身業務之發展將受到限制。此時政府之介入，可抑制大型保險人之不當行為，對於小型保險人而言，無疑地是一項重要貢獻。

基於上述之分析可知，由於保險產品之特殊性質，自由競爭方式並不必然適合保險市場。事實上政府介入保險價格之制定，可能對於供需雙方皆屬有利。一般上政府對於保險價格之決定，或許是採用統一制定方式，或許是由保險人制定而政府審核等方式,其詳細規定將於第三節另行說明。

四、社會目標之促進與實現

政府介入市場之原因,除為保障消費者權益與健全保險市場之發展外,有些時候政府可能是基於本身社會政策之目的,不得不借助保險制度管道,因而最終介入保險市場之運作。

由於保險制度藉由大數法則原理，匯集眾人資金分散危險，減少個人意外損失，並促進社會經濟安全水準，因此對於穩定社會人心與健全國家發展有重要貢獻。而且民營保險制度之財務完全自給自足，並不增加政府額外支出，對於政府而言，可說是一項經濟實惠之方法。例如強制汽車責任保險，即是政府借助民營保險保障人民之明顯實例。為救助受害者之意外損失，政府要求所有汽車駕駛人必須購買責任保險。強制責任保險之實施，無疑地將增加保險市場之需求量。另一方面，市場之供給量亦因而增加，因為政府要求保險人接受高危險群被保人。

政府不僅借助民營保險，間接達成其保障人民福祉之目標，有時政府亦自行設立公營保險機構，實施社會保險直接照顧民眾。社會保險之施行，對於民營人身保險市場多少具有競爭效果，因此可能減少市場之需求量。

政府之介入市場，除影響保險之需求與供給數量外，同時亦左右產品之價格。尤其是強制性保險，政府為顧及人民之購買能力，往往抑制保險費率之調升幅度，或是對於高危險群之保費設定上限，以避免消費者因財力不足而無法購買保險。在此政策下，保險價格將無法完全依據危險程度而制定，必然產生補貼現象。

除保險市場本身之考慮因素外，政府有時基於健全其他產品市場之考量，而介入保險事業之經營。由於保險機構匯集龐大之保費資金，其資產之投資方向對於國家經濟具有重要影響，因此政府往往限制保險人資產組合比例。例如 1980 年代後期，我國之證券與不動產市場巨幅變動，為抑制這些市場之不正常發展，政府法令即修改保險機構之資產組合上限，於是保險人之經營策略必將隨之更動。

此外，政府亦可能是因為保護本國經濟之發展而干預保險市場，尤其是開發中國家更為常見。例如限制外國保險人進入市場，以扶植本國保險機構之發展。或是要求本國保險機構必須向公營再保險人購買再保險，而不得直接向海外再保險人洽購，以減少外匯之流出等。

政府介入保險市場並不全然因為經濟因素，若干時候則是由於社會習俗或是人道觀念。由於保險制度之運作，相當程度上必須仰賴危險組群之分類。雖然某些分類標準的確有其統計資料之客觀依據，然而卻無法為社會慣例所接受。例如種族或宗教等，往往容易引起社會大眾之抗議爭執。在此情況下，政府可能以法令禁止使用這些衡量標準。

總而言之，保險制度運作之健全與否，關係社會多數民眾之權益與福祉。因此不論是基於經濟或是社會因素之考量，政府均必須適當介入規範，以協助保險市場發揮正常功能。

第二節　保險事業之監理

政府對於保險市場規範之目的，主要是為維持保險市場之健全發展，尤其是保險人清償能力之維持。保險監理法規內容主要針對保險人之經營運作，從開業授權、營業監督，以至結束清算，各階段均有若干限制規定。其次則是有關保險仲介人之管理。因此本節分別由保險人之開業授權，以及業務與財務經營方面之規範加以說明，最後並略述仲介人之管理規則要點，以瞭解政府法令對於消費者之保障。

一、保險人開業規範

任何保險人在經營保險業務之前，必須依據主管機關所規定之設立條件申請設立保險機構，並取得開業授權，亦即取得營業執照，才得以經營保險業務。各國政府對於保險機構之設立標準不盡相同，某些國家可能限制外國保險機構之設立，或是對於外國與本地機構採用不同標準等。但大致而言，政府對於保險機構之設立限制，主要包括資本額與人力二方面之規定。

政府為加強要保人與被保人之保障，對於保險機構之資本額必須設定標準。由於保險機構之資本額與清償能力關係密切，因此其要求通常高於一般公司行號之資本額。例如我國對於保險股份公司之最低資本額要求，不論是壽險公司或產險公司，必須在新臺幣二十億元以上❸。某些國家之保險機構資本額限制，則視其經營之險種而定。例如美國壽險公司與產險公司之資本額規範不同，且產險公司則因經營產品線之多寡而有不等之資本額要求。

另一方面，由於保險制度之運作需要若干專業知識，保險人之經驗與技術是保險機構經營之重要資源。此外，保險人之誠信態度亦可能影響被保人之權益保障。因此政府對於保險機構發起人與高級主管之資格，往往設有若干限制，缺乏經驗或是信用不良者通常均不適合擔任保險公司之負責人❹。附錄列示我國「保險業設立許可及管理辦法」，可知政府對於保險機構之設立，一向有嚴格之規定。

二、保險人經營規範

保險機構符合設立條件取得營業執照而得以進行保險業務後，監理機

❸ 參閱金融監督管理委員會（民 103 年）「保險業設立許可及管理辦法」第 2 條。

❹ 參閱金融監督管理委員會（民 99 年）「保險業負責人應具備資格條件準則」第 3 條、第 4 條與第 5 條。

關之角色將著重於監督保險機構之經營績效，並且確保保險營運法規之確實遵行。經營過程之監理法規可以區分為業務面之規範與財務面之規範，分別敘述如下。此外，我國金管會對於保險業之管理辦法則檢附於附錄以為參考。

㈠業務面之監理

保險機構業務經營之監督範圍廣泛，主要分為三個部份：

1.保險產品本身

保險機構所設計之保單，必須先送交主管機關審核通過，才得以在市場上銷售。保單是保險交易之憑證，亦是要保人與被保人獲得保障之依據。然而誠如前文所述，保險契約牽涉若干法律專業知識，一般消費者無法完全瞭解其文字用語之意義，更遑論辨別公平合理與否，因此必須委由監理機關代為研判。目前多數國家均要求保險人在保單上市之前，不論是人壽保險或是財產與責任保險，有關其保險費、保單條款、要保書等相關資料，通常必須先送交主管機關審核並取得核准，否則不准銷售；至於有國際性質且情形特殊之保險，則採備查方式辦理❺。

2.保單之銷售過程

除仲介人之規範外，主管機關要求保險人不得作不實廣告，或是對於保險給付、保單紅利等規定有誇大誤導之說明❻。此外，保險人不可使用威脅強迫或利誘詐欺方式銷售保單，並且不可任意予以保費折扣吸引消費者，直接或間接造成**錯價**或**放佣**之現象❼。

主管機關對於保險業務之核保過程亦有所規範，其中主要是針對客戶篩選歧視之規定，以及續保與解除契約之限制。保險機構篩選顧客乃是保

---

❺ 參閱金融監督管理委員會（民 101 年）「保險商品銷售前程序作業準則」。

❻ 參閱金融監督管理委員會（民 103 年）「保險業設立許可及管理辦法」第 21 條。

❼ 參閱金融監督管理委員會（民 103 年）「保險業設立許可及管理辦法」第 23 條。

險經營之必要過程，原本是理所當然之營運策略，主管機關亦希望適當區別被保人之危險程度，以促使保費之公平合理。但是另一方面，法令則禁止不公平之歧視。所謂「不公平之歧視」乃是對於相同危險程度之客戶，適用不相等之核保標準，或施以不公平之待遇。例如拒絕出售保單給予客戶，或是適用不同費率（即錯價），其原因僅是由於客戶之種族、或教育程度等主觀因素。

保險機構於承保業務之後，有時由於社會經濟環境之變動，保險人預期潛在損失可能擴大，因此不願意繼續承保該類保單。例如美國之產品責任保險理賠，在 1980 年代因社會保護消費者風氣而大幅成長，保險人虧損累累而不願意再承保該類保單。雖然理論上契約雙方均可隨時終止契約，然而實務上為保障消費者權益，法令通常不允許保險人在保單尚未到期之前終止契約。除非是要保人或被保人違反保單之規定，例如未按期繳納保費，或未告知重要事實而違反誠信原則等，保險人才可提前終止契約。此外，對於已到期之續保保單，倘若保險人不欲繼續承保該業務，通常必須提早通知要保人或被保人，以便其另外尋求其他保障。

保險經營業務面監理之一大重心，是有關保險費率之制定。因為保費高低直接影響消費者之經濟負擔，而同時亦是保險人維持清償能力之基礎。主管機關規定費率必須符合公平合理之原則，不得過高或過低，不應有差別待遇之錯價現象等❽。為達成這些費率目標，並兼顧各險種之業務特性，主管機關對於費率之制定方式有若干不同規定，其細節將於第三節再行說明。

3. 保險之理賠

關於理賠方面之監理，主要是促使保險人依約兌現其賠償損失之承諾。雖然理賠人員盡可能依據保單，對於出險求償公平處理，但是實際上理賠過程總是難以令人滿意。因為理賠本身是一項相當困難之工作，不論是理賠技術之專精或是損失價值之認定，均需要相當長時間之經驗磨練。為保

❽ 參閱金融監督管理委員會（民 103 年）「保險業設立許可及管理辦法」第 23 條。

障消費者權益，法令可能針對不公平理賠慣例加以禁止。例如誤解保單條款之理賠相關規定、對於求償申請未能迅速通知或採取適當行動、顯然偏低之賠償金額、未進行充分調查即拒絕理賠等。

㈡財務面之監理

誠如前文所述，保險監理之最重要目標，在於維持保險人之清償能力。因此除提高保險機構設立之資本額標準外，監理單位對於已經授權營業之保險人，亦不時予以密切注意，避免保險人發生財務危機，影響投保大眾之權益。主管機關對於保險人財務面之監理，主要包括會計報表之規定、投資組合之限制、以及清償能力之監督等三方面。

保險機構除必須依據法定會計原則編製年度報表外，並須呈遞主管機關以備查核。監理單位對於年報資訊之檢查重點，在於確保清償規範之遵循，以及肯定資產與負債之評價方式。除年度報表之審核外，監理機關可能隨時派遣稽查人員前往保險機構，進行現場之會計記錄抽檢❾。

監理單位對於保險機構之各項準備金記錄尤其重視。因為準備金是保險人對於要保人或被保人之負債，關係保險人之財務穩定性與清償能力。倘若準備金低估，則保險機構之淨值將因而高估，亦即影響要保人或被保人之保障。監理機關對於準備金之提列，通常設有特定之計算方法，保險機構必須遵循這些規定估計其準備金數額❿。

政府法令對於保險機構財務經營之另一重要限制，是有關資產投資組合之規定。由於投資收入是給付賠償之重要資源，因此投資資產之安全性直接關係要保人或被保人之保障，監理機關不得不加以監督。一般而言，保險機構之資產投資組合大多限制於安全性較高之資產。例如我國「保險法」第 146 條規範保險業資金之運用，除存款外，以下列各款為限：

1. 有價證券。

---

❾ 參閱「保險法」第 148 條、第 148–1 條。

❿ 參閱金融監督管理委員會（民 103 年）「保險業設立許可及管理辦法」第 24 條、第 24–1 條、第 24–2 條。

2. 不動產。

3. 放款。

4. 辦理經主管機關核准之專案運用、公共及社會福利事業投資。

5. 國外投資。

6. 投資保險相關事業。

7. 從事衍生性商品交易。

8. 其他經主管機關核准之資金運用。

而各類用途範圍下，並限制資產之種類。例如有價證券必須是公債或公開發行之公司債等；放款則必須有銀行保證或有不動產抵押等保障⓫。總而言之，保險機構之投資組合受到法令嚴格限制，其目的在於提高資產之安全性，以保障要保人或被保人之權益。

除限定資產類別外，保障保險資金安全性之另一方式是分散投資組合，避免所有投資集中於某一類資產。倘若該類資產價值降低，則保險人之財務能力將受影響。因此政府通常限制各類資產之投資比例，不得大於總資產之某一百分比。另一方面，保險機構之資金龐大，當這些資金投入任何經濟市場，可能造成該市場供需均衡之變動。為避免干擾其他市場之運作，政府法令通常限制保險資金投入其他市場之比例。

例如我國「保險法」第 146–1、146–2、146–3 條規定，有價證券之投資不得超過保險機構資金之 35%，不動產投資不得超過資金之 30%，以及放款不得超過資金之 35% 等。此外對於特定公司之股票或公司債之投資，不得超過保險機構資金之 5%，亦不得超過該發行公司實收資本額之 10% 等。這些規定主要是分散特定資產之影響力，避免保險機構之財務狀況過度波動，同時亦減少保險機構對於特定市場或企業組織之左右能力。

政府法令積極介入保險機構之財務經營，其目的在於確保保險人之清償能力，而其監理策略包括直接與間接方式。在間接方式上，例如採用法定會計原則，保守估計保險機構之資產與淨值，或是對於資產組合進行限制，以分散保險人投資風險。而在直接方式上，監理單位更直接限制保險

⓫ 參閱「保險法」第 146–1 條、第 146–3 條。

人承保業務之數量不得超出該機構淨值之某一倍數（例如三倍），以防止保險業務擴張過度迅速，而財務支撐能力卻無法同時提高之危險。此外，監理機關並設計一系列檢查與監督制度，例如我國之《保險業務檢查手冊》或是美國之「保險監理資訊系統」，以便及早發現保險人之財務危機。然而無論如何監督預防，有時仍難以避免保險人無力清償之現象，因此監理機關要求保險人設立「安定基金」，以救濟保險人無力清償之保單。關於清償能力之直接監理，其詳細內容將於本章第四節再行說明。

三、仲介人規範

政府對於保險市場之監理，不僅是針對保險機構之經營，同時亦包括保險仲介人。因為保險仲介人直接接洽客戶，與消費者之權益密切相關。由於保險產品之複雜性，銷售人員必須具備一定之專業能力，才足以協助消費者選擇保險產品。因此保險仲介人（包括代理人及經紀人），以及所有銷售保險產品之業務員，均必須參加資格考試，並且必須接受若干時數之職前訓練，才能取得營業執照。而正式就業之後，每年尚須參加若干小時之在職訓練，才得以保持其營業執照之效力。這些規定之主要目的，在於確保仲介人之專業知識與技術能夠維持一定之水準。

其次，政府監理單位對於保險仲介人之佣金報酬亦有所限制，例如保費之某一比例等，並非任由保險人與仲介人自行決定，以避免錯價或放佣等現象。佣金比例之規定，可以避免保險人苛扣佣金剝削仲介人，具有保障仲介人之功用。另一方面，由於保險人之佣金支出將轉嫁於附加保費，倘若佣金比例過高，消費者將增加額外負擔。因此主管機關對於佣金比例予以限制，目的在於維持市場交易秩序。近年來，隨著金融市場自由化，保險費率逐漸傾向自由競爭。監理機關對於佣金比例給予較多彈性，可能只設定上限⓬，而希望保險業者藉由市場競爭維持合理之佣金。

此外，監理機關亦制定保險仲介人之管理規則。例如我國之「保險代理人管理規則」與「保險經紀人管理規則」。仲介人必須遵循這些規則執行

⓬ 參閱財政部（民84年）「人身保險費率結構」第1條、第2條。

業務，否則將遭受停止招攬或撤銷執照等處罰。例如仲介人不得作不實廣告，欺騙或是承諾保單未包括之額外利益，並且不得有放佣放扣之情況等。除保險經紀人與代理人之外，對於從事保險招攬之保險業務員，亦有若干監理規定以懲罰不當之招攬行為。例如我國之「保險業務員管理規則」，對於業務員以錯價、放佣方式招攬，或是唆使要保人與被保人等對保險人作不實告知，或是未經契約當事人同意而填寫或簽章保險契約文件等，將視情節輕重，予以警告、停止招攬行為六至十二個月、撤銷業務員登錄資格或移送法辦等處罰⑬。

四、爭議申訴管道

監理機關不僅直接對於保險人與仲介人進行監理，另一方面，政府亦設置申訴管道。倘若消費者與保險人或仲介人有所爭議而無法自行解決，監理機關設有專門單位，受理消費者之申訴。例如保單保障與銷售人員所述不同，或是理賠求償故意拖延或刪減等，要保人或被保人可以向監理機關申訴。通常監理單位於接獲申訴案件後，將通知保險人並要求保險人於某一期限內予以答覆。倘若保險人之答覆無法令監理機關滿意，監理單位可能提交法庭處理以解決爭議。但是一般而言，保險人或仲介人多半會配合監理機關之要求，以免營業執照被暫停或撤銷。

第三節　保險費率之監理

由於保險價格之決定，需要大量統計資料與相當程度之專業技術，一般消費者無法自行估量比價，因此格外需要政府之介入與協助。保險費率之規範型態，依各國法律與經濟環境而有所不同，或是因險種類別而有所差異，並無統一之模式。然而大致上費率規範之共同目標，在於促進公平合理之價格水準。在此前提下，監理機關發展出各種費率制定方式。本節首先說明費率規範之目標，其次說明費率規範之方式，藉以瞭解監理法令對於保險價格之影響。

---

⑬ 參閱金融監督管理委員會（民 99 年）「保險業務員管理規則」第 19 條。

一、費率規範之目標

政府對於保險費率必須進行規範監督，其主要目的是為促進費率之公平合理。具體而言，監理機關要求保險費率必須符合三項原則：㈠充分保障原則，㈡合理負擔原則，㈢精算公平原則，以下分別說明之。

㈠充分保障原則

誠如本文所一再強調，保險監理之最重要目標在於維持清償能力，許多法令規章之制定，其背後之原因多與清償能力相關，保險費率之規範亦不例外。保險費率之制定，首先必須考慮是否能負擔損失理賠之成本，以確保要保人與被保人之權益能獲得充分之保障。因此保險人不可因競爭業務而採用過低之費率，監理機關要求保險費率必須維持充分適當之水準。

費率之充分保障原則有時並不容易達成，因為偶發之意外巨災依然存在，即便是匯集眾多要保人之保費，亦無法完全支付非預期損失。雖然由於危險之不確定性，無法預先確定損失成本，但是無論如何，至少在事前制定費率之時，根據各方資訊之考慮，該費率水準必須足以充分應付預期損失求償之需。一般而言，危險變動愈大而不易預測之險種，監理單位通常允許較高之附加保費，以作為額外危險之預備金。

㈡合理負擔原則

由於充分保障原則要求費率不得過低，該項目標無疑地將影響保險業務之推展，畢竟產品價格仍是消費者最關切之因素。雖然費率愈高，消費者安全保障愈高，但是監理機關並非希望制定相當高水準之費率，尚須顧及消費者之購買能力，同時要避免給予保險人過高之利潤，而有圖利保險人之嫌。因此費率規範之另一原則即是強調費率不得過高，必須是消費者能力可負擔之水準。

費率既不能過低亦不可過高，其間之界限甚難把握，尤其損失理賠成本之確定往往拖延數年。因此，實務上通常採用逐步調整之方式，將過高之費率以紅利或折扣方式退還要保人或被保人。反之，若是費率過低，則逐年提高費率以彌補理賠虧損。

監理機關基於維持適當費率水準之目的，不僅要求淨費率必須根據損失率（或賠款率）之經驗調整，同時對於附加費率之比例亦有所限制，包括佣金率、管理費用率、以及利潤率等，務使費率足以反映損失成本，且顧及社會大眾之消費能力。

㈢精算公平原則

監理單位對於費率之另一項要求，乃是費率必須公平反映被保人之危險程度。亦即相同危險程度之被保人，必須適用相等之費率水準，此又稱為「精算公平原則」。保險人根據損失統計資料，計算每一危險組群之預期損失與費率。各被保人則以其危險狀況分擔損失額份繳納保費，不因本身之社會文化背景等因素而受到不公平歧視，例如種族、教育程度等。

「精算公平」與社會上一般之公平觀念並不相同。尤其社會常傾向同情弱勢團體，或是認為財富愈高，必須分擔或支付較高成本等。然而對於保險制度而言，費率乃是反映危險程度，財富高低與危險程度有時並無直接關係，必須視被保事故類別而定，因此並不必然適用較高或較低之費率。

二、費率規範之方式

監理機關對於保險費率之管制，其寬嚴程度不盡相同。因為必須考慮產品本身之特性、市場之競爭狀況、以及保險人釐訂費率之能力等因素。財產與責任保險之費率規範，依其管制方式之嚴寬，大約可分為下列五種：㈠法定費率制，㈡公信費率制，㈢事先核准制，㈣報備使用制，㈤自由放任制，下文分別說明之。而一般上壽險費率並未直接管制，卻是採取間接規範方式，本節最後亦略加說明。

㈠法定費率制

某些地區之法令規定，保險費率由主管機關統一制定，稱為「**法定費**

率制」(state-made rates)。凡是在該地區內之所有保險機構均須適用該項費率，不得擅自對此法定費率進行更動調整。此種費率方式最為嚴格，缺乏彈性而不利於市場競爭。因此使用範圍有限，通常多為配合政府政策而採行，例如強制汽車責任保險。

主管機關統一制定費率，其優點是可匯集所有保險人之損失賠款資料，擴大統計資料基礎，因此可能較易發揮大數法則之功效。另一方面，法定費率可以減少消費者比價之疑義，相當省時便利。而保險人亦不需要花費時間人力自行計算費率，可節省若干人事費用，因此具有降低附加費率之作用。對於廣泛施行於社會大眾之強制性保險，法定費率制可減輕保費負擔，顧及一般人民之消費能力。

然而，藉由主管機關統一制定費率，往往容易忽略個別保險人之核保技術與損失經驗。個別保險人可能專營某些特定類型之客戶，或是對於損失控制具有豐富經驗，因此其損失率可能低於一般平均水準，可以提供較低之費率水準，提高其市場競爭力。倘若採用統一費率制，保險人可能失去這些優勢，因而不願意再致力於核保與損失控制技術之提昇。

㈡公信費率制

所謂「**公信費率制**」(mandatory bureau rates)，乃是由具有公信力之**費率釐訂組織** (rating bureau) 制定費率，並提供該組織之會員使用。此種制度是由參與該組織之會員提供損失賠款資料，而該組織則提供精算人力計算費率。其優點類似統一費率制，可匯集大量統計資料，並減少各家公司之精算人力負擔。公信費率制對於小型保險機構尤其具有重要貢獻，因為小型或新成立機構缺乏足夠之損失賠款經驗，難以計算可靠之預期損失與費率。並且小型保險機構往往未能擁有充分之精算人員，自行計算費率倍感困難。

具有公信力之費率釐訂組織可能是一般民營機構，以制定費率與提供服務為營業項目，而其收入則來自會員之會費，以及使用費率之服務費。此外，亦可能是保險人所共同組成之同業公會，由公會負責制定費率提供會員使用。例如我國以往之火險規章費率，即是由產險公會所釐訂。

至於保險人是否必須強制使用公信費率，則視主管機關之要求而定。基本上費率釐訂組織只是提供服務，會員可以完全採用該費率，但是亦可僅將其列為參考備用之資訊而已。然而某些地區之主管機關，可能強制規定當地之保險人使用公信費率，而通常該公信費率必須事先呈報主管機關審核通過。在此情況下，公信費率如同法定費率，由所有保險人共同遵循，其差別僅是制定費率之機構不同。一般而言，民營組織較能針對保險專業需要而制定費率，減少政府因社會政策之考量而調整費率水準之情況。

㈢事先核准制

另一種相當普遍之費率規範方式，是由保險人自行擬定費率，但是必須先呈送主管機關審核通過，才得以在市場上使用，稱為「**事先核准制**」(prior-approval laws)。保險人之費率或許是保險機構本身之精算師所釐訂，或許是向費率釐訂機構訂購。但是無論費率如何求得，其出售保單之前必須先經主管機關核准。

事先核准制允許保險人依其本身之業務經驗計算費率，可以避免法定費率之僵硬性，適度反映個別保險人之經營差異，對於損失經驗良好之業者較為公平。此外，准許個別保險人釐訂費率，不僅有助於當地市場之業務競爭，刺激業者提高經營管理效率，並且對於國際市場之競爭，可能較易掌握市場需求，跟隨國際市場之價格變動而調整。

而另一方面，事先核准制仍然維持主管機關之約束力。不至於過度放任自由，減少保險人哄抬保費或殺價競爭之情況出現，對於保障消費者權益仍然具有功效。一般而言，在事先核准制之下，主管機關根據保險人業務經驗與整體市場狀況，制定費率上下限與每年可調整之百分比。保險人之費率只要在此限制範圍內，大多可以獲得核准通過。主管機關藉此方法控制費率不過高或過低，並且穩定各年度之費率波動幅度。

事先核准制最主要之缺點在於時效性不足。通常費率審核需要一段時間，因此往往無法立即反映損失經驗。當費率審核通過而可以適用時，市場情況可能又有所變化，原定費率不足以配合當前之危險狀況。因此事先核准制對於損失情況變化較大，或是具有國際競爭性之險種，例如海上保險，較難適用。然而對於一般險種，例如汽車保險，事先核准制仍不失為是一適當制度，因為它具有個別差異之彈性，而又不過度自由容易失去保障，因此受到廣泛採用。

㈣報備使用制

為彌補事先核准制之時效性，主管機關可能採取更為開放之規範方式，即「**報備使用制**」(file-and-use laws)。在此制度下，保險人自行釐訂費率，並向主管機關報備即可，不必等待核准通過，而可先行在市場上適用。倘若主管機關事後發覺該費率並不恰當，則通知保險人停止使用，而正常情況下則不需任何管制措施，因此時效上較之事先核准制略勝一籌。

報備使用制可進一步細分為「**先報備後使用**」(file and use) 或「**先使用後報備**」(use and file) 二種方式⓮。後者較前者更為寬鬆，可於費率在市場使用一段時間後再向主管機關報備。但無論何種方式，基本上主管機關授與保險人相當大之自由裁量權，其目的無非是配合保險市場之經濟環境，提高保險人之競爭力。而無庸置疑地，管制愈寬鬆之制度，消費者自行比價選擇之機會成本愈高。

㈤自由放任制

若干情況下，主管機關完全放任保險人自由決定費率，既不必審核亦無須報備，如同一般商品之待遇，稱為「**自由放任制**」(no-filing laws)。採取這種制度之原因，有時是由於當地主管機關服膺自由競爭市場之經濟理

⓮ 「先報備後使用」類似我國之「核備」制度，而「先使用後報備」類似我國之「備查」制度，參閱金融監督管理委員會（民 94 年）「保險商品銷售前程序作業準則」第 10 條。然而我國目前法規已刪除「核備」制度，僅有「核准」與「備查」二種制度，參閱金融監督管理委員會（民 101 年）「保險商品銷售前程序作業準則」第 15 條。

論，因此完全由市場供需均衡自行決定價格。然而這畢竟是少數地區之作風，更根本之原因則是由於此種方式最適合某些保險產品。例如缺乏大量投保單位之特殊危險，無法藉由統計資料計算預期損失，必須仰賴核保人專業經驗之判斷。其次如國際競爭性險種，主管機關之費率管制可能造成保險業務爭取之阻礙，因此只好放任保險人自由決定費率。

㈥壽險費率之規範

主管機關對於壽險費率雖然維持相同之目標，即費率不可過低、過高、或不公平歧視，但是對於費率之規範方式則不同於財產與責任保險。一般而言，主管機關並不直接制定壽險保單費率，而是規定費率釐訂所需採用之生命表類別、紅利、佣金率、利率，與計算公式等⓯。保險人則根據這些規定自行釐訂適當費率，因此可算是間接管制費率水準。近年來，隨著金融市場自由化之趨勢，監理機關亦開始保險費率自由化之政策，給予保險人更多自行決定費率之空間。監理機關對於保險人所制定之費率，可能隨保單類別而採用核准或備查方式審查。一般而言，保單性質愈單純則審查方式愈寬鬆。例如個人定期壽險等傳統保單，通常只需備查；而投資型保單等新型產品則需使用核准制度⓰。

第四節　清償能力之監理

保險機構之清償能力是保險契約之最終保障。一旦發生保險人無力清償事件，由於保險金額通常相當龐大，往往造成社會不安。政府基於保障社會大眾權益之觀點，對於保險機構之清償能力莫不嚴格規範監督，唯恐發生無力清償之情況。政府對於清償能力之監理，不論是事前、事中、或事後，各階段均採用若干措施，以期達成保障消費者權益之目標。

⓯ 參閱財政部(民 84 年)「人身保險費率結構」、金融監督管理委員會(民 101 年)「人身保險業保險商品設計自律規範」。

⓰ 參閱金融監督管理委員會（民 101 年）「保險商品銷售前程序作業準則」第 15 條～第 17 條。

事前措施如提高保險機構之設立標準，事中措施則包括各種經營規範與財務稽核制度。而萬一發生無力清償情況，事後則以安定基金補償不幸之被保人。由於其中若干項目，例如保險機構設立標準、業務與財務監督，以及費率規範等，已於前文說明，因此不再贅述。本節首先略述無力清償之主要原因，而後將著重於介紹財務檢查制度與安定基金之設置，以進一步瞭解政府對於保險人清償能力之監理。

一、失去清償能力之原因

保險業所謂之「**失去清償能力**」(insolvent)，乃是指一保險機構之資產負債表上的資產少於負債，而使其淨值（即資產減負債）成為負數的情況。保險機構取得執照正式營業之後，監理機關雖然設置各種經營規範，例如費率釐訂方式與投資組合限制，但是保險人並不必然遵循規定經營事業，因此失去清償能力之事件依然發生。即使保險人確實遵循規定營業，但是由於非預期事故發生，例如 911 事件，亦可能造成保險人財務危機而失去清償能力。此外，總體經濟因素變化過巨，例如利率迅速上升或下降，可能造成保險人投資虧損，而無法支應保險給付等。總而言之，由於保險成本之不確定性特質，使得保險機構之財務狀況可能發生失去清償能力之現象。以美國 1969 至 1990 年之產險市場經驗為例，在此期間內，約有三百七十二家保險機構發生無力清償情況。除七十家無法確認原因外，其餘三百零二家保險機構失去清償能力之主要原因，及其所佔比重列示如表 7–1。

由表中之資料可知，失去清償能力之主要原因多屬經營管理不當，例如定價不當與賠款準備不足，以及業務過度成長等。而由於意外巨災損失所引起者僅佔少數。因此倘若主管機關平日加強監督保險人之營業狀況，將可減少無力清償之事件發生。

表 7–1　保險人無力清償之主要原因

原　因	公司家數	百分比 (%)
定價不當而使賠款準備不足	86	28
業務過度成長	64	21
欺詐行為	30	10
資產高估	30	10
業務重大變更	26	9
再保險安排失當	21	7
巨災損失	17	6
其　他	28	9
總　計	302	100

資料來源：“Best's Insolvency Study Property-Liability Insurance, 1969–90,” *Best's Review*, Aug. 1991, p. 21。

二、財務檢查制度

主管機關一方面制定法規要求保險人守法經營，另一方面則採取若干檢查制度，以確定保險人遵循這些規範而經營保險事業。監理機關之檢查，包括年度報表之稽核，以及平日定期前往保險機構進行抽查，詳細分析保險人之經營與財務狀況，例如評估保險機構之資產與負債等[17]。此外，為判別公司經營狀況是否出現不正常現象，監理機關通常制定一套檢查系統，通常稱為「**保險監理資訊系統**」(insurance regulatory information system, IRIS)，藉由這套系統作為衡量保險機構財務狀況之依據。

這些檢查系統包括若干財務比率，各比率設定正常值範圍。當某家保險機構有若干項目（例如四項以上）不符合標準時，則被列為特別觀察名單。雖然這些檢查系統無法完全免除無力清償事件，但是至少可以及早發現不正常經營情況，減少部份因管理不善所引起之財務危機。這些檢查系統雖然各國不盡相同，但是大致上包括保險人之經營績效、獲利能力與償債能力等方面之測試。

表 7–2 以**美國保險監理官協會** (National Association of Insurance

[17] 參閱「保險法」第 148 條。

Commissioners, NAIC) 所採用之制度為例，說明監理機關之財務檢查制度。我國財政部與金管會所採用之系統，與 NAIC 類似，不需重複，讀者可自行參閱財政部或金管會之《保險業務檢查手冊》。

表 7–2　NAIC 財務檢查系統

類　別	財務比率	正常值範圍
經營績效	$R_1 = \frac{\text{自留保費}}{\text{權益}}$	$R_1 < 300\%$
	R_2 = 業務成長率	$-33\% < R_2 < 33\%$
	$R_3 = \frac{\text{權益增助}}{\text{權益}}$	$R_3 < 25\%$
獲利能力	R_4 = 二年度經營比率	$R_4 < 100\%$
	R_5 = 投資報酬率	$R_5 > 6\%$
	R_6 = 權益變動率	$-10\% < R_6 < 50\%$
流動性	$R_7 = \frac{\text{表列負債}}{\text{流動資產}}$	$R_7 < 105\%$
	$R_8 = \frac{\text{代理人餘額}}{\text{權益}}$	$R_8 < 40\%$
準備金	$R_9 = \frac{\text{一年準備金延展}}{\text{去年權益}}$	$R_9 < 25\%$
	$R_{10} = \frac{\text{二年準備金延展}}{\text{前年權益}}$	$R_{10} < 25\%$
	$R_{11} = \frac{\text{預估準備金差額}}{\text{權益}}$	$R_{11} < 25\%$

資料來源：*Using the NAIC Insurance Regulatory Information System*, P/L edition, 1989, NAIC, U.S.A.。

近年來，政府在財務稽核制度中，更加入「**風險資本額**」(risk-based capital, RBC) 的觀念[18]，要求保險機構之自有資本（淨值）與風險資本之比率，必須為維持在法定適足比率（例如 200%）以上[19]，以加強對於保險機構清償能力之監督。所謂「風險資本額」即各保險機構之資本額高低，

[18] 參閱 Black and Skipper (2000), pp. 957–959。

[19] 參閱金融監督管理委員會（民 100 年）「保險業資本適足性管理辦法」與「保險法」第 143–4 條。

必須反映該機構之經營風險大小。而非像過去採用固定資本額之監理方式，保險機構只要符合設立之最低資本額要求，以及在營業過程中不低於保費之某一比率（承保能量比率限制）即可。「風險資本額」制度則考慮個別保險機構之經營風險，包括業務面之**費率風險**與**費用風險**等，以及財務面之資產投資風險與**資產負債配合風險**等。例如各項資產（現金、有價證券與不動產等）的投資風險不等。假設甲保險人將一千萬元資金用於購買政府公債，而乙保險人將一千萬元資金用於購買股票。由於公債之風險一般上低於股票，二保險人之投資風險不同，因此監理機關對於二者之風險資本額要求將有所差別，以反映其投資風險。

當保險機構之實際資本額低於風險資本額之某一比率時，政府監理機關即採取適當之監督措施。情況輕微者僅須提出改善計畫書，嚴重者則可能被停止營業等⓴。茲以下例示範說明風險資本額之監理制度。例如以「自有資本 ÷ 風險資本 ≥ 200%」作為合格標準，表 7–3 列示對於不符合規定之保險機構，監理機關可能採行之懲罰方式。

表 7–3

R = 自有資本 ÷ 風險資本	監理行動
150% ≤ R < 200%	提出改善計畫書
100% ≤ R < 150%	提出改善計畫書與檢查財務資料，並且可能命令其進行改善行動
70% ≤ R < 100%	可能進行監理控制、派員監管等
R < 70%	強制進行監理控制、派員接管等

實施風險資本額制度的優點，在於藉由股本的資金壓力，促使保險機構自行約束其經營風險，以降低無力清償的機率。這項制度在理論上似乎相當合理，因為將保險人經營風險納入，可以區別各個保險人之潛在財務壓力，並且監理機關可機動地調整資本額要求。然而實務應用上仍有若干困難，因為目前之風險資本額的計算公式尚有若干缺點。例如各風險因子

⓴ 參閱「保險法」第 143–4 條、第 149 條。

之比重權數的選取缺乏理論依據，以及各投資資產組合間的相關性未納入考慮等，未來仍有改進之空間。此外，當總體經濟環境變動過大，風險資本額制度可能造成保險人短期內必須大幅增資之困境。例如 2008 年之金融海嘯，利率與匯率等巨幅波動，保險人之資產與負債之價值隨之變化，造成淨值大幅降低，此時若依風險資本額規範，則保險人可能更易陷入財務危機。

三、安定基金

監理機關雖然設置各項法令規定，盡力避免保險人發生無力清償情況。然而由於危險之不確定性，有些時候仍然超出控制範圍。因此主管機關必須設置補救措施，以保障無辜之要保人或被保人以及其他有求償權利之人，並減少社會大眾之不安。為解決失去清償能力之保險人所留下之保單義務，監理機關通常以**安定基金** (guaranty fund) 補償要保人或被保人以及其他有求償權之人的損失。所謂「安定基金」，一般上是由保險人從保費中提撥某一比例共同匯集而成，例如我國以往規定壽險業為千分之一，而產業險為千分之二，其主要用途在於處理無力清償保險人之保單義務[21]。

安定基金之徵收方式隨各地法令而有所不同。若干地區採取事前徵收制，即平日收取保費時，均依比率提撥基金，準備有朝一日可以救濟無力清償之保單。這種方式之優點是基金平日已累積一定財富，因此安全性較高。然而其缺點是資金之報酬率較低，因為倘若未發生無力清償事件，則基金閒置，不如保險人自行管理運用。

另外有許多地區之監理機關則採用事後徵收制，即當有保險人發生無力清償時，監理機關才依債務所需而向其他營運正常之保險人徵收，通常以業務量大小比例徵收。此種方式不致發生基金閒置現象，並且減少平日保費之負擔。但是安全性較低，倘若有多位保險人同時發生無力清償情況，

[21] 參閱財政部（民 81 年）「保險安定基金組織及管理辦法」，但現已廢止。現行法規並未明令提撥比例，而由主管機關視需要而定之，參閱金融監督管理委員會（民 98 年）「財團法人保險安定基金組織及管理辦法」。

則其他保險人將面臨沉重負擔。另一方面，可能增加不肖保險人之投機心態。例如騙取保費之後宣告破產，而將要保人或被保人等之求償，留待其他正規經營之保險人協助善後。在此情況下，安定基金反而增加無力清償之機率。所幸這種狀況甚少發生，因此事後徵收制依然受到廣泛採用。

筆記欄

第八章 購買保險之考慮因素

本章目的

本章目的在於說明消費者購買保險時應考慮之因素。讀完本章之後，讀者應該能夠回答下列問題：

1. 消費者選擇高品質之保險產品應考慮哪些因素？
2. 如何評估保險產品成本之高低？
3. 評估保險人之因素為何？
4. 消費者可藉由哪些資訊評估保險人？
5. 消費者如何借助保險仲介人選擇保單？

前言

經濟市場是由供給與需求雙方所組成，前面數章已介紹保險供給者之角色，並分析保險事業之經營，相信讀者對於保險之供給面應有初步之認識。而在這第二部份「保險市場之運作」之最後一章，本書將由保險需求面探討消費者購買保險之相關問題。

消費者購買產品，首先自然是考慮本身之需要。對於保險產品而言，即是針對本身可能遭遇之潛在危險損失，選擇適當之保障範圍。其次，必然是考慮其價格高低，選購保險產品亦不例外。因此首先必須對於保險產品之成本因素有所認識，而後才得以進行分析比較。然而多數時候，消費者採購保險產品時，並未真正進行成本之比較分析。其原因或許是不知道保險產品價格之差異性，或許是缺乏比較分析成本之能力。

除價格之外，消費者亦關切產品之品質。對於保險產品而言，成本分析不僅是價格比較，產品本身之品質亦是重要考慮因素。而品質之高低主要維繫於保險人之服務與保障責任，因為保險產品之價值乃在於保險人之承諾。此外保險仲介人之角色，對於保險產品之選擇亦有若干影響。消費者於選購保險產品時，必須將這些因素納入考慮。因此本章分別由保險產品之成本分析、保險人之評估，以及保險仲介人之選擇等三方面，探討消費者購買保險之考慮因素。

第一節　保險產品之成本分析

消費者購買保險產品時，除首先確定本身之保障需求外，其次便是分析購買該保障所需之成本，選擇一價格合理之保單。由於保險是一種無形產品，其價值在於保險人之保障承諾。然而保險人之信用品質各有差異，倘若消費者直接分析比較產品之價格，事實上並不是正確之決策方法。因此本節必須先假設保險人之品質相同，在此前提下，進行客觀之成本分析方具有意義。本節分別由一、保險成本之要素，二、保險成本分析之方法，以及三、成本分析之限制等三方面，說明消費者購買保險時，應如何考慮產品之價格。

一、保險成本之要素

考慮保險產品之成本，首先自然是保費高低。然而除了表面之價格外，尚須顧及保單所提供之保險給付、紅利、其他損失控制服務等。因為這些要素均與保險契約之價值相關，以下分別就價格要素與其他要素分別說明。

㈠價格要素

保險產品之價格（即保費），大致上而言，即等於預期損失之現值以及附加費用二者之總和，如公式 (8.1) 所示：

$$保險價格 = PV（預期損失）+ 附加保費 \quad (8.1)$$

此處 PV 代表現值 (present value) 符號。

由公式 (8.1) 可知，保險價格之決定因素主要包括預期損失、利率、時間、附加保費，分述如下：

1.預期損失

保險價格之主要項目為預期損失，即有關意外危險之保障。消費者可比較保險人所提供之保障範圍，是否相同保障而有不同之價格。例如同為一百萬元之人壽保險，保費並不必然相等。因此消費者可加以比較，是否價格較高之保單提供現金保障以外之其他利益，例如保單紅利等。至於財產與責任保險之預期損失，其內容複雜而較難評估，必須考慮除外責任、自負額，或是保單賠款限額等。

2.利　率

保險契約由於牽涉時間因素，因此必須考慮貨幣在不同時間之購買力。例如二年、十年、與二十年後之一百萬元保險給付，其實質購買力並不相等。一般上考慮貨幣價值之經濟因素，主要是借助於利率水準，預期未來利率愈高，則貨幣購買力相對上愈低。各保險公司所採用之預定利率並不相同，消費者可就其預定利率水準加以比較，是否因利率因素造成價格之不同。通常利率對於壽險保單之選擇，是一極重要之考量因素，因為壽險保單之保險期間相當長。相對上，財產與責任保險保單由於多為短期保單，利率因素之重要性較不顯著。

3.時　間

保險期間之長短亦影響保費高低，因為期間愈長代表保障範圍愈多，保費必然愈高，然而平均每單位時間之保費則較低。例如五年期火險之保費必然高於一年期火險之保費，因為可保障五年之火災事故損失；但是低於購買五次一年期保單之保費，因為節省年年承保之銷售與管理費用。因此消費者購買保險時，必須考慮本身所需之保障期間，選擇最適當之保單，才可節省保險成本。

4.附加保費

保險公司所收取之保費，除意外危險之預期損失外，尚包括保險人之營業成本與利潤，一般稱之為附加保費。附加保費之計算，各地法令規定有不同，若干地區規定為保費之一固定比率，在此情況下，各公司之差異不大。而另有些地區則只規定附加保費之上限，於是管理績效較佳之公司，可能降低附加保費以爭取客戶，對於消費者較為有利。

㈡其他要素

消費者購買保險產品時，除直接明顯之保費支出外，其他尚有若干相關項目亦屬保險成本之一部份。由於保險交易牽涉時間因素，且價格決定於成本發生之前，因此嚴格而言，價格只是一項預估成本，並非真實成本。消費者繳交（預定）保費之後，隨時間之經過而實際成本逐漸揭露，保險人往往必須重新調整（實際）保費。然而實務上並不以「實際保費」稱之，卻以其他名稱如「紅利」等，退還消費者溢繳之保費，減輕購買保單之成本。例如某些保單其保費較高而紅利亦高，另有些保單雖然保費低廉，但是幾乎沒有紅利分享。因此消費者必須分析整體支出與收入，而非僅是表面之保費支出，方能辨別何種保單之成本較低。

另一方面，若干要保人或被保人往往在保單到期日之前，即要求終止契約。通常保單終止時，保險人必須退還未到期保費或是保單價值準備金與解約金等，這些項目亦是消費者比較保單成本時應考慮之要素。此外，保險給付方式亦可能影響保單之價值。例如給付採取一次全額付清或是分期付款，以及是否拖延理賠時間等，其保單價值可能有所差異，消費者必須加以分析比較。

二、保險成本分析之方法

關於保單成本之分析，由於人壽保險多為長期契約，往往常涉及投資報酬，與以短期保障為目的之財產與責任保險契約性質有所不同，因此其成本分析方法顯然有差異，必須分別說明。

㈠財產與責任保險

對於財產與責任保險而言，在相同保障之情況下，一般上主要是比較保費高低，以及保險人之服務品質與清償能力。因為財產與責任保險之保單期間通常較短(多以一年期為主)，因此較少涉及利率或分紅等其他因素；而且中途終止契約時，僅是退還保費，並無保單價值準備金或解約金等。有關保險人之服務品質與清償能力，將於第二節再行說明，此處著重於保費之比較。

倘若保單之保障範圍及其他相關要素均相同，則成本之分析大致上可由下列二方面著手：⑴直接價格比較，⑵比較保險人之經營效率。所謂直接價格比較，即是選擇價格最低保單。然而必須注意的是整體保費之比較，而非僅是初保年度。因為有些保險人為吸引客戶，可能將初年度保費降低，但是提高往後年度之保費，或是降低未來之給付水準等。

消費者可利用試算表加以分析，將數家保險機構之保障範圍與各項成本一一列出。例如表 8–1 比較二家規模與服務水準相同之保險機構，其汽車保險之成本。經由逐項分析，消費者可以明瞭成本差異之所在。例如乙公司因為提供拖吊與租車費用之補償，因此保費較甲公司略高，實屬合理。而消費者可就其本身之保障需求，決定是否購買乙公司之保障。

另一種概括式之分析方法，是藉由保險機構之經營績效比較。因為一般而言，經營效率較高之保險人，通常可以降低附加保費，因此消費者之保費負擔將減輕。此外，若是該機構之核保與理賠管理嚴格，則其損失率（賠款率）可能低於其他機構，因此客戶將可適用較低廉之費率水準。經營績效之分析，可經由該機構財務報表上之損失率、費用率與綜合比率等數值，獲知一初步之概況。例如損失率、費用率等愈高，表示經營績效愈差。對於消費者而言，是一相當簡便之參考方法。

表 8-1　汽車保險之成本分析比較

保障範圍	甲公司	乙公司
各類碰撞	$ 450	$ 480
綜合損失	500	480
人身傷害責任	1,000	1,000
車體損毀責任	500	500
拖吊與租車	0	100
總　計	$2,450	$2,560

(二)人壽保險

人壽保險由於大多是屬長期保單，牽涉利率、時間、保單分紅與解約金等因素，其保單成本之分析較為困難，無法直接比較保費，或是由損失率等數字直接看出成本高低。目前雖已發展出近十種分析成本之方法，然而大多需要現值計算之技術，其詳細內容超出本書之範圍，因此不擬深入探討❶，此處僅介紹其基本要點。大致上，人壽保險保單之每單位保險給付的成本，約為保費總支出扣除可能取回之分紅與解約金，除以保險給付，所求得之值代表每一元保險給付之成本，如公式 (8.2) 所示：

$$C_n = (\sum_{t=1}^{n} P_t - \sum_{t=1}^{n} D_t - CV_n) \div (F_n \times n) \qquad (8.2)$$

其中 n　= 保單期間之承保年數；

C_n　= 壽險保障之單位成本；

P_t　= 保單年度 t 之保費；

D_t　= 保單年度 t 之預定紅利；

CV_n = 保單年度 n 之解約金；

F_n　= 保單年度 n 之預定死亡給付。

公式 (8.2) 雖簡單地表達壽險保障之單位成本，但卻忽略貨幣之時間價

❶ 有興趣之讀者可參閱 Black and Skipper (2000), pp. 277–310。

值。為彌補此項缺失，可加入利率因素而將上述公式修正如公式 (8.3)：

$$C_n = [\sum_{t=1}^{n} P_t(1+i)^{n-t+1} - \sum_{t=1}^{n} D_t(1+i)^{n-t} - CV_n] \div (F_n \times \sum_{t=1}^{n}(1+i)^t) \quad (8.3)$$

其中 i = 預定利率。

三、保險成本分析之限制

上述這些成本分析之方法，雖然可作為消費者選擇保單之參考工具，但是實務應用上仍有些困難。一方面因為保險契約甚為複雜，有些時候消費者往往並不完全瞭解自己所購買之保障。即便瞭解保障內容，可能亦缺乏成本分析所需之資料與技術。另一方面是成本分析多以預測資料為基礎，例如預定利率、預定分紅等，其成本之比較建立於這些假定資料上。然而實際上之情況，可能與原先之假設有所出入，因此先前之成本分析將失去意義。例如保單上所示範之預定紅利，乃是依購買當時之利率水準 6% 所計算，然而實際分配紅利時，利率水準已下跌至 3%，此時所能領取之保單紅利可能低於原先預定之金額。

第二節　保險人之評估

對於許多消費者而言，保險人之形象可能是選擇保單之關鍵因素。因為或許是成本分析太困難而無法進行，或許是認為產品品質更優於價格之考量，畢竟保險人之責任兌現與否，才是保險產品最終之價值所在。因此消費者購買保險時，除分析保單成本外，更需要仔細評估保險人之財務實力與服務品質。此外，保險人是否能提供所需之保險產品，而交易方式是否公平合理等，當然亦是考慮因素。下文將就這些方面加以說明，此外，本節最後亦列舉若干常用資訊來源，這些資訊可提供消費者評估保險人之參考。

一、財務實力與經營績效

保險契約之價值維繫於保險人之財務實力。倘若保險人之財務狀況發生困難，則保單將失去保障，其他所有分析評估亦屬枉然。不顧保險人之財力狀況，而一味尋求價格最低廉之保單，顯然是一種錯誤之保險購買決策。由於政府監理法規之存在，許多時候消費者認為保險人之清償能力必然符合標準。因此經常忽略必須自行注意保險人之財務狀況，而只重視保險產品之選擇。但是事實上監理機關並無法保證保險人之清償能力，自1981年以來，全球各地保險人發生財務危機者仍然時有所聞，即便是國際大型保險機構亦不能豁免。

某些保險機構強調其業務量龐大，保費收入成長迅速，或是數目驚人之總資產金額等，然而這些資訊並無法保證保險人之財務安全。事實上，未有任何評估制度可確保保險人之清償能力，因為意外危險本身具有不確定性。但是無論如何，建立一套理性分析方法，或多或少可以提供較清晰之評估方向。一般而言，保險機構之財務安全，其分析原則與其他行業並無太大差異，僅是若干保險專門技術性項目必須略加調整。常用之評估方式有三種：㈠財務報表分析法，㈡徵信分級法，㈢監理檢查法，分別敘述如下。

㈠財務報表分析法

判斷保險機構之財務健全與否，可借助財務報表上之資訊，因為財務報表彙總該機構之所有營運成果。如同一般行業之財務報表分析，評估保險機構之清償能力，首先必然是注意其淨值與負債之相對比例（淨值÷負債），過多之負債代表該機構之利息負擔沉重與資金緊迫，一旦發生非預期事故時，將可能出現無力清償之財務危機。

通常對於淨值負債比率之分析，較適當之方式應是觀察數年之變動趨勢，而非只是針對特定一年度。因為意外損失之各年度波動性頗大，若單取其中一年之經驗而下結論恐失之偏頗。因此最好是觀察數年之趨勢，以明瞭該機構之經營是否有逐漸惡化之傾向。另一方面，亦可與同業其他保險機構或是其他行業進行比較，藉此發現是否有偏離平均水準之情況。

衡量保險機構財務安全性之另一常用比率，是保費相對於淨值（保費÷淨值），亦即承保能量比率。保費收入愈高固然增加營業收入與提高現金流量，但是另一方面亦代表保險人之責任義務增加。因為潛在損失理賠數額擴大，以及中途解約臨時需要退還保費之情況亦多。例如某保險機構淨值四百萬元，而保費收入原為一千萬元。倘若該年度之綜合比率為 120%，即保險人之虧損金額為二百萬元，此時淨值尚可協助支付損失。如果當年之業務量為三千萬元，綜合比率依然為 120%，則營業虧損將為六百萬元。一旦資產投資收入不足以應付損失理賠，其差額必須由該機構之淨值補充，此時淨值可能無法支應不足之損失理賠。因此，一般而言承保能量不宜過高，以免淨值無法彌補非預期損失，消費者面臨保險人無力清償機會愈大。

㈡徵信分級法

另一種評估保險人財務實力之方法，是借助徵信機構之等級分類。徵信機構或許是使用財務比率分析，或許是經由問卷調查等各種可能管道，設法瞭解並分析各保險人之經營狀況，而後予以評分與區別等級，例如 A, B, C ……等。消費者直接參考這些等級分數選擇保險人，可以節省自行評估之時間與人力。況且這些專業徵信機構之衡量標準，通常較個人判斷更為嚴謹，因此不失為是一種簡便有效之方法。

㈢監理檢查法

誠如第七章所述，監理機關相當關切保險人之清償能力。因此已制定一套檢查制度，包括十項左右之財務比率，並設定各比率之合理範圍，分別衡量保險機構之經營狀況以及償債能力，涵蓋範圍相當廣泛。消費者可參照這些比率及其適當數值，評估保險人之財務實力。或是直接參考監理機關所列符合標準或不符合標準之保險機構名單，選擇適當之保險人。

二、服務品質

保險人之財務安全性固然是最重要之選擇關鍵，然而對於財務能力相當之保險機構，消費者可能進一步考慮其服務品質。例如壽險契約，保單自購買之日以迄滿期終止，其間之時日可能長達數年或數十年之久。若干時候消費者需要變更承保內容，例如增加給付、申請保單借款、或是變更受益人等，因此仍然需要與保險人維持聯繫。而產險契約方面，要保人或被保人可能需要保險人協助檢查機械設備，或是提供安全防護講習等各種損失控制之服務。倘若保險人於出售保單賺取保費之後，對於往後之各種服務相當冷漠，則要保人或被保人將無法獲得應有之公平待遇。因此，這類保險人並非適當之選擇。

尤其近年來保單之種類愈多而彈性愈高，消費者必須面臨更多之選擇決策。然而多數消費者缺乏抉擇所需之知識。例如目前之壽險保單不僅提供死亡給付，且包含更多投資成份。消費者不必然瞭解金融市場之投資工具，此時保險人之協助與服務，往往可以幫助消費者解決困擾。

此外保險人所提供之服務，有時可能具有相當價值與社會意義。例如近年所強調之損失控制觀念。若干保險人提供損失預防之課程或訓練，並且加強防火安全檢查等，有效減少不幸事故之發生。對於被保人而言，能避免意外危險之發生，遠比損失發生後再獲得賠償更為重要。因此被保人應優先選擇能提供損失控制服務之保險人。

通常消費者可藉由以往客戶口中，或是專業徵信機構之報導等資訊，瞭解保險人之形象與服務品質，作為購買保單之參考。另一方面，消費者亦可由保險人所雇用員工之素質加以評估。畢竟人力資源是提供服務之根本基礎，重視人力資源之保險人，通常雇用素質較高之員工，並且對於各種訓練課程之投資亦較多。此外，關於壽險機構之服務品質，保單之解約率往往可作為參考之指標。雖然解約率過高，有時是因為總體經濟因素之影響。例如要保人因失業率高而無力續繳保費，或因利率提高而解約轉投資其他資產。但許多時候，亦可能反映消費者對於保單或保險人不滿意。

因此對於解約率過高之保險人，消費者必須深入分析其原因，以瞭解是否與服務品質有關。

三、產品種類

消費者固然希望選擇財務健全、服務品質良好之保險人，但是這些保險人所供應之保險產品，或許無法滿足個別消費者之需要。由於各家保險機構有其專精之領域與目標市場，因此所推出之保險產品並不完全相同。一般而言，個別保險機構設計保單時，往往僅針對某些層級之顧客群體，而非所有消費大眾。因為開發保險產品以及訓練銷售人員，皆需要花費若干成本。因此消費者必須考慮本身所需之保障，尋找提供合適保單之保險人。

四、交易公平性

另一項評估保險人之要點，是其交易過程是否公平。保險交易過程中之核保、定價與理賠皆可能牽涉公平性問題。在核保過程中，由於各保險機構之危險分類標準的選用並不相同，同一被保人在不同機構可能被列為不同危險等級之客戶，因而所收取之費率將有所差異。例如張三在甲保險公司與乙保險公司購買相同車險保單，可能會有不同之價格。此外，保險人是否對於某特定族群之消費者有所歧視，亦是選擇保險人之考慮因素。

保險價格之公平與否有時不易察覺，通常必須借助監理單位之監督。但是有些時候，例如壽險保單，消費者仍可經由比較示範費率與實際費率之差異，而發現保險人之收費是否公平。而理賠方面之糾紛尤其多，因為若干保險人在處理客戶求償案件時，往往以各種理由推卸其賠償責任，這類保險人當然不是消費者投保之選擇對象。

五、保險人評價資訊

上述各項篩選保險人之要點，雖然在理論上之邏輯相當周全，但是實務上消費者通常缺乏評估所需之技術與知識，難以直接進行各項評估工作。因此實務上較為方便可行之方法，是借助各種徵信評價機構所發佈之公開資訊。這些機構根據上述項目收集資料進行分析，而後評定保險人之等級，相當方便消費者之參考使用。目前常見之保險人評價資訊包括下列來源：

1. 徵信或評等機構

若干徵信機構提供相當專業與可靠之資訊，可作為消費者選擇保險人之參考。例如美國**貝式評比公司** (A. M. Best)。該公司收集保險市場之重要資訊，內容相當廣泛，並且定期發表保險專業統計資料與評定保險人等級，消費者在選擇保險人時可節省許多時間與成本。另外如穆迪投資人服務公司 (Moody's Investors Service) 以及標準普爾 (Standard & Poor's, S & P) 等信評機構，則對於保險人之財務能力予以評等。

2. 政府監理機關

監理機關通常有保險人之經營記錄，由此可得知保險人是否取得營業執照、是否曾經營運不善而受到警告、以及是否常與客戶發生爭議糾紛等。

3. 保險機構同業公會

保險機構本身所組成之同業公會，每年亦發佈若干統計資料，例如各機構之財務報表與保險業務統計資料等❷。此外，若干地區設有保險服務組織或協會，例如美國之**保險服務處** (Insurance Service Office, ISO) 或是我國之財團法人保險事業發展中心，這些機構匯集許多保險相關資訊，包括整體產業與個別保險人之經營概況。消費者可由這些資料瞭解保險機構之財務狀況、業務成長率、或是保單解約率等資訊。

4. 保險仲介人

消費者通常經由保險代理人或經紀人購買保單。保險仲介人對於保險機構有一定程度之認識，可以給予消費者若干建議，協助消費者選擇適當之保單。

第三節　保險仲介人之選擇

消費者購買保險產品時，往往不是直接前往保險機構洽購，而是經由保險仲介人之促銷或協助而購買。因此保險仲介人對於消費者之保險決策，

❷ 例如我國之《人壽保險業務統計年報》與《產物保險統計要覽》等。

具有舉足輕重之影響力。許多時候，消費者自選購保單、繳納保費，以至理賠求償，完全委託仲介人代為處理，本身從未直接與保險人接洽。仲介人之優劣可能影響消費者之保險保障。優秀之仲介人可為消費者推薦適合保單，選擇財務健全之保險機構，爭取合理之理賠待遇等。反之，不良仲介人只追求本身之佣金報酬，聽從保險人之安排。甚至可能曲解保單條款之意義，而犧牲消費者權益。因此消費者必須謹慎選擇保險仲介人。一般上仲介人之評估，可由下列三方面著手：一、仲介人專業教育與訓練，二、業務經驗長短，三、同行間之聲譽。

一、仲介人專業教育與訓練

保險產品牽涉若干法律、數理或工程等專業知識。仲介人本身必須具備相關之知識與技術，才得以瞭解產品並為客戶提供服務。因此仲介人之專業教育與訓練，往往是消費者信心之來源。實務上，保險仲介人可能經由進入大專院校接受保險科系正規教育課程，或是參加各種保險專業機構之進修課程，而增進本身之專業知識與技術。此外，並且經常參加各種專業考試，取得專業人員之資格證書，例如**專業壽險規劃師** (Chartered Life Underwriter, CLU) 與**專業產險規劃師** (Chartered Property Casualty Underwriter, CPCU)，以及**專業財務顧問師** (Chartered Financial Consultant) 等❸。消費者可藉由這些資格證明，選擇具有專業知識與技術之仲介人。

二、業務經驗長短

除專業知識外，仲介人之實際從業經驗亦是相當重要之評估因素。畢竟各式各樣複雜之現實情況，並非教育課程等書面資料所能涵蓋。仲介人之實務經驗愈多，對於保險交易之運作更加熟悉，並且更有能力處理保險市場之結構與資源分配等問題，因此可為消費者找尋最適當之保單，或是爭取公平合理之損失理賠。

❸ 這些頭銜如同學位一般，代表其專業知識，與「經紀人」或「代理人」等執業資格之意義不同。

三、同行間之聲譽

消費者除重視仲介人之專業知識技術，以及經驗之長短，不可忽略的是觀察仲介人之職業道德與聲譽。在當今之現實社會中，有些人固然具有優越之學歷、專精之知識與技術，以及豐富之經驗歷練，但是卻缺乏職業道德。將個人本身之利益置於客戶利益之前，例如為賺取佣金而鼓勵消費者購買超額保險或更換新保單，並非真正從消費者之保障需求而推薦產品。因此，消費者於選擇仲介人時，必須留意其人平日之聲譽，以及參考同業間對於該仲介人之評語等。

第三部份

人身保險

第九章 人身保險市場

本章目的

本章之目標在於說明人身保險市場之產品與成員之主要特色。讀完本章之後，讀者應該能夠回答下列問題：

1. 人身保險之定義為何？
2. 人身保險產品之類別為何？
3. 人身保險產品對於個人與企業之重要性為何？
4. 人身保險機構之經營特色為何？
5. 人身保險產品發展之影響因素為何？

前 言

本書前二部份已針對保險制度與保險市場做一整體性之概念介紹，自本部份起，則著重於探討各類保險產品本身之特性。為便於討論以及配合國人對於保險之認識，本書之撰寫架構將由市場之角度進行分析。保險市場之區別，最常見者是以其經營之產品劃分，基本上可歸類為人身保險市場與非人身保險市場。人身保險市場之產品是以人身所可能面臨之危險作為承保標的，主要包括人壽保險、年金保險、健康保險與傷害保險❶。至

❶ 參閱「保險法」第 13 條。我國所謂之「健康保險」主要針對疾病之住院與醫療費用的保障，乃是狹義之健康保險，亦即疾病保險 (sickness insurance)。而國外（例如美國）之健康保險 (health insurance) 較為廣義，包含住院與醫療費

於保障另一項人身危險——失業危險——所需之失業保險，一般上多由政府承保，屬於社會保險之一種，較少出現於民營保險公司。因此一般所稱之人身保險市場主要針對前三類產品而言。

人身保險市場之供給者以人壽保險機構居多。壽險機構不僅販賣人壽保險，亦可銷售其他人身保險產品。人身保險之需求者包括個人與企業，目的在於借重保險產品以移轉人身危險。人身保險市場與非人身保險市場，不論是產品特性或是業務經營方式，均有極大之差異，因此必須分別予以探討。本部份首先針對人身保險進行討論，共分為四章，內容包括市場與契約之特質、各主要類型之產品，以及人身保險在理財計畫上之應用等。非人身保險市場則於第四部份再行介紹。

本章之內容主要是對於人身保險市場作一概念性介紹，目的在於瞭解人身保險之意義，以及介紹人身保險產品之類別。其次則藉由人身保險產品對於個人與企業之重要性，說明人身保險市場之需求面。此外，對於市場之供給面，本章著重於分析人身保險機構之經營特色。最後一節則探討近年來人身保險市場之變動，以及新形式產品發展之影響因素，以便瞭解未來市場發展之趨勢。

第一節　人身保險產品之特質

一、人身保險之意義

人類在其一生當中無法避免地必須面對生、老、病、死等各種苦難。這些苦痛折磨本身雖難以免除，但是藉由危險管理之方法，卻可降低這些苦難之後續影響，減少個人、家庭或企業之經濟安全遭受打擊，避免造成惡性循環。例如一家之主因疾病、車禍意外等而重傷或死亡，則其家庭不僅因龐大之醫療費用而突然增加費用開支，且亦因一家之主之病故而中斷

用，以及傷殘之失能所得給付等，二者略有不同。我國對於意外傷殘或死亡之現金給付，另有「傷害保險」(accident insurance)。因此本文將其合併歸為一類，稱為「健康與傷害保險」。

經濟來源。在此情況下，其家人之日常生活所需因此中斷，必須另謀生路；子女之教育費用失去著落，恐將輟學從事零工。此外，尚未付清之房屋貸款更是龐大負擔，一家人將因此被迫遷離家園等，原本幸福快樂之生活從此消失。另一方面，由於社會結構改變，舊日之三代同堂生活方式已不復存在。晚年生活缺乏子女之奉養，而各項生活支出依然需要維持。此外，老年人大多體弱多病，經常罹患慢性疾病必須仰賴長期看護。然而近年來醫療費用常呈倍數成長，造成家庭之龐大負擔。因此如何妥善安置老年與退休生活，亦成為現今社會之一項重要課題。

所謂「**人身保險**」乃是各種以人身危險為承保標的之保險產品的總稱，並非是某一單獨之保險產品。目前民營之人身保險產品主要包括人壽保險、年金保險，以及健康與傷害保險等三類。人身保險產品主要用於降低上述這些人身危險之後續打擊，藉由保險金之給付，受難家庭可以解除緊迫之經濟壓力。

二、人身保險之特質

雖然就保險標的而言，人壽保險、年金保險以及健康與傷害保險三者均屬人身保險，保單所採用之條款與術語亦相似。然而就危險發生之性質、費率之計算以及理賠給付之處理等方面而觀之，三者卻有明顯差異。健康與傷害保險之出險性質，事實上與非人身保險較為類似，多屬偶發意外事故，且保單亦多為短期契約。相對地，壽險與年金之死亡與老年危險乃是人生必經之路，並非偶發意外，而保單多為長期契約。因此，國外或有允許非人身保險機構出售健康與傷害保險保單之情況。我國以往禁止人身與非人身保險二者兼營，但是自民國96年「保險法」修正時起，已開放產險業者得以經營健康與傷害保險❷。由於健康與傷害保險有其獨特之契約性質與市場銷售管道，與傳統之壽險或年金產品有所不同，因此本章所探討之人身保險特質，事實上是以人壽保險與年金保險為主要對象，至於健康與傷害保險之特質則於第十二章再行說明。以下分別就保險期間、保險事

❷ 參閱「保險法」第138條。

故之性質、保險給付之性質與保單之功能等方面加以說明，以便瞭解人身保險產品之基本特質。

㈠保險期間

一般而言，人身保險契約之保險期間較長。一份人壽保險或年金保險契約，其保險期間超過十年者並非少見。事實上多數個人型保單常為終身保障，因此保險期間有時可能超過五十年。即便是定期保單，亦多為十年或二十年之保險期間，與非人身保險多以一年為保險期間之短期保險有所不同。因此人身保險之契約約束力較長，倘若中途終止契約不再投保，將牽涉較複雜之解約問題。此外，保險給付受通貨膨脹之影響效果亦較大，這些均是消費者在購買人身保險產品時應考慮之因素。

㈡保險事故之性質

人壽保險以被保人死亡為保險事故，而年金保險則相反地以被保人存活為保險事故。一般而言，人生難免一死，其不確定性主要是在於時間之早晚。因此除定期保單外，大多數人身保險之保單，其被保事故在保險期間內將是必然發生，而被保人或受益人將獲得保險給付。此項特色與非人身保險之極少數保單發生危險事故，僅有少數被保人獲得保險理賠，二者間有明顯之區別。

此外，人身保險之保險事故（死亡或存活），其發生與否之認定較為明確。死亡與存活二者為統計上之互斥事件，因此未有部份損失（分損）之現象。保險人只需確定是否應負賠償責任，一旦判定是屬保險人之承保範圍，則應依保險契約之規定全額給付，與財產保險常見之分損處理有所不同。

㈢保險給付之性質

一般而言，人壽保險與年金保險並非補償性契約，與第二章所述保險制度之基本原理並不完全相同。基本上保險制度在於補償損失，使被保人回復其損失發生前之財富水準。然而人身之價值不同於財產，其損失難以用經濟數字予以衡量。從人道角度而言，生命無價，即便是高額保險給付亦無法取代被保人存活之生命意義。但是另一方面，若單純就經濟價值之考量，保險給付有時將超出被保人之工作所得，如何避免被保人利用保險而獲得額外利益，將是一大難題。因此嚴格而言，人身危險並不符合可保危險之基本特徵。

然而人身危險之保障卻是社會大眾所共同需要，因此仍希望藉由集合眾人力量之保險制度，化解危險事故之打擊。為了解決生命價值之理賠金額認定之難題，於是實務上乃藉由「**定值保單**」(valued policy) 之方式，事先約定保險標的之價值或金額。當保險事故發生之後，保險人即支付該約定金額而不必另行估計損失補償。此與一般財產保險必須在事故發生後，才依財物受損情況估計賠償金額，有明顯之差異。

由於定值保單完全依契約雙方當事人之意見而決定給付水準，要保人只要依循契約規定並繳納足額之保費，則保險事故發生後，被保人或受益人即可取得約定之給付。不論獲得給付後，其財富是否高於先前之水準。此外，基於生命無價之理念，人身保險通常可以重複投保。同一被保人可同時投保多張壽險或年金保單。當保險事故發生後，其受益人可憑保單向各保險人領取其保險給付，各保險人之責任完全獨立，而非比例分攤某一保險金額。此項特色與財產保險之重複保險，在理念上或處理方式上均有所不同。因為財產保險之損失理賠給付總額，不得超出被保財物所受損失之金額。當有重複保險情況時，其理賠可能由其中一位保險人負責，或由多位保險人比例分攤。但是無論如何，被保人所獲得之賠償不應超出其財物損失之金額。

㈣保單之功能

人身保險除用以保障意外危險事故，應付緊急之現金需求外，事實上，人壽保險與年金保險常含有儲蓄之功能。尤其是年金保險，其投保之目的與儲蓄相當接近。藉由保費之累積，要保人或被保人逐漸累積一筆為數可觀之財富。並且經由保險人之投資功能而獲得資金之報酬，其性質與金融機構之存款頗為相近。因此人身保險之保險人的投資理財能力高低，對於要保人或被保人而言是一項極重要的考慮因素，因為其投資所得將部份回饋於保戶。相對於財產保險純粹是以保障意外損失為目的，並無分配投資報酬之功能，顯然亦有所區別。

第二節　人身保險產品之類別

民營人身保險產品之分類，可分別就保險事故與行銷方式二方面加以探討。

一、保險事故

一般社會大眾所熟悉之人身保險保單大多是以保險事故作為分類標準，亦即人壽保險、年金保險，以及健康與傷害保險。此三類保險各有其特定之保險事故為承保範圍，諸如死亡、存活與疾病傷害等。各類保單再以保險期間之長短，細分為終身或定期保單等，其詳細說明如下。

㈠人壽保險

人壽保險以被保人之生命為保險標的。一旦被保人死亡，除特定之除外責任，保險人便須依保單所載之死亡給付，支付保險金給予保單指定之受益人。人壽保險由來已久，市場上所見之保單名目繁多，然而究其產品之本質，主要可區分為三類：⑴定期壽險，⑵終身壽險，與⑶生死合險。

所謂「**定期壽險**」(term life insurance) 乃是指保單之保險期間有一指定之承保期限，例如一年、五年、十年或二十年等。倘若被保人在此指定期間內死亡，除不保危險外，則保險人應依契約上所規定之死亡給付金額，支付給予保單之受益人。反之，若是被保人未在此指定之保險期間內死亡，則保險契約到期之後，保險人即終止其承保責任。往後被保人之死亡與否，保險人均不須再支付保險金，因為雙方之契約關係已經結束。

相反地，「**終身壽險**」(whole life insurance) 即是保險期間無限定日期，保險契約將維持至被保人死亡為止。不論被保人於任何時刻死亡，除不保危險外，保險人將必須依契約上所規定之死亡給付，支付給予保單之受益人。

另外一種常見之壽險保單，即所謂之「**生死合險**」(endowment insurance)。生死合險亦有指定之保險期間，如同上述之定期壽險。倘若在此期限內被保人死亡，除不保危險外，則保險人應支付「**死亡給付**」給予保單指定之受益人。然而若是被保人在契約到期日時依然存活，則保險人必須支付保單所指定之「**生存給付**」或稱「**滿期給付**」給予被保人。死亡給付與生存給付二者之金額不必然相等。基本上，生死合險乃是一定期壽險與一定期「**生存保險**」(pure endowment) 之合併。要保人或被保人可視需要而決定生存與死亡之給付水準。某些消費者偏好生死合險，因為認為不論死活均可獲得保險給付。不似定期壽險，只有當被保人在保險期間內死亡才得以獲得給付。然而事實上，生死合險乃是定期壽險與生存保險二份保險之合併。生存保險部份如同儲蓄一般，因此要保人須支付高昂之保險費。

大致上而言，定期壽險之目的純粹在於保障死亡危險，並無儲蓄之功能。因此保費最為便宜，因為在一特定期間內發生死亡之機率畢竟相當微小。相對於終身壽險之必然發生死亡，定期壽險之保險人必須支付保險金之機率較小。因此同一死亡給付金額情況下 (例如一百萬元)，定期壽險之保費將遠低於終身壽險之保費。而生死合險相當於一份定期壽險與一份生存保險之合併，在相同保險期間之情況下，生死合險之保費，必然高於定期壽險之保費。表 9–1 提供三種常見壽險產品之淨保費的簡單比較以為參考，假設被保人為三十歲男性，投保金額一百萬元，預定利率 6%，保費於簽約時一次付清。

表 9-1　壽險費用比較

保單類型	費　用
20 年期定期險	$ 29,500
終身壽險	103,000
20 年期生死合險	308,400

資料來源：根據 N. Bowers et al., *Actuarial Mathematics*(1986), pp. 562–564, 附錄 2A 之生命表資料，作者再予以推算求得。

由於文化、社會與經濟等因素之差異，上述三種壽險保單之市場佔有率，在各國家中之表現有所不同。一般而言，終身壽險大致上是居於領先地位❸。因為多數人購買壽險之主要目的乃在於提供家人之保障，以減輕一家之主因故死亡所造成之經濟危機，而終身壽險可提供較長期之保障。定期壽險主要應用於短期之需要，例如商業用途、外出遠行，或是年輕人因保費負擔能力之限制，而先行購買一段時間之保障等。

在某些國家（例如美國）定期壽險之地位僅次於終身壽險，但領先於生死合險，然而在某些國家（例如我國），其重要性卻低於生死合險。究其原因，可能是由於觀念上難以接受必須在一定期間死亡，否則將失去領取死亡給付之機會。另一原因則是以往儲蓄性質之保單（例如年金）尚未發展。多數希望藉由保險機構進行儲蓄之消費者，只得先行購買生死合險，因此使其市場佔有率超過定期險。此種優勢可能隨著年金保險之出現而消失。此外，各種新式投資工具（如共同基金等）的興起，亦可能取代生死合險之儲蓄功能，消費者對於保險之需求將回歸於純粹保障之目的。表 9–2 摘要美國在 1955～1993 年間，此三種壽險之市場佔有率之變化。由表中數字可看出，隨著投資市場與年金產品之發達，消費者藉由壽險保單作為儲蓄工具之需求已大為降低，壽險產品逐漸回歸為以保障目的為重心。於是生死合險與定期壽險之市場佔有率互呈消長，而終身壽險則維持穩定之趨

❸ 多數先進國家，如美、日等國，其壽險市場均以終身壽險保單居冠。我國情況略有差異，乃以生死合險之佔有率最高，但近年來已有下降之趨勢。

勢。而表 9-3 之資料顯示，2006 年以前我國市場亦有類似趨勢，死亡保險之比例逐漸升高❹，生死合險已逐年降低至 26%。然而 2008 年金融海嘯以來，由於銀行存款利率甚低，保險業者趁勢推出大量短期儲蓄險以吸引消費者，因此生死合險之佔有率重新回升。

表 9-2 美國個人壽險新契約件數佔有率之比較 (%)，1955～1993

	1955	1965	1975	1985	1993
定期壽險	6	10	15	22	25
終身壽險	72	79	77	78	75
生死合險	22	11	8	*	*
合 計	100	100	100	100	100

資料來源：《壽險簡訊》第 112 期，臺北市壽險公會編印，民國 84 年 9 月。
*：表示佔有率小於 0.5%。

表 9-3 我國個人壽險新契約件數佔有率之比較 (%)，1992 ～ 2010

	1992	1996	2000	2004	2006	2008	2010
生存保險	4.08	1.24	0.19	0.22	2.27	1.64	0.49
生死合險	59.08	52.59	40.01	35.76	26.15	43.45	52.97
死亡保險	36.44	46.17	59.80	64.02	71.58	54.92	46.54
合 計	100	100	100	100	100	100	100

資料來源：《人壽保險業務統計年報》，中華民國人壽保險商業同業公會，1992～2010。

㈡年金保險

年金保險乃是以被保人存活為保險事故，與人壽保險以被保人死亡為保險事故之情況恰好相反。「**年金**」(annuity) 的觀念如同分期付款，亦即每隔一定期間 (例如每月或每年等)，支付一指定金額之付款方式。廣義而言，年金只是一種金錢支付方式，並非僅限定於保險交易。而「**生命年金**」(life annuity) 則是將此分期付款之方式應用於保障被保人之經濟安全，以被保

❹ 我國資料並未區分終身險與定期險，因此此處僅能比較死亡保險與生死合險之佔有率。

人生命為保險標的，亦即一般所稱之年金保險。然而目前一般口語多將「**年金保險**」簡稱「年金」，而其他分期付款甚少使用年金稱呼。因此目前「年金」一詞通常即指「年金保險」。要保人於繳交保費之後，自約定分期付款日至契約終止日，只要被保人存活，則保險人將定期支付指定金額給予被保人或受益人❺。例如保險人與被保人約定：「自被保人六十五歲起，保險人每月支付二萬元給予被保人，直至被保人死亡時則停止支付。」

年金保險產品主要作為儲蓄之工具，尤其是用作老年退休生活之安養費用。許多人在年輕時先繳付保費存放於保險人處，藉由保險人之投資功能滋生利息，以及其他年金契約因被保人提前死亡之保費貢獻，因而累積大量資金。待晚年退休時，則由保險人按期給付指定之年金。隨著社會人口結構之改變，老年人口比例大量增加，以及工商社會發展之結果，使傳統之三代同堂生活方式不復存在。因此，老年生活之安養便成為現代社會之重要議題，尤其是在工商發達之先進國家中，情況更為嚴重。因此自 1960 年代起，年金保險產品之重要性逐漸提高。

根據統計資料可看出，美國壽險業者之業務（保費收入）比例，年金保險已由 1960 年代之 10% 轉變為 2010 年之 50% 左右❻，其間之變化相當巨大。我國以往並未有年金保險之市場，然而自 1994 年起已准許開辦年金保險。近年來隨著國人對於老年安養之重視，年金保險之業務量大幅成長。年金保險保費收入佔人身保險保費收入之比例，由 2002 年之 1.9% 提高至 2010 年之 22.8%，成長十倍左右，可見其重要性已逐年提高❼。年金保險之角色逐漸吃重，其原因除人口結構之變動外，企業員工福利觀念之發展亦有重要影響力。因為許多企業藉由年金保險提供員工退休金，以照

❺ 年金保險之受益人一般上均為被保人本人，但某些特殊年金保險契約，約定其年金給付期間至少須在若干年以上。因此該期間內不論被保人是否生存，保險人均應依約支付年金。在此情況下，倘若被保人已死，則保險人將支付年金給予指定受益人。參閱「保險法」第 135–3 條。

❻ *Life Insurance Fact Book* (2010), American Council of Life Insurance。

❼ 財團法人保險事業發展中心 (2010)，人壽保險業務統計資料。

顧員工晚年之生活。

㈢健康與傷害保險

一般社會大眾不論男女老少，大概均難以避免疾病或意外傷害之危險。疾病或傷害發生之後，多數人通常會前往醫院就醫。然而近年來醫療成本高漲，醫療支出已成為消費者之沉重負擔，因此社會大眾普遍藉由健康保險來減輕醫療費用之負擔。除經由政府實施之全民健保等社會保險外，一般民營保險機構亦提供健康保險保單。民營健康保險之承保範圍相當分歧，其名稱亦有所差異。例如稱為「**傷害與疾病保險**」(accident and sickness insurance)、「**傷害與健康保險**」(accident and health insurance)，或是「**失能保險**」(disability insurance) 等。

健康與傷害保險有許多特質，與前述之其他人身保險有所不同。例如健康與傷害保險之保險事故較為不確定。不僅發生時間難以預料，並且其給付金額必須視醫療情況而變動。其次，健康與傷害保險多為短期契約，與前述壽險與年金保單之保險期間往往長達數十年不同。由於危險損失成本難以預料，一般上健康與傷害保險之保險期間以一年居多。被保人若希望繼續獲得保障，則每年重新投保或續保，保費可能隨被保人之出險經驗而有所調整。

一般而言，廣義之健康保險泛指各種以「被保人失去健康」為保險事故之保險產品❽。而一個人失去健康之原因可能是疾病或是意外傷害。由於「失去健康」之定義不像死亡或生存那般明確，因此實務上所見之健康保險保單相當多樣。大致上，健康保險主要承保範圍包括三部份：⑴醫療費用保險，⑵失能所得保險，以及⑶長期照護及其他重大疾病保險。然而並非每一張健康保險保單均同時包含此三部份之保障，消費者可視個人之保障需要而選擇合適的保單。「**醫療費用保險**」(medical expense insurance) 主要是補償被保人之醫療費用支出，例如住院、門診、治療、照護與各項檢驗等費用。通常採用實支實付之補償契約觀念，而少數項目之給付則可

---

❽ 參閱 Black and Skipper (2000), p. 134。

能採用定額給付方式。因此其理賠之估計與保費之計算類似財產保險，與壽險或年金之定值契約不同。

「**失能所得保險**」(disability income insurance) 是保障被保人在疾病或傷害期間，因無法繼續工作所造成之所得收入減少。保險人補償其原先工作所得之某一百分比，例如 70%，定期（例如每月）支付。至於補償期間長短，則視其健康恢復狀況而定，可能一個月，亦可能長達數年不等，但是最長不超過約定期限，例如二年或五年。因為疾病或傷害所造成之人身危險，不僅增加家庭之醫療費用負擔，並且原有之工作可能因而中斷。倘若事故是發生在一家之主身上，其家庭之經濟狀況將受嚴重影響。因此失能保險如同人壽保險一般，可以減輕家庭突然之財務危機，對於經濟安全之保障亦有相當之貢獻。

「**長期照護**」(long-term care) 及其他「**重大疾病保險**」(catastrophic illness insurance)，主要針對長期慢性疾病之照護，或是其他重大疾病如癌症或腦中風等之龐大醫療費用。長期照護之保險金可能分次給付。而重大疾病之保險金通常是以保險金額之某一比例一次給付，如同壽險一般，以支應龐大之醫療費用。

我國之「健康保險」的定義，與上文之介紹略有不同。根據「保險法」第 125 條，健康保險只針對被保人疾病、分娩及其所致之殘廢與死亡。另外，第 131 條則定義「**傷害保險**」，乃針對被保人遭意外傷害（非由疾病引起之外來突發事故）所致之殘廢或死亡，支付殘廢或死亡保險金。而殘廢保險金則依殘廢程度，給付保險金額之某一比例，較少採用按月給付失能所得之方式。由於我國已實施全民健康保險，對於一般性之疾病與傷害的醫療費用，已經由全民健保予以保障，較不需要民營保單。因此我國民營市場所提供之健康保險保單，通常是針對長期照護或重大疾病之醫療費用與罹病保險金。另有失能保險，提供疾病或意外傷害之失能所得保障等。

誠如前述，由於醫療費用高漲，自 1960 年代以來健康保險之需求亦隨之大幅增加，因而健康保險市場發展迅速。健康保險之保單相當複雜分歧，而保險人之類型亦相當多樣化。不僅人身保險機構銷售健康保險保單，財產與責任保險機構亦可提供健康保險保單。此外，某些醫療團體所形成之保險組織，例如美國之**藍十字** (Blue Cross) 與**藍盾** (Blue Shield) 協會，或是**健康維護組織** (Health Maintenance Organization, HMO) 亦是健康保險之主要供給者。各種保險機構所設計之保單，其保障範圍有時差異性相當大。因此「健康保險」只是泛稱各種保障疾病與傷害之保險，並非特定之保單形式。

二、行銷方式

人身保險除依保險事故別劃分外，另一常見之分類方法是以其銷售方式為基礎而區分。主要包括：㈠個別保險，㈡團體保險，㈢簡易人壽保險，㈣信用壽險等四類，分別敘述如下。

㈠個別保險

許多人身保險產品是以個別保險方式出單。**個別保單** (individual insurance policy) 主要是以一般個人消費者為銷售對象。消費者基於保障本身或家庭之人身危險而購買，因此個別保單大概是社會大眾最熟悉之人身保險保單類型。通常個別保單之保險金額較高，保費之繳交頻率較低，可能每半年或一年才繳交一次。上述各種壽險、年金以及健康與傷害保險均有個別保單。事實上個別保單乃是人身市場之主要業務來源。

雖然常見之個別保單多以一人為被保人，因此常稱為個人壽險、個人年金、個人健康險以及個人傷害險等。但是事實上，亦有個別保單是以夫妻二人或全家數人一起投保。例如連生壽險或連生年金，而健康保險常可同時包括一家數口。因此個別保單之意義，並非在於限制被保人應為一人，而是指其銷售對象多為一般個人消費者，相對於企業或機關組織所購買之團體保單。

㈡團體保險

團體壽險大約出現於二十世紀初期❾，隨著員工福利觀念之發達，「團

---

❾ 參閱 Black and Skipper (1994), p. 716。

體保險」(group insurance) 近年來之發展亦相當快速，保單種類逐漸增加。除壽險之外，亦有團體年金與團體健康保險、團體傷害保險等。團體保險是以一份**主保單** (master policy)，承保某一團體多人之人身危險。通常該團體中之個人僅持有保險卡以為保險證明，而主保單則存放於要保人（企業或組織）手中。團體保險最大特色在於團體核保。亦即只要保險人接受該團體之投保，則隸屬該團體之所有成員均可享有該保單之保障，一般上不需再對於被保成員進行個別核保（例如健康檢查）。

由於團體保險一張保單可同時包括眾多被保人，無疑地減輕保險人許多行銷費用，況且不需進行個別核保亦節省大量核保與行政成本。因此團體保險之費率通常較個別保險優惠，受到要保人之歡迎。另一方面，對於健康情況較差、不易購得個別保險之被保人而言，團體保險免除可保性之測試，將可以增加其獲得保障之機會，因此亦是一項有利之條件。

㈢簡易人壽保險

「**簡易人壽保險**」(industrial life insurance) 是個別壽險中之一特殊形式，此種保險之設計原本主要是針對所得收入不高之工人，英文名稱原意即是工業保險。由於勞工階層之收入有限，無法負擔一般個別壽險高額保障之保費，因此只能購買簡易壽險。其主要特色是免體檢、保險金額較低，以及保費收取頻率高。例如每週或每雙週收取一次，以配合其發餉日期，且由人員親自到家催收，以減少保費拖欠中斷之機率，因此又稱為「**到家服務壽險**」(home service life insurance)。在社會保險尚未出現之前，簡易壽險對於低收入家庭提供重要之保障。

然而事實上簡易壽險之成本（費率）相當高，因為頻繁之保費收取工作，將增加許多行政成本。而低收入戶由於缺乏營養且居住環境不良，其健康狀況通常較平均水準為低，因此預期壽命較短而壽險成本較高。簡易壽險在十九世紀以前曾經佔有重要地位，然而隨著經濟發達，人民之財富水準提昇，以及保險市場之競爭，費率高而保障水準低之簡易壽險已不符合消費者之需要。況且二十世紀以來，社會保險與員工福利計畫興起，大多數勞工階層已參加雇主為其投保之團體保險，或是政府之勞工保險。因此簡易壽險在先進國家之保險市場中其地位已是微不足道。然而我國之簡易壽險在市場上仍然佔有一席之地，除因保額低而使保費較易負擔之因素外，可能亦因在郵局開辦，而郵局遍佈全國各地區，對於消費者相當方便，因此其業務量並未被其他保險所取代，2010 年約佔民營人身保險業務量之 7.2%[10]。

至於近年出現之「**微型保險**」(micro-insurance)，乃是專門針對經濟弱勢群體，其保險金額相當低、契約期間短。這是具有特殊目的之保險產品，要保人必須符合特定資格（如全年所得在二十五萬以下、屬低收入戶等）才得以購買，與簡易壽險並未限定要保人資格不同。此外，簡易壽險之保單類型與一般個人壽險相似，亦有終身壽險或生死合險等，只是保險金額上限不及一般民營壽險保單之水準，然而微型保險通常只有短期之定期壽險或傷害險等。

㈣信用壽險

「**信用壽險**」(credit life insurance) 經常藉由融資銀行作為銷售管道，是另外一種特殊目的之人壽保險。主要是擔心債務人因故死亡而無法償還貸款。因此，為保障融資銀行之債權，通常銀行在提供貸款時將要求債務人投保信用壽險。一般上信用壽險多為定期保險，其保險期間與保險金額則配合貸款之安排。信用壽險可以採用個別保單方式，亦可採用團體保單方式。

三、其他分類方法

人身保險之分類除上述二種常見方式外，有些時候可能區分為「**分紅保險**」(participating insurance) 與「**不分紅保險**」(nonparticipating insurance)，或以是否含有投資儲蓄功能為基礎劃分，或以保險金之給付方式區分等，這些分類細節將於往後數章專門介紹保險產品時再行討論。

---

[10] 資料來源：財團法人保險事業發展中心 (2010)，人壽保險業務統計資料。

第三節　人身保險產品之需求

經由上述產品之介紹，可知人身保險產品對於經濟安全保障之貢獻，因此常被用來作為人身危險之管理工具。國人大致上對於壽險產品較為熟悉，購買量亦較大，主要目的在於保障家人之經濟安全，減輕意外事故之經濟損失的打擊。然而人身保險產品之功能並不僅限於保障個人身家安全，對於企業組織或團體亦是一種重要之危險管理工具。在許多先進國家中，人身保險已如同民生用品一般普遍。例如 1999 年日本國民平均每人擁有 5.97 張壽險保單，而美國每人平均有 1.31 張壽險保單。我國 1999 年時平均每人擁有 1.08 張壽險保單，而 2010 年每人平均約 2.1 張壽險保單，由此可知其重要性[11]。因此本節藉由市場之需求面，包括個人家庭與企業組織，說明人身保險產品之功能與實務上之應用。

一、個人家庭

每個人一生當中難以避免地要面臨死亡、老年、疾病與意外傷害等危險，然而這些事故在不同時間發生，對於個人或家庭之影響並不相同。例如「死亡」，一個人若在幼年或老年時候死亡，固然是帶給家人精神上的傷痛，但是對於家庭經濟之影響並不大。反之，若是在壯年時期或是家庭經濟之主要來源時期死亡，將可能造成家庭生活陷入困境。因此就經濟層面而言，造成個人與家庭經濟危機之人身危險主要包括下列數種情況：

1. 提前死亡

所謂「**提前死亡**」(premature death) 並非以年紀大小而劃分，乃是指一個人在其財務負擔尚未結束時死亡。例如房屋貸款、家人生活費、子女教育費等，事事均有賴一家之主之支援。倘若此時一家之主因故死亡，家庭經濟來源因而中斷，則其家人生活將產生困難，尤其子女年幼尚無謀生能

[11] 財團法人保險事業發展中心 (2010)，人壽保險業務統計資料。日本與美國之投保率近年來呈現衰退之趨勢，2010 年日本之平均投保率為 3.01 張，而美國為 0.92 張。原因可能是其他新式理財工具之出現，或是人口總數有變動。

力時期。此外，死亡後各項喪葬費用與遺產稅賦等，接踵而至之立即性現金支出，對於家人而言亦是一項突增之壓力。

2.健康受損

個人因疾病或意外傷害而造成身體損傷，亦可能引起家庭經濟危機。一方面因為重大疾病或傷害之醫療費用相當高昂，突然需要一筆龐大支出，一般家庭往往措手不及。另一方面，原先之所得收入可能因健康不良暫停工作而中斷，對於家庭經濟可謂雙重打擊。

3.晚年退休

退休無疑地代表自工作場所退下，工作所得將從此停止，生活所需之經費必須另有供給。對於一些員工福利待遇較佳之企業或組織，退休員工可能可以領取一些退休金。除非是採用年金方式，否則這筆退休金通常僅足夠支應少數幾年之生活，長期上恐難以繼續賴以維生。

4.年歲過長

隨著醫療技術之發達，人類壽命不斷延長。古諺「人生七十古來稀」已逐漸無法適合現代社會。目前許多先進國家之國民平均壽命，多在七十五歲左右或以上，而事實上年紀在八十歲以上之老者亦不少見。然而年歲過長必然增加許多生活開支，衣食住行育樂之花費仍不可少。此外，對於家庭經濟影響最大者，莫過於惡性腫瘤、老年慢性疾病，諸如心臟血管或神經方面之病痛。老年慢性疾病通常無法治癒，長期醫療及照護之費用往往是一筆龐大數字。如何尋求外在支援以減輕經濟負擔，便成為現代社會家庭之重要課題。

針對上述這些個人家庭之人身危險，保險無疑地是一種簡便而又有效之危險管理方法。因為這些危險是人生必經過程，無法採用「避免」或「分散與中和」等方式以減輕。而對於多數中等所得家庭而言，「自留」並非恰當選擇。因為這些突然意外所需要之財務負擔，可能超過家庭原有之預算或儲蓄。即便家中擁有資產者，倘若因一時之需而緊急出售資產，所獲得之價格常處於不利之地位。

至於「移轉」方法，除少數親友能夠協助分擔外，一般而言，藉由私人關係方式移轉危險者並不是妥善有效的方法。因此，對於個人與家庭之人身危險而言，保險可能是一種最佳之選擇。因為人壽保險提供大額之現金給付，這些給付可以用來支付立即花費，例如喪葬費、遺產稅等，而剩餘金額則可作為家人之生活費或子女教育費用等。此外，不同於其他資產變賣必須繳交所得稅或遺產稅，人壽保險之死亡給付可免除遺產稅與所得稅。因此受益人可百分之百使用該項資源，較之其他危險理財方法更為有效。

同樣地，疾病傷害之醫療支出與工作所得中斷，藉由健康保險以減輕家庭經濟負擔，亦是一種有效之危險管理方法。尤其近年來醫療成本高漲，醫療費用之年成長率遠高於國民所得之增加率。如圖 9–1 所示美國之經驗。一般薪水家庭多難以應付龐大之醫療支出，更何況若是疾病或意外傷害發生在一家之主身上，則原先之工作所得將同時中斷，對於家庭經濟之影響更為嚴重。

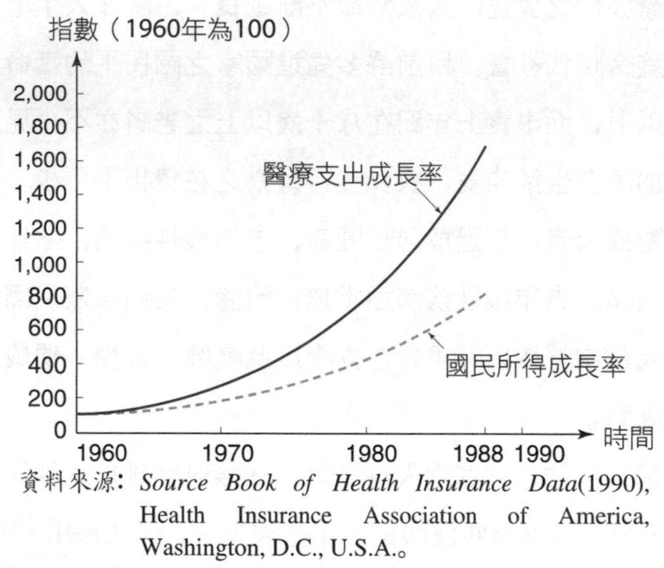

資料來源：*Source Book of Health Insurance Data*(1990), Health Insurance Association of America, Washington, D.C., U.S.A.。

圖 9–1　美國醫療支出與國民所得成長率之比較，1960～1988

老年退休生活之安養與年歲過長所增加之額外支出，年金保險可說是一項符合需求之產品設計。年金保險雖是一種儲蓄方法，但是不同於一般儲蓄之固定存款餘額，年金保險之給付總金額並非固定數值。因為保險人按時支付指定之年金給付，只要被保人存活就可繼續領取，直到死亡為止，不論高齡八十或九十。老年人可使用這些年金支付日常生活所需，以及可能之醫藥費用等，不僅減輕家人之經濟負擔，同時亦減少本身之心理壓力。

二、企業組織

人身保險產品除具有保障個人家庭經濟安全之貢獻外，對於企業經營亦發揮重要功能。因此人身保險市場之需求者，除一般個人外，企業亦扮演重要角色。由於員工福利觀念之興起，藉由保險產品以提供員工福利之情況相當普遍，以美國為例，企業組織約佔人身保險市場需求之百分之四十⓬。我國企業一般上僅參加政府之勞工保險，藉以提供員工人身危險之保障。至於自行向民營保險機構購買保險，以提供員工福利之情況目前尚不普遍，然而將是未來市場之潛在發展方向。

企業組織對於人身保險產品之需求，主要分為二方面，一是為實施員工福利計畫，其次是為延續與穩定企業組織之經營。分別說明如下。

㈠實施員工福利計畫

近年來先進國家之企業組織普遍重視**員工福利計畫** (employee benefit plan)，其原因主要包括下列數項：

1.基於人道觀念而關切員工福利

某些雇主基於人道觀念而關心其員工之家庭生活。對於員工本人或家人不幸發生意外事故，通常樂意給予協助，解除其經濟上之困境。然而臨時之捐款畢竟不是完善之方法，若能借助保險產品安排正式員工照顧計畫，才是長久之計。

2.促進企業經營效率

人力資源為企業營運成功與否之最重要關鍵，衝突對立之勞資關係將促使企業走向失敗之途。因此，一般企業通常希望能有和諧之勞資關係，況且提高員工之向心力，更是促進公司經營效率之不二法門。由於員工福

⓬ 有效契約之投保金額。資料來源：參閱 *Life Insurance Fact Book* (1994)。

利之提供，使家庭經濟獲得保障，因而減輕其後顧之憂，並安定其工作情緒。於是勞資關係改善，企業之經營效率提高。

3.網羅與留任優秀人才

優秀人才是企業成功不可或缺之要件，各行各業莫不爭相網羅禮聘傑出之經營人才。而良好之員工福利計畫，可以使其樂意前來公司就業或繼續留任，貢獻其智慧與技術於企業。吸引優秀人才可說是員工福利計畫發展之最根本原因。

4.工會之要求

隨著民主社會之發展，勞資關係逐漸轉變。工人藉由參加工會而聚集團體之力量，對於資方提出各項改善待遇之要求。企業經營者為使公司生產順利，避免發生罷工抗爭等事件，通常必須與工會溝通配合改善員工福利，以減輕員工之家庭經濟負擔。

5.社會或政府之壓力

現今之企業不僅必須接受員工與工會之壓力，同時亦需面對社會輿論與政府法令之壓力。由於現代傳播媒體發達，企業之形象往往影響其產品之銷售。未能給予員工妥善照顧之企業，往往被描寫成只知圖利而罔顧道義之營利機構，因此降低其在消費者心中之形象。是以企業不得不重視員工福利。另一方面民主制度之政府，其施政多半必須考慮社會大眾之需要。因此為給予人民更多保障，政府經常藉由法令之頒佈，例如「勞基法」等，要求企業必須提供員工福利。

6.團體保險本身之優點

誠如前文所述，團體保險由於集體銷售與免除個別核保，因此可降低佣金與行政費用，保險費率較個別保險優惠。雇主採用團體保險照顧員工福利之成本因而降低。

7.稅賦上之優惠

由於稅法上對於雇主為員工購買保險所提撥之保費，通常不列入員工之所得，因此不必繳付所得稅。此外保險產品本身所滋生之投資利息，在未領出以前亦不必計算所得稅。而壽險死亡給付又可免除所得稅與遺產稅。

另一方面，由於累進稅率之採用，高薪階層員工在職期間，其高額待遇通常已屬高稅率階段。倘若再領取更多薪水，則大半所得均納入國庫。不如以退休金方式遞延支付薪資，待老年低稅率階層時再領取，將可達成稅賦上之節省。凡此種種稅賦上之優惠，對於員工而言相當有利。因此，員工亦希望雇主以員工福利方式，支付其應享有之待遇。就雇主這方面而言，各年度所支出之保費視為費用，具有抵減公司稅賦之作用。因此企業提供給予員工之福利計畫，其保費成本實際上部份由政府負擔，對於企業而言亦是一項有利條件。

由於上述之原因，企業經常購買團體人壽保險、團體年金保險與團體健康保險等產品，以提供員工福利並保障其人身危險。

㈡延續與穩定企業組織之經營

企業購買人身保險產品除作為員工福利之工具外，有些時候可借助保險產品保障企業本身之生存，使其經營運作持續，不因企業之所有人或負責人發生人身危險，而迫使企業面臨營業中斷之處境。例如企業之董事長或總經理突然死亡或罹患惡疾，倘若無人能立即接手公司之經營，則企業之營運將產生困難而造成虧損。另一方面無論培育新人或是向外聘請適合之優秀管理人員，均會增加公司額外之人事成本。企業若於平日投保保險，以其高級主管或負責人等作為被保人，企業本身則成為受益人。當這些重要人員因故死亡時，則公司可領取死亡給付。之後以該筆保險金支應公司突然增加之人事費用，或是彌補公司短期內之虧損。此種應用方式，即所謂之「**重要人員保險**」(key employee insurance)。

企業出資人之死亡亦可能影響企業之生存。尤其是獨資與合夥企業之所有人，一旦死亡，則原先之企業可能因此而結束，員工亦將因此而失業。在獨資企業中，為避免因所有人之人身危險，而造成企業及其員工連帶之損失，員工可以企業之所有人為被保人，投保人壽保險。倘若所有人因故死亡，員工則可利用保險金承購該企業。類似地，合夥企業之出資人或非上市公司之股東，則可以互相以其他合夥人或股東為被保人，而由本人或企業作為受益人。當意外事故發生時，本人或企業可利用壽險保單之死亡給付，購買該過世合夥人或股東之所有權，以延續企業之經營。

人身保險保單對於企業之另一貢獻，是間接增加企業之信用能力。當企業購買上述這些重要人員保險或是企業延續保險時，保單本身代表著保險人之給付承諾。由於保險給付具有穩定公司營運之功能，未來公司經營突然虧損或中斷之機率減小，因此金融授信機構較樂意提供貸款。此外，壽險保單本身亦可作為融資貸款擔保品，例如信用壽險。債權人以其本身當受益人，因而債權人對於壽險保單價值準備金 (cash value) 或死亡給付，可能享有債權額度範圍內之求償權。在此情況下，解約金或保險金必須先償還債權人之貸款，對於債權人較有保障。而即使沒有優先分配權，債權人亦可依一般債權求償，由於企業獲得保險給付而增加資金，因此債權人收回放款之機會增加。

第四節　人身保險產品之供給

由於保險產品事先收取保費，消費者所購買之產品，其價值仰賴於保險人之信用與責任。為保障消費者之權益，各國對於人身保險人之資格均有所限制。因此隨法令之不同，各國人身保險市場之供給者類型不盡相同。然而大體上最主要之成員仍為人壽保險機構，其銷售之產品包括上述各種人身保險。其次，若干國家之保險市場可能允許合作社或其他互保組織供應人身保險。在某些國家，例如美國，健康保險之供給者除人壽保險機構外，亦可能包括財產與責任保險機構或醫療機構所組成之組織等。由於人身保險供給管道相當分歧，本節僅針對其中較主要之成員加以探討，包括：一、壽險機構，二、健康保險組織，三、金融及其他機構。

一、壽險機構

人壽保險機構是人身保險之最主要供給者。有些機構僅承保人壽保險與年金保險，而不涉及健康與傷害保險，有些機構則兼售三類產品。由於人壽保險與年金產品之功能與保險事故甚為明確，尤其是個別保單，傳統上各機構所推出之壽險或年金產品大同小異。因此產品本身之競爭不大，主要差異在於公司之財務能力與服務品質，一般上大公司較具市場優勢。團體保險往往必須配合需求者之要求而設計保單，且各企業組織因產業別不同而危險程度有所差異。因此保險機構之產品是否能符合企業組織之需要，亦是重要考慮因素。

壽險機構之設立通常較一般公司行號受到更多之限制。例如資本額較高、主要經營者之資格限制等。首先就組織型態而言，壽險機構主要可分為股份公司與相互公司。我國僅有股份公司，歐美國家與日本則多半二者兼有之。股份公司與相互公司各有其優缺點，已於第四章說明，此處不再贅述。相互公司由於被保人等於保險人，似乎較無利益衝突之處，因此理論上略佔優勢。然而實際上被保人並無法參與公司之經營。對於消費者而言，最重要之考慮因素仍是公司財務健全與服務品質。至於組織型態，其實質影響效果不多。資本額高低可能關係保險人之清償能力與消費者之保障，此外公司之總經理、副總經理等高級主管亦有資格上限制，必須具有若干年之保險相關工作經驗才得以擔任。

由於人身保險產品兼具有儲蓄之功能，保單之投資報酬將影響保單之價值。因此壽險機構經營之一大特色，是極為重視其投資理財之績效。保險業務部門與投資理財部門對於壽險機構之營運與利潤同等重要。壽險機構在各國之金融市場均扮演重要角色，是債券、股票與不動產之重要投資人，對於國家之經濟發展具有重要影響力。

二、健康保險組織

由於健康保險之性質較為複雜，其損失理賠之高低不僅與被保人之危險程度有關，並且與醫療單位之服務成本亦有所關聯。由於一般社會大眾重視其身體健康，一旦有健康保險為其支付醫療費用而減輕其經濟負擔，通常被保人使用醫療照護之機率將因而提高。另一方面醫療技術發達，各項新式儀器設備之使用率提高，亦增加醫療服務之成本。此外，被保人與醫療單位之道德危險，濫用健康保險以領取保險理賠，對於保險人將更增加額外負擔。由於健康保險成本之控制相當困難，獲利機會不高，因此一般保險機構並不熱衷提供健康保險產品。

為抑制被保人與醫療機構濫用健康保險，因此在某些地區則由醫療機構聯合組成健康保險組織，提供健康保險產品給予消費者。例如前文所述之美國藍十字與藍盾協會、健康維護組織等。由於保險人即醫療機構，將可減輕醫師與醫院濫用昂貴醫療資源之情況，對於保險成本之控制具有功效，因此近年來發展迅速。在美國之民營健康保險市場中，這些醫療機構組成之保險組織所提供的健康保險，已佔據市場之顯著地位，其重要性不下於一般保險機構。

三、金融及其他機構

某些特殊目的之人身保險保單可能由金融機構銷售。例如信用壽險常由銀行等授信機構出售，於辦理貸款時同時要求債務人投保，以保障銀行之債權。此外，我國之郵局亦辦理簡易壽險業務。

近年來由於世界各國之經濟制度趨向國際化與自由化，政府法令限制與介入逐漸減少，因此保險市場之供給面有相當大之改變。例如傳統上人身保險與非人身保險不得兼營之限制，目前在某些國家已不再規定。而金融機構不再僅限於出售信用保險，亦可出售一般人壽保險與年金產品，這些變革將促使保險產品之供給更加多樣化。

第五節　人身保險市場之近日發展

由於生老病死是人生過程中難以避免之危險，而人身保險產品提供個人家庭與企業組織經濟安全保障，其重要性如同民生必需品一般，因此理論上保險市場之需求應是相當廣泛。然而實際上人身保險市場之發展受到若干因素之影響，例如經濟環境、社會與人口結構、政府法令、科技技術等。尤其近年來國際情勢變動劇烈，連帶影響各國政治與經濟之發展，因此本節將就上列這些因素，探討人身保險市場近年之變化與未來之發展趨勢。

一、經濟環境

由於人身保險產品不僅是保障意外危險，且含有儲蓄之功能，保單之投資報酬率將影響產品之價值。因此經濟環境之變動，將影響市場之供給與需求。一般而言經濟愈不穩定，波動性愈高，則人身保險之需求量愈低。因為壽險與年金產品多為長期性質，契約之約束力長達數年或數十年。在經濟不穩定時刻，未來之變動情況不明確，消費者不願意有長期負擔。

其次，通貨膨脹率之高低亦是關鍵因素。就需求面而言，消費者年輕時繳交為數可觀之保險費，目的在於未來領取保險給付，因此該筆保險給付之購買力乃是保單價值之所在。若是通貨膨脹率高，屆時該保險給付已不足以應付生活所需，保險契約將失去意義，因此保險需求降低。另一方面，高度通貨膨脹時期，各項花費支出較往日為高，保險人之經營成本因而增加。不論是銷售佣金或是行政管理費用均相對提高，保險人之供給意願必然降低。

金融市場之投資報酬率與保險產品關係密切，因為壽險與年金產品之價格計算必須考慮利率因素。倘若金融市場之報酬率高於保險人所提供之利率，消費者可能考慮退出保險市場而自行投資。此外，近年來新型金融商品大量增加，消費者之投資工具的選擇機會大增，不須仰賴保險人代為投資。因此傳統之儲蓄性壽險產品的需求量因而降低，保險人必須另行開發其他足以與金融商品競爭之新型產品。

此外，近年來國際企業之快速發展，全球性之資本流動將增加保險市場之供給能量。隨著各國政府之全球化與自由化經濟策略，保險市場加入許多外商保險機構，如同我國市場近年來所見之現象。對消費者而言，產品設計更加多樣化，市場競爭促使價格更為合理，這些革新均刺激保險需求之增加。相對地，保險機構之經營更加艱鉅，市場之競爭已促使保險業務利潤降低，而必須非常仰賴投資部門之獲利，因此保險機構之經營策略面臨重大變革。

二、社會與人口結構

社會環境之變遷深深地影響保險之需求。現代消費者教育程度高，對於產品之知識較以往豐富，因此必然對於產品之價格與服務品質等條件要求更高。在消費者導向之趨勢下，保險人必須重新設計更具彈性、更符合消費者個別需要之產品。此外雙薪家庭之趨勢愈來愈普遍，且平均家庭子女人數不斷下降，傳統上以人壽保險保障家人經濟安全之購買動機已減弱。取而代之者是晚年退休生活之安養與醫療照護。因為老年人口之比例逐漸上升，人類壽命不斷延長，而同時醫療照護費用卻持續飛漲。因此，人身保險產品之重心，將逐漸由人壽保險轉變為年金保險與健康保險。

三、政府法令

近年來政府之經濟政策逐漸傾向民營化與自由化，傳統上之管制與監理措施逐漸放寬。雖然保險市場之運作目前仍然必須遵循若干監理規範，但大體上較以往自由開放，因此保險機構之競爭將逐漸增加。此外，政府之社會保險的實施，例如全民健保等，將與民營之人身保險機構造成競爭。因為社會保險已提供消費者基本之人身危險保障，消費者對於民營保險之需求將有若干程度之減少。

政府對於保險市場之另一重要影響力是來自稅賦法令。政府為鼓勵人民自行照顧其家庭經濟安全，一般上對於人身保險產品均有若干稅賦上之優惠。這些稅賦優惠，相當於購買保險產品之成本的降低，因此具有提高保險需求之功用。倘若這些稅賦優惠變動或取消，保險市場之需求將受影響。

四、科技技術

科技技術對於人身保險產品之發展亦有重要貢獻。由於電腦資訊設備之發明，使保險產品之設計更加容易。因為費率之推算更加迅速正確，保險人不再受限於一些基本形式之保單類別。另一方面，產品之銷售愈加專業化。保險業務員攜帶筆記型電腦促銷保單，可根據消費者之要求，當場展示各種保單之保費、紅利、與累計現金價值等。讓消費者更充分明瞭保險產品之內容與價值，因而促進保險之需求。

五、人身保險產品之發展趨勢

基於近日各項經濟、社會、法令與科技上之革新，人身保險市場必然相應地產生若干變化，以配合市場之需要。1990 年代以來，保險市場之發展趨勢，主要包括四方面：1. 保險成本降低，2. 重視投資績效，3. 增加產品彈性，4. 充分資訊揭露⓭。

1. 保險成本降低

由於市場競爭較以往劇烈，保險成本必須降低以爭取顧客。保險機構一方面改善本身之管理經營績效，促使行政與管理費用降低，附加保費因而降低。另一方面，更重要的是對於被保人危險程度之分類更加精細。除傳統之**標準體** (standard risk) 與**次標準體** (substandard risk) 等級外，對於不抽菸、經常運動、健康狀況優良者，另分類為危險程度較低之**優良體** (preferred risk) 或**超標準體** (super-standard risk)，給予較優惠之費率，以吸引這些低危險群消費者。

2. 重視投資績效

新近之人身保險產品相當重視投資報酬率，以減少消費者流失至其他金融市場。因此，對於費率計算改採較符合實際投資市場狀況之報酬率，不再像過去是以多年長期平均之預定利率計算，新產品已逐漸改採符合現況之當期利率或機動利率。對於消費者而言，倘若藉由保險人投資之成果優於自行理財之報酬時，消費者自然樂意繼續購買保險產品。

3. 增加產品彈性

過去保險契約一旦簽約之後，保費之繳交與保險給付之水準即固定不變，除非中途解約另行購買新保單，否則保單內容將持續至契約終止日或滿期日。因此當年所購買之保單，可能已無法保障未來之經濟安全。由於

⓭ 參閱 Black and Skipper (2000), pp. 73–76。

社會各方面之變動極為迅速，一份二、三十年之長期契約，往往無法配合消費者不同時期之需要。因此保險市場推出可以依消費者經濟狀況彈性繳交保費，以及視其家庭經濟需要而調整給付面額之保險產品，以符合現今消費者導向之市場。

4.充分資訊揭露

現代消費者由於知識程度較高、自主性較強，因此，通常希望能充分瞭解所購買之產品。保險契約過去一向文字深奧難懂，現在多數保單已改為較平易淺顯之文字，使消費者得以明白契約之內容。此外，對於保費與給付金額之計算基礎，例如所採用之利率、每年之現金價值與預定紅利之資訊等，亦盡量充分揭露，以達到透明化之要求。

第十章
人壽保險產品

本章目的

本章內容在於介紹常用之人壽保險產品及其特性。讀完本章之後，讀者應該能夠回答下列問題：

1. 人壽保險產品成本之因素為何？
2. 定期壽險之特性及產品類型為何？
3. 終身壽險之保單價值準備金之意義為何？
4. 人壽保險之保費繳付方式有哪些？
5. 人壽保險產品之費率如何計算？
6. 何謂萬能壽險與變額壽險？

前言

誠如前章所述，人壽保險是移轉死亡危險，保障個人家庭或企業組織經濟安全之重要方法。人壽保險以契約之保險期間長短，可分為定期壽險或終身壽險。此二類型之產品各有其特色，可針對不同情況之經濟危機提供保障。此外，壽險產品之保費繳交方式，以及保險給付之支付方式均有多種變化類型，可配合消費者之需求，本章將一一介紹這些壽險產品之特色與功能。

人壽保險契約期間長達數十年，長時間所累積之保費往往成為一筆可觀之財富，這是保單之潛在價值。倘若用以支應未來之死亡給付，則可發揮保單之保障功能。另一方面，要保人在此數十年當中，難免面臨各式各樣之人生變化，例如事業失敗，可能必須有立即之經濟支援。此時壽險保單將可發揮其儲蓄之功能，藉由保單借款或是中途解約之解約金，紓解要保人之經濟危機。因此本章亦將探討壽險保單之儲蓄功能，以進一步瞭解保險產品之價值。

壽險產品之成本價格無疑地是大眾所關切之焦點，壽險產品費率之計算包括許多因素，例如死亡率或利率等。本章將逐一說明這些相關因素，及其對於保險產品價格之影響。至於計算價格之精算數學，因超出本書之範圍，故不擬探討。此外，本章亦介紹一些新形式之壽險產品，包括萬能保險與變額保險。由於經濟與社會環境之變動，傳統之保險產品無法滿足消費者之需求，市場佔有率逐漸被新式產品所取代。這些新式壽險產品，自 1970 年代左右起，在歐美國家已流行一段時日。而自 2002 年以來我國市場亦已開始銷售，泛稱為投資型保單。由於配合金融市場之變動，這些新式保單發展迅速，保險機構紛紛投入此一領域。因此本章將對於這些新式保單之特性及其優缺點加以說明。

第一節　壽險產品之成本與保費

在介紹壽險產品類型之前，首先必須瞭解壽險產品之成本與價格，以便分析各類產品之功能，以及彼此之相關性。因此本節先就壽險成本與價格，作一基本概念之說明，並介紹若干與壽險產品有關之重要專有名詞。

一、壽險產品之成本因素

壽險產品提供死亡危險之長期保障，保險人之成本主要包括三項因素：㈠死亡率，㈡折現率，以及㈢死亡給付❶。分別說明如下。

❶ 一份壽險保單之保險給付 (benefit) 可能有多項，視保單之承保內容而定。例如死亡給付、全殘給付、失能給付、生存給付等。計算保單之保險成本時應包括所有保險給付項目。然而死亡給付（亦稱為身故給付）為最根本要項，因此下文關於保險成本之說明，乃是以死亡給付為探討對象。至於其他給付成本之計算，超出本書範圍，讀者可參閱壽險精算書籍。

㈠死亡率

壽險產品以被保人死亡為保險事故。當被保人發生死亡時，除非是屬除外責任，否則保險人應給付保險金。因此壽險保單之**保險成本** (cost of insurance) 的計算，首要因素即是被保人死亡之機率，亦即「**死亡率**」(mortality rate)。多數國家政府對於該國人民之出生與死亡人口均有所統計，編製各種人口統計資料表，可能包括「**死亡率表**」(mortality table)，以作為其人口政策或其他公共政策之參考。但是，在保險市場較為發達之地區，通常保險業者會針對有參加保險之被保人，進行死亡率之統計，編製保險業者使用之死亡率表，例如我國之「臺灣壽險業第四回經驗生命表」。這是壽險產品計算費率之依據，也是一般人所慣稱之死亡率表或**生命表** (life table)。死亡率表反映各年齡人口在該年紀之平均死亡率。例如表 10–1 示範生命表上關於死亡率之部份資訊❷。

表 10–1　生命表（局部）

年齡 (x)	生存數 (l_x)	死亡數 (d_x)	死亡率 (q_x)
0	10,000,000	57,300	0.005730
1	9,942,700	9,625	0.000968
2	9,933,075	7,470	0.000752
⋮	⋮	⋮	⋮
108	44	31	0.698078
109	13	10	0.731384
110	3	3	1.000000

資料來源：臺灣壽險業第四回經驗生命表（男），民國 84 年至民國 88 年，財團法人保險事業發展中心 (http://www.tii.org.tw/index.asp)。

年齡零歲代表出生 1 天至 364 天，年齡一歲表示剛滿一歲至一歲又 364 天，依此類推。生存數代表該年齡之期初人數，例如零歲之新生兒人數有 10,000,000 人。而死亡數表示該年齡層一年內之死亡人數，例如新生

❷ 生命表上尚提供其他資訊，例如平均餘命等。參閱「臺灣壽險業第四回經驗生命表」。

兒在滿一周歲前之死亡人數為 57,300。將死亡數除以生存數即可求得該年齡之死亡率，例如 0.005730，代表零歲人口一年內之死亡率。實務上，生命表之編製，通常有一最高年齡之設定，例如一百歲或一百一十歲等，以配合保險費率之估算。雖然實際上可能有一些人瑞之壽命高於此年齡，但因其人口數太少，不適合進行統計估算，因此予以省略，而保單持續至此年齡則視為滿期。

由於死亡率隨著各國社會與人口結構之變化而有所波動，壽險業者每隔一段時間❸將重新編製符合市場現況之生命表。

㈡折現率

保險成本計算之另一重要因素是貨幣之時間價值，亦即「**折現率**」(discount rate)，一般常用之依據即利率或投資報酬率。由於壽險產品先收取保費而後再實現給付，時間上之差距使二者之貨幣價值不盡相同。況且壽險產品之保險期間經常長達數十年之久，通貨膨脹使保險給付之購買力，遠不如當年繳交保費時期。此外，保險人因先收取保費而獲得投資之資金，投資之利潤應部份分享給予要保人以爭取客戶，否則消費者可能將資金投入其他金融市場而不願購買保險產品。

保險產品之貨幣時間價值通常以「**現值**」(present value, PV) 觀念表達，亦即未來某一時點之保險給付，其貨幣金額相當於保單交易此刻之價值。例如圖 10–1 所示範，假設利率 i 為 5%，倘若第一年年終獲得給付 $1，相對於此刻第一年年初之貨幣價值（現值）為 $1 \div (1 + 5\%)$，若是第二年才獲得給付，其現值則為 $1 \div (1 + 5\%)^2$，第三年為 $1 \div (1 + 5\%)^3$ ……，以此類推。

---

❸ 例如我國之臺灣壽險業第一回、第二回與第三回經驗生命表，分別是以 1969～1972 年、1977～1981 年以及 1982～1986 年之資料編撰。我國壽險業自 2003 年起使用臺灣壽險業第四回經驗生命表，是以 1995～1999 年之資料編撰。而 2012 年開始使用臺灣壽險業第五回經驗生命表，則是以 2004～2008 年之資料編撰。

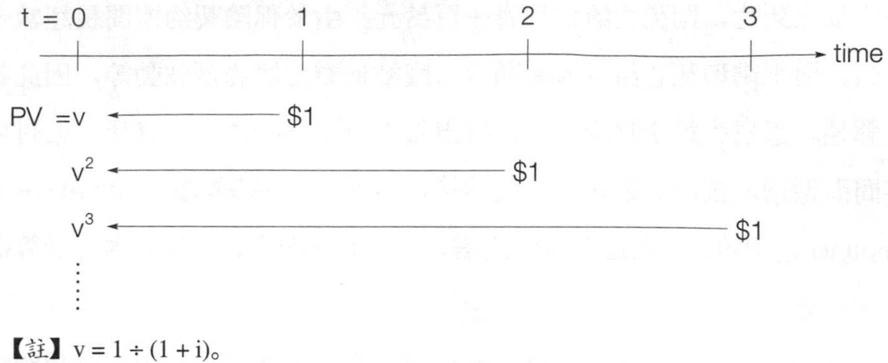

【註】$v = 1 \div (1 + i)$。

圖 10–1 現值觀念

㈢死亡給付

除死亡率與利率之外，壽險產品成本之第三項因素為**死亡給付** (death benefit)，亦即保險事故發生時❹，保險人依據保險契約所應給付之金額。死亡給付之計算是以要保人所投保之「**保險金額**」(insurance amount) 為基礎。保險金額通常會列在保單之封面頁或是第一頁，因此又稱為「**面額**」(face amount)。由於被保人發生保險事故時，保險人必須依據壽險契約上所約定之保險金額或其倍數等，支付保單受益人。因此保戶所投保之金額愈高，保險人之理賠責任愈大，保險產品之成本愈高。雖然理論上死亡給付可以是任意數字，但是通常實務上多以某一保險金額為一曝險單位，要保人則決定購買多少曝險單位。例如一曝險單位是十萬元，要保人決定購買五十單位，即為五百萬元。因此，實務上並非可隨意選購其金額，例如一百萬零二元。

傳統之壽險產品之死亡給付多採「**平準面額**」(level face amount) 形式，亦即不論被保人在保險期間內任何時點死亡，保險人所提供之死亡給付金額均相等❺。例如保險契約所定之保險金額為一百萬元，則不論被保人在第一年死亡，或在第五年、第十年等死亡，只要是在保險期間內，非屬除

❹ 雖然壽險保單以被保人死亡為主要之保險事故，但有時會有其他附帶之保險事故，例如殘廢。

❺ 假設無保單借款等應扣除項目。

外事故之死亡，則死亡給付均為一百萬元。由於保險契約期間長達數十年之久，而平準型死亡給付未能顧慮家庭結構變化與物價波動等，因此較缺乏彈性。近日先進之保險市場，推出若干新型保險產品，其死亡給付可隨時間而遞增，或隨物價指數而變動等，亦即「**非平準面額**」(non-level face amount) 之保單，以滿足消費者之需求。在此情況下，保險成本之計算將納入這些變動。

經由上述三項因素，可以求得保險產品之主要成本，即保險契約純粹保障死亡危險之成本。消費者所支付之保費中，用以購買此死亡保障之價格即是所謂之「**淨保費**」(net premium)。淨保費約佔保費支出之 80% 左右，各國市場略有差異。其餘約 20% 之保費，則用以支付保險產品交易之各項費用，例如銷售佣金、保單之管理與行政費用等。

二、壽險保費

由於人類之死亡率，一般而言隨年齡之增加而提高❻。因此保險成本與年齡成正相關，年紀愈大，壽險費率愈高。依據各年齡之保險成本所計算之保費，稱為「**自然保費**」(natural premium)。然而除非是每年購買一年期定期壽險，其保費之分配狀況才會與自然保費相符合。一般上社會大眾購買保險產品時，所繳交之保費大多不是依循自然保費之模式。基於保費徵收之方便性，以及消費者支出預算之考慮，例如老年時期已無收入，無法負擔高昂之保費等，實務上經常採用「**躉繳保費**」(single premium) 或「**平準保費**」(level premium) 模式。

所謂躉繳保費模式，即要保人於購買保險產品時，一次將所有保費繳清。無論保險期間之長短，未來均不需再繳納保費。相對地，平準保費模式則是將總保費分為若干期繳納，而每一期所繳之保費金額相等。此外，近日另有新形式保險產品，其保費繳交方式可能採取「**遞增保費**」(increasing premium) 或「**遞減保費**」(decreasing premium) 模式，即分期所繳之保費隨

❻ 但是嬰兒與幼年時期死亡率略高，然後逐年下降，大致上是十歲左右最低，之後再升高。參閱臺灣壽險業第四回經驗生命表。

時間之延續而漸增或漸減。而**「彈性保費」**(flexible premium) 模式更是隨要保人之喜好，可任意增減各期所應繳納之保費。這些變化類型無非是為了配合消費者之個人理財計畫。然而無論採用何種保費模式，淨保費總金額之現值必須等於保險成本之現值，這是公平費率之原則。以數學公式表示如下：

$$\text{PV（預期淨保費總額）} = \text{PV（死亡給付預期值）} \qquad (10.1)$$

除自然保費方式外，一般而言，壽險保費之繳納在保單初期階段大多高於當年度之保險成本，因此多繳之保費將暫存於保險人處。圖 10-2 以平準保費為例說明此一觀念。這些預繳之保費及其所累積之利息或投資報酬，可用以支付未來之保險成本，此即為保單之**「現金價值」**(cash value)，或稱為**「保單價值準備金」**❼，代表保單本身之價值，如同儲蓄存款一般。因此倘若要保人於保險契約期間內中途終止契約，保險人應當歸還要保人這些應屬要保人權益之現金價值。

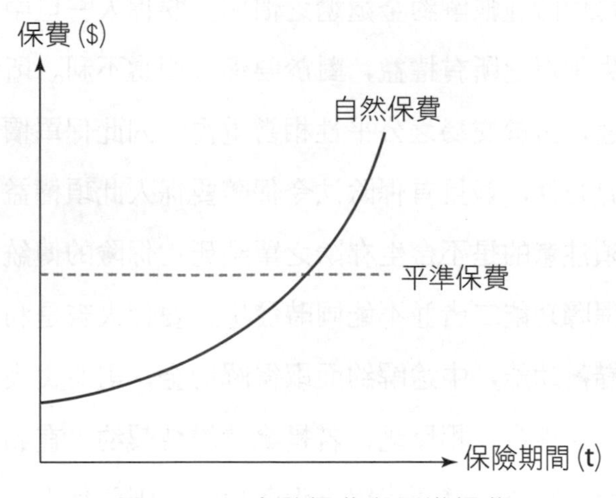

圖 10-2 自然保費與平準保費

❼ 我國之「保險法」或保單條款通常將 cash value 稱為「保單價值準備金」。參閱「保險法」第 116 條。由於「準備金」在保險會計上通常用以代表負債科目，因而容易誤以為保單價值準備金是一負債科目。事實上 cash value 只是保險精算之名詞，用以表示保單之價值。因此實務上，有時亦可見到其他稱呼，諸如「保單價值」、「保單現金值」等。

相反地，從保險人之觀點而言，這些預收保費及其累積之利息與報酬，乃是用以支付未來之保險給付，或是必須返還中途解約之要保人。因此它們是保險人之負債，必須提列準備，稱之為**「保單責任準備金」**(policy reserve)，或簡稱**責任準備金**。雖然保單責任準備金之來源與保單價值準備金相同，但是責任準備金是資產負債表上之負債科目，而保單價值準備金則是代表保單本身之價值，並非負債科目。由於監理法規與保險會計之要求，必須對於保險人之負債採保守原則，因此保單責任準備金之數值通常大於保單價值準備金。要保人對於保單之各種權益，例如解約金或保單借款等，通常多以保單價值準備金為基礎而計算。實務上，要保人中途解約有時可以取得**「解約退還金」**(cash surrender value)，簡稱**解約金**。解約金可能小於或等於保單價值準備金。因為若是在保單初期階段解約，可能必須扣除若干**「解約費用」**(surrender charge)。因此若是在保單最初期（例如第一年）階段解約，除非是躉繳保費，一般而言預繳保費所累積之保單價值準備金尚少，而解約費用又高，因此通常無法取得解約金。

早年之人壽保險並無解約金返還之慣例。要保人一旦中途停止繳納應繳保費，則喪失保單之所有權益，對於要保人相當不利。所幸今日之保險市場已相當發達，對於交易之公平性相當重視。因此保單價值準備金已有相當精確之計算方法，並且有保險法令保障要保人此項權益❽。

然而，必須注意的是不含生存險之單純死亡保險的傳統壽險契約❾，其儲蓄功能與保障功能二者並不能同時發生。要保人若是利用人壽保險之價值準備金的儲蓄功能，中途解約而取得解約金，則將喪失領取死亡給付以保障死亡危險之機會。相反地，若是繼續維持契約，直到被保人死亡而領取死亡給付之保險金，發揮保單之保障功能，則要保人將不可能取得解約金。

❽ 參閱「保險法」第 116 條、第 119 條。

❾ 即非投資型壽險保單。

第二節　定期壽險

「**定期壽險**」(term life insurance) 保單之主要特色，乃是提供一段特定時間之保險保障。保險期間可長可短，但必須事先設定到期日。例如一年、五年、或二十年等。而保險期間到期時，並無「**滿期金**」(maturity value) 可供領取。倘若被保人在此保險期間內死亡，除特定不保危險外，保險人應支付保險金予以保單受益人。反之，若是被保人未在此約定期間內死亡，則保險人不必支付任何保險金，而要保人所繳之保費則歸保險人所有。此外，定期壽險主要目的僅在於提供死亡保障，由於保費低廉，在扣除各項費用後，預繳保費所剩無幾，因此累積之保單價值準備金不多，通常不具備儲蓄之功能。就這些特色而言，定期壽險非常類似財產保險。

定期壽險純粹保障死亡危險，保單內容較為簡易，且保費因保障期間有限而顯得較為便宜，一般消費者較有能力負擔，因此是保險市場的主要產品之一，尤其在歐美國家相當普遍。為充分瞭解定期壽險之特色與功能，本節分別由其一、優點與限制，二、續保權與轉換權，與三、定期壽險產品之類別等三方面加以探討。

一、優點與限制

定期壽險之優點與限制，究其本質均是源自於保單之單純死亡保障，與有限之保障期間。其首要之優點是保費低廉。由於定期壽險之保險期間較短，相較於同等面額之終身壽險，定期壽險顯得便宜許多，對於經濟不寬裕而無法支付昂貴保費，但又希望獲得保障之消費者相當適合。

此外，由於定期壽險之保險期間較短，契約之約束力較小，且保費便宜，要保人之成本較低，因此與終身壽險相比較，定期壽險較方便配合經濟用途之保障。例如一般消費者可使用定期壽險作為貸款之信用憑證，或是保障家人完成房屋貸款，以免因家主死亡無法償還貸款而被迫遷離家園。此外，亦可用於補充某特定時期（例如子女未成年階段）之保障。另一方面，企業組織可使用定期壽險保障組織因重要主管或出資人死亡，所衍生之持續經營危機。至於應用團體定期壽險實施員工福利之情況，則更為普遍。

定期壽險最大之限制，即在於僅提供有限期間之死亡保障。倘若被保人未在此保險期間內死亡，則要保人或受益人將一無所有，所繳交之保費全部歸屬保險人。另一方面，消費者經常忽略被保人之健康情況會隨時間而衰退，或許將影響未來續保之可能性。若是誤用定期壽險作為長期或終身之危險理財計畫，未來可能面臨保障不足之現象。

二、續保權與轉換權

最簡單之定期壽險為每年續保之一年期定期壽險。保費依據被保人當時年齡之死亡率與健康狀況等反映其保險成本，因此所繳交之保費呈現自然保費模式。然而實務上一年期定期壽險主要用於企業組織之團體壽險，一般個人甚少採用一年期定期壽險作為保障死亡危險之工具。因為年年購買，手續相當麻煩且保費較為昂貴；此外，被保人將來之健康情況或許已有所改變，不一定能通過核保標準而獲得保險保障。

一般上常用之定期壽險個別保單，其保險期間大多在一年以上，例如十年或二十年等。然而無論其期間多長，畢竟是有一固定期限。倘若被保人未在此保險期間內死亡，則要保人所繳交之保費全部歸屬保險人，往往較不為消費者所歡迎。因此定期壽險保單經常會給予續保與轉換保單之機會。一張定期壽險保單是否具備續保權與轉換權，將影響該保單之價值，對於消費者之權益保障相當重要。以下分別說明此二條件之意義。

㈠續保權

所謂「**續保權**」(renewability) 乃是指一張定期壽險契約，在保險期間終了之到期日，要保人有權再繼續延長另一段保障期間，而無須考慮被保人之可保條件，例如健康狀況等。雖然續保部份之保險費，必須依據被保人現今之年齡而重新計算，可能高於原先繳納之水準，但是免除可保條件之測試，對於要保人或被保人而言仍是一項重要權利。因為一般大眾之健康情況，常隨年齡之增加而逐漸退化，倘若屆時才購買一份新保單，或許已未能通過核保標準，而無法獲得壽險保障。

由於保單之續保權增加保險人之潛在責任，而且容易有逆選擇現象。健康情況良好者，因費率較高而退出；健康狀況不佳者，因不易另購新保單而繼續投保。因此保險人通常會對於續保條件加諸若干限制，例如被保人之年齡不得超過六十五歲等。

㈡轉換權

轉換權 (convertibility) 有時亦可稱為**更約權**。由於定期壽險之保障期間短，即便有續保可能性，亦常有最高年齡之限制，例如六十五歲或七十歲等。對於晚年高齡時期缺乏保障，因此消費者可能希望轉換為其他類型之保單，例如終身壽險。定期壽險之轉換權即提供消費者此項選擇權利。通常在定期壽險保單生效後，某一指定期間內（通常小於保險期間），要保人可將原定期壽險保單轉換為其他類型之保單，而被保人不必接受可保條件之測試，因此對於要保人或被保人是一項優惠。

轉換後之新保單其保費之計算可能有二種方式。一種是以轉換當時之年齡計算，如同終止舊保單而購買另一份新保單。另一種方式則是追溯至原保單簽發時之年齡，以該原始年齡之費率計算，但是要保人必須彌補過去這段時間之保費差額。亦即視同當年已購買此種新類型保單，而部份保費遞延至今才繳納。

三、定期壽險產品之類別

定期壽險是一種歷史相當久遠之保單類型，隨著經濟與社會環境之變遷，保險人已發展出許多類型之定期壽險產品，以配合消費者之理財需求。大致上定期壽險產品之分類，可依保費繳納方式區別，亦可由給付面額之變動與否而劃分。此外當然亦可區分為個別與團體保單等。由於團體保單與個別保單已於前章說明，此處僅就保費繳納方式與給付面額加以探討。

㈠以保費繳納方式區分

定期壽險之保費方式有多種。一般上保險期間較短、保險金額較小之保單可能採取**躉繳保費** (single premium) 方式。即在購買保單時一次付清，以減少行政管理費用。而對於保險期間較長之定期壽險，例如二十年期之定期險，一般上多採取分期繳納保費之方式。各期所繳之保費可能相等，即所謂之**平準保費** (level premium) 方式，此外，亦可能是**遞增保費** (increasing premium) 或是**遞減保費** (decreasing premium) 方式❿。平準保費簡單明白，易於被消費者所接受，且節省保險人年年計算保費之行政管理費用，是一種相當普遍之保費繳納方式。

相對地，遞增型保費方式之保單，要保人所繳納之保費逐年增加。其優點是可配合要保人之經濟預算，由於初期之保費較低，容易受到年輕而缺乏經濟能力之消費者所歡迎。遞增型保費之每年遞增比例，多半在契約已有設定之公式或金額，因此要保人與被保人事先知道每年應有之義務與權利。至於遞減型保費則恰好相反，初期之保費較高，以後逐年減少。這種保費方式主要是保險人用以提高仲介人之促銷誘因，對於消費者而言恐較難以接受。

㈡以給付面額區分

定期壽險保單之死亡給付面額，在保險期間內之不同時點可能相等，亦可能不等。倘若被保人無論在保險期間內任何時點死亡，除不保危險外，保險人所支付之死亡給付均相等，則稱為**平準面額** (level face amount) 保單。例如一張二十年期定期壽險保單，面額一百萬元，則被保人不論是在保險期間之第一年死亡，或在第二十年死亡，保險人均支付一百萬元，而不考慮貨幣購買力。**面額平準之定期壽險** (level term) 是最傳統之給付類型，保費之計算方便，而產品簡單明白不易發生糾紛，是市場上相當普遍

❿ 理論上，保費繳納方式可以作各種遞增或遞減變化，但實務上並不普遍，尤其是遞減方式甚少使用。

之定期壽險保障方式。

然而近年來經濟環境變動迅速，通貨膨脹率高，物價不斷上揚。一份二十年前購買之保單其所約定之固定給付，可能已無法應付今日之消費水準。另一方面，要保人之保障需求，可能亦隨家庭人口數之增加而必須增加，例如子女人數增加，或是家庭生活水準已不同於往日等。凡此種種變化，固定之平準面額將無法符合消費者之需求。因此近年來，**面額遞增之定期壽險** (increasing term) 亦逐漸受到重視。給付面額之漸增比例，可能依照某一預定公式或金額，逐年增加。然而亦可能採取更先進方法，即依照各年度之實際物價波動而調整，以反映生活成本之增加，此即所謂之**「調整生活成本」**(cost of living adjustment, COLA) 保單。

另一種經常採用之非平準面額定期壽險契約類型，是**面額遞減之定期壽險** (decreasing term)。被保人在保險期間內死亡，除不保危險外，被保人愈早死亡則保險人必須支付愈多之死亡給付。例如被保人於保險期間內第一年死亡，保險人支付一百萬元保險金、第二年死亡則支付九十萬元、第三年八十萬元……等。面額遞減之比例依據保單所規定之公式或金額。例如常見之**「貸款保障定期壽險」保單** (mortgage protection term insurance)，其死亡給付配合房屋貸款之債務逐年減少。倘若被保人在繳納房屋貸款期間中途死亡，保單受益人（例如家屬等）可利用死亡給付清償尚未還清之貸款債務。另外一種常用遞減型定期壽險保單，是配合家庭扶養人口之減

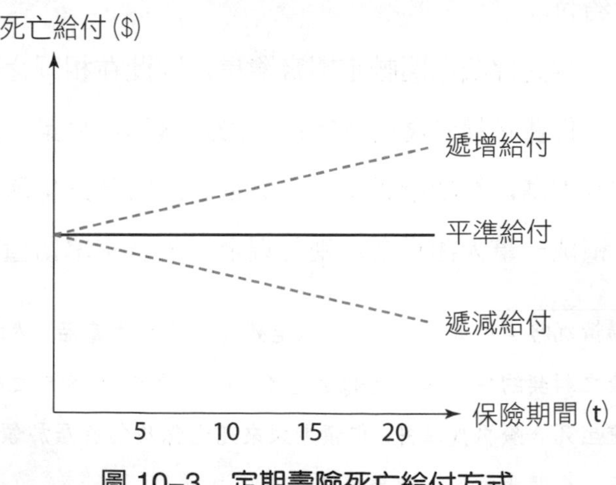

圖 10-3　定期壽險死亡給付方式

少。例如子女長大成人可自行經濟獨立時，壽險保障之必要性相對地減弱，因此採用面額遞減型保單將可節省保費支出。圖 10–3 簡要說明此三種保險之死亡給付方式。

第三節　終身壽險

一、終身壽險之主要特色

「**終身壽險**」(whole life insurance) 是一種歷史悠久之人壽保險產品，尤其是在個別保單市場上，終身壽險一向是居於領導地位⓫，對於保障個人家庭之經濟安全功不可沒。所謂終身壽險，即保險期間並無期限，一旦契約生效後，被保人無論在任何時候死亡，除不保危險外，保險人均應支付死亡給付。相對於定期壽險有一固定保險期間，倘若被保人未在其期限內死亡則將失去保險保障，而終身壽險之投保人並無此壓力，契約之保障效力將持續至被保人死亡為止。因此理論上終身壽險可以說是保險期間無限之定期壽險。實務上由於生命表之編製有一最高年齡限制（例如一百零五歲或一百一十歲等），而非無限年齡，因此終身壽險如同保障至某一高齡之長期定期壽險。然而與定期壽險不同的是，終身壽險具有「**滿期金**」(maturity value)。倘若被保人存活至保單所規定之最高年齡，則此終身壽險保單將因滿期而終止，要保人可領回保單價值準備金，其金額將等於該最高年齡之死亡給付。

由於終身壽險之保險期間較定期壽險長，因此在相同之死亡給付水準下，終身壽險之保費必然地將高於定期壽險。誠如前文第一節所述，終身壽險因為保費水準高，初期所繳交之保費遠超過當時之保險成本，於是預繳之保費將累積成一筆大額資金，稱為現金價值或保單價值準備金。這筆

⓫ 我國市場情況略有不同，以往乃是以生死合險為領先產品。然而 2000 年以來，死亡保險之新契約佔有率亦已超越生死合險，雖然 2008 年之後因金融風暴之影響而使生死合險再度攀升，但預期未來死亡保險仍將居於領導地位，與國外情況相近。參閱本書第九章表 9–3。

資金如同要保人暫存於保險人處之存款一般，可提供要保人多種理財上之用途，例如辦理保單借款等。

終身壽險之另一常見特色，是提供**「保單紅利」**(policy dividend) 之分配。壽險保單依其是否參加紅利分配而區別為**「分紅保單」**(participating insurance policy) 與**「不分紅保單」**(nonparticipating insurance policy)。要保人所購買之保單是否參加紅利分配，隨各保險人之銷售策略而不同。一般而言，分紅保單之保費可能較高，但是消費者有潛在之紅利分配。反之，不分紅保單價格可能較低⓬。消費者可依本身之偏好而選擇保單。理論上紅利分配與險種並無絕對關係，定期壽險或終身壽險皆有可能分紅或不分紅。然而實務上終身壽險多數是屬於分紅保單，因此消費者通常每年可獲得若干紅利分配。

二、儲蓄功能

誠如前述，終身壽險與定期壽險最明顯之差異在於終身壽險之儲蓄功能。因為預繳保費所累積之保單價值準備金，提供要保人許多理財之管道。例如需要資金時，可以辦理保單借款或是直接領出解約金或保單價值準備金等。從另一角度而言，在同一保險面額下，終身壽險與定期壽險保費之差額，即是用以投資儲蓄之代價。例如表 10-2 示範二保險產品之保費差異，假設同一被保人，在不同之年齡時點下，購買給付面額為一百萬元之保單，其一為可續保定期壽險，另一為二十期繳費之終身壽險保單。由表中數字可看出各年齡之保費差異，終身壽險由於保障終身，因此其保費遠較定期壽險昂貴。

雖然終身壽險之保費遠高於定期壽險，但是仍然有許多消費者願意購買終身壽險保單。除可獲得終身保障之原因外，事實上，許多消費者選擇終身壽險產品，即是希望藉由保單發揮儲蓄之功能。究其原因，可包括下列數項：

(1)保險人擁有專業之理財投資專家，要保人可借用這些專家之手從事

⓬ 假設其他經營條件均相等。

表 10-2　定期壽險與終身壽險之保費比較

年　齡	(1)定期壽險	(2)終身壽險	(2)－(1)
30	3,500	15,000	11,500
35	3,700	16,000	12,300
40	4,200	22,000	17,800
45	5,500	25,800	20,300

投資，節省本身之人力物力，以及彌補本身知識與資訊之不足。尤其傳統壽險保單通常有保證利率，要保人之投資風險減少。

(2)購買保險契約之保費支出，以及未提領之保單利息，經常具有稅賦上之優惠，對於要保人而言亦是一種成本節省。例如我國之稅法規定，一般民眾每年所繳人身保險保費在二萬四千元以內者，可以列為費用而抵減所得，因此具有節稅之效果。

(3)保險契約具有約束力，保險人按時催繳保費，要保人將可藉此強迫自己儲蓄，避免金錢任意花費流失，養成良好之儲蓄習慣。

終身壽險之儲蓄功能，可由保單價值準備金之用途看出。這些預繳之保費，藉由保險人之投資經營，將累積成一筆龐大資金。當要保人有資金運用之需要，或是不再需要死亡保障時，要保人可以終止契約領回解約金或保單價值準備金⓭，以該筆資金另行投資或是購買其他保險產品。倘若仍然需要死亡保障，則可以保單價值準備金作為擔保，向保險人辦理「**保單借款**」(policy loan)。通常保單借款之利率較一般金融機構之借款利率優惠，只要借款將來還清，則原先保險契約之死亡保障依然存在。

⓭ 要保人於保單期間中途終止契約時，所領回之金錢即稱為解約退還金或簡稱解約金 (cash surrender value)，解約金可能小於或等於保單價值準備金 (cash value)，視解約費用而定。因此在英文書中，例如 Black and Skipper (2000)，並不以解約時間而區分此二名詞。但是我國「保險法」(第 119 條) 規定保險人對於繳足保費一年以上而終止契約之要保人，應償還解約金。但對於繳足保費二年以上，而後因欠繳保費而終止契約之要保人，則應返還保單價值準備金(第 116 條)。

三、產品類型

終身壽險是市場上之主要保險產品，歷史悠久且受到消費者之歡迎，在先進國家之保險市場，終身壽險之佔有率經常居於領先地位。終身壽險之產品類型，可分為個別保單與團體保單、分紅保單與不分紅保單等，視分類基準而定。然而一般上探討終身壽險產品之類型時，主要是以保費繳納方式劃分，大致上包括下列數種類型。

㈠躉繳終身壽險

所謂「**躉繳終身壽險**」(single-premium whole life)，即要保人於購買保險契約時，一次繳清全部保費之壽險產品。由於終身壽險之保費高昂，倘若一次繳清，其金額必然相當龐大。因此採用此種付款方式之消費者並不普遍，除非是希望保單初期即累積大額之保單價值準備金。另一種情況是高齡要保人或被保人進行遺產規劃時，可能亦會採用躉繳保費。

㈡普通終身壽險

「**普通終身壽險**」(ordinary whole life) 有時又稱為「**直線壽險**」(straight life)。此種保險產品之保費繳納方式頗為有趣，只要被保人依然存活，則要保人必須繳納保費，直到被保人死亡為止。由於保費之繳納期限較長，因此每期所繳納之保費相對上較少。

㈢限期繳費終身壽險

「**限期繳費終身壽險**」(limited-pay whole life) 是目前實務上廣泛採用之終身壽險保單類型。由於躉繳保費一次付清之負擔過於龐大，一般消費者難以負擔。而普通終身壽險之終身繳納，對於保險人與要保人均不方便，因為倘若被保人之壽命甚長，則繳款期限將延續數十年。因此，目前多數保單採用限期繳費方式，亦即在保單上約定保費分期繳納之期數與年限，例如十年期或二十年期，或是繳納至六十五歲等。

㈣修正型終身壽險

由於終身壽險之保費負擔較重，消費者難免因經濟能力不足，而失去購買保險之機會。對於希望獲得終身保障，但又一時之間無法支付平準保費之消費者，例如年輕家庭，甚為不利。因此**修正型終身壽險** (modified whole life) 提供另一種保費模式：二階段平準保費。亦即在保單初期階段，例如最初之三年或五年期間，保費水準較低，而在這初期階段結束之後，再提高保費水準，以配合消費者之經濟能力。

㈤階梯型終身壽險

「**階梯型終身壽險**」(graded-premium whole life) 之保費繳納方式，如同多階段之修正型終身壽險，或是如同每年續保之無限期定期壽險一般。階梯型終身壽險保單之初期保費相當低廉，其水準可能近似於定期壽險，以後逐年提高，以配合消費者之經濟能力。由於此種保險早期所繳納之保費數額相當少，因此將有一段時間並無保單價值準備金之累積。

事實上，壽險產品亦如同其他商品一般，必須配合時代發展不斷推陳出新。以往由於科技技術之限制，使保費之精算相當困難，費率計算只能依循某些固定公式與表格，因此產品只能局限於少數定型之躉繳或平準保費保單。然而今日由於電腦科技高度發展，保費計算之難題已獲得改善，因此市場之產品變化類型益加增多，以便充分滿足消費者之理財需要。

第四節　其他壽險產品

除上述之定期壽險與終身壽險二種典型主要產品外，壽險市場尚有其他類型之產品。這些產品之重要性隨各國市場之環境而有明顯差異。例如生死合險是我國市場上相當重要的產品，然而在美國壽險市場之佔有率不及百分之一，微不足道。此外新形式產品，例如「**萬能壽險**」(universal life insurance) 在美國已成為市場中成長迅速之產品，而「**變額壽險**」(variable life insurance) 亦曾經流行一段時間等。自 2001 年起，我國亦開放這些新型保單上市，而隨著金融市場自由化之政策，各式各樣之新產品不斷推出。本節將介紹這些其他類型之壽險保單，包括生死合險、變額壽險、萬能壽險與變額萬能壽險。

一、生死合險

壽險產品除了以死亡為保險事故之死亡保險外，亦有以生存為給付條件之**「生存保險」**(pure endowment)。純粹之生存保險如同銀行定存一般，倘若被保人在保單期間終止時依然存活，則保險人必須支付保險給付。生存保險與銀行定存之差異，在於銀行定存於到期日時必然可以領取，即使存款人已經死亡，其法定繼承人依然可以取回存款。相對地，生存保險在到期日時，被保人必須依然存活，保險人才給付保險金額。倘若被保人已經死亡，則保險人不須支付保險金，亦不須償還保險費。

對於某些尚無年金產品之保險市場，生存保險常被用來作為退休養老之用。被保人於年輕時購買保單，等待一段時間至退休之時再領取保險給付，作為晚年生活之用。另一方面，某些消費者購買生存保險，作為子女高等教育費用之來源。例如在子女年幼時投保，倘若子女可存活至就讀大學之年齡（例如十八歲或二十歲），則保險人將支付保險金額。

根據單純型之生存保險的產品設計，被保人必須依然存活，保險人才給付保險金額，倘若死亡，則保險人不須付出保險給付，亦不須償還保險費。這種觀念有時難以被消費者接受，且對於被保人死後之家庭經濟安全沒有保障。因此事實上單純型生存保險之市場相當小，取而代之者為生死合險保單，其可彌補此種死亡無保障之缺憾。在生死合險保單之規定下，倘若被保人於保險期間死亡，保險人將提供身故保險金，若是被保人存活至保險期間終了日，則保險人將支付生存保險金。在此情況下，不僅對於被保人有保障，對於其家人亦有保障。

生死合險保單從數學上而言，即是一份定期壽險保單與一份生存保險保單之合併。由於被保人之生存或死亡二者為互斥事件，因此消費者如同購買兩份保險，一者用以保障死亡事故，一者作為儲蓄養老之用。彌補生存保險保單因被保人在保險期間內死亡，或是定期壽險之被保人過期未死，而造成被保人一無所有之缺失。由於生存保險之功能主要是儲蓄，因此必須與其他金融投資工具互相競爭。隨著投資市場之發達，生存保險之競爭優勢已逐漸消失，市場佔有率已然下降。例如在美國壽險市場中，單純型生存保險與生死合險新保單在市場之佔有率已不及 1% 。反觀我國之壽險市場，生死合險仍有相當重要之地位。究其原因，可能是以往國內之投資管道不多，消費者只得仰賴生死合險作為退休養老之經濟支援。然而隨著我國金融市場之發展，近年來生死合險新契約之投保率亦有下降之趨勢。

二、變額壽險

「變額壽險」(variable life insurance) 是 1970 年代中期，在歐美壽險市場所推出之一種特殊形式的終身壽險產品。由於當時之經濟環境發生劇烈變化，市場之利率高漲，而原先傳統型之終身壽險產品，其所採用之預定利率較低，無法配合市場之變動。因此消費者紛紛解除壽險保單，取得解約金而轉向其他投資市場，於是傳統壽險產品失去競爭能力。壽險業者於是開發另一種具有投資功能之新式產品，即變額壽險。變額壽險之主要特色在於死亡給付並非固定面額，保單之價值準備金與死亡給付將依要保人所選定之投資工具的報酬率而計算。因此是屬於一種投資型保險產品。

通常購買變額壽險保單時，保險人會提供一系列之投資工具，例如股票或債券等資產組合。要保人可選擇其所偏好之投資組合，如同購買共同基金 (mutual fund) 一般。每一要保人設有一**「分立帳戶」**(separate account)，保險人將保費扣除各項相關費用後之餘額，投入要保人選定之投資項目的資產組合。該投資項目經營成果之報酬累積，則反映在保單之價值準備金。倘若要保人中途解約時，將可領取解約金，其數額相當於保單當時所累積之保單價值準備金扣除解約費用後之餘額。因此完全將投資風險轉移至要保人，由要保人自行承受投資之結果。傳統之人壽保險產品，要保人並不能選擇投資工具，而是由保險人匯集所有要保人保費於**一般帳戶** (general account) 進行投資，而保單設有最低保證利率，要保人可獲得不低於該保證利率之報酬。因此，傳統保單之投資風險通常是由保險人承擔，除非保險人失去清償能力，才會轉嫁給予要保人。

倘若保單持續至被保人死亡，保險人則依投資報酬計算保單應有之死亡給付，其數額可能高於或低於傳統壽險之面額，必須視投資成果而定。由於保險產品畢竟是以保障危險為主要目的，實務上為避免投資虧損過巨影響保障，因此通常死亡給付有一最低保證金額，不至於因為投資失利而失去保險保障。然而保單價值準備金則採完全變動方式，因為保單價值準備金本身即是反映儲蓄功能，因此可與投資成果一致，不須特別設定最低保證金額。換言之，變額壽險保單之死亡給付包括二部份。一部份是提供基本保障金額之固定給付，亦即最低保證金額；另一部份則是具有投資功能，可反映市場報酬之變動性死亡給付。例如有一變額壽險保單，保證死亡給付不低於一百萬元。要保人支付保費並選定投資工具，五年之後被保人死亡。倘若此時保單投資成功而帳戶累計有一百三十萬之餘額，則受益人即獲得一百三十萬元之死亡給付。倘若投資不利而帳戶僅有六十萬元之餘額，則受益人可領取最低保證之一百萬元死亡給付。

變額壽險自 1970 年代中期推出之後，由於當時美國之經濟環境背景，利率不斷上升，因此在 1980 年代曾經有一段時期受到歡迎。然而，後來由於投資市場狀況不佳，市場利率不斷下降，變額壽險之死亡給付隨之減少，造成保障不足之現象，因此此種保單又逐漸沒落。而近年來隨著金融市場之發展，投資工具愈加多樣化，這些具有投資性質之變額保單又再度受到歡迎。總而言之，由於變額保險之產品價值容易受投資報酬之影響，因此其業務量之多寡常隨投資市場之榮枯而變動。例如我國自 2001 年推出之後，變額壽險保單業務量迅速成長並逐年攀升，然而 2008 年金融海嘯之後，消費者又紛紛退出而使業務量大幅滑落。

三、萬能壽險

由於人壽保險大多為長期性產品，契約之約束力長達數十年，對於消費者相當不方便。要保人自年輕初組家庭起，其經濟安全之需求可能隨工作升遷、婚姻狀況、購置房屋，以及子女之出生與成長等而有所改變。且近年來無論是經濟環境或是社會環境，其變動速度較之以往更有數倍之快。一成不變之平準保費與固定給付，已難以符合時代潮流與消費需要，因此具有彈性之壽險保單呼之欲出。在 1970 年代初期美國已出現**「彈性壽險保單」**(adjustable life insurance)，允許要保人於保險期間中途變更各期保費繳納水準，另一方面死亡給付亦可重新調整，而無須終止舊保單再購買新保單。然而當時電腦技術畢竟尚未成熟，因此各種更約或調整通常仍然需要書面通知保險人才能生效，亦即二次更約之間仍須維持固定之保費或死亡給付。

1970 年代末期，隨著科技技術之進步，美國壽險業者更進一步改良彈性壽險保單，推出所謂之**「萬能壽險」**(universal life insurance) 保單。萬能壽險保單之保費可隨要保人本身之意願而變動。除了購買保險契約開始之時，必須繳納一些基本保費以使保單生效，往後要保人可視本身之經濟預算，隨時變動保費之繳納，只要保單所累積之保單價值準備金依然是正數，則保單之效力就依然存在。相反地，若是保單價值準備金已不足以負擔保險成本與相關行政管理費用，則保單將停止效力。

除保費具有彈性外，萬能壽險之要保人亦可要求調整死亡給付面額，以配合家庭之經濟需要。例如剛成家尚無子女時，保障需求較低。而中年時期因子女增加，生活與教育費等所需較多，必須購買較高水準之死亡保障，及至子女已長大成人，具有獨立謀生能力之時，死亡給付可再度降低。另一方面，保單價值準備金所使用之投資報酬率，則是以保險人新近投資之資產組合報酬率計算，而非以保險人之全部資產平均報酬率為準，因此較能反映當前之經濟趨勢。

萬能壽險保單由於具有彈性，可適應個別消費者之需要，自推出之後，在美國壽險市場之佔有率已大幅提昇，成為僅次於終身壽險與定期壽險之重要產品⓮。萬能壽險因銷售情況良好，一般而言其佣金費用較低，但是由於可隨時調整保費與死亡給付，因此大量增加行政成本，二者各有利弊。

⓮ 參閱 *Life Insurance Fact Book*(1994)。

此外可隨意繳納保費之彈性，雖然方便配合消費者之經濟能力，但是就另一方面而言，保單之契約約束力減弱，要保人可能較容易中斷繳交保費，因而造成契約之停效或失效。

萬能壽險之發展，主要目的在於配合要保人之人生各階段的經濟負擔，而非在於追求投資報酬。因此要保人並無選擇投資工具之機會，亦無分立帳戶之設置，而是由保險人彙集所有保費於一般帳戶而自行進行投資，如同傳統壽險保單一般。

四、變額萬能壽險

「**變額萬能壽險**」(variable universal life insurance) 是一種兼具變額壽險投資獲利功能，與萬能壽險彈性保費方便功能之新形式壽險產品。由於變額壽險原先之設計仍然採用平準保費方式，要保人必須定期繳納固定金額之保費，對於消費者較不方便。因此後來改良引進萬能壽險之彈性保費繳納方式，稱之為變額萬能壽險。此種新型保單推出之後，雖然取代部份原先變額壽險之市場，但是由於推出時機稍晚，且 1980 年代中期以後投資市場之情勢已大不如前，因此變額萬能壽險當時在美國之市場佔有率有限。然而如同前文所述關於變額壽險市場之變化一般，近年來隨著金融市場之發展，其市場佔有率又逐漸增加。目前我國壽險市場上所推出之投資型保單，亦有一些是屬於變額萬能壽險類型之產品。

第五節　壽險費率計算與保單分紅

隨著科技技術之進步，以及經濟環境之自由化趨勢，政府監理機關對於壽險產品之限制愈趨減少。因此保險人可更加自由設計保單與推出新產品，相對地，消費者之選擇機會較往日更多。然而無論市場如何變化，產品之價格依然是消費者關切之重要因素。事實上，當消費者比較壽險產品之價格時，並非僅是比較購買保單之保費代價，尚須考慮是否有紅利分配等因素。因為紅利之來源，部份是來自保費的退還。為進一步瞭解壽險產品價格之形成，本節簡要分析壽險產品之費率結構與計算程序，以及保單分紅之原理。

一、費率結構與計算程序

壽險產品之費率是由淨費率與附加費率所組成。淨費率是反映保險成本，亦即淨保費之現值必須等於預期給付之現值。淨費率計算之主要變數為死亡率、利率與保險期間。附加費率主要用以支付保單交易成本，例如銷售佣金、管理費用與保費稅等。各項費率因素以及計算方法，分別敘述如下。

㈠死亡率

決定壽險價格，首先必須選取適當之**死亡率** (mortality rate)。死亡率通常受到年齡、性別與健康狀況之影響。各保險人之出險經驗可能有所差異，視其核保績效而定。有些地區要求市場中所有保險人都應使用法令規定之生命表，有些地區則允許保險人使用其本身之經驗生命表，因此各保險人所計算之死亡成本並不完全相等。但是無論如何，各保險人所採用之生命表，一般上均是年齡愈大，平均死亡率愈高，因此費率愈高。另一方面，在多數國家中，女性之平均壽命較長。於是同年齡之男女被保人，通常女性被保人之保險費率較為低廉。

至於健康狀況之判定，所選用之變數較為複雜。大致上包括身高、體重、以往罹患之疾病、特殊嗜好與職業等。例如體重過重者一般上費率較高，因為較易罹患各類心臟血管疾病。而從事冒險活動行業者，例如飛行員或運動員等，通常費率較一般公教人員高。此外，抽菸與不抽菸者之費率，在某些國家可能亦允許差別費率。

保險人對於被保人之各項因素逐一分析之後，根據被保人之潛在死亡危險狀況，可決定是否承保。而那些可承保之被保人再區分為標準體、次標準體，有些國家則可更細分為超標準體等。不同之危險等級所收取之費率自然不等。當被保人各依其危險組群分類之後，則以該組群（例如標準體）所適用之生命表計算其死亡率。由於購買保單之時，並無法預知被保人究竟將於何時死亡，因此必須計算被保人在各保單年度發生死亡之機率，即出險機率。由於死亡只會發生一次，各年度之出險事件乃屬統計上之互斥事件，因此必須將保單期間內各年度之出險機率加總，才是被保人於保單期間內出險之機率。

假設保單期間為 T 期，被保人之投保年齡為 x。被保人於第一個保單年度中死亡之機率為 q_x。倘若被保人於第二個保單年度中死亡，則其第一個保單年度必然是存活的，因此被保人於第二個保單年度中死亡之機率為 $p_x q_{x+1}$，p_x 代表被保人年齡 x 而能存活一年之機率，$p_x = 1 - q_x$。同理可知，被保人若於第三個保單年度中死亡，則其第一與第二個保單年度必然是存活的，因此被保人於第三個保單年度中死亡之機率為 ${}_2p_x q_{x+2}$，${}_2p_x$ 代表被保人年齡 x 而能存活二年之機率，${}_2p_x = p_x p_{x+1}$。依此類推，可得知被保人於各保單年度發生死亡之機率，如表 10–3 所示。

表 10–3　被保人於保單期間發生死亡之機率（出險機率），投保年齡為 x

保單年度	被保人年齡	死亡率	生存率	累積生存率	死亡發生率（出險機率）
1	x	q_x	p_x	${}_0p_x$	${}_0p_x q_x$
2	x+1	q_{x+1}	p_{x+1}	${}_1p_x$	${}_1p_x q_{x+1}$
3	x+2	q_{x+2}	p_{x+2}	${}_2p_x$	${}_2p_x q_{x+2}$
⋮	⋮	⋮	⋮	⋮	⋮
T–1	x+T–2	q_{x+T-2}	p_{x+T-2}	${}_{T-2}p_x$	${}_{T-2}p_x q_{x+T-2}$
T	x+T–1	q_{x+T-1}	p_{x+T-1}	${}_{T-1}p_x$	${}_{T-1}p_x q_{x+T-1}$
總　計					$\sum_{t=0}^{T-1} {}_tp_x q_{x+t}$

【註】${}_0p_x=1$，${}_1p_x=p_x$。

㈡利　率

計算保費之第二步驟，則是選擇預定**利率水準** (interest rate)。由於壽險契約之保險期間長達數十年，無論是保費之繳納，或是保險金之支付，都可能發生於若干年之後，因此必須考慮貨幣之時間價值。於是所有預期保費支出之現值必須等於預期保險給付之現值。保險人對於預定利率之選擇，通常會參考金融市場之利率水準，以及保險機構本身之資產投資報酬率；此外，監理機關可能會給予若干限制。

㈢預期淨保費現值

選定生命表與預定利率之後，即是計算預期淨保費之現值。倘若是躉繳保單，由於保費在購買保單時一次繳清，因此所繳保費即等於預期保費之現值。倘若是平準保費或其他類型之分期繳納保費的保單，則各期所繳之保費必須折現，並且必須考慮繳交保費之機率。因為一旦被保人在繳費期間內死亡，保險人即付出保險金而契約關係終止，要保人不需再繼續繳納保費。例如分二十年期繳費之終身壽險，假設保費均在各保單年度期初繳納，倘若被保人於保單第三年度中死亡，則要保人將不必再支付其餘十七期之保費。因此，預期淨保費現值之計算如下。

假設被保人投保年齡為 x，平準保費均在各保單年度期初繳納，而折現率為 $v = 1 \div (1 + i)$。因此將各期之平準淨保費 P 乘以被保人得以生存至該保單年度之機率 ${}_tp_x$，則各年度之預期淨保費為 $E(P_t) = (P)({}_tp_x)$, $t = 0, 1, 2, \cdots, n-1$，n 為繳費期限。而後將各期之預期淨保費予以折現並累加，則其所得結果為 $\sum_{t=0}^{n-1} P(v^t)({}_tp_x)$，即為該保單之預期淨保費現值總額。計算過程如表 10–4 所示。

表 10–4　預期淨保費現值之計算

保單年度	平準淨保費	累積生存率	折現率	預期淨保費現值
1	P	${}_0p_x$	v^0	$P(v^0)({}_0p_x)$
2	P	${}_1p_x$	v^1	$P(v^1)({}_1p_x)$
3	P	${}_2p_x$	v^2	$P(v^2)({}_2p_x)$
⋮	⋮	⋮	⋮	⋮
n–1	P	${}_{n-2}p_x$	v^{n-2}	$P(v^{n-2})({}_{n-2}p_x)$
n	P	${}_{n-1}p_x$	v^{n-1}	$P(v^{n-1})({}_{n-1}p_x)$
總　計				$\sum_{t=0}^{n-1} P(v^t)({}_tp_x)$

㈣淨平準保費

假設費率計算是依據精算公平原則，因此預期淨保費現值總額，在保單簽發日，應等於預期之死亡給付現值。假設死亡給付 F 為平準面額方式，並且在出險年度之期末支付⓯。因此根據上文折現率之觀念，以及表 10–3 之出險機率，可知預期死亡給付之現值為 $\sum_{t=0}^{T-1} F(v^{t+1})({}_tp_x q_{x+t})$。因此在精算公平原則下，在保單簽發日，淨保費與死亡給付之關係應如公式 (10.2) 所示：

$$\sum_{t=0}^{n-1} P(v^t)({}_tp_x) = \sum_{t=0}^{T-1} F(v^{t+1})({}_tp_x q_{x+t}) \tag{10.2}$$

於是各期之「**淨平準保費**」(net level premium) P 即如公式 (10.3) 所示：

$$P = [\sum_{t=0}^{T-1} F(v^{t+1})({}_tp_x q_{x+t})] \div [\sum_{t=0}^{n-1} (v^t)({}_tp_x)] \tag{10.3}$$

例如張三（四十五歲，男性）購買五年期定期壽險，面額一百萬元，分五年繳費，假設預定利率為 5%，依據臺灣壽險業第四回經驗生命表，得知死亡率與存活率的數字如表10–5。則預期給付現值 = \$100萬 × $[\sum_{t=0}^{4} (v^{t+1})({}_tp_{45})(q_{45+t})]$ = \$2.0519 萬。預期淨保費現值總額 = $\sum_{t=0}^{4} P(v^t)({}_tp_{45})$。因此可知每期之淨保費 P = \$0.4552 萬。

表 10–5

保單年度	死亡率	生存率	累積生存率	折現率
1	0.0041	0.9959	1.0000	0.9524
2	0.0044	0.9956	0.9959	0.9070
3	0.0048	0.9952	0.9915	0.8638
4	0.0052	0.9948	0.9868	0.8227
5	0.0056	0.9944	0.9816	0.7835

⓯ 這項假設只是為了簡化數學符號，以便說明費率計算原理。實務上保險人須於求償文件收齊後十五日內支付保險金，而非在保單年度終了才給付。因此實務上費率精算必須以較小之時間單位（例如日或月）計算。

至於非平準保費或非平準面額，其推理過程類似上述步驟，但計算程序較為複雜，因超出本書範圍，故不予以討論⑯。

㈤費用率

保險產品之價格，除反映保險保障成本之淨費率外，尚必須包括保險制度之經營成本。保險交易過程必然發生許多成本，包括廣告、銷售佣金、行政管理，以及稅賦等費用。此外，可能還需支付保險人若干預期利潤，以作為其承保危險之報酬，或是防範非預期損失之**「安全邊際」**(safety margin)⑰。這些成本終究將轉嫁至消費者身上，因此要保人除繳交上述之淨保費外，通常尚必須繳納**「附加保費」**(loading) 或稱為附加費用。附加保費可能包括保險人之預期利潤，以及保險交易之相關成本。監理機關對於附加保費常設有上限⑱，以免造成要保人負擔過重。

這些交易成本有些是隨保費之增加而增加，例如佣金通常是保費之某一百分比。有些則是與死亡給付金額有關，例如核保費用，保險金額愈大，核保過程必須愈加詳細，因此成本愈高。另外尚有一些則是與保單件數有關，例如檔案處理、會計記錄等成本，可能每件保單有一固定開銷。例如表 10-6 示範之附加保費的內容。將這些各式各樣之費用加總後，並計算其預期現值，即可以求得每單位投保金額之費用率。

因此要保人所繳交之保費總額，即為淨費率與附加費用率之總和，乘上所投保之單位數。例如每一百萬元面額為一保險單位，則欲投保五百萬元即須繳交五單位之費率。

二、保單分紅

要保人必須支出保費購買保險，但是保費並非保險產品價格之唯一決

⑯ 有興趣之讀者可參閱壽險精算書籍，例如 Bowers et al. (1986)。

⑰ 由於保險人之組織型態可能是營利性質（例如股份公司），亦可能是非營利性質（例如相互公司），因此對於附加保費之內容可能採用不同之名稱。

⑱ 參閱財政部（民 84 年）「人身保險費率結構」。

表 10-6　附加保費之示範

銷售佣金		
初保年度	淨保費之 20%	
續保年度	淨保費之 3%	
稅賦	淨保費之 2%	
每張保單之管理費用		
初保年度	$200	
續保年度	$ 20	
每張保單之理賠費用	$1,000	
每萬元保額之固定費用		
初保年度		$5.0
續保年度		$1.0

定項目。因為保險人每年可能分配若干保單紅利給予要保人，這些紅利部份是來自保費之退還，因此要保人在選購保險產品時，不應僅以保費高低作為價格之比較。壽險保單分紅之原因，在於保險產品必須事先繳納保費，而未來之成本尚未發生，因此保險人在計算保費時，只得先以預估之死亡率、利率與費用率等計算。預定死亡率主要是參考過去的死亡經驗與生命表，雖然保險人可能加上若干預測予以修正，但是無論如何，人算不如天算，預測總會產生估計誤差。利率則受經濟環境之影響，實際利率可能較原先預定水準升高或下降。費用率與保險人之經營效率有關，是保險人本身所能控制者，一般而言應較為穩定。但有時仍有突發事件，例如 911 事件等，而使保險人之費用率超出預期。因此保單之實際成本通常不會完全等於承保時之預定成本，可能較高或是較低。為避免違反費率公平原則，於是有「**保單紅利**」(policy dividend) 之設計，以及有所謂「**分紅保單**」(participating policy) 與「**不分紅保單**」(nonparticipating policy) 之區別。

根據所謂「分紅保單」之規定，每一保單年度屆滿時，保險人依據該年度之出險情況計算實際死亡率，以及實際之投資報酬率與費用率，然後計算保單在當年度之實際保險成本。當保險人之實際死亡率、利率與費用率等經驗較原先預期水準有利之情況下，保險人必將這些利差返還給予要保人。例如死亡率或費用率較預期者為低、利率較預期者為高等，實務上稱之為「**死差益**」、「**費差益**」與「**利差益**」。反之，則有「**死差損**」、「**費差損**」與「**利差損**」。由於預期狀況與實際經驗之差異，可能為正數亦可能為負數，因此理論上分紅保單之保費應是多退少補。然而實務上通常不習慣追繳保費，於是分紅保單多半先高估理賠情況，收取較高之保費，而以後再予以退還，使要保人獲得分紅機會。

相對地，「不分紅保單」則是由保險人自行吸收理賠經驗之差額。不論是盈餘或是虧損，均由保險人負責，而與要保人無關。因此，有時亦稱為「**保證成本保單**」(guaranteed cost policy)。由於不能分紅，此種保單一般上保費較之同型保障的分紅保單低廉。因此消費者在選擇保單時，必須將分紅因素列入考量，而非單看保費水準。

此外，必須注意的是保險人銷售保單時所示範之紅利，僅是代表潛在可能數字，要保人不必然可分配得到。實際分配紅利之金額可能與示範並不相等，因為畢竟保險人在銷售時亦無法預知未來之理賠情況。然而為避免保險人之示範紅利與實際紅利差距過大，可能有欺騙要保人之嫌，監理機關對於保單紅利之計算，通常會有若干規定或限制，以保障要保人之權益。例如我國規定保單紅利之計算應如公式 (10.4) 所示[19]：

$$ {}_{t}D_{x}^{s} = k_{1}(r-i)({}_{t}V_{x}^{*}) + k_{2}(q_{x+t-1} - Q_{x+t-1})({}_{t}S - {}_{t}V_{x}) \qquad (10.4)$$

其中 ${}_{t}D_{x}^{s}$ = 被保人投保年齡 x，保險金額 S 之第 t 保單年度應分配之保單紅利金額，${}_{t}D_{x}^{s} \geq 0, t \geq 1$。

$k_1 = 1$，但特殊情況得報部核定其他數值。

r = 保單紅利分配年利率，以臺灣銀行、第一銀行、合作金庫與中央信託局四行庫每月初牌告之二年期定期儲蓄存款最高利率加權平均計算，且不低於 i 值。

i = 計算保費之預定利率。

---

[19] 參閱財政部 (民 80 年)「壽險業應分配保單紅利計算公式暨其年利率之調整方式」。

${}_tV_x^*$ = 第 t 保單年度之期中保單價值準備金。

$k_2 = 1$，但特殊情況得報部核定其他數值。

q_{x+t-1} = 計算保費之預定死亡率。

Q_{x+t-1} = 實際經驗死亡率。

${}_tS$ = 第 t 保單年度之死亡保險金額。

${}_tV_x$ = 第 t 保單年度之期末保單價值準備金。

表 10–7 簡略示範相同保單條件下，不同公司之價格策略與紅利之關係。假設均是二十年繳費而死亡給付面額一百萬元之終身壽險保單，被保人為三十歲男性。當年度之期中保單價值準備金為十萬元，當年並無死差益與費差益，而財政部公告之紅利分配利率為 8.25%。由表中數字，可看出相同給付面額之保費水準與紅利變化。大致上利率假設愈低，保費愈貴，而潛在紅利愈多。

表 10–7　不同公司之價格策略

保單名稱	預定利率 %	每年保費 ($)	紅　利 ($)*
A	6.0	12,000	2,250
B	6.5	10,860	1,750
C	7.0	11,400	1,250
D	8.0	9,500	250

資料來源：保單之預定利率與保費資料參閱《理財新紀元》第 4 期，民國 83 年 7 月。紅利為作者推算求得。

*：紅利 =(公告利率 8.25% – 預定利率)×(期中保單價值準備金十萬元)。

【註】本表僅示範其中一年之紅利。事實上保單之價格比較，必須考慮全部保險期間之紅利。

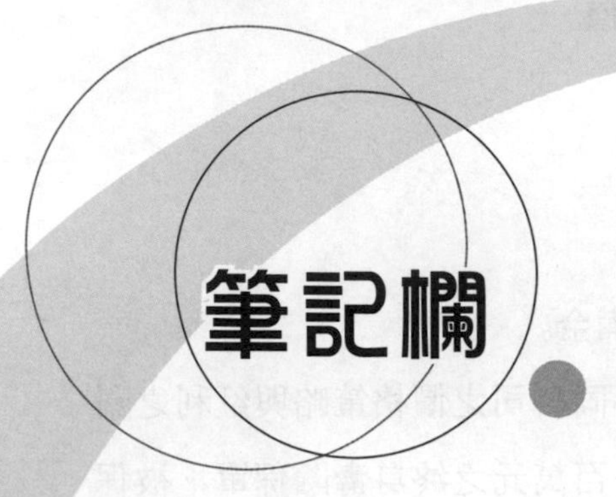

筆記欄

第十一章
人壽保險契約

本章目的

本章探討人壽保險契約之主要條款，以及其他相關課題。讀完本章之後，讀者應該能夠回答下列問題：

1. 人壽保險之保險利益有何限制？
2. 壽險契約之不喪失價值條款意義為何？
3. 壽險契約有關保障要保人之條款為何？
4. 壽險契約有關保護保險人之規定有哪些？
5. 壽險死亡給付之支付方式有哪些？
6. 壽險保單紅利之分配方式有哪些？
7. 壽險解約金之償付方式有哪些？

前　言

人壽保險產品之功能及其主要特色，已於前章說明，讀者大致上對於壽險產品已有初步認識。然而為進一步瞭解壽險產品在實際應用上之保障範圍與限制，必須就壽險契約之主要條款進行討論。壽險契約除必須符合第三章所介紹之契約生效基本條件外，尚且有若干人壽保險契約所特有之條款與限制。例如要保人與被保人之關係、契約之效力，以及對於保險人與要保人雙方應有之保護等。其次，壽險契約之死亡給付有若干支付方式可供選擇，而要保人對於保單紅利之分配亦有多種不同之處理方法等。這些問題將於本章加以探討。

第一節　壽險契約之保險利益

壽險契約必須具備第三章所述保險契約之基本條件。除此之外，壽險契約有其本身之若干特定要求，例如保險利益存在之認定。由於保險利益代表要保人對於保險標的之經濟利益關係，而人壽保險以被保人之生命為保險標的，因此保險利益之存在與否，必須視被保人生命之存活是否影響要保人之經濟利益而定。亦即倘若被保人死亡，要保人將遭受經濟上之損失，則二者之間存有保險利益。然而，根據經濟利益所定義之保險利益，事實上仍存有若干難以解釋之問題。例如要保人與被保人為同一人時，倘若被保人死亡，則要保人之經濟損失為何？或許僅能抽象地假想要保人尚有未完成心願，必須委由其相關人代為完成，因此將發生若干費用支出，例如子女之教育費用等。此外，基於道德危險之防範，亦有主張受益人必須對於被保人生命具有保險利益。然而無論如何，目前之保險法令多數仍以要保人對於被保人生命為保險利益之定義範圍，並未限制受益人應具有保險利益❶。這或許是因為購買壽險之時並不必然要指定受益人，或即便有指定，亦可申請變更受益人。

由於保險契約為**射倖契約**，倘若沒有保險利益存在，恐將發生道德危險。因此壽險契約倘若沒有保險利益存在，契約將無效力。實務上對於壽險契約之保險利益關係人，通常有若干規範。為便於討論，首先必須先介紹這些關係人：⑴**要保人** (policyowner)，⑵**被保人** (insured)，與⑶**受益人** (beneficiary) 之意義。要保人為保單之所有人，具有繳納保費之義務，而享有終止契約、變更契約以及領取紅利等各項保單相關權利。而壽險契約以被保人之生命為保險標的，被保人死亡時，則保險人必須支付保險金。受益人則是要保人所指定之死亡給付領取人。上述三種身份有可能是三位不同個體，亦可能要保人與被保人為同一人，或是要保人與受益人為同一人，

❶ 參閱「保險法」第16條。

至於被保人與受益人則不宜為相同人❷。

壽險契約對於**保險利益**之限制，主要是針對要保人與被保人之關係。例如我國「保險法」第 16 條之規定：要保人對於(1)本人或其家屬、(2)生活費或教育費所仰給之人、(3)債務人，以及(4)為其管理財產或利益之人，具有保險利益。通常要保人與被保人為同一人時，保險利益之存在將無爭議，不需任何證明關係文件，因為任何人對其本身之生命具有無限之利益關係。一般上任何具有行為能力之人均可為其本身投保壽險。理論上要保人為本人投保，對於保險標的具有無限之保險利益，然而並非可以無限制地提高投保金額。實務上保險人對於投保金額，通常必須考慮其人性生命價值或是經濟負擔，以避免蓄意自殺等道德危險。因此即便要保人可負擔保費，保險人亦不會隨意出售巨額保險。

所謂「**人性生命價值**」(human life value concept) 觀念，是由美國之保險教育家 S. Huebner 所提出。他認為一個人具有潛在之價值，可以對社會產生貢獻。這些價值包括(1)倫理道德、(2)健康良好、(3)樂意工作、(4)提昇自我與成長，以及(5)創造力與洞察力等❸，因此具有保險利益。為了方便衡量，於是將此人性生命價值觀念，量化為一個人之預期淨收入的現值。簡單地說，是就被保人本身之所得能力考慮，假想倘若其繼續生存，則可能產生之社會與經濟貢獻。相對地「**經濟負擔**」(needs concept) 觀念則是由危險管理之角度思考。推想其家人或相關遺族之經濟需要，由於被保人之死亡，他們將面臨之經濟困境。

另一方面，倘若要保人與被保人並非同一人時，則二者之間必須存在若干特定關係，才足以構成保險利益之存在。目前實務上常見之特定關係包括下列三類：

---

❷ 「保險法」雖未禁止以被保人為受益人，但是人壽保險之受益人，乃以請求保險金額時依然存活者為限（參閱「保險法」第 110 條）。因此若以被保人為受益人，則如同未指定受益人，保險金將成為被保人之遺產（參閱「保險法」第 113 條）。

❸ 參閱 Black and Skipper (2000), p. 17。

1. 血親或姻親關係

要保人與被保人之間具有親屬關係。例如父母子女或是夫妻等密切家庭關係。當一方以另一方為被保人時，通常無須證明二者之間具有經濟利益存在，因為這些親人如同本人一般重要。倘若是較遠之親戚關係，則必須證明二者具有經濟依存關係，例如生活費或教育費所仰給之人，才能形成保險利益。

2. 債權人與債務人關係

由於貸款或其他金錢往來，債權人對於債務人具有經濟上之利害關係。倘若債務人死亡，則所積欠之借款將可能無法償還。因此債權人可作為要保人，而以債務人為被保人投保人壽保險。惟在此種關係下所購買之保單，其保險金額通常有若干限制。例如最高上限不應超過債務金額、保險費，以及二者之利息的總和。

3. 商業關係

誠如前文所述，人壽保險對於企業組織之危險管理亦有重要貢獻。例如重要員工或是出資人等，其死亡對於企業組織之存續與發展，將發生重大影響。因此雇主與員工之間具有保險利益，而出資人之間亦可互相以對方為被保人而購買保單。

當要保人與被保人之間存有上述這些關係時，要保人可以被保人之生命為保險標的購買保險契約。然而為避免道德危險，以及保護被保人之權益，通常法令對於以他人生命為投保標的之保險契約將有所規範。例如我國「保險法」規定❹：「由第三人訂立之死亡保險契約，未經被保險人書面同意，並約定保險金額，其契約無效。」

最後，必須說明保險利益之存在時間。由於保險契約往往長達數十年，在此保險期間內，要保人與被保人之角色關係可能有所變化，因此保險利益將隨之變動。依據目前實務慣例，壽險契約之保險利益必須在簽訂契約時存在，亦即要保人在購買壽險契約時必須對於被保人有保險利益。至於契約生效之後的保險期間內，除非保單另有特殊約定，否則爾後即便利益

❹ 參閱「保險法」第105條。

關係消失，契約依然有效。例如購買壽險契約時，甲乙二人為夫妻，甲為要保人而乙為被保人，後來二者婚姻關係終止，當被保人乙死亡時，保險人仍然負有支付保險金之責任（假設該保單仍維持繳交保費等有效契約之要件）。

第二節　保障要保人權益之條款

一般而言，壽險契約並無所謂之標準保單，各家公司基於市場之競爭，而發展出各式各樣之壽險產品。然而為維護契約當事人與相關人之權益，通常法令要求保單中必須具備若干保障要保人、被保人或受益人之條款❺。因此各保險機構所提供之壽險產品，雖然保單樣式不盡相同，但是必定包含這些主要條款。其內容可歸納為下列數項：一、保險契約之構成，二、保費繳納寬限期間，三、保險契約效力之恢復，四、契約之終止與解約金，五、保險人抗辯期間之限制，六、誤報年齡之拯救方法，以及七、契約之撤銷。分別說明如下。

一、保險契約之構成

消費者購買壽險保單時，往往先填具要保書申請購買保險，同時可能還需接受健康檢查，取得健康聲明書或體檢報告書等，以為保費估算之依據。此外，要保人在保險期間可能申請各項變更，或終止契約而後又要求恢復投保等。這些文件或申請書，均屬保險契約之範圍。簡言之，舉凡與本保險有關之任何相關文件，例如保單、要保書、聲明書、申請書、批註及其他約定書等，均構成保險契約之一部份，具有契約效力。此稱為「**保險契約之構成條款**」(entire contract clause)。

要保人對於這些文件上之資料均應據實填寫，並遵守相關誠信原則。而要保人所填具之資料視為告知事項，倘若保險人事後要否定承保責任等，則必須舉證證明要保人有不實告知或欺瞞，才得以免除保險責任。是以這項條款提供要保人較充分之保障。例如要保人繳付第一期保費取得收據後，

❺ 參閱金融監督管理委員會（民 99 年）「人壽保險單示範條款」。

即便尚未收到正式保險契約，保險人之責任卻已開始。倘若被保人在此期間內死亡，除不保危險外，則保險人應支付死亡給付給予受益人。

此外，由於保險契約是**附和契約**，對於契約之解釋如有疑義時，以作有利於要保人或被保人之解釋為準。亦即應探求契約當事人之真意，而不得拘泥於所用之文字❻。因此要保人或被保人所出具之各項保險相關文件，均視為契約之一部份，受到同等保障。

二、保費繳納寬限期間

分期繳納保費之保單，除第一期保費必須立即繳納，契約效力才得以開始生效外，自第二期保費開始，要保人之保費繳納期間通常有若干寬限期，例如三十天。亦即在契約指定之保費繳款到期日後，另有一段寬限期間，只要要保人在此寬限期內繳納，則契約依然有效。此稱為「**保費寬限期間條款**」(grace period provision)。倘若被保人在此寬限期間內死亡，保險人仍然負有保險責任，除不保危險外，必須支付死亡給付，而寬限期間終了之翌日起，保單將停止效力❼。因此要保人仍應在寬限期內補繳保費，否則契約將停止效力而失去保障。惟目前之保單常有一項「**自動墊繳保費條款**」(automatic premium loan provision)❽，允許要保人於要保書或繳費寬限期間終了前以書面聲明，第二期以後之保費於超過寬限期間而仍未繳納者，保險人得以該契約當時之保單價值準備金，自動墊繳其應繳保費及利息，以使保單繼續有效。倘若被保人是在這段寬限期間內死亡，則保險人仍將支付保險金，但是將從死亡給付中扣除應繳保費與所拖欠之利息。

此項條款並非鼓勵要保人故意延緩繳納保費。其目的在於避免要保人因一時疏忽，而失去壽險之保障。理論上保險人可對於延緩繳納之保費徵收利息，然而實務有時並未如此實行，因為可能利息數額甚小而行政費用高。

---

❻ 參閱金融監督管理委員會（民 99 年）「人壽保險單示範條款」第 1 條。

❼ 參閱金融監督管理委員會（民 99 年）「人壽保險單示範條款」第 5 條。

❽ 參閱金融監督管理委員會（民 99 年）「人壽保險單示範條款」第 6 條。

三、保險契約效力之恢復

由於保險契約之契約期間長達數十年，要保人可能於中途因故而使契約停止效力。例如常見之保費欠繳而停效。爾後可能又希望恢復保障，倘若此時必須重新購買新保單，則所花費之成本可能較高。因此為彌補這些問題，通常保單中含有「**復效條款**」(reinstatement provision)，以加強要保人之保障。

復效條款主要說明壽險契約停止效力後，要保人得於若干時間內，例如二年內，申請恢復契約之效力。契約復效申請必須符合若干條件，保險人才會同意予以復效。首先，被保人必須依然符合可保條件，以免發生逆選擇，造成保險人之虧損。例如已罹患重症等將無法投保。因此復效時可能需要體檢證明書，然而實際要求條件，仍視保險金額大小與停效時間長短而定。倘若停效期間甚短，例如二個月，則可能只需健康聲明書而不需體檢，或甚至不需要任何資料。其次，必須將停效期間所欠繳之保費及其利息等彌補結清。此外，必須在規定期間內，例如停效後二年內，辦理復效申請。倘若停效期間屆滿而仍未申請復效者，該保險契約之效力即行終止，而若有累積之保單價值準備金，保險人將予以退還❾。

然而要保人必須瞭解，保單之復效究竟是否有利，必須視當時之保險市場狀況而定，並無絕對之結論。重新購買新保單，初期之保費多半分攤於佣金與管理費用，因此累計之保單價值準備金較低。此外，保險人之抗辯期間與自殺免責期間等，均須重新計算，就這些方面考量，則申請契約復效較之購買新保單有利。反之，市場之競爭可能已發展出新形式保單，可提供費率更優惠而保障內容更充實之保單。在此情況下，倘若被保人仍具有可保性，則可直接購買新保單，而不需申請復效。

四、契約之終止與解約金

在漫長之保險契約期間內，要保人不僅可能因欠繳保費而發生契約停

❾ 參閱金融監督管理委員會（民 99 年）「人壽保險單示範條款」第 7 條。

效之情況，有些時候要保人可能因其他原因要求終止契約，而結束與保險人之契約關係。一般上契約一旦終止，將不能申請復效。倘若再需要壽險保障，則必須重新投保。當契約終止時，對於具有保單價值準備金之保單，保險人應結算保單價值，扣除解約費用後，將剩餘之解約金返還要保人，以維持保險契約之公平性。因為保單價值準備金乃是要保人預繳之保費，用以購買未來之壽險保障，如今既然保障已不需要，或是臨時因某些經濟因素急需現金而終止契約，保險人理當退還預繳之保費及其所累積之利息。這項保障條款，乃是所謂之「**不喪失價值條款**」或「**不沒收條款**」(nonforfeiture provision)。意指要保人於保單期間中途終止契約時，倘若已累積有保單價值準備金，則保險人應退還解約金，不可予以沒收，因此要保人不會喪失該保單之價值❿。

這項規定是因為以往之壽險保單並不必然給予解約金。由於從前將保險視為一種互助制度，而中途離開者，代表不再需要保險，因此並不需要給予任何補償。此種觀念，與今日將保險視為一種個人理財計畫不同。現今社會多認為保險具有儲蓄甚至投資之性質，對於預繳保費視同個人之存款。因此某些地區之法令，特別明列解約金之規定，以保障要保人。例如我國之「保險法」規定，要保人已繳足一年以上之保費而終止契約，則保險人應於接到通知後一個月內償付解約金；而解約金之金額，不得少於要保人應得之保單價值準備金的四分之三⓫。目前仍有一些地區（例如英國）並未以法令明定，而是由保險人自行決定，但是實務上保險人大多會退還解約金⓬。

要保人對於解約金之處理，通常可有多種選擇方案。除可直接領回現金之外，並可將解約金用以購買其他壽險產品。因為有些情況下，要保人可能依然希望享有若干壽險保障，但是卻因經濟能力限制而無法繼續繳納保費。此時要保人可將解約金轉變為購買其他保險產品之保費。例如購買

❿ 參閱金融監督管理委員會（民 99 年）「人壽保險單示範條款」第 9 條。

⓫ 參閱「保險法」第 119 條。

⓬ 參閱 Black and Skipper (2000), p. 215。

同類型保險保單但降低給付面額，稱為「**減額繳清保險**」(reduced paid-up insurance)⓭；或是保持相等面額，但縮短保險期間為定期保險，稱為「**展期定期保險**」(extended term insurance)⓮。

五、保險人抗辯期間之限制

由於保險契約之成立，必須以最大誠信為原則，要保人對於與該保險相關之重要事項，必須據實告知保險人，以便保險人作正確之危險評估。倘若要保人在簽訂契約或申請復效時，對於重要事實有欺瞞或不實告知，因而影響保險人之危險評估與費率計算，保險人得解除契約。然而為保護消費者權益，保險人若想解除契約，則保險人必須於知悉有解除之原因後一定期間（例如一個月）內，行使解除契約權⓯。超過期限後，即不可再以該原因抗辯，而要求解除契約。另一方面，自契約開始日或復效日起二年內，若不行使契約解除權，則以後亦將永遠不得再要求解除契約，即使是事後發現有不實告知或欺瞞之情況亦同。

這項「**不可抗辯條款**」(incontestable clause)，對於要保人之權益具有相當程度之保障。因為壽險契約之保險期間甚長，而被保人之健康狀況會隨時間衰退。倘若在若干年後，例如十年或二十年，保險人才發現有違反告知義務之事實，而要求解除契約，則此時被保人可能已不具備可保條件，無法再投保新保單。況且時日久遠，要追究或舉證多年前之事實證明，亦可能相當困難。因此為保障消費者，法令上必須設定時間範圍，限制保險人以違反告知義務為由，進行抗辯並解除契約之權利。

六、誤報年齡之拯救方法

被保人之年齡對於壽險契約而言，是相當重要之危險評估資訊，因此年齡之誤報，理論上應屬保險人可據以抗辯解除契約之範圍。然而在實務

⓭ 參閱金融監督管理委員會（民 99 年）「人壽保險單示範條款」第 21 條。

⓮ 參閱金融監督管理委員會（民 99 年）「人壽保險單示範條款」第 22 條。

⓯ 參閱金融監督管理委員會（民 99 年）「人壽保險單示範條款」第 8 條。

上為增加消費者之壽險保障，於是保險人之抗辯與解除契約之權利，並不適用於年齡之誤報。「**誤報年齡條款**」(misstatement of age provision) 通常規定對於年齡之誤報，將採取保費調整方式處理，多退少補。倘若填報年齡高於真實年齡，則退還溢繳之保費；並且若此錯誤是由保險人所造成者，則尚應加計利息。若是在保險事故發生後才發覺誤報年齡，且錯誤是源自於保險人，則按原繳保費與應繳保費之比例調高保險金額。反之，若是填報年齡低於真實年齡，則應補繳保費之差額，若是在保險事故發生後才發覺誤報年齡，則按原繳保費與應繳保費之比例降低保險金額；但若錯誤是源自於保險人，則不在此限⓰。

七、契約之撤銷

另一項保障要保人權益之條款，是關於契約之撤銷權。要保人雖然購買保單並繳付第一筆保費，但是收到保單之後，仍有一段時間可以考慮是否要投保。因為當時購買保險時，或許並未真正瞭解保險契約之內容，或是事後認為保費負擔過重等，總之有各種可能因素將影響要保人之保險決策。因此某些地區之保險保單，賦予要保人在收到保單之後一段時間（例如十日）內，可撤銷保單而取回所繳之全額保費，而撤銷生效後，保單自始無效⓱。亦即要保人有一段審閱保單之時間，以決定是否真要購買該保單，因此有時又稱為「**十日審閱期條款**」(ten-day free look provision)。

第三節　要保人之選擇權利

由於社會環境之變動，消費者已成為產品趨勢之主導者。為適應個別差異以滿足消費者之需要，除前文所述之萬能壽險保單或變額萬能壽險保單等新形式產品，可提供消費者彈性變動之死亡給付與保費外，在一般傳統壽險契約中亦有若干內容具有選擇彈性，可由要保人決定取捨。這些選擇彈性將促使壽險產品更加豐富與多樣化。本節擬介紹其中一些主要項目，

⓰ 參閱金融監督管理委員會（民 99 年）「人壽保險單示範條款」第 25 條。

⓱ 參閱金融監督管理委員會（民 99 年）「人壽保險單示範條款」第 2 條。

包括：一、額外保險給付之附加，二、保險給付之支付方式，三、保單紅利之分配方式，四、保單借款之申請，五、解約金之償付方式，與六、受益人之變更等，分別說明如下。

一、額外保險給付之附加

壽險保單除基本之死亡給付外，要保人可以附加批單之方式，增加額外保障。目前常見之額外保障有下列數種。

(一)殘廢給付

「殘廢給付」(disability benefit) 主要是保障被保人因殘廢而失去工作所得，所造成之經濟負擔。在某些意外傷害或罹患重症的情況下，被保人可能因此而造成永久性之完全殘廢。雖然其生命尚未結束，然而對於家庭之經濟安全仍然造成重要影響。因此要保人可於購買壽險契約時，附加購買殘廢給付。由於殘廢保障亦是許多消費大眾所需要，目前實務上之壽險保單設計，有些產品即已自動包括殘廢給付，並不需要保人再另行要求附加投保。

常見之殘廢給付有二種形式：

1.豁免保費

「豁免保費」(waiver of premium) 附約雖然並未直接支付保險金，但是卻可免除保費負擔，對於消費者而言，仍是具有減輕經濟負擔之效果。這項給付說明：倘若本附約之被保人（即主契約之要保人）於特定年紀（如六十五歲）之前發生完全殘廢之事故，則該保險契約（含主契約與附約）之保費將可以免除，而契約之效力依然存在。所有各項相關權益，例如保單價值準備金之累計、保單借款等，均如同保費繼續繳納一般有效。

2.失能所得

「失能所得」(disability income) 乃是在壽險契約上約定：倘若被保人發生完全殘廢之危險事故，則保險人將償付若干現金給付。給付金額可能等於契約上之死亡給付或其某一比例，於購買壽險契約時即已設定，與健康保險於事故發生後才依殘廢情況償付並不相同。失能所得之償付方式通常可一次付清或是按月分期支付。

除完全殘廢之外，有些壽險保單之殘廢給付附約，可能會依殘廢程度之輕重而分別給予保險金額之某一比例，例如表 11-1 所示。

表 11-1　殘廢給付分級支付之示範

殘廢等級	殘廢程度	給付比例
第一級	雙目均失明者	100%
第二級	兩上肢肩、肘及腕關節均永久喪失機能者	90%
第三級	雙手十指均缺失者	80%
第四級	兩上肢肩、肘及腕關節均永久遺存顯著運動障害者	70%
第五級	咀嚼、吞嚥及言語之機能永久遺存顯著障害者	60%
⋮	⋮	⋮
第十一級	一手拇指及食指永久喪失機能者	5%

資料來源：金融監督管理委員會（民 99 年）「傷害保險單示範條款」之附表（節錄）。

㈡預支死亡給付

「**預支死亡給付**」，又稱為「**提前死亡給付**」(accelerated death benefit)，是近日壽險契約之一種新發展。這是一項突破性之產品革新，改變以往壽險保單必須等待被保人死亡，才得以領取保險金之約束。由於傳統之壽險契約主要是用以保障遺族之經濟安全，因此必須等到被保人死亡，其家人或遺族等受益人才得以領取保險金。然而由於工商社會之發展，年輕人口多半離家外出工作，以往由子女照顧父母晚年生活之家庭生活模式不復存在。而老年人已退出工作場所，卻必須自行負擔生活費用開支，經濟壓力增加。另一方面經濟環境之變動，醫療成本呈倍數上漲，長期照護費用已成為家庭經濟之龐大負擔。因此許多原本已購買壽險保障之要保人或被保人，希望能將壽險保單之死亡給付提前領出，以支付醫療費用，於是出現預支死亡給付之壽險產品。

預支死亡給付之壽險保單，其主要特色在於被保人尚未死亡之前，保險人即提前支付部份保險金，而未來被保人真正死亡時，再支付剩餘部份之死亡給付。由於這項選擇權利，無疑地將增加保險人資金管理之困難，因為現金流量預測變得更複雜，因此對於提前給付設有若干限制。通常必須被保人已罹患重度疾病，未來生命時間無多之狀況下，才可以預支部份壽險死亡給付。目前常見之限制條件有三類：

1. **疾病末期保障** (terminal illness coverage)

倘若被保人罹患疾病，經醫師診斷生命僅剩下若干短暫時日，例如半年或一年，則保險人可先支付部份死亡給付。這項保障可使被保人之家人（受益人）利用該筆保險金，支付醫療費用或完成其最後心願等。如此可減少先行向外借貸，爾後被保人死亡時才予以償還，徒增其間之利息費用。當被保人死亡時，保險人再將剩餘部份之保險金償付受益人。

2. **重大疾病保障** (catastrophic illness coverage)

當被保人罹患保單所指定之重大疾病，例如癌症、心肌梗塞等，保險人將提前支付部份保險金，等他日被保人死亡之時，保險人再償付剩餘部份保險金。這項保障大致上與前項相同，目的在於協助醫療費用開支，或是完成最後心願等。

3. **長期照護保障** (long-term care coverage)

長期照護保障與上述二者並不相同，乃是一種額外購買之保險產品。它可以單獨購買，但亦可以批單形式附加於任何壽險契約上，因此要保人必須增加保費負擔。倘若被保人罹患慢性疾病，需要長期醫療照護，則保險人按月支付死亡給付之某一比例給付，至某一上限（例如保險金額之50%）。將來被保人死亡時，這些長期照護的給付將會抵減部份之死亡保險金。

㈢意外傷害死亡給付

某些壽險保單對於一般疾病死亡與意外死亡，所提供之給付並不相等。由於意外死亡，例如火災或車禍等，常予人措手不及之打擊，其家人或遺族事先毫無預備。因此未能提早儲蓄投資或節儉開支等，導致臨時所需之急難資金可能較多。雖然另有一種觀點認為，無論死亡原因為何，死亡即是人性生命價值之終止，無須提高死亡給付。消費者可視個人之需要，而決定是否對於意外死亡投保較高之保障。

「意外傷害死亡給付」(accidental death benefit) 附約可提高死亡給付為一般死亡給付之二倍或三倍，亦即要保人額外加買一倍或二倍之死亡給付。例如一般死亡給付為一百萬，而意外死亡給付為二百萬或三百萬等。通常保險人對於**「意外傷害死亡」**(accidental death) 之定義將有所規範。大致上之要點為(1)死亡是由於突然或強大外力所造成之體傷，(2)無其他原因（例如疾病）共同導致死亡，(3)必須在意外傷害發生後若干天內死亡，例如九十天或一百八十天[18]。意外傷害死亡所適用範圍較為狹隘，不同於一般壽險契約，通常含有許多除外責任。此外，意外傷害死亡給付之適用通常有年齡限制，例如六十五歲。超過此年齡則不適用，即便意外死亡亦視同一般原因死亡，僅能領取一般水準之死亡給付。由於適用意外傷害死亡條件之事故較少，保險人必須償付保險金之機率甚低，因此其保費通常相當低廉。

二、死亡給付之支付方式

雖然大多數之壽險保單，其死亡給付採用現金一次付清方式，然而事實上，壽險契約仍有其他給付方式可供選擇，要保人可於購買保單時決定給付方式。倘若要保人當時並未選定，則保險人給付保險金時，受益人仍有作選擇之機會。由於一般社會大眾在面臨家人死亡，尤其是一家之主壯年身故，往往情緒失去平衡，難以理性處理各項財務問題。另一方面，死亡給付之保險金往往相當龐大，許多人一時之間不知如何管理，往往容易輕率投資而浪費保險金，失去保險之經濟安全保障功能。因此這項選擇權利可使壽險給付與危險管理之目標更為配合。保單之死亡給付的支付方式有多種，目前常見者有下列數種。

---

[18] 各國保單對於天數之規定略有不同，例如我國採用一百八十天。參閱金融監督管理委員會（民 99 年）「傷害保險單示範條款」第 4 條。

㈠現金一次付清

「現金一次付清」(lump-sum cash) 是最常見的方式。倘若要保人或受益人均未指定支付方式，則保險人即以現金一次付清。現金一次付清方式之優點是金額大，受益人可以自行規劃運用，彈性較大，並且避免萬一未來保險人財務困難無力清償。相反地，一次付清之缺點是容易導致浪費或不善投資，使保險金迅速耗盡，未能發揮經濟安全之保障功能。

㈡領取利息

採用**「領取利息」**(interest option) 方式，乃是將死亡給付之保險金暫時繼續存放於保險人處，如同定期存款一般，而受益人僅領取利息，等待未來某日再將本金領出。通常契約中均有最低保證利率，保險人實際支付之利息一般上會高於保證利率，而利息必須按期領出，不能繼續存放於保險人處累積複利。此外存放時間通常有一期限，例如三十年或受益人有生之年，以後即應領出自行處理。選擇此種方式可以避免一次付清之浪費耗盡，尤其是受益人年紀尚輕不具有理財投資能力。若能借助保險人之管理能力，年輕時僅給予少數利息，待其長大成人需要開創事業時，再提領大額本金，將可給予更多經濟安全保障。因此，此種方式之採用亦相當普遍。

㈢固定期間分期付款

要保人或受益人除採用上述領用利息方式外，亦可同時領用本金與利息，以分期方式提領死亡給付。在**「固定期間分期付款」**(installment for a fixed period) 的付款方式下，要保人或受益人選定分期付款之期間，例如五年或十年等。保險人則依選定期間計算每期應付之金額，被保人死亡後，則依此分期付款方式支付保險金。由於上述領取利息方式，倘若死亡給付之本金並不多，則所產生之利息相當少，可能無法供應生活之所需。另一方面，被保人死亡之後，家人或遺族（受益人）對於經濟上之需求，可能初期需要較多，而後隨子女長大獨立謀生逐漸減少。因此，先領取利息而後領取本金並不適合，此時固定期間分期付款方式可能較為配合這種經濟需求。

㈣固定金額分期付款

「固定金額分期付款」(installment of a fixed amount) 與上述固定期間分期付款方式恰好相反。上述方式由要保人或受益人選定給付期間，然後再推算各期應支付金額。而此處固定金額分期付款方式，則是由要保人或受益人選定每期所欲領取之金額，保險人依此金額逐期償付，直至所剩餘額與利息完全付清為止。這種方式可以配合受益人之家庭開支需要，例如每月日常花費一萬元等，以維持一定水準之生活方式。

㈤年金給付方式

「年金給付」(life income option) 同樣是屬於分期償付方式，目的在於配合受益人之長期經濟需要。然而與上述二種方式略有不同，年金給付方式是以受益人存活時間，作為保險金之支付期間。換言之，即將原先該筆死亡給付的保險金，作為購買某種年金產品之躉繳保費，而原先之壽險受益人即成為此年金保險之被保人。藉由年金保險可提供受益人有生之年終身保障，彌補上述固定期間或固定金額分期付款方式之不足。

三、保單紅利之分配方式

目前市場上所銷售之人壽保險保單，有些提供**紅利分配**（稱為**分紅保單**），有些則不提供（稱為**不分紅保單**），消費者可視本身之偏好而選擇適合之產品。對於分紅保單所提供之紅利，要保人可選擇領取方式，並且彈性相當大，在保單期間中可隨時以書面通知更改。一般上常見者包括下列數種方式[19]。

[19] 參閱金融監督管理委員會（民 99 年）「人壽保險單示範條款」第 24 條。

㈠現　金

領取現金應是最基本之分紅方式。保險人結算該年度之死差益、利差益與費差益之後，將屬於要保人之額份分配給予要保人。事實上，除非要保人急需要現金週轉，否則此種方式並非是最佳選擇，因為一般上每年之紅利金額不大，要保人領取之後容易隨意耗費用盡。

㈡抵繳保費

此種方式與現金給付類似，差別僅在於要保人未將紅利領出，而直接由保險人將其抵繳部份保費。倘若要保人先領出，而後再用以繳納保費，理論上其所得結果相同。然而目前實務中，此種抵繳保費方式相當普遍，或許是因為多數消費者認為這種方式可減少開支，或許是因為自動抵繳較為方便。

㈢購買繳清保險

購買「**繳清保險**」(paid-up insurance) 是另一種常見的方式，亦即以所分配紅利作為躉繳保費購買額外保險。由於一次繳清應付之保費，此種額外購買之保障稱為「**增額繳清保險**」(paid-up additions)。通常所購買之保單類型與原先保單相同，例如同為終身壽險，因此總共之死亡保障將提高。由於以紅利購買保險可免除銷售人員之佣金，一般上這種費率將低於新購保單之費率水準，而較接近淨費率，可說是一種優惠方式。此外，購買增額繳清保險時，不需再提供可保性證明，因為這是原先契約所賦予之權利。

㈣累積生息

要保人亦可選擇將保單紅利暫時存放於保險人處累積生息，等待他日有需要現金週轉之時，再領取累積之紅利與利息。

㈤購買定期壽險

如同購買增額繳清保險一般，要保人可利用保單分紅作為保費購買定期壽險，例如一年期定期壽險，以增加死亡保障。

四、保單借款之申請

消費者購買壽險保單，不僅可獲得死亡給付之保障，並且可享有貸款之便利性。凡是保單已累積有保單價值準備金者，要保人可以在保單價值準備金範圍內申請「**保單借款**」(policy loan)⑳。如同以保單之價值準備金作為擔保品，向保險人申請借款。保單借款之利率，大多在壽險契約中已事先指定計算方法，通常較市場借款利率為優惠。

保單借款是壽險契約所賦予要保人之權利。雖然多數要保人在保險期間或許從不需要利用保單借款，但是對於某些需要現金週轉之要保人而言，保單借款是一項非常重要之權利。因為這是保險契約所賦予之權利，要保人不須再提出其他財力證明文件，而保險人不得拒絕，因此可維持個人財務資訊之隱密性。通常要保人從購買保單後第二年起，由於所繳保費超出當年度之保險成本而可能累積有保單價值準備金，此時要保人即可於保單價值準備金範圍內，向保險人申請保單借款。理論上借款到期日時，要保人必須償還本金與利息，然而實務上有時在借款時，即事先將利息扣除。借款到期日之後，要保人若未能償還借款本金與利息，保險人則以保單價值準備金抵銷。當未償還之借款本息，超過保單價值準備金時，保險契約之效力即行停止。

要保人必須瞭解保單借款與解約金並不相同。解約金乃是終止契約，而要保人將保單上所累積之保單價值準備金領出，同時失去壽險保障。然而保單借款並未終止保險人與要保人之契約關係，並且亦非借出保單之價值準備金。保單借款是契約所賦予之權利，要保人因壽險契約而享有，保單價值準備金如同是一種財務能力證明，以便要保人向保險人借款。這筆

⑳ 參閱金融監督管理委員會（民 99 年）「人壽保險單示範條款」第 23 條。

借款將來仍需償還，因此壽險保障並未中斷，保險契約依然存在。而倘若尚在保費繳納期限內，則要保人仍需繳交保費以維持契約之效力。

要保人利用保單借款所借出之款項，其用途並未限制，完全由要保人自行處理，如同一般銀行借款。目前有一些保單提供**「自動保費借款」**(automatic premium loan)，這種借款則是用於代繳保費。依一般傳統保單之規定，倘若要保人在保費繳納寬限期之後仍然未支付保費，契約將停止效力。然而若是保單提供這種自動墊繳保費之借款，則保險人可在保單價值準備金範圍內，將過期之保費自動視為借款而代繳保費。自動保費借款之優點，主要在於避免要保人因疏忽而錯過繳納保費期限，因此造成契約停效。

最後，必須再次強調壽險契約之目的，主要在於保障個人家庭或企業組織之經濟安全，以減輕死亡危險之打擊。因此保單提供這些借款權利，僅是增加保單之功能，提供消費者更多使用上之彈性，並非鼓勵消費者將保單視為一種融資之工具。

五、解約金之償付方式

誠如前文所述，解約金主要來自預繳保費與累計利息。倘若要保人的確已不再需要該壽險保障，則可向保險人要求終止契約。保險人計算保單當時之保單價值準備金，扣除解約費用之後，將剩餘金額返還要保人，稱為**「解約退還金」**或簡稱**解約金** (cash surrender value)。

早期之壽險契約並無解約金之規定，要保人若是在保險期間終止契約，則所繳保費全部歸屬保險人，要保人一無所有。在這種實務慣例下，除非是採用自然保費模式，保費恰好等於保險成本及其相關費用，否則對於消費者而言並不公平。因為在躉繳保費與平準保費模式下，要保人已預繳若干保費，用以購買未來保障，現今既然中途終止契約，已經失去未來壽險保障，保險人理當退還預收之保費。因此隨著消費意識與公平交易觀念之發達，目前之保險法令多半已有明文規定壽險契約之**「不喪失價值」**(nonforfeiture value)。保險人必須將屬於要保人之保單價值準備金，扣除相關費用或借款後之淨額，歸還要保人。要保人對於解約金之處理方式有數種選擇，分別敘述如下。

㈠領取現金

當要保人終止契約時，保險人應於接獲通知後一個月內支付解約金[21]。通常保單上會列示各保單年度之解約金標準，因此要保人可以明瞭應取得之解約金，不至於發生爭議。除躉繳保單外，一般上在保險期間最初一年或二年終止契約，大概並無法取得任何解約金。因為前一年或二年所繳交之保費，多用以支付銷售人員佣金與行政管理費用，因此所剩無多，較難累積保單價值準備金。自第三年開始，解約金將逐年提高，保險期間愈長，則所取得之解約金愈多。由於解約金是法令規定用以保障要保人之權益，因此保險人逾期支付解約金時，必須加計逾期利息。

要保人採用現金方式領取解約金，最好是用於要保人確定不再需要壽險保障之情況下。倘若要保人仍然需要保障，而只是一時需要現金週轉，則應該申請保單借款，而非終止契約領出解約金。因為保單借款所能借得之金額，與解約金相差不多，然而保單借款卻可維持契約之效力。

㈡購買面額較低之繳清保險

除某些新形式保單，例如萬能壽險，具有隨意調整保費與保險金額之彈性外，一般傳統壽險多為固定面額死亡給付。然而在漫長之保險期間中，有些要保人對於壽險需求可能已經降低，但是並非完全不要壽險保障，例如子女已成年獨立。因此要保人可以終止原先之契約，而以其解約金作為躉繳保費，購買面額較低之同型保單，稱為「**減額繳清保險**」(reduced paid-up insurance)。如此依然可享有若干壽險保障，而不必再支出保費。

由於繳清保險省卻保險人之銷售佣金與費用，因此費率通常較為低廉，對於要保人相當有利。一般上減額繳清保險與原先之契約同型，例如同為終身壽險，而其差別僅在於面額改變。若原先契約為生死合險，則不僅面

---

[21] 參閱「保險法」第 119 條。

額降低，且保險期間只有剩餘年限。例如二十年生死合險，倘若在第十二年終止契約，而以其解約金購買繳清保險，則可以繼續保障其餘八年，但面額較低。

㈢購買相同面額之定期壽險

解約金另一種處理方式是維持原有保障，但是縮短保險期間，因此原先之終身壽險將轉換為定期壽險，稱為**「展期定期保險」**(extended term insurance)。至於定期壽險之保險期間長短，則視所能領取之解約金多寡而定。例如在保單第五年終止原終身壽險契約，或許可購買四年期定期壽險；而在第十年時，由於保單價值準備金累積較多，可能解約金足以購買十二年期之定期壽險等。

如同上述之減額繳清保險一般，要保人以解約金一次付清定期壽險之保費，因此以後可以免除繳納保費之負擔，節省生活開支。然而繳清定期壽險之費率並不一定較為優惠，因為保險人可能會考慮逆選擇之現象。由於健康狀況差者可能要求終止契約，轉而購買定期壽險，卻不必再繼續繳納保費。因此，保險人可以對這些繳清定期壽險之被保人重新計算費率。雖然實務上基於市場競爭，有些保險人或許不會收取較高費率。

六、受益人之變更

要保人在購買保險契約時或保險事故發生前，得在保單上指定或變更死亡給付之受益人㉒。將來被保人死亡時，保險人即將壽險給付支付給予該受益人。要保人可以指定本人為受益人，亦可指定其他人為受益人。**「受益人」**(beneficiary) 是享有賠償請求權之人㉓，亦即領取保險金之人，其指定無庸置疑是壽險契約之重要環節。

由於壽險契約之保險期間相當長，其間之人生變化頗多。例如原指定之受益人或許已先死亡，或許與要保人之關係已有所改變，因此要保人可

㉒ 參閱金融監督管理委員會（民 99 年）「人壽保險單示範條款」第 26 條。

㉓ 參閱「保險法」第 5 條。

能必須變更受益人之指定。目前絕大多數壽險契約是屬**「可取消指定受益人」**(revocable designation) 之保單，亦即要保人可逕行通知保險人變更受益人，而不須經過原受益人之同意。但通常需要被保人之同意書[24]，以保障被保人避免道德危險。在此種保單下，要保人可在保險期間內，不限次數地變更受益人。由於保單之所有權利均屬要保人，受益人唯一權利是領取死亡給付，而事實上，只有最後那位指定受益人才是真正領受保險金之人。因此先前指定之受益人僅是過客，無法獲得死亡給付。

但是另有某些情況，則是需要受益人之同意，要保人才得以變更指定受益人，這些是屬**「不可取消指定受益人」**(irrevocable designation) 之保單。例如離婚協議中可能限定保單受益人不得更改。在此限制下，要保人之保單權利大受影響。不僅變更受益人指定必須獲得原受益人同意，並且任何影響保單價值之要求，例如保單借款、終止契約或轉讓等，均須獲得其同意，以免損及受益人之權益，因此該保單如同要保人與受益人共同擁有。可想而知，除非是某些特殊情況，使要保人不得不採用此種保單，否則應當採用可取消指定之保單，較為方便而有彈性。

第四節　保險人之除外責任

保險契約如同其他商品一般，必須維持公平交易。因此，除必須顧及消費者權益外，對於保險人亦應有公平合理之對待。否則保險人不堪虧損，終將退出市場。為合理保障保險人之權益，通常保單中列有若干保險人之**除外責任** (exclusions)。倘若被保人死亡是基於這些除外危險，則保險人不須支付死亡給付。一般上常見之保險人除外責任如下列[25]。

一、要保人故意致被保人於死

要保人是購買保單之人，倘若故意致被保人於死，屬蓄意引起危險事故，則其死亡機率將高於平均死亡率，造成保險人之逆選擇，對於保險人

[24] 參閱金融監督管理委員會（民 99 年）「人壽保險單示範條款」第 26 條。

[25] 參閱金融監督管理委員會（民 99 年）「人壽保險單示範條款」第 17 條。

而言並不公平。另一方面故意致他人於死地，不僅是道德危險，亦是違法行為，保險制度當然不宜鼓勵這種行為，因此保險人不必支付死亡給付。

二、受益人故意致被保人於死

如同上述，受益人故意致被保人於死以領取保險金，乃是一種道德危險。由於保險契約不應助長不法事件，以往保單亦將受益人故意致被保險人於死，列為保險人之除外責任㉖。然而近日之保單已經刪除這項除外責任，保險人仍然必須支付死亡給付，但是故意致人於死之受益人則失去受益權。倘若無其他受益人存在，則保險人應支付保險金作為被保人之遺產。此外，倘若同時有多位受益人，則其他未涉案之受益人，仍可申請全部保險金，亦即喪失受益權之受益人原應得之部份，按其他受益人原約定比例分歸其他受益人㉗。

三、被保人自殺

倘若在壽險契約訂立後若干年內（例如最初二年內）**被保人自殺**(suicide)，則保險人不必支付保險金。因為可保危險之性質應屬偶發與意外，倘若是被保人可自行控制危險發生之機率，則其死亡率將高於平均死亡率，導致逆選擇之現象，對於保險人不公平。然而這項限制通常僅適用保單最初一段時間，超過這段時間後，則被保人自殺將如同一般死亡一樣，保險人必須支付保險金。倘若保單曾停效而後申請復效，則復效之日起二年內，被保人自殺亦屬除外責任，二年以上則有保險保障。

當被保人基於上述這些原因而死亡時，保險人並不給付保險金。但是若保單累積有保單價值準備金時，通常保險人將退還保單價值準備金予以應得之人㉘。有些地區（例如美國）之保險人，對於被保人自殺可能採用終止契約並退還保費（須扣除借款）之方式處理。

㉖ 參閱先前財政部（民 92 年）「人壽保險單示範條款」第 14 條。

㉗ 參閱金融監督管理委員會（民 99 年）「人壽保險單示範條款」第 18 條。

㉘ 參閱金融監督管理委員會（民 99 年）「人壽保險單示範條款」第 17 條。

除上述三項除外責任常見於壽險保單，另有一些除外責任亦可能包括在壽險保單中。這些項目可能隨各地區之社會環境不同而有所差異，有些地區之保單將其列為除外責任，有些保單則將其包括於承保範圍。這類除外責任中，常見者如⑴被保人因犯罪而被處死或是拒捕或越獄而致死，以及⑵特殊危險。分別說明如下。

一、被保人因犯罪而被處死或是拒捕或越獄而致死

由於保險契約必須有合法之目的，因此有些地區將被保人因犯罪而被處死，或是拒捕或越獄而致死，列為保險人除外責任㉙。但是有些地區之保險法規，則認為保險契約成立時，若是合法有效之契約，未來被保人才因犯罪而處死，其家人（受益人）仍應享有保險保障。

二、特殊危險

為避免某些高於一般死亡率之危險事故所致的死亡，而使保險人面臨大規模理賠之財務危機，或是未能收取較高費率之逆選擇現象，壽險保單將排除某些特殊危險，例如戰爭、內亂暴動等。倘若被保人死於這些原因，則保險人不必支付保險金，但可能退還所繳保費，或是保單價值準備金等。實務上這些除外不保之特殊危險，將隨社會環境之變遷而有所改變。例如現在有些保單對於戰爭危險，可能提供部份保障，在某一金額範圍內予以承保；而有些則並未將其列為除外責任㉚。此外，現今各式新奇危險之運動，倘若死亡率過高或難以估計，亦可能會被列入保單之除外危險，尤其是關於意外死亡之保障。

㉙ 參閱金融監督管理委員會（民 99 年）「人壽保險單示範條款」第 17 條。

㉚ 我國之壽險保單並未將戰爭危險列為除外責任。參閱金融監督管理委員會（民 99 年）「人壽保險單示範條款」第 17 條。實務上保險人可能另設條款以限制戰爭之死亡給付上限（例如二百萬元），而非將戰爭列為除外責任。

第十二章 年金與健康保險

本章目的

本章目的在於介紹年金與健康保險產品之基本特質與主要內容。讀完本章之後，讀者應該能夠回答下列問題：

1. 年金保險之目的與基本特質為何？
2. 年金保險產品有哪些類型？
3. 健康保險之保障範圍為何？
4. 健康保險契約之主要條款為何？
5. 健康保險費率之主要決定因素為何？
6. 傷害保險之主要特質為何？

前言

人壽保險之死亡給付，提供被保人遺族之經濟安全保障，免除突然之財務困境，因此是一種相當重要之危險管理工具。而另一方面，隨著社會與經濟環境之改變，被保人對於本身老年生活之安養，以及平日之健康醫療花費等，亦需要做適當之安排，以減輕這些人身危險之經濟打擊。除了個人儲蓄之外，年金保險產品是應用廣泛之老年安養工具，不論是政府與企業作為提供退休金之用，或個人自行購買用以照顧本身之生活等。事實上，年金保險可說是一種考慮死亡率之儲蓄方式。年金保險在歐美之保險市場，已佔有相當重要地位，目前之產品類型亦有多種，而我國自 1994 年開放年金保險以來，市場之需求量亦逐年增加，未來發展空間頗為寬廣。本章將說明年金保險之基本特質，並介紹目前歐美市場主要之年金保險產品。至於年金保單之契約條款，由於基本觀念與文字術語等與人壽保險類似，因此不須再介紹，而僅針對與年金保單有關之特殊規定加以說明。

健康保險用以保障個人因疾病或傷害所造成之經濟負擔。健康保險雖屬人身保險，但卻具有相當特殊之性質，其危險事故損失之估計有時類似財產保險。此外，健康保險之成本不僅與被保人有關，並且受到醫療單位之影響，因此對於費率之估算較為困難。若干因素，例如年齡、性別與職業等將影響傷病率，而不同生活地區，例如鄉村與城市，醫療費用水準亦有所差異，這些課題均值得加以探討。

由於身體疾病或傷害之情況相當廣泛，危險事故發生之認定較為困難，不同於壽險或年金之死亡生存明確劃分，因此健康保險保單之保障範圍頗為分歧，並無標準之承保危險，本章僅就其中主要之承保內容予以介紹。健康保險之契約條款與文字用語，大致上仍依循人壽保險契約之精神，不擬贅述，但有一些針對健康保險保單之特殊規定，例如續保性等，將於本章加以說明。此外，由於我國之人身保險將傷害保險單獨列為一項❶，而實務上亦有許多傷害保險之保單，因此本章最後一節將對於我國之傷害保險保單加以介紹。

第一節　年金保險之特質

年金保險與人壽保險恰為一體之二面，人壽保險保障死亡危險，而年金保險則保障生存危險。壽險給付提供遺族之經濟支援，而年金給付則作為被保人之生活補助。年金保險是一種相當有趣之產品，「生存」本身原本應是一件喜樂之事，為何變成是一種「危險事故」，而需要購買保險提供保障呢?年金保險產品之發展，與社會結構之變化有密切關係。以往農業社會中，家族成員多聚居一處，彼此扶老攜幼往來密切，因此老年安養並不成為問題。而今日社會隨著工商業發達，多數人口必須跟隨就業機會遷徙，家庭成

❶ 參閱「保險法」第 13 條、第 131 條。

員於是減少，生活方式走向自給自足。年輕時期因為有工作所得較無憂慮，然而老年退休離開工作場所後，生活中各項費用開支成為一種經濟負擔。因此存活愈久，所需要之財務支援愈多，於是形成影響經濟安全之危險事故。

年金保險目前已成為歐美壽險市場之主要產品，國內亦已開放年金保險之市場，壽險業者正積極研擬設計，未來將具有發展潛力。為更進一步瞭解年金保險產品，本節將分別就一、年金保險之意義，二、保險人之責任，三、年金保險之分類等三方面，加以說明年金保險之特質。

一、年金保險之意義

「**年金**」(annuity) 一詞，原先意義其實僅是代表一系列固定期間之付款，如同分期付款一般。而「**年金保險**」(annuity contract) 則是一種保險產品❷，在此保險契約中約定：倘若被保人繼續存活，保險人必須定期支付被保人一系列款項。年金保險之被保人，有時又稱為「**年金受益人**」或「**年金受領人**」(annuitant)，即為領取年金給付之人❸。目前實務上之年金保險契約通常規定，契約之受益人於被保人生存期間為被保人本人❹。根據定義，年金保險契約所承保之危險事故乃是被保人之存活。因此典型之年金保險，在年金償還期間中，倘若被保人死亡，則保險人責任終止，不須再支付年金給付。然而實務上為迎合消費者之偏好，可能推出各種保證支付

❷ 年金保險亦可稱為年金契約，其英文為 annuity contract，原文中並無 insurance 一字。然而「保險法」(第 13 條) 稱其為年金保險，國人已習慣此稱呼，因此本書循此慣例使用年金保險一詞。

❸ 由於「保險法」第 135–3 條規定年金保險契約之受益人於被保險人生存期間為被保險人本人，因此中文有時難以區別 annuitant 與 beneficiary 之差別。因為有些年金契約因有保證給付期間，可能在被保人身故後仍須支付一段時間之年金，此時領取這些身故後年金之人可稱為受益人 (beneficiary)，如同壽險受益人一般；但是因所領取之給付來自於年金契約，因此亦是年金受益人 (annuitant)。倘若將 annuitant 稱為「年金受領人」，或可減少與「受益人」(beneficiary) 之混淆。

❹ 參閱「保險法」第 135–3 條。

期間或金額之年金。

年金保險之經營，亦如同其他保險產品一般，乃是經由大數法則原理，藉由多數年金被保人之集合而分散危險。保險人根據年金生命表計算平均死亡率，收取公平合理之保費，而後將保費收入投資累積生息，以便於作為日後年金給付之資金。被保人所獲得之年金給付，除了是本身所繳保費及其利息之償還外，亦可能是來自其他被保人之保費與利息的貢獻。即生命較短提早死亡者，將其所繳保費貢獻給予較為長壽之人。因此年金保險之被保人壽命愈長，所能領取之給付愈多，可能超過其所繳納之保費與累積利息。此乃與儲蓄明顯不同，因為儲蓄僅能取回本人存放之本金與利息。

年金保險所採用之生命表與壽險生命表有所差別。一般而言，年金生命表上各年紀之死亡率較低。因為通常購買年金保險者其健康情況較佳，預期壽命較長。倘若保險人使用一般壽險生命表計算保費，將造成逆選擇現象。相對於壽險核保拒絕健康情況差者，理論上年金保險人在核保過程中應排除身體特別健康者，以減少逆選擇現象。然而這種措施似乎不符合社會習俗，因為健康長壽通常不會被視為道德危險。

不同於壽險必須考慮謀殺或自殺等謀財害命因素，年金保險幾乎可說是一種不必擔憂道德危險之保險產品，因此實務上年金保險幾乎不需核保。由於人之壽命長短自有定數，不易受人為之操縱，即便努力追求養生之道，延年益壽亦屬美事，不致引起社會不安。因此年金保險較少顧慮核保與除外危險等問題，對於被保人之限制較少，保險人之除外責任亦少。

年金保險本身並不限定用於老年安養，雖然以此種用途最為廣泛。年金保險僅是以被保人繼續存活為要件，而保險人定期支付年金給付之一種保險產品。其基本性質如同儲蓄一般，由被保人先存入保費，而後由保險人再分期償付。但是與一般銀行儲蓄或分期付款僅考慮利率變數不同，年金保險並非只是本金與利息之償還，而是必須再加入被保人存活與否之變數，才得以決定年金之償付。因此年金保險之成本可能小於儲蓄❺。例如

❺ 由於生存機率小於一，因此倘若不考慮附加保費，年金契約之預期現值（即淨保費）小於分期付款之現值（即本金）。但是實務上保險契約因需收取附加保費，因此不必然比儲蓄便宜，必須視二者所採用之利率高低而定。

每期一萬元之 n 年期分期付款契約，與每期一萬元之 n 年期年金保險契約，二者均於每期期末領取付款，假設利率均為 i，被保人之投保年齡為 x，則契約在第一年初之現值（即應存入之本金或躉繳保費）將有所不同，如表 12–1 所示。因此年金之用途相當廣泛，年輕時亦可使用，並不限於作為退休金。例如不善管理金錢者，可藉由年金控制生活開支，避免有錢時隨便花用。此外，在美國年金契約亦可應用於支付責任保險之人身傷害補償。

表 12–1　年金契約與分期付款契約之現值比較

年　度	每期領取金額	累積生存率	折現率	預期年金現值	分期付款現值
1	A	${}_1p_x$	v^1	$A(v^1)({}_1p_x)$	$A(v^1)$
2	A	${}_2p_x$	v^2	$A(v^2)({}_2p_x)$	$A(v^2)$
3	A	${}_3p_x$	v^3	$A(v^3)({}_3p_x)$	$A(v^3)$
⋮	⋮	⋮	⋮	⋮	⋮
n–1	A	${}_{n-1}p_x$	v^{n-1}	$A(v^{n-1})({}_{n-1}p_x)$	$A(v^{n-1})$
n	A	${}_np_x$	v^n	$A(v^n)({}_np_x)$	$A(v^n)$
總　計				$\sum_{t=1}^{n} A(v^t)({}_tp_x)$	$\sum_{t=1}^{n} A(v^t)$

【註】${}_tp_x$ 代表 x 歲之人可存活 t 年之機率。參閱本書第十章第五節。

二、保險人之責任

由於年金保險如同儲蓄一般，被保人必須先存入或累積一筆大額之本金，而後才能領取逐筆之年金。因此消費者將面臨一個問題：倘若被保人已繳納許多保費，結果卻不幸早死，則所繳納之保費是否將付諸流水，全部歸入保險人之帳戶？為分析此問題，通常將年金之保險期間區分為二部份，前半部是被保人繳納保費與累積利息之時期，稱為「**累積期間**」(accumulation period)，後半部則是保險人支付年金給付之時期，稱為「**清償期間**」(liquidation period) 或稱為「**年金給付期間**」❻。例如圖 12–1 所示，

❻ 參閱金融監督管理委員會（民 94 年）「個人即期年金保險單示範條款」第 5 條。

被保人於四十歲時投保年金保單，年輕時繳納保費，等到六十五歲退休則開始領取年金，因此六十五歲之前為累積期間，而六十五歲之後則為清償期間。

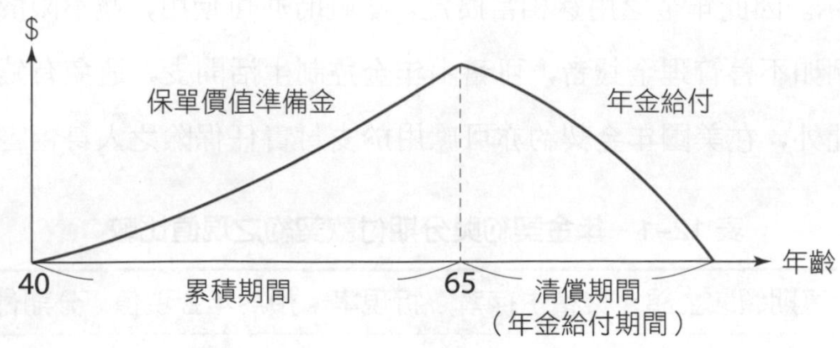

圖 12-1　年金保險之保單期間

倘若被保人在前段繳納保費期間即不幸死亡，通常保險人將退還已繳納保費或是年金保單之保單價值準備金❼。相反地，若是已經進入清償期間，則一旦被保人死亡，年金給付將立即停止，即便才剛支領過第一筆年金給付。在此情況下，所領取之年金給付可能少於累積之保費及其利息，二者之差額在典型之年金保險下完全不必退還，而保險人利用這些剩餘保費與利息償付壽命較長之其他被保人。因此這種年金保險較為便宜，所有保費完全反映死亡率，不包含任何保證金額，稱之為「**單純年金保險**」(pure life annuity)。但是有些消費者無法接受這種單純年金產品，認為年金保險反而不如儲蓄，平白喪失一大筆保費。因此市場有若干修正型年金產品，將可退還部份保費，但是必然地費率水準將因而提高。至於年金產品之類型，將於第二節再行說明。

除上述之領取年金給付問題外，累積期間與清償期間之劃分，對於年金保險契約尚有其他重要意義。因為契約之終止與變更，以及保單借款等權利，在此二期間將有不同之處理方式。要保人在保單之累積期間可申請終止契約而領回解約金，或是申請減少年金金額；但在清償期間則不可終

❼　參閱金融監督管理委員會(民 99 年)「個人遞延年金保險單示範條款」第 7 條。

止契約或申請年金減額❽。同樣地，要保人於累積期間，可在保單價值準備金之範圍內申請保單借款，但在清償期間則不可申請保單借款❾。

三、年金保險之分類

由於年金產品之保險事故相當單純，契約主要內容僅是關於收取保費以及發放年金給付，因此年金保險產品大同小異，分析上並不困難。大致上可由下列這些變數加以區別。

㈠保費繳納方式

年金保險產品依保費繳納方式，可區分為一次付清之「**躉繳保費年金**」(single-premium annuity)，或是經由分期繳納方式之「**定期繳費年金**」(periodic-premium annuity)。定期繳費年金並非一定是按年繳納保費，它可能是每月或每季繳納，僅是代表分期繳納之意。此外，每期所繳金額可能相等（即平準保費），或是各期不等之彈性保費方式。

㈡年金給付之開始時間

年金保險給付之開始期間可能隨契約而不同。有些是要保人簽訂契約繳納保費後，在相當短暫之時間內立即開始領取，此類型之年金稱之為「**即期年金**」(immediate annuity)。由於年金保單在領取給付之前必須已繳完所有保費，因此即期年金必須採用躉繳保費之繳納方式，無法分期繳納。理論上即期年金應是躉繳保費後，間隔一個付款期間（例如一個月或一年），被保人即開始領取年金給付。例如在屆臨退休時（8 月 1 日）購買按月給付之年金保險。由於是按月給付，因此理論上應在下一個月（9 月 1 日）即開始領取第一筆年金給付。

---

❽ 參閱金融監督管理委員會(民 99 年)「個人遞延年金保險單示範條款」第 6 條、第 12 條。

❾ 參閱金融監督管理委員會(民 99 年)「個人遞延年金保險單示範條款」第 14 條。

相對地，有些年金保單之給付開始日，與當時購買保單第一次繳納保費之時點，相隔一個付款期間以上，則稱為「**遞延年金**」(deferred annuity)。實務上遞延年金之間隔時間，可能長達數年或數十年。例如年輕時購買年金保險，等待老年退休時才開始領取年金。遞延年金之保費不必一次繳清，可以分期付款，只要在領取年金之前繳清即可。一般而言，遞延期間愈長，保費繳納之彈性愈大。

㈢年金被保人之人數

年金保險亦可以其被保人之人數多寡而區分。倘若僅有一位被保人，則稱為「**單生年金**」(single-life annuity)。當該被保人存活時，保險人負有償付年金之責任。有些保單之被保人人數為二人或二人以上，乃是「**連生年金**」(multiple-life annuity)。連生年金主要有二種類型，第一種稱為「**連生共存年金**」(joint-life annuity)。根據連生共存年金之定義，必須所有被保人均存活，才得以領取年金給付，只要其中有一人死亡，則年金給付即可停止。另外一種連生年金稱為「**連生遺族年金**」(joint and survivor annuity)，在此保單下，保險人必須支付年金直到所有被保人均死亡為止，亦即只要尚有一人存活，則年金將必須繼續支付。連生遺族年金可用於夫妻等晚年生活之照顧，並且其中一人死亡之後，年金給付可以降低，以節省保費。

㈣年金給付之面額

年金保險之分類，若以其每筆給付之面額為基礎，則可區分為「**固定年金**」(fixed-dollar annuity) 以及「**變動年金**」(varying annuity)。所謂固定年金，乃是每次之年金給付金額均相同，例如每月一萬元等，不論貨幣價值之變動與否。傳統之年金保險多屬此類。然而固定年金無法反映通貨膨脹，在長達數十年之保險期間中，經濟或社會環境之變動在所難免。為配合消費者之需求，目前則已經發展出變動年金，其年金給付之金額可能遞增或遞減，此外亦可隨物價變動或其他投資指數變動等。

㈤年金之給付期間

就單純年金保險而言，保險人之給付責任在被保人死亡時終止。然而由於消費者有時難以接受這種事實：壽命不長原本已令人難過，而所繳納之許多保費更因此而全部歸為保險人所有。因此實際上年金保險有多種變化型態，並非全是單純年金。有些年金保險產品可以退還部份保費，當被保人所領取之年金總額少於所繳納之全部保費，則保險人將退還其差額予其**身故受益人** (beneficiary) 或其他應得之人⑩。而其償還方式可分為二種，一是整筆現金一次償還，稱為「**現金償還年金**」(cash-refund annuity)。其次，亦可將此差額以年金方式逐年繼續償還，直到年金給付總額等於全部保費時，保險人才停止給付，這種年金稱為「**分期償還年金**」(installment-refund annuity)。

此外，另有一些保單則是保證給付期間，因此保證年金給付總額至少等於保費，這種年金保險稱為「**確定期間年金**」(annuity X years certain)。該保單約定不論被保人生存或死亡，保險人至少必須償付年金 X 年。在此之後，倘若被保人依然存活，則可繼續領取年金給付，但若是已經死亡，則年金給付即可終止。

第二節　年金保險產品

年金產品最常用於晚年生活之經濟安排，因此在介紹年金保險產品之前，首先略加說明退休生活規劃。

一、退休生活之規劃

由於經濟社會之變動，生活費用與醫療成本不斷高漲，倘若年老退休而無資產，則經濟安全將成為一大考驗。因此如何規劃晚年生活，已成為現代人必須面對且相當重要之工作。通常在先進國家中，晚年生活之經濟

⑩ 參閱金融監督管理委員會(民 94 年)「個人即期年金保險單示範條款」第 6 條。

資源可來自三方面，這三種來源被並稱為**支持退休生活之三腳椅**(three-legged stool)，而年金保險乃是個人常用於照顧晚年生活之方法。

1. **社會保險**

政府所提供之社會保險，例如國民年金等，是最基層之生活照顧，勉強維持必要之衣食。通常社會保險所提供之保障金額，無法完全滿足個人之生活需求。

2. **企業退休金**

第二層之保障則來自就業機構，例如企業組織所提供之退休金計畫。隨著員工福利觀念之興起，目前多數企業組織均有員工退休生活之經濟安全保障。一般而言，由於員工福利計畫通常會反映員工在職時之工作所得，因此較能維持原先之生活水準。企業之退休金計畫可能經由退休基金之投資累積，亦可以借助團體年金保險，提供年金給付給予員工。

3. **個人資產與儲蓄**

老年生活安養之另一重要支援，則是來自本身之資產與儲蓄。由於前述二種來源通常仍無法滿足生活需求，必須仰賴個人之儲蓄與資產，提供更多之退休生活保障。

二、年金保險產品

年金保險是目前歐美壽險市場最重要產品之一。除視個人需求以作為老年安養之經濟來源外，企業購買年金作為員工之退休金福利者亦相當普遍。雖然各家保險人所推出之保單略有差異，但是大致上可歸納為五種產品形式：㈠躉繳即期年金，㈡躉繳遞延年金，㈢彈性保費遞延年金，㈣變額年金，以及㈤其他年金產品，分別敘述如下。

㈠躉繳即期年金

所謂「**躉繳即期年金**」(single-premium immediate annuity)，乃是要保人於購買保單時一次繳清全部保費後，保險人於下一期間（例如隔月或隔年）即開始償付年金給付。由於躉繳保費之金額相當龐大，要保人必須擁有大量現金才足以購買這種產品。例如在退休之前將銀行存款一次領出，轉而購買年金保險，由保險人定期償付年金，以照顧晚年生活。此外，有些領取壽險死亡給付之受益人，可將此大額死亡給付作為年金保險之躉繳保費，由保險人按期支付年金，以理性控制生活費用開支，避免死亡給付迅速散盡。

㈡躉繳遞延年金

與上述躉繳即期年金相同，**「躉繳遞延年金」**(single-premium deferred annuity) 亦是於購買保單時一次繳清全部保費，然而年金給付卻是若干年之後才開始。要保人可在年輕時先繳納保費，而以後退休時再領取年金給付。一般而言，這種年金產品並不單純是為了照顧退休生活，消費者購買這種產品，主要是著眼於保險人之投資能力。由於保險人之投資理財專業能力，通常高於個別消費者，因此將一大筆保費交由保險人進行投資以獲取報酬。藉由長時間之資產累積，等到將來退休之時將有可觀之財富。

㈢彈性保費遞延年金

「彈性保費遞延年金」(flexible-premium deferred annuity) 之保費可分多年繳納，並且每次所繳納之保費亦不須固定。由於年金產品如同儲蓄一般，要保人必須先繳清保費，而後才開始領取給付。因此在保單之累積期間中，要保人如何安排其保費繳納，對於保險人之年金償付責任並無影響，只要要保人在年金給付開始之前已繳清保費即可。相較於壽險產品必須考慮被保人可能在保費繳納期間內死亡，因此需要嚴格計算每年之保險成本，年金產品並不需要採用平準保費，要求要保人每年繳納固定之保費。目前實務上採用平準保費，通常是為了方便消費者財務規劃。然而就年金保單之本質而言，並無需採用平準保費。

由於保費可以分期繳納，且每期亦無固定之保費水準，對於消費者而言相當方便。要保人自年輕時每年投入少量保費，以其本身為被保人，及至晚年退休之時再開始領取年金，作為老年安養之用。因此這是使用相當廣泛之年金產品。企業亦可以採用這種年金產品，以實施員工福利計畫。

企業每年提撥若干退休基金繳納保費，而以員工作為被保人，將來即可利用年金給付作為員工之退休金。

㈣變額年金

由於現今之經濟環境變化劇烈，固定金額之年金給付恐無法反映貨幣之購買力。而另一方面，當投資市場景氣良好時，固定保證利率之年金給付，將無法與其他投資工具競爭，消費者可能將保單解約而投入其他市場。因此如同變額壽險產品之發展一般，「**變額年金**」(variable annuity) 加入投資報酬因素，年金給付之金額將隨該保單所投資之資產組合成果而變動。但是為了給予被保人一些基本退休給付保障，避免投資市場之風險過大，有時保單會有最低保證利率，因此年金給付至少可維持在某一水準以上。變額年金由於隨投資成果而波動，保險人之投資理財能力，成為消費者選擇保單之重要考量因素。另一方面，變額年金之投資功能高於儲蓄功能，因此這類保單較不適合作為老年退休之經濟安全保障。

㈤其他年金產品

另有一些金額不固定之年金保險產品，並非由要保人選擇投資組合，而是約定年金給付之變動方式。例如「**遞增型年金**」(increasing annuity)，其年金給付呈現遞增趨勢，例如第一年十萬元，第二年十一萬元，第三年十二萬元……等。或是相反地呈現遞減趨勢，例如第一年十萬元，第二年九萬元，第三年八萬元……等。這些年金給付之安排可以配合物價波動，而調整貨幣購買力；或是可以依據家庭人口數之變化，而調整晚年之經濟需求。此外，尚有一種年金給付方式可應付通貨膨脹之壓力，即是附加「**調整生活成本**」(COLA) 批單，如同壽險保單一般。而針對喜歡投資報酬但又不願購買變額保險之消費者，保險人推出「**指數年金**」(indexed annuity)。指數年金之報酬與股票市場之指數（例如 Standard & Poor's 500）相連結，但有最低報酬率保證，可避免投資風險過大。總而言之，隨著金融市場之發達，各式各樣之保險商品不斷推陳出新，以配合消費者之需要。

三、年金保險之費率因素

年金保險產品之費率因素，與壽險產品類似，主要是死亡率、利率與費用率等。但是必須注意，年金產品所用之生命表乃是**年金生命表** (annuity mortality table)，是依據年金被保人之死亡經驗所編製，通常各年紀之死亡率低於壽險被保人之死亡率，如圖 12–2 所示。

死亡率之主要影響因素，仍是年紀與性別。一般而言，女性壽命較長，費率較高。而年金開始給付之年齡愈早，因未來預期給付時間較長，因此費率較高。這些死亡率變數與費率之關係，恰好與壽險產品相反。至於利率與費用率大致上與壽險費率計算之原理相同。預期年金給付現值之計算可參閱前文之表 12–1⓫，不再贅述。

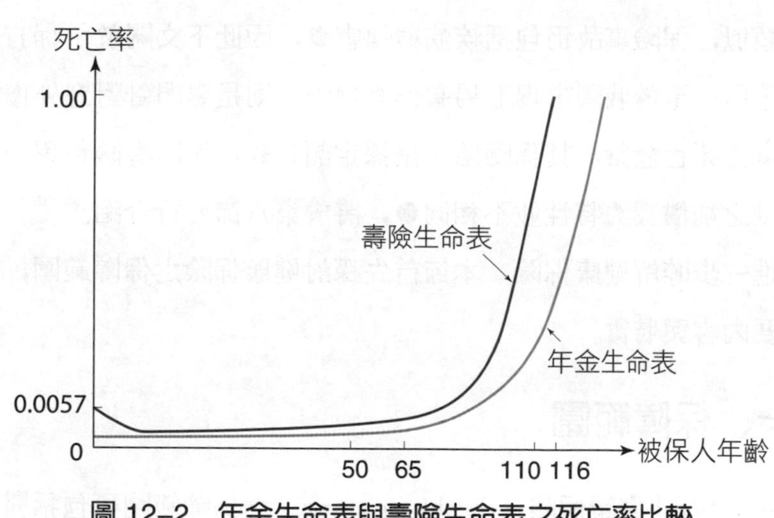

圖 12–2　年金生命表與壽險生命表之死亡率比較

第三節　健康保險之特質

雖然健康保險在十九世紀即已開始⓬，但是其自 1960 年代起才漸漸發展為重要之保險產品。因為當時醫療成本大幅成長，一般大眾逐漸感到醫

⓫ 但須針對給付開始時間（例如即期或遞延），而調整折現率之折現次方。

⓬ 參閱袁宗蔚 (1990)，p. 704。

療費用是一項沉重之經濟負擔，因此健康保險才受到重視。然而發展時間雖短，健康保險市場之變化相當劇烈，保單之類型非常分歧，並且健康保險之給付已成為保險人之財務負擔。目前之健康保險通常不只是承保疾病危險，亦包括身體之意外傷害危險。總之，凡是人身有損失健康之危險，均可屬於健康保險之範圍，而不特別區分健康損失是起因於疾病或是意外傷害。因為單獨承保疾病危險，對於保險人而言承保風險較高。疾病危險並不是理想之可保危險，因為損失成本（醫療費用）不僅與被保人本身之健康狀況有關，且易受醫師之左右，道德危險較高，並非完全是偶發意外之危險，較易發生逆選擇現象。因此實務上常將意外傷害所造成之健康損失，一起納入健康保險之承保範圍，以使承保危險較具有偶發特性。

至於我國「保險法」將健康保險之定義，侷限於疾病與分娩危險⓭，則是法令上之特有規定。實務上目前我國市場之健康保險保單與下文之介紹頗為類似，保險事故仍包括疾病與傷害⓮，因此下文關於承保方式與內容仍可適用。至於我國市場上另有傷害保險，則是專門針對意外傷害所造成之殘廢或死亡危險，其保險給付是採定額方式，如同壽險保單一般，與健康保險之補償契約特性並不相同⓯，將於第六節另行介紹。

為進一步瞭解健康保險，本節首先探討健康保險之保障範圍，以及保單之主要內容與特質。

一、保障範圍

一般而言，**「健康保險」**(health insurance) 之保障範圍可包括醫療費用之補償，以及因健康受損無法工作之所得補償。但是有時並非在一張保單同時承保，而是各自單獨使用一張保單。因此「健康保險」只是泛稱所有

⓭ 參閱「保險法」第 125 條。

⓮ 參閱金融監督管理委員會（民 103 年）「住院醫療費用保險單示範條款」（實支實付型）第 4 條。

⓯ 理論上健康保險多視為是補償契約，但有些保單對於罹患重大疾病，有時仍給予某一事先約定之給付，類似定額方式，乃屬例外情況。

與人身健康有關之保險保障，並非保單本身之名稱。許多保單可能是以「醫療費用補償」或「失能所得保險」為名，並未出現「健康保險」一詞。下文分別說明此二種保障。

㈠醫療費用補償

被保人由於疾病或傷害造成醫療費用之發生，這些費用負擔可能引起被保人之經濟不安全，因而形成保險利益，希望藉由保險保障以減輕這些經濟損失。健康保險對於醫療費用之補償方式有二種類型，一類是由醫療單位直接向保險人請求給付，另一類則由被保人先行支付，而後再憑收據向保險人請求補償。目前常見利用健康保險以補償醫療費用之保障，主要可區分為三類：1.補償一般醫療費用之基本型健康保險，2.補償重大醫療支出之高額醫療費用保險，3.其他健康照護補償之保險。消費者可視其本身之需要，而購買不同之健康保險產品。

1.基本型健康保險

一般消費者最常購買與使用最多之健康保險產品⑯，大概是屬於「**基本型健康保險**」(basic health insurance)。這種保單保障一般性醫療支出，通常設有些微之自負額，以及最高補償上限。基本型健康保險主要補償下列費用：

a.住院費用

健康保險對於「住院費用」之補償，主要是指被保人住院期間之病房與伙食費，通常有最高每日金額與最長補償天數之限制。其次，使用手術房、X光與各項檢驗之費用，以及藥物費用等皆屬住院費用之補償範圍。

b.外科手術費用

「外科手術費用」之補償主要是針對各種開刀手術所發生之費用，不同手術所補償之給付不相等，與手術之複雜性有關。通常保險人會事先表列每一類手術之補償金額或給付比例，例如盲腸炎、冠狀動脈、胃出血……等，如表12–2所示。

---

⑯ 我國因有全民健保，國人對於此種保單可能需求較低。

表 12-2　外科手術給付比例

手術名稱	給付比例
闌尾切除術	58%
膽囊切除術	82%
全胃切除，併小腸移植修復	200%
心肌切除術	250%

資料來源：風險管理學會 (2001),《人身風險管理與理財》, p. 379。

c. 門診費用

「門診費用」是指一般非住院或動手術之就醫，例如感冒發燒、胃腸不適等，前往各醫療院所診治而發生之醫療費用。

2. 高額醫療費用保險 (major medical insurance)

由於上述三種費用之補償通常並不充裕，保險人往往設有金額或次數之上限，因此對於較嚴重之疾病可能發生保障不足之現象。「高額醫療費用」補償主要即針對那些大額醫療費用損失。本部份之保障多半設有自負額，由被保人自行負擔或是由上述三種費用補償來支付基本醫療費用。而超過自負額部份，則由這種高額醫療費用保險加以承擔。通常補償上限相當高或並無上限，除外危險亦少。這項補償主要是對於真正罹患重症之被保人，給予較充裕之保障。

然而無論如何，契約之中依然有若干除外危險，這些除外不保項目範圍不大，對於多數被保人應無影響。常見者包括：(1)個人舒適設備，例如電視或電話等，(2)自我傷害所致之醫療費用，(3)因戰爭或類似軍事活動所引起之傷害，以及(4)例行性之健康檢查等。

3. 其他健康照護補償之保險

除上述二類保障疾病或傷害所造成之就醫費用外，近年來由於醫療成本不斷上漲，許多與健康照護有關之費用已逐漸成為消費者之負擔，因此市場上另有若干與健康照護有關之保險產品。常見者包括：

a. 牙科保險 (dental insurance)

有關牙齒方面之疾病，例如蛀牙、牙周病等之治療或手術費用。此外，可能還包括保健方面之費用，例如洗牙等。此種保險較著重於預防與保健照護。

b. **長期醫療照護保險** (long-term care insurance)

由於老年人口之增加，而傳統三代同堂之家庭方式不復存在，況且婦女外出工作已成為普遍趨勢，因此罹患長期性疾病之病人，其醫療照護往往必須委由專職看護人員處理。這些長期性照護費用已成為現代家庭之沉重負擔，因此長期醫療照護保險近年來成長迅速。長期醫療照護保險提供照護費用補償，通常以每日若干金額為給付標準，並設有最高給付上限。

c. **處方藥保險** (prescription drug insurance)

某些國家實施醫藥分立制度，醫院門診僅負責看病，而消費者必須拿處方箋自行向藥局購藥。處方藥保險即可補償消費者之購藥費用。

㈡失能所得補償

健康保險之另一保障類型，是補償被保人因疾病傷殘無法工作之所得損失。「**失能所得**」(disability income) 之補償是一種相當傳統之健康保險保障，如同壽險一般，失能所得補償是提供現金給付，使被保人或其家人，不致因被保人疾病傷殘無法繼續工作，而使經濟生活陷入困境。通常失能保險之現金給付，大約是被保人原先工作所得之某一百分比，例如 65% 等，並且有最長給付期間之限制。**短期失能保險** (short-term disability insurance) 大約保障至六個月，而**長期失能保險** (long-term disability insurance) 則可能保障至五年或更長之時間。

由於失能保險乃是補償被保人因無法繼續工作所喪失之所得，因此保單對於工作能力之定義，將影響被保人獲得保險給付之可能性。失能保險保單之工作能力，有寬嚴二種不同之定義，其所反映之保費水準將有所差異。第一種定義是指從事「**本行工作**」(own occupation)，當被保人無法從事本行之工作時，失能保險將予以所得補償。例如外科醫師之手倘若受傷成殘，無法再執行外科手術，則可符合失去從事本行工作能力之定義，因此可以獲得失能保險給付。由於在這種定義之下，被保人較容易獲得給付，通常保費水準較高。

相對地，若是以不能從事「**任何獲利性工作**」(any gainful occupation) 為失去工作能力之定義，則被保人獲得保險給付之機會大為減少，而保費水準亦隨之降低。因為除非重度傷殘，否則多數人應可另謀生計。如上例之外科醫生，雖不能從事外科手術，但仍可擔任保險機構之醫療顧問，協助保險人核保或理賠之決策，依然享有工作所得，因此不符合失能保險給付之資格。有些失能保險保單較為折衷，將二種定義並用，疾病傷殘初期以「本行工作」為給付標準，而若干時間後，例如二年後，則改採「任何獲利性工作」之定義，以決定是否繼續提供失能給付。

健康保險之保單相當分歧，有些保單保障範圍相當小，例如僅承保基本醫療費用。有些則包括上述多種保障，不僅補償醫療費用與牙科照護支出，且又提供失能所得給付等。而各項保障之額度亦隨保單而有所差異，因此並無標準形式之健康保險產品。總而言之，保障範圍愈大則保費愈高。健康保險之保障內容大致上可摘要如圖 12–3。

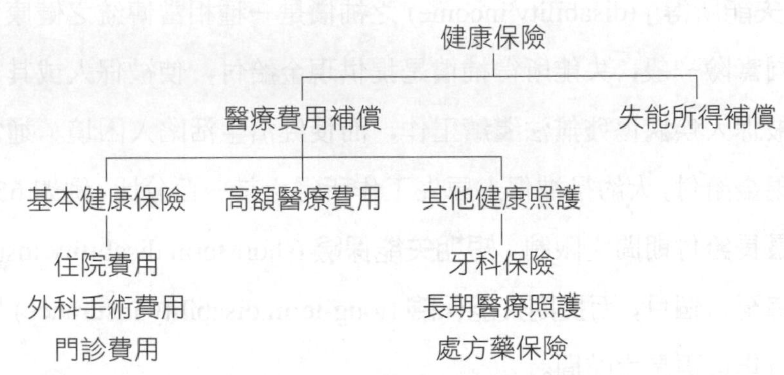

圖 12–3　健康保險之保障範圍

二、自負額

由於健康保險之道德危險較高，因此健康保險產品之一大特色，是保障內容設有許多「**自負額**」(deductible)⓱或「**部份負擔**」(cost sharing) 之規定，其主要目的在於抑制道德危險。所謂「自負額」，廣義而言即是被保人自行負擔損失之金額。因為相較於其他險種，健康保險所引發之道德危險較為嚴重⓲。壽險或是財產與責任保險之道德危險，例如殺人放火與開車

⓱ "deductible" 廣義上泛指任何被保人所分擔之損失成本，狹義定義則指扣除額。

⓲ 此處針對保險給付之領取而言，並非社會一般所定義之道德風氣。

肇事等，多半容易觸犯法律刑罰，一般民眾不敢隨意從事這些行為。相對地，增加就醫照護之機會或是拖延不返回工作場所，並不違反任何法律規範，且對於被保人又可能有延年益壽之優點，因此健康保險極易被濫用。另一方面，由於存在保險補償，往往使醫療機構無需節制醫療成本，大量使用昂貴醫療儀器設備等。因此，健康保險之實際補償成本，往往超出原先之預期水準，保險人之虧損相當嚴重。近年來保險市場為抑制這種濫用健康保險之情況，紛紛採用自負額之規定，促使被保人自行負擔部份費用損失，以節制醫療資源浪費，並減輕保險人之負擔。

由於健康保險之保障範圍相當廣泛，不同類之醫療費用或保險給付其性質有所差異。因此為抑制這些費用與給付之成本，健康保險所採用之自負額或部份負擔有多種類型，分別敘述如下。

㈠扣除額

對於就醫之醫療費用，倘若在設定金額之下，則由被保人自己承擔，若超出此設定金額，則超出部份由保險人補償。此設定金額即為狹義定義之「自負額」，或稱「**扣除額**」(deductible)。例如設定自負額之金額為五百元，倘若被保人就醫費用為三百元，由於尚未超出限定金額，因此全數由被保人自行支付，保險人不予以補償。倘若被保人就醫費用為七百元，則被保人自行負擔五百元，而其他二百元則由保險人補償。自負額可能以每次就醫之費用計算，亦可能以每一疾病或傷害事故為單位。例如每次就醫二百元、每一事故一千元。或以保單之保險期間為單位等方式，例如一年一萬元等。表 12–3 以簡單之數學式表示自負額觀念。

表 12–3　自負額方式之醫療成本分擔

醫療費用 (L)	被保人之負擔	保險人之負擔
$L \leq D$	L	0
$L > D$	D	$L - D$

【註】D 為保單指定之自負額金額。

自負額之設置除可抑制被保人濫用醫療資源，並可減少小額零碎之補償，節省保險人之理賠行政成本。通常自負額愈高，保費水準愈低。

㈡共保比例

健康保險另一種常見之分擔成本方式，是採用**「共保比例」**(coinsurance)。由被保人與保險人分別負擔醫療費用。例如保單指定由被保人自行負擔醫療費用之 20%，而保險人補償其餘 80%。倘若此刻醫療費為一千元，則被保人負擔二百元，保險人分擔八百元。有些保單可能同時採用自負額與共保比例，例如五百元以下由被保人自行負擔，而超過五百元之部份則採用共保比例分擔。

當消費者採用共保比例之健康險保單，常會面臨一潛在問題：倘若發生重大疾病而醫療費用高昂，即便僅負擔其中 20%，亦可能是龐大數字，將影響家庭經濟安全。因此有些保單可能設定**「共保上限」**(coinsurance cap)。當被保人分擔之醫療費用達某一金額，例如十萬元，則超過部份完全由保險人償付，被保人不必再依比例分擔。這種保單對於消費者之保障較佳，而保費理所當然較高。

此外，失能保險亦常使用比例性共保限制。當被保人發生失能保險事故時，保險人償付被保人工作所得損失之某一百分比，通常約在 60% 至 75% 之間。因為倘若足額給付，則被保人可能不願恢復工作。

㈢給付上限

由於近年來醫療成本高漲，保險人虧損嚴重，現在健康保險已很少提供全額保障。不僅有自負額與共保比例，被保人必須自行負擔部份醫療費用，並且保險人所提供之保障，經常設有**「保單給付上限」**(policy limit)。保單給付上限可能針對某些項目或疾病，例如病房費用或心理治療之次數。亦可能是以整份保單之保障為對象，例如全年不超過一百萬元等。而失能保險方面，通常亦限制最長之補償期間，例如五年，即便期限之後被保人依然不能復原，保險人亦不再負擔補償責任。

㈣等待期間

健康保險之自負額除直接設定被保人之費用分擔金額或比例外，亦可採用時間作為限制。通常健康保險對於長期醫療照護以及失能給付，設置若干「**等待期間**」(waiting period, or elimination period)，例如一週或一個月。當被保人發生疾病傷殘等保險事故後，在最初這段等待期間所發生之照護費用或所得損失，由被保人自行負擔。等待期間結束後，倘若被保人尚未復原，則保險人開始負責補償其費用或所得損失。等待期間之設置可減少小額零碎之補償，節省保險人之理賠行政成本。通常等待期間愈長，保費水準愈低。圖 12–4 簡要表達健康保險之等待期間觀念。

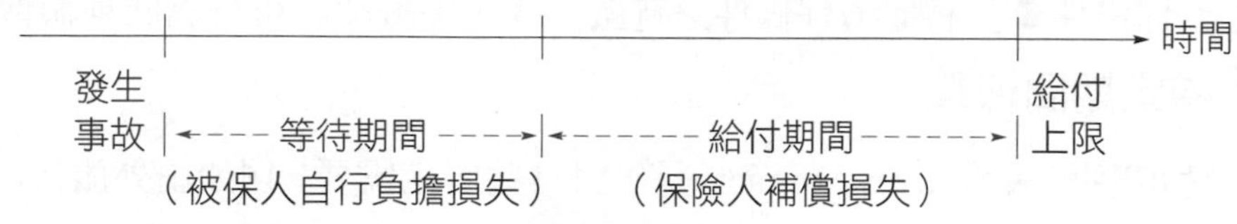

圖 12–4　健康保險之等待期間觀念

第四節　健康保險契約

健康保險契約記載保險人與要保人或被保人雙方之權利義務，契約內容包括被保人之基本資料、保障範圍、保費、約束保險人與要保人或被保人責任義務之基本條款，以及若干要保人選擇附加之特別約定條款等。由於健康保險屬人身保險，因此契約條款主要沿用人壽保險之用語與規定，例如告知義務與抗辯期間等，大致上均與前文壽險契約相同，此處不再贅述。但是由於健康保險保單之保險期間大多為短期，例如一年，因此較少有復效或是保單借款等條款⑲。此外，健康保險保單一般上亦無保單價值準備金，倘若要保人於保險期間中途要終止契約，則保險人將退回未滿期保費，而以短期費率計算已經過期間之保費⑳。本節主要針對健康保險獨

⑲ 若是長期健康保險保單，例如癌症醫療終身保險，則可能有復效條款與保費寬限期條款等，類似人壽保險契約。

⑳ 參閱金融監督管理委員會（民 103 年）「住院醫療費用保險單示範條款」（實支實付型）第 14 條。

特性質之契約條款與承保方式加以說明，包括：一、續保條件，二、保險給付，三、除外責任等三方面。

一、續保條件

由於健康保險大多為短期保險，被保人必須經常續保才能享有保險保障。然而被保人在保險期間所發生之各項疾病傷害，因為申請補償而使保險人擁有充分之資訊，保險人對於損失較多之被保人可能不願承保。倘若此時被保人已患病在身，則可能無法通過其他保險人之核保程序，重新購買其他健康保險保單，因此將失去健康保險保障，對於被保人亦不甚合理。健康保險保單為減少這種續保之難題與糾紛，通常在保單上將規範保險契約之續保條件[21]。根據續保條件之寬嚴，健康保險契約可分為四種類型：

1.特定期間保單

特定期間保單 (term contract) 是針對某些特定需要，例如出外旅行，所購買之健康保險，用以保障特定期間之疾病或傷害。這種健康保險通常不能續保，特定期間結束時契約即終止，倘若被保人希望仍擁有健康保險，則必須投保一般健康保險保單。

2.條件續保保單

條件續保保單 (conditionally renewable contract) 賦予保險人較多保障，當契約到期日時，保險人可以自行決定不再繼續承保該被保人，或是提高費率水準繼續承保等。然而這並非表示保險人可以任意拒保，如此對於被保人而言並不合理。通常這類保單必須在契約上指定在哪些條件下，保險人有權利拒保。雖然各保單所立條件可能有所差異，但是無論如何，保險人不得以被保人之健康狀況衰退為由而拒絕續保。由於這類保單對於被保人較為不利，因此保費較為便宜。

3.保證續保保單

保證續保保單 (guaranteed renewable contract) 賦予被保人續保之權利，

[21] 參閱金融監督管理委員會（民 103 年）「住院醫療費用保險單示範條款」（實支實付型）第 12 條。

只要被保人按時繳納保費，通常可維持健康保險之保障。另一方面保險人有權利調整費率，但是並非針對該特定被保人，而是以被保人所屬之危險組群整體損失狀況為考量，否則該被保人可能面臨無法負擔之保費水準㉒。這類型保單對於被保人保障較多，市場上採用相當普遍。不論是醫療費用保險，或是失能所得保險均可適用，然而保費當然亦較為昂貴。

4.不能取消保單

不能取消保單 (noncancellable contract) 賦予被保人更高一層之保障。被保人不僅可以續保，並且保險人不能重新調整費率，必須依據契約所指定之費率水準收取保費。然而這並非意味是平準保費，而是指契約原先預定之費率金額或計算公式。這種保單對於被保人之保障最大，一般上多用於失能保險或是住院費用等，尤其是以每日定額給付為基礎之保單。對於其他醫療費用補償保險較不適用，因為醫療成本快速飛漲，很難預估未來多年之保險給付，是以無法在保單上指定未來各年度之費率。

二、保險給付

相較於壽險與年金等定值保單之保險人的給付責任相當明確而言，健康保險基本上是一種補償性質之保單㉓，保險給付之多寡必須視實際損失情況決定，因此保險人之責任不易事先確定。倘若被保人發生疾病傷害等危險事故，因而造成經濟上之損失，保險人將予以補償。反之，若是被保人並未發生損失，保險人不必補償且保費亦無須退還，如同財產保險。而疾病傷殘之情況相當分歧，不同於壽險年金之死亡生存容易認定，因此健康保險之承保範圍相當廣泛。另一方面由於健康保險之道德危險較高，保險人必須設法加以抑制，以免造成財務上之虧損。基於這些原因，健康保

㉒ 參閱金融監督管理委員會（民 103 年）「住院醫療費用保險單示範條款」（實支實付型）第 12 條。

㉓ 補償契約亦可稱為不定值契約。我國「保險法」第 50 條將保險契約分為定值契約與不定值契約二類，其中不定值契約即類似保險學理所稱之「補償契約」(contract of indemnity)。

險契約上關於保險給付之條款，通常較為繁多與複雜，許多規定相當瑣碎，目的在於減少理賠補償之爭議。

有關保險給付規定之條款是健康保險保單中最主要之部份。除前述之自負額規定外，往往還針對各類疾病與傷害一一指定給付範圍。下文分別就醫療費用與失能所得二種保障，說明其給付條款之特色。

㈠醫療費用補償

健康保險對於醫療費用之補償金額隨保單而有所差異，通常保障愈多則保費愈高。健康保險保單對於醫療費用補償之規範大致包括下列要點:

1. 住院費用[24]

指明病房等級、病房每日補償金額、伙食與醫護人員費用每日補償，以及最高給付上限之日數或金額等。此外，對於加護病房之費用補償通常另有規範。例如，二等病房每日補助二千五百元，最長補助六十日，加護病房費用補償 85% 等。

2. 外科手術費用[25]

外科手術費用之補償經常採用列表方式，詳細明列每一種手術補助金額之最高上限或給付比例，可能包括近百項外科手術，如前文表 12–2 所示。對於未列表之手術，可能比照相關類似之項目。

3. 其他醫療費用

一般門診之費用補償多數以自負額或共保比例表示。X 光或其他驗尿、驗血等檢驗，只要是與就醫相關且在醫院內檢驗，通常健康保險提供指定金額之補償。而心理治療、濫用酒精或藥物之治療等，大多以每年就醫次數加以限制，例如每年最多六次，並且可能亦限制每次補償金額。

---

[24] 參閱金融監督管理委員會（民 103 年）「住院醫療費用保險單示範條款」（實支實付型）第 5 條、第 6 條、第 9 條。

[25] 參閱金融監督管理委員會（民 103 年）「住院醫療費用保險單示範條款」（實支實付型）第 7 條。

㈡失能所得給付

失能保險乃是採用現金給付方式，補償被保人因疾病傷殘不能工作之所得損失。契約上關於失能給付之規定大致包括下列要點：

1. 給付金額

理論上，失能保險給付必須依據被保人發生保險事故前之所得水準計算，然而實務上卻有所困難。因為被保人在保險期間內之工作可能有所變動，或甚至暫時失業，因此若以疾病傷害事故發生時之工作為準，費率計算相當困難，並且理賠時容易引起糾紛。因此失能保險之給付金額採用定值保單之觀念，在購買保單時已事先約定每月失能給付之金額。未來倘若果真發生保險事故，即便工作有所異動亦不再調整。保險人必須依簽訂契約當時所約定之給付金額按月償付，直到被保人復原或是給付期限終止。

表 12-4 失能保險之給付額度

所得水準（每月）	給付額度
$5,000 或以下	85%
$5,001～10,000	83
$10,001～15,000	80
$15,001～20,000	75
⋮	⋮
$95,001～100,000	60%
$100,001 或以上	$60,000

失能保險與壽險保單之定值觀念略有不同，因為失能給付之要保人即便有能力繳納保費，亦不能任意指定投保金額。通常是由保險人參考被保人購買保單時之所得水準而決定承保金額，以減少被保人之道德危險——因為高額保險給付可能使其不願返回工作崗位。一般上承保額度是以所得之某一百分比表示，通常承保比例將隨所得增加而遞減。低收入者承保比例較高，以維持其基本生活，而高收入者承保比例較低，並且有最高給付上限，以減少道德危險與資源之浪費。例如表 12-4 所示範之失能保險給付

的承保方式。

2. 給付期間

失能保險乃是按月（期）補償被保人所得損失，給付之多寡將涉及時間因素。因此契約上對於保險給付之規定，其另一要點是關於給付期間之說明。當被保人發生疾病傷害等不能繼續工作之事故時，通常失能保險並不立刻開始給付，而必須先等待一段時間，稱為「**等待期間**」(waiting period, or elimination period)，例如一個月或三個月等。這段時間內由被保人自行承擔損失，如同自負額一般，以減少小額理賠之行政成本。倘若等待期間結束後，被保人仍然無法復原，則保險人開始償付失能給付。而給付之最長補償期間稱為「**給付期間**」(benefit period)，例如二年、五年或十年等 。一般而言，大多數之被保人可在給付期間之內復原而正常工作。但少數健康受損情況嚴重者，保險人將提供給付至給付期間到期日為止，往後則由被保人自行負責。給付期間之觀念可參閱第三節之圖 12-4。

3. 其他給付

保險人對於長期失能保險保單可能提供「**豁免保費**」(waiver of premium) 之給付。由於長期性保單之保費往往分期繳納，而非在購買保單時一次付清，倘若被保人尚未付清保費即已發生失能保險事故，將無法繼續工作賺取所得。因此為減輕被保人之經濟負擔，保單可能包括豁免保費之給付。

上文所述之失能保險給付主要是針對「**完全失能**」(total disability) 而言，但是有些保單可能提供「**部份失能**」(partial disability) 之給付。倘若被保人還能執行部份工作，則保險人提供部份失能給付，例如完全失能給付之 50%。「部份失能」之定義可能以時間衡量，例如每週仍可執行原本工作二十小時等。或是以工作性質衡量，仍可執行部份主要工作，但無法執行全部工作，例如依然可以設計品管電腦程式，但無法實地視察生產狀況。

三、除外責任

如同壽險保單一般，健康保險契約亦有若干除外責任條款。最常見者是對於**「原已存在因素」**(preexisting condition)，例如原已存在之疾病，或因其而引起之疾病傷殘等，保險人不負賠償責任。因為其危險發生之機率相當高，不符合一般偶發性危險之特質。例如被保人購買保單時已罹患某種疾病，則保單對於該疾病通常不予給付。實務上關於「原已存在因素」之定義並不一致，有些以保單購買日前一年內、二年，甚或五年等為基準。倘若曾於該期間內罹病或出現病兆，則該病將成為保單之除外危險。

至於其他除外危險，例如戰爭或軍事相關危險、核能，以及被保人犯罪行為或故意行為（例如自殺或自殘）等，大致上與人壽保險契約相同。此外，被保人因非法吸食或施打麻醉藥品，以及非必要之醫療，例如美容整型或健康檢查等，亦屬除外責任㉖。而有些保單可能排除一些特殊危險之運動，例如拳擊、賽車等，因其發生意外傷害之機率較高。

第五節　健康保險之費率因素

健康保險之保費水準，基本上仍是以公平合理為原則，而費率結構亦可分析為淨費率與附加費率。然而健康保險所承保之損失包括醫療費用與失能所得，並且多數是短期性保單，因此費率水準之決策不同於壽險保單，其中主要考慮因素說明如後。

一、淨費率

保險產品之淨費率乃在於反映保單所承保危險之預期損失。對於健康保險而言，其承保危險為疾病與傷害，因此健康保險淨費率計算之最重要因素，即是**「傷病率」**(morbidity)。相對於壽險之死亡率僅考慮頻率一項，傷病率必須同時考慮傷病發生之頻率與幅度。影響傷病率之變數包括：

1.年　齡

由於人類先天上之限制，一般而言，健康狀況與年齡有密切關係。除嬰幼兒時期外，大致上年紀輕者傷病率較低，因此費率較便宜。

㉖ 參閱金融監督管理委員會（民 103 年）「住院醫療費用保險單示範條款」（實支實付型）第 11 條。

2.性　別

與年齡變數同樣是人類先天上之限制，通常女性之健康情況較差，費率較高。

3.體　型

同壽險一般，體重過胖或過輕者往往影響其疾病之罹患率，因此體型不適當者，費率通常較高。

4.本人及家族病史

被保人或其家族曾罹患某些疾病，未來發病之機率往往高於一般常人，因此必須收取較高之費率。

5.職　業

工作性質對於人體之疾病或傷害常有重要影響力，因此健康保險之費率計算必須考慮職業因素。

6.地理區域

由於生活消費水準在不同之地理區域有所差別，醫療費用或病房費用在都市與鄉村、南部與北部並不相等。這些差異將影響保險人之理賠成本，因此費率必須隨地理區域加以區隔。

7.其他因素

其他可能影響傷病率因素，例如抽菸與否、高危險運動或嗜好等，亦可列入考量以決定費率水準。

除傷病率外，其他可能影響淨費率水準之因素，包括利率與給付水準。由於健康保險之保險期間較短，利率對於費率計算之重要性不如壽險產品，經常不予以考慮。但是長期失能保險則必須列入利率因素，以反映時間之貨幣價值。另一方面，給付水準當然與費率計算有關，給付愈多則費率愈高。

二、附加費率

健康保險之附加費率主要包括保單銷售與行政管理等成本，以及保險人之利潤，其內容大致上與前文人壽保險相同，此處不再重複敘述。

第六節　傷害保險

人身之生命與健康除因疾病而遭受損失之外，許多時候亦可能因意外事故而發生死亡或殘疾之情況。例如出外旅遊或是平日交通事故等，均可能發生意外傷害或傳染疾病，而造成人身之損失，因此可能需要保險保障。「**傷害保險**」(accident insurance) 即專門承保意外傷害所造成之死亡或殘廢，有時俗稱為**意外險**㉗。然而人壽保險保單已承保一般事故與意外事故之死亡（以及附約加保全殘），而健康保險大多亦涵蓋意外事故所發生之醫療費用與失能所得。因此傷害保險之承保範圍，與人壽保險或健康保險有所重疊。倘若消費者已擁有壽險保單與健康保險保單，即已包括傷害保險之承保事故，事實上並不需要再購買傷害保險，除非是要針對某些特約承保項目。三種保單之承保事故關係如圖 12–5。

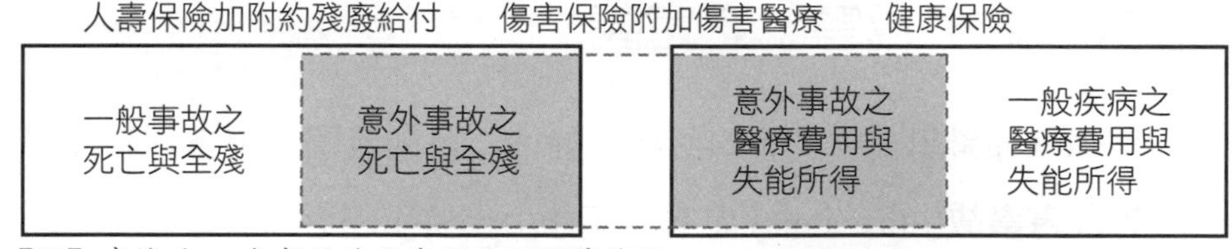

【註】虛線（---）部份為傷害保險之保障範圍。

圖 12–5　三種保單之承保事故關係

然而對於沒有一般壽險與健康保險保單之消費者，傷害保險仍是一項良好之危險管理工具。例如出外旅行或出差等，均可利用傷害保險提供保障，以防萬一。由於傷害保險只承保意外事故之死亡或殘廢，其出險機率較一般人壽保險低，因此費率較低。對於無法負擔一般壽險保費，或是需要短暫保障之消費者而言，傷害保險仍有可取之處。由於傷害保險與壽險及健康保險承保範圍有所重疊，契約條款與保單用語亦類似，無須重複贅述。因此本節僅針對傷害保險之特性略加說明，包括一、契約特質，二、「意外傷害」之定義，三、除外責任，以及四、費率因素，分別敘述如下。

㉗ 「保險法」上對於意外傷害保險並無「意外險」之稱呼。另外，產險之 “casualty insurance” 有時中文譯為「意外保險」(簡稱意外險)，讀者應避免混淆。

一、契約特質

傷害保險保單之性質類似定期壽險，承保一段特定期間之人身危險。通常有最高年齡之限制，例如六十五或七十歲等，甚少提供終身保障。倘若被保人在保險期間，因發生保單所承保之意外傷害事故，致其身體蒙受傷害而致死亡或殘廢時，保險人將給付保險金㉘。

傷害保險如同定期壽險是屬於定值保單，是事先約定損失發生時之補償金額，例如死亡給付與殘廢給付。但是一般壽險保單之殘廢附約，大多只有針對完全殘廢而給予全殘保險金。傷害保險則可保障部份殘廢，依殘廢程度分成數種等級，分別給予保險金額之某一比例，如同本書第十一章之表 11–1 所示。因此我國目前之傷害保險保單㉙，並非傷害發生時才實支實付之補償契約性質。

二、「意外傷害」之定義

傷害保險僅針對意外傷害事故給予補償。目前我國之傷害保險保單，將**「意外傷害事故」**(accident) 定義為「非由疾病引起之突發事故」㉚。而一般保險學理上，多認為意外傷害事故應具有下列數項特質：⑴外來 (external)，⑵突發 (accidental means)，⑶單獨且直接地 (independently and exclusively)，造成身體傷害而致死亡或殘廢，有些保單可能尚須事故具有強力劇烈 (violent) 之特質。這些文字上之描述，難免有未盡完全之處，而在實際理賠案件中也常引起爭議㉛。大體而言，這些意外傷害事故是非預期而發生，因此疾病通常不包括在內，亦不能伴隨意外事故傷害同時存在，而其結果（死亡或殘廢）必須於意外傷害事故後相當短之時間內發生，例如一百八十天內㉜。

㉘ 參閱金融監督管理委員會（民 99 年）「傷害保險單示範條款」第 2 條。

㉙ 指基本型傷害保險保單，未包括傷害醫療保險附約。

㉚ 參閱金融監督管理委員會（民 99 年）「傷害保險單示範條款」第 2 條。

㉛ 參閱風險管理學會 (2001)，《人身風險管理》，第八章。

㉜ 參閱金融監督管理委員會（民 99 年）「傷害保險單示範條款」第 4 條、第 5 條。

三、除外責任

傷害保險保單之除外責任類似壽險及健康保險保單，大致上包括下列數項㉝：

a. 要保人、被保人之故意行為。

b. 被保人犯罪行為。

c. 戰爭、核能等巨災危險。

d. 被保人從事特殊危險之活動，例如拳擊、賽車等。

四、費率因素

傷害保險之費率因素，除一般人身保險常用之性別與年齡等因素外，尤其重視職業因素。例如營造工人之意外傷害機率通常高於公教人員，而送貨員等外勤人員之交通意外事故可能高於內勤辦事員等。因此傷害保險之費率計算，職業乃是相當重要之因素，而監理機關對於職業之分類亦有詳細之規定㉞。倘若被保人在保險期間內，其職業或職務有所變更，應及時通知保險人，以便調整保費或終止契約。若是未通知保險人，一旦發生保險事故，保險人將依原收保費與應收保費之比例調整保險金；但被保險人所變更的職業或職務依照本公司職業分類在拒保範圍內者，本公司於接到通知後得終止契約，並按日計算退還未滿期保險費㉟。

㉝ 參閱金融監督管理委員會（民99年）「傷害保險單示範條款」第7條、第8條。

㉞ 參閱財政部（民80年）「臺灣地區傷害保險個人職業分類表」。

㉟ 參閱金融監督管理委員會（民99年）「傷害保險單示範條款」第12條。

筆記欄

第四部份

非人身保險

第十三章　非人身保險市場
第十四章　財產與責任保險契約
第十五章　財產保險產品
第十六章　責任保險與保證

第十三章 非人身保險市場

本章目的

本章主要內容在於探討非人身保險市場之功能與特色。讀完本章之後，讀者應該能夠回答下列問題：

1. 非人身保險之特質為何？
2. 非人身保險產品之類別為何？
3. 非人身保險產品之功能為何？
4. 非人身保險公司之經營特色為何？
5. 非人身保險市場近日之發展趨勢為何？

前言

相對於人身保險市場，本部份則是介紹非人身保險產品之特色與功能，以及探討契約之主要條款，最後並且分析常用之非人身保險保單，目的在於瞭解非人身保險之意義與重要性。非人身保險對於個人或企業之危險管理具有重要貢獻，所涵蓋之危險類型種類繁多，較之人身保險更為複雜。並且隨著經濟環境與科技技術之變動，現代社會之危險規模愈加龐大，非人身保險產品亦隨之日新月異，並無固定統一之保單內容，因此分析上益形困難。

本章為本部份之首章，內容主要是概略性地介紹非人身保險市場，包括非人身保險產品之特質、保險產品之類別與功能、市場之需求與供給、保險人之經營特色、影響市場之發展因素，以及近日之市場趨勢等，使讀者對於非人身保險能有初步之認識。

第一節　非人身保險產品之特質

「非人身保險」(nonlife insurance) 是統稱所有保障非人身危險之保險險種，相對於人身保險是保障人身危險。人生過程中除了生老病死這些必經之苦難外，生活中仍有許多令人煩憂之事，而其中之一即是財務問題。不論是個人或企業組織，不僅要面對火災、颱風等天然災害所造成之經濟損失，亦可能遭遇竊盜、搶劫等人為犯罪事故。另一方面，個人或企業組織可能因無意之疏忽而造成他人傷害，例如開車肇事，或是商品瑕疵而使消費者受傷害等，因此必須負責賠償受害者之損失。

雖然俗語曰:「錢財乃身外之物」，希望人們不要為錢財煩惱，但是在工商社會中，如何處理財務方面之危險，卻已是不可避免之難題。而此俗語正適合描述非人身保險之範圍，因為非人身保險乃是保障錢財方面之經濟損失。為更深入瞭解非人身保險之內容與功能，本節首先說明個人與企業組織所面臨之非人身危險損失，而後介紹非人身保險之特質。

一、非人身危險損失

非人身危險損失廣義上可涵蓋任何人身危險以外之經濟損失，但是在保險學上通常將非人身危險損失區分為「財產危險損失」與「責任危險損失」。**「財產危險損失」**意指個人或企業組織本身之財產，因遭受意外危險事故而發生經濟之損失。**「責任危險損失」**則是個人或企業組織，因造成第三人之人身或財物損傷，而必須負法律賠償責任，其所衍生之費用支出的經濟損失。財產危險損失與責任危險損失之主要範圍分別說明如下。

㈠財產危險損失

個人或企業之財產，大致上可區分為**「不動產」**(real property) 與「一般財產」(personal property)❶。不動產主要是土地與建築物，以及土地與建築物之相連物，例如樹木、農作物，或是與房屋相連之固定裝潢等。而一般財產則是泛指任何不動產以外之財物，例如現金、衣服、汽車、珠寶、古董、藝術品、電視機、運動器材與有價證券等。這些財產可能遭遇天然災害或人為破壞，因而造成個人或企業組織之損失，常見之意外危險事故可歸納為下列數類：

1. 火災、爆炸與煙燻

火災與爆炸將造成財物損失是無庸置疑的，而濃煙亦可能引起某些財物之損毀，例如衣服與書畫等。這些事故可能是人為因素造成，例如使用瓦斯不當。或是自然發生，例如天乾物燥樹木摩擦起火，以及粉塵發熱爆炸等。

2. 風災、雹災與洪水

某些地區由於所處之地理位置與地形，特別容易面臨颱風、颶風、龍捲風等風災之侵襲，或是遭受豪雨、冰雹與洪水之打擊。這些天然災害規模龐大而人力難以防範控制。個人或企業之財產倘若座落於該地理區，將難以避免遭遇這些災害損毀。

3. 地震、火山爆發、地滑與地沉等地層活動之相關災變

與前項相同，這類災變亦與地理因素有關，是由於地殼本身之活動所引起，通常人力無法控制，而其造成財物損毀之情況往往相當嚴重。

4. 車禍、墜機、碰撞與墜落物

現代生活之節奏快速而異動頻繁，因此交通工具是生活不可或缺之必需品。然而汽車、飛機在行動過程中，可能發生若干碰撞事故，或許是其本身損毀，或許其他財物受其碰撞而損毀。此外各種突然之墜落物，例如廣告招牌，亦可能造成位於其下方之財物損毀。

5. 罷工、暴動、竊盜與搶劫

隨著社會風氣之改變，人類之思想與行為等趨向多元化與複雜化，傳

❶ 財產保險所稱之「不動產」(real property)，與一般口語所稱之不動產 (real estate) 略有不同。

統道德習俗已無法約束個人行為。因此罷工、暴動、竊盜、搶劫等事故時有所聞，而各種財產必然地被波及損毀。

6. **政治、戰爭、政變等軍事活動**

政治因素對於財物損失亦有重要影響。例如徵收充公、外匯管制等，而戰爭必然引起人身與財物之浩劫。

7. **蟲害、鏽蝕、潮濕、曝曬等自然損耗**

財產本身因製作材料、座落位置、保養失當等因素，可能發生自然耗損現象。

財產遭受意外事故損毀所造成之損失，可能包括**「直接損失」**(direct loss) 與**「間接損失」**(indirect loss)。直接損失即該財產本身損毀所造成之經濟價值損失，例如失火房屋之價值損失，或失竊珠寶之價值損失等。而間接損失則是財產發生直接損失後，連帶引起之後續損失。例如商店失火，不僅建築物受損並且營業必須中斷而喪失利潤。一般而言，危險事故發生時通常會導致直接損失，但是間接損失不一定發生，必須視危險事故與財產類型而定。

㈡責任危險損失

在現代理性與法治社會中，一般大眾對於人為意外事故，不再視為上天懲罰而逆來順受。因此當個人或企業組織造成他人之人身或財物受到損傷時，將可能面臨法律賠償責任之經濟負擔。責任危險之來源不勝枚舉，例如開車肇事、產品瑕疵、醫療誤診、環境污染與不實廣告等。舉凡與第三人相關之事件或行為，就有可能產生責任危險。然而無論危險來源為何，就肇事之個人或企業組織而言，其因賠償責任危險而引起之經濟損失主要包括下列四方面：

1. **身體傷害** (bodily injury) **之補償**

身體上之傷害包括對於第三人之人身的實體損毀，例如手腳傷殘與罹患疾病等，以及因此而衍生之**精神痛苦** (pain and suffering)，例如自卑或被人遺棄等心理傷害。個人或企業對於這些傷害所負之賠償責任，一般上包括醫療費用與失能所得、復健費用、精神損失賠償。此外，在某些地區可能尚有「**懲罰性賠償**」(punitive damages)。所謂「懲罰性賠償」是對於某些造成他人傷害之行為，顯然過度疏忽輕率，法院將要求加害人加倍賠償❷，以懲罰其過失並且警惕社會大眾。

精神傷害賠償與懲罰性賠償有時金額相當龐大，可能超過醫療費用與失能所得等實體傷害之補償。

2. 財產損毀 (property damage) 之補償

他人之不動產或一般財產遭受損毀，例如碰撞他人之汽車，或電線施工不當而引起電器故障等，則肇事之人或企業組織應負賠償損失之責任，包括直接損失與間接損失。財產損毀之賠償責任，通常僅限於有形之經濟價值損失的補償，而無精神賠償。例如修理費用、重置之成本或市價，處理受損財產之相關費用，以及因財產受損而衍生之收入少或額外費用增加等。

3. 名譽傷害 (personal injury) 之補償

個人或企業組織因語言或文字之使用不當，以及侵犯隱私權等，而造成他人名譽上之損害，必須負賠償之責任。例如中傷、毀謗、歧視等，或是未經他人允許而擅自使用他人名字或肖像刊登廣告。

4. 法律費用 (legal expense)

由於責任之追究難免牽涉法律訴訟，個人或企業組織面臨受害人之控訴時，往往需要雇用律師進行辯護。此外，尚有相關之調查、舉證等費用。這些法律相關費用將是一筆可觀之數目。

二、非人身保險之特質

基於上述各種財產與責任危險之存在，如何減輕這些危險所造成之經濟損失，將成為個人與企業組織危險管理之重要工作，而其中常用方法之一即是購買保險。由於財產與責任危險之種類相當繁多，而財產與責任保險與之相應，因此保險產品相當多樣。然而在各式各樣的保單中，仍有其

❷　「加害人」通常即為造成損害危險之肇事人。

共通之特質，本節首先介紹非人身保險產品之主要特色，針對㈠保險期間，與㈡保險給付之性質二項，比較其與人身保險之差異。至於各別保險產品之保障範圍將於第二節再行介紹。

㈠保險期間

一般上財產與責任保險契約之保險期間較短，通常以一年為期，有些可能更短，被保人視其需要而決定；我國以往則有若干長期性保單，例如二十年期之住宅火險等。但是平均而言，非人身保險保單較人身保險之保險保單期間短暫。因為這些財產與責任危險之發生，其頻率與幅度波動性相當高，保險人難以一次預測數十年之預期損失。倘若被保人仍然需要投保，則可在原保險人處續保或另行洽購新保單。

㈡保險給付之性質

非人身保險之保險給付，除少數例外情況，一般而言大多是補償實際損失。因此給付之多寡視財產受損或賠償責任之程度而定，並非在購買保單時約定，與壽險保單之定額給付有所不同。例如汽車碰撞危險，其損失可能輕微或嚴重，必須在事故發生之後才得以確定。因此非人身保險之理賠工作相當複雜且重要，對於保險給付之多寡，通常必須考慮下列因素：

1. 足額或不足額保險

不同於生命無法以金錢衡量，財產本身有其一定之經濟價值。因此被保人為其財產投保之保險金額，可能不等於財產本身之價值。實務上，常將財產保險之投保情況依據投保比率 R_I，如公式 (13.1) 所示，而區分為足額保險、不足額保險，以及超額保險。

$$\text{投保比率 } R_I = \frac{\text{保險金額}}{\text{（危險事故發生時）保險標的物之價值}} \tag{13.1}$$

倘若 $R_I<1$ 則稱為「**不足額保險**」(under insurance)，$R_I=1$ 則稱為「**足額保險**」(full insurance)，若是 $R_I>1$ 則稱為「**超額保險**」(over insurance)。當保險事

故發生而造成損失時，若屬保險人之承保範圍內，則保險人應補償之金額等於損失金額乘以投保比率，如公式 (13.2) 所示：

$$\text{補償金額} = \text{損失金額} \times R_I \tag{13.2}$$

但是由於財產保險是一種補償契約，並且為避免道德危險，保險人之損失補償金額不應超過保險金額❸，因此超額保險所獲得之補償金額將與足額保險相同。換言之，若是足額或超額保險，保險人將賠償財產之實際損失，然而若是不足額保險，則財產所發生之損失將由被保人與保險人比例分擔。

責任保險在購買保單時並無特定之保險標的物或是受害第三人，因此並不採用上述財產保險之投保比率分攤損失。通常責任保險保單設有賠償金額上限，倘若發生保險事故，而保險人應負賠償責任時，則保險人將賠償損失至保單上限金額。若損失金額超過保險金額上限，則超過部份由被保人自行負擔。反之若是損失金額低於保險金額上限，則保險人負擔全部賠償。

2. 全損或分損

意外事故可能造成財產之全部損毀，或僅是部份損毀，不同於生存與死亡之絕對區分，因此保險賠償金額可大可小。

3. 補償方式

財產與責任保險之保險給付可有多種方式，除現金補償外，亦可採用實物補償。而且對於損失之估價有不同評價方式，例如重置成本或實際現金價值等方法。此外，重複保險之損失補償總額不得超過財產實際損失，不同於壽險可獲得多份保險給付。

4. 代位求償

保險人給付被保人財產損失之後，可取得代位求償權而向加害人追索責任。追索所得結果先補償保險人之理賠支出，若有剩餘則返還被保人。然而人壽保險之保險人並不因償付保險金而獲得代位求償權❹。例如被保

❸　參閱「保險法」第 72 條。

❹　參閱「保險法」第 103 條。

人因車禍而死，家屬可經由訴訟而另外獲得賠償，賠償所得與保險人無關，無需返還壽險保險金。

5.無儲蓄功能

財產與責任保險之保費主要反映當年之預期損失，雖然可將利率或投資報酬率因素納入考慮，但是因保單期間短而影響有限，因此非人身保險通常不採用分紅保單。保險人之投資所得不需分配給予被保人，與壽險保單可作為投資儲蓄工具不同。

第二節　非人身保險產品之類別

由於財產與責任保險種類繁多不勝枚舉，非人身保險之產品類別當然亦非常多樣。分類方式常隨保險市場發展而有所變動，例如，以往多分為火災保險、海上保險、**意外保險** (casualty insurance) 等。目前由於險種相當多，尤其近年來責任保險之發展相當迅速，因此實務上通常歸納為三大類：一、財產保險，二、責任保險，與三、保證，分別說明如下。

一、財產保險

「財產保險」(property insurance) 保障被保人本身之財物上的經濟損失。有些保單以危險事故為名，保障該危險事故對於多種財物之損害，例如火災保險。另外有些保單則是以財產為名，保障某特定財產遭遇多種危險事故之損失，例如汽車損失保險。常用之財產保險保單包括下列數類。

㈠火災及其附加保險

「火災保險」(fire insurance) 保障財產遭受火災危險所發生之損失。火災保險所保障之財產包括房屋、建築物，以及其內部之固定裝潢與一般個人財產，例如衣服、家具、貨物、商品與機器設備等。但是不包括現金、有價證券、珠寶首飾等體積小而價值高之物品。因為被保人容易移動，恐有道德危險存在，理賠時容易發生糾紛。

「火災附加保險」，或稱**「同類業務保險」**(allied lines insurance)，例如

地震、颱風、爆炸、罷工，以及消防設備滲漏險等。事實上這些危險與火災並不一定相關，然而它們同樣對於房屋建築物及其內部財產造成傷害，因此基於消費者之便利性，常以批單方式附加於火險保單一併購買。由於房屋是社會大眾最重要之財產，再加以房屋貸款債權人之要求，因此火災保險一向是產險市場中之主要險種。然而近日發展之**「住家綜合保險」**(homeowners insurance)，因為保障範圍較之火險更廣泛，在美國市場已取代火險，成為住家房屋之主要保險產品。

㈡海上保險

「海上保險」(ocean marine insurance) 與火災保險同樣是歷史悠久之保險產品。主要保障船隻與貨物在海上運輸過程中之危險事故所造成之損失，例如觸礁、擱淺、迷失航線、碰撞、船員惡意行為等。海上保險由於具有跨國性之國際性質，因此保單之條款與費率等規定，常依循國際共通慣例或「海商法」之規定❺，較不受制於各國地區性保險法令之影響。海上保險對於經營國際貿易之企業具有重要貢獻。

㈢航空保險

「航空保險」(aviation insurance) 是近年來之新產品，隨著航空事業之發達，其保障之重要性與日俱增。航空保險保障飛機機體與貨物在運輸過程之危險，至於乘客之損傷死亡等則屬於航空責任保險的範圍。航空保險亦具有國際性質，其保單之規範類似海上保險。

㈣內陸運輸保險

「內陸運輸保險」(inland marine insurance)、海上保險、航空保險均屬運輸保險，保障交通運輸過程中之各種意外危險事故。內陸運輸保險是針對鐵路與公路上之意外危險，其保單種類相當多。保障範圍包括貨物包裹郵寄損失，以及鐵軌車廂、橋樑隧道之損毀等。此外，尚有**「流動保單」**

❺ 參閱「保險法」第 84 條。

(floater)，保障各種一般動產，例如照相機、運動器材、旅行用品、家畜、醫療設備等容易移動或被移動之財產的損毀。

㈤犯罪保險

「犯罪保險」(crime insurance) 主要保障財產遭受竊盜、搶劫等危險事故所造成之損失。此類保單可保障個人之現金珠寶與有價證券遭受竊盜搶劫之損失，亦有商業性保單可保障商店貨品以及銀行之現金、保險箱等失竊搶劫之危險。由於竊盜搶劫屬於犯罪行為，通常受害人將報警請求警方協助尋回失物。倘若失物尋得，被保人可選擇取回失物而退還保險金。

㈥衍生損失保險

「衍生損失保險」又稱為**「從屬損失保險」**(consequential loss insurance)，主要保障危險事故發生後之間接損失。例如商店火災之後停業期間之利潤損失、房屋失火後之租金收入損失，或是另行租用商店房屋等額外費用之增加等。這類保險常與其他保障直接危險之保單一起購買，例如火災保險等。

㈦汽車損失保險

「汽車損失保險」(automobile physical damage insurance) 是一般社會大眾相當熟悉之保單，尤其在文明社會中，汽車已成為必需之交通工具，因此汽車損失保險一向是財產保險中最重要的險種之一。汽車在使用過程或是停放期間，可能產生若干危險，例如碰撞、竊盜，以及颱風、地震等天然災害之損毀。汽車損失保險可以補償這些危險事故所致之損失。

㈧鍋爐機械保險

工廠是**「鍋爐機械保險」** (boiler and machinery insurance) 之主要購買者。由於工廠之機器設備容易發生故障，而造成爆炸或火災等意外事故，因此需要保險之保障。此種保單與其他險種之最大差別，在於強調損失預防之功能，而非僅是提供損失補償。鍋爐機械保險之保險人通常定期前來檢查維修廠房設備，以降低機械故障導致意外事故之機率。

㈨信用保險

由於現代社會之商業交易金額龐大，採用現金方式相當不方便，必須大量仰賴票據。然而票據有時卻無法兌現，因此產生信用危險。「**信用保險**」(credit insurance) 是一種商業用途保單，保障被保人（即債權人）因債務人欠帳不還所發生之壞帳損失。一般商業交易過程中，多少總有若干壞帳，這些正常壞帳必須由被保人自行吸收，信用保險僅承保超出一般水準之不正常壞帳。

㈩所有權保險

「**所有權保險**」(title insurance) 主要保障被保人在不動產交易過程中，因產權不清或瑕疵而造成之損失。由於土地或建築物等不動產買賣，賣方無法直接將財產交給買方，必須以產權轉移方式而完成交易。通常買方會先調查產權是否有瑕疵才決定購買，然而有時調查仍難免有疏漏之處，因此可能在完成交易之後，才發現有產權瑕疵現象，造成買方之損失。藉由所有權保險之保障，買方可減輕不動產交易過程之潛在危險。

二、責任保險

「**責任保險**」(liability insurance) 之發展與各國之文化及社會環境有關。在歐美國家之保險市場中，責任保險之承保範圍相當廣泛，重要性不亞於財產保險，甚至超過財產保險。然而我國目前則尚在起步階段，除強制汽車責任保險外，其他責任保險之市場佔有率相當小。被保人因疏忽或過失行為而造成他人之人身或財物發生損失，必須負法律賠償責任，其所發生之經濟損失可由責任保險予以補償。由於「責任」之定義相當廣泛，並且隨社會環境變動而有所調整。一旦有新的法律被制定或修訂，個人或企業組織便可能產生新的責任危險。例如環境污染之法令出現時，企業便可能因廢水污染而發生法律上之賠償責任。因此責任保險之保障範圍將隨社會之法治水準而成長發展。目前市場上已有數十種產品，其中較常使用者可歸納為下列數類。

㈠雇主責任保險

工作是多數社會大眾之生活重心，然而在工作過程中卻容易發生許多意外危險。例如廠房發生火災或爆炸、送貨或出差發生車禍等。此外，工作場所之環境衛生將影響員工之身心健康，可能導致職業病等。這些就業過程之潛在危險，以往大多由員工自行承擔。然而隨著社會觀念之改變，在許多先進國家中，雇主有責任保障員工免於發生這些就業危險。倘若員工因工作而發生意外傷害或職業病等，雇主必須負賠償責任。因此為減輕這種賠償責任之經濟損失，可使用「**雇主責任保險**」(employers liability insurance) 或「**勞工補償保險**」(workers' compensation insurance)，以分擔損失賠償成本。

㈡場所責任保險

土地、房屋、商店、辦公室、工廠、醫院、學校等任何建築物或公共場所之所有人或負責人，必須對於進入其建築物或場所之訪客或顧客之人身與財物善盡保護之責任。倘若訪客或顧客在其建築物或場所內外範圍中發生意外事故，則所有人或負責人必須負賠償之責任。例如商店或餐廳發生火災致使店中顧客之人身或財物發生損傷，則商店或餐廳必須負賠償責任。「**場所責任保險**」(premises liability insurance) 之目的，即在於分擔場所所有人或負責人因賠償所生之經濟損失。

㈢產品責任保險

產品製造商、批發商與零售商對於所製造或銷售之產品，必須維持一定的品質水準，以免消費者受到傷害。倘若消費者因使用這些產品而發生人身或財物之傷害，則製造商、批發商或零售商等應負賠償責任，此時「**產品責任保險**」(product liability insurance) 可補償其經濟損失。隨著消費者權利保護意識之提高，產品責任範圍愈加擴大，產品責任保險之角色愈形重要。而另一方面，保險人由於經常虧損嚴重，對於產品責任保險之承保已趨向保守，廠商可能被拒保而無法獲得保障。

㈣專業責任保險

相對於製造業之產品責任，服務業對於所提供之專業服務亦可能發生責任危險。消費者倘若因不當之服務而使人身或財物發生傷害，則提供服務之業者應負賠償之責任。例如醫師誤診而導致病情加重或死亡，會計師簽帳不當而使投資人財產受損等。**「專業責任保險」**(professional liability insurance) 隨著專業技術之複雜化而需求量迅速成長，然而保險人之承保風險亦隨之提高，因此費率水準急遽上升。

㈤汽車責任保險

由於汽車是現代社會之主要交通工具，因此**「汽車責任保險」**(automobile liability insurance) 與一般社會大眾關係密切。汽車固然提供生活之便利，但是車輛之使用不當卻可能造成他人之人身或財物受損，汽車之所有人或使用人因此必須負賠償責任。汽車駕駛人除了自願購買汽車責任保險外，實務上為避免加害人無力負擔損失賠償，許多地區以法律強制要求汽車所有人或使用人必須投保汽車責任保險，藉由保險制度提供受害人保障，並分散肇事者之汽車責任危險。

㈥環境損害責任保險

目前由於環境保護意識之提昇，舉凡空氣污染、土壤污染或水源污染，無不受到社會之重視。例如某些工廠因其製造生產過程，往往產生廢氣或廢水等工業污染，致使附近居民人身或財物發生傷害，而必須負賠償責任。隨著環保觀念之重視，**「環境損害責任保險」**(environmental impairment liability insurance) 之需求迅速增加。然而環境污染所造成之傷害，往往損失規模較大且不易預測或控制，因此僅有少數保險人願意提供這類保險產品。

三、保　證

「**保證**」(bond) 在國內或稱為「**保證保險**」。保證雖是一種危險理財之工具，並且經常由保險人負責提供，但是事實上它並非保險產品，其間之差異將於第十六章再行探討。由於實務上常將保證並列於非人身保險❻，因此此處一併介紹。常用之保證包括下列二類。

㈠誠實保證

雇傭關係中，除了員工可能因工作而發生傷害，雇主亦可能因員工而發生經濟上之損失。「**誠實保證**」(fidelity bond) 之功用，主要即在於保障雇主因員工不誠實行為所致之損失。員工於工作崗位上可能有挪用公款、監守自盜，或偽造文書支票等不當行為。這些行為可能造成雇主財物上之損失，藉由誠實保證，雇主可以獲得損失補償。

㈡確實保證

生活中許多事務之進行必須仰賴相關人士信守約定，因為承諾無法如期兌現，則可能造成其中一方之形象或財物上發生毀損。例如工程之如期發包或如期完工等約定，地主或權利人支付酬勞給予營造商，營造商有義務依約定之時間與品質完成工程，否則將影響地主或權利人之形象或財務狀況。「**確實保證**」(surety bond) 之目的即在於補償地主或權利人，因義務人無法如期完成義務所致之損失。

各類非人身保險產品之應用多寡，與經濟或社會環境有關，各國市場之表現並不一致，表 13-1 比較我國與美國主要之非人身保險產品的市場（保費收入）佔有率，以瞭解各險種之重要性與市場差異性。

---

❻ 參閱「保險法」第 13 條。

表 13-1　我國與美國主要之非人身保險產品的市場佔有率比較，2010

保險類別	我　國	美　國
火災保險[1]	16.41%	2.4%
住家綜合保險	–	14.4%
海上保險	8.02%	0.6%
汽車保險[2]	49.77%	42.6%
航空保險	1.19%	0.3%
工程保險	3.93%	–
責任保險[3]	6.16%	11.0%
勞工補償保險	–	7.6%
保證與信用保險	1.15%	2.1%
傷害保險	10.69%	–
健康保險	0.76%	–
其　他	1.82%	19.0%
總　計	100.0%	100.0%

資料來源：1. 財團法人保險事業發展中心，2010 (http://www.tii.org.tw/index.asp)。
2. *Property/Casualty Insurance Fact Book*, 2010。

【註】1. 自 2003 年起火災保險含住宅地震保險。
2. 包括汽車損失保險與汽車責任保險。
3. 我國資料直接以「其他責任保險」歸類，美國資料則是作者加總產品責任、醫療誤診與一般商業責任保險三類而求得。

第三節　非人身保險產品之需求

非人身保險產品之類型多樣而承保範圍廣泛，可保障生活中之許多意外危險，減輕個人或企業組織之經濟損失。非人身保險保單常區分為個人保單與商業保單，前者針對個人消費者之需求，後者則是配合企業或其他機關組織等之經營需要。下文分別就個人家庭與企業組織二方面，說明非人身保險之重要性及其需求。

一、個人家庭

個人或家庭在每日生活中可能面臨某些意外危險事故，例如火災、竊盜、車禍等。這些意外危險可能使家中突然需要一筆龐大開支，因而擾亂平時之生活費用預算計畫。一般個人或家庭由於缺乏擔保品，通常難以向銀行直接借款。因此除親友之幫助外，必須向外尋求其他融資管道，而往往需要支付高額利息，使日後之家庭經濟安全受到影響。因此對於個人家庭之危險管理而言，保險無非是一種非常有效之理財工具。因為平日繳納少量保費並不影響生活開支，而一旦有危險事故發生時，則由保險人負責補償經濟損失，生活不致發生財務困境。個人家庭常見之非人身危險，及其保險產品之需求主要包括下列數種：

1.火災危險

個人家庭購買火災保險，用以保障住宅房屋及內部主要家具與財物等之火災危險。此外，火災保險並且經常作為辦理房屋貸款之信用憑證。因為銀行或其他融資機構在提供貸款時，雖然以該房屋為抵押品，然而萬一房屋發生火災，抵押品之價值將減損。因此往往要求債務人投保火險以保障債權。一旦房屋發生火災，則可由保險理賠中補償債權人貸款之損失。

2.汽車危險

個人家庭對於汽車保險之需求，包括汽車損失保險與汽車責任保險二種產品。前者用以保障本身車輛之意外損毀，例如碰撞或失竊等，對於高價車輛或新車尤其重要。另一方面，由於開車過程中難免發生車禍事故，致使他人之人身或車輛財物等受損，而必須負法律賠償責任，此種意外經濟損失可由汽車責任保險提供保障。事實上許多國家均實施強制性汽車責任保險，因此汽車責任保險不僅是為獲得經濟安全保障，可能亦是開車之必備條件之一。

3.竊盜危險

通常都會地區之治安情況普遍不佳，偷竊搶劫等事故時有所聞。個人或家庭為保障其貴重財產，例如現金、珠寶、有價證券等，免於竊盜事故所致之損失，則投保竊盜保險是一種常用之方法。

4.特定物品損毀危險

對於某些個人珍愛物品，例如照相機、音響、運動器材或旅行用品等，為避免遭受火災碰撞或失竊等各式各樣意外損失，個人家庭可就該特定物品購買「流動保單」予以補償損失。

5. **住家責任危險**

個人家庭對於住家內外所有權範圍內之領域，負有維持場所安全之義務。對於進入其領域範圍內之訪客，必須保障對方之人身與財物免於受損，否則應負賠償責任。倘若投保住家責任保險，由保險人代為理賠訪客損失，將可減輕個人或家庭之經濟負擔。住家責任保險目前大多包含於**「住家綜合保險」**(homeowners insurance) 之保障範圍內。

「住家綜合保險」是美國極重要之個人保單，市場佔有率僅次於汽車保險。保單之保障內容包括住家本身之各種財產損失，例如火災、爆炸、颱風、暴動、竊盜等，以及對第三人之責任賠償損失。由於保障範圍相當廣泛而普遍受到採用，住家綜合保險保單在美國已經取代火災保險而成為房屋貸款之必要文件。一般個人或家庭通常只要購買住家綜合保險與汽車保險，即可保障居家生活之大部份意外危險，而不須再單獨為每種財物購買保險，除非是需要較高額之保障。由於此種套裝式保險產品可配合社會大眾之消費便利性，因此市場發展相當迅速。

二、企業組織

非人身保險對於企業或其他機關組織之危險管理尤其重要。不論是組織本身所擁有之資源，例如辦公室大樓與廠房設備等，可能遭遇火災、爆炸等危險；或是企業經營運作過程中，例如產品之生產與銷售，亦需要保險保障作為後盾才得以積極進行。企業組織對於非人身保險之需求，可由下列幾方面加以探討：

1. **資源危險**

企業組織擁有眾多資產，包括現金、有價證券、存貨，以及辦公室、廠房、機器設備等。這些資產可能遭受火災、爆炸、竊盜與搶劫等意外危險，不僅造成這些財產之直接損失，況且企業之經營運作亦可能因此中斷，而連帶發生間接損失。因此為補償這些資源發生危險之經濟損失，企業可能需要火災保險及其附加保險，此外亦需要營業中斷保險以保障間接損失。

2. 行銷危險

行銷危險可包括產品本身所生之責任危險，以及產品運送過程中之運輸危險。企業組織所生產之產品，可能因產品瑕疵，或是不當之使用說明，而使消費者發生人身或財物之傷害，因而必須負法律賠償責任。在這些情況下，通常企業可藉由產品責任保險補償損失。另一方面，不論是空運、海運或陸運等，產品均可能在運輸途中發生意外危險，而使產品發生損毀。藉由保險之補償，企業將有資金再重新製造另一批產品，以兌現與客戶所簽之訂單。

3. 生產危險

從事製造生產之企業，對於廠房之安全必須特別留意。廠房之機械鍋爐發生火災爆炸之機率，往往高於一般建築物，因此定期維修與檢查是不可或缺之工作。而機械鍋爐保險不僅可補償機械鍋爐發生事故之損失，並且保險人經常提供檢查維修之專業服務，企業組織將可節省自行維修之成本。除機械設備外，廠房中員工之生命安全更是企業不可忽視之責任。員工因工作而發生之各種意外傷害，企業必須負法律賠償責任。事實上目前在多數國家中，法令均強制要求企業必須為員工投保職業災害保險，以補償員工因工作意外所受之損失。

4. 服務危險

在若干先進國家中，服務業對於該國國民生產毛額之貢獻，已逐漸超過製造業。然而企業組織在提供服務過程中，卻可能產生若干意外之責任危險。除上文所述之專業服務責任外，一般服務業亦可能產生若干責任危險。例如修理水電，可能在施工中不慎損毀顧客家中財物，或是完工之後才發現施工不當而造成顧客損失等，服務業者必須因此而負賠償損失之責任。對於專業責任，業者可投保專業責任保險，例如醫師責任保險或會計師責任保險。而其他一般服務，業者依其所提供之服務種類不同，可能投保託管責任保險、貨物運送責任保險等，以分擔賠償責任之經濟損失。

5. 場所危險

如同住家之場所危險一般，企業組織對於前往該處之訪客或顧客，必須保障其人身與財物之安全，否則應負賠償損失之責任。企業可藉由「**商業一般責任保險**」(commercial general liability insurance) 之保障，而補償其經濟損失。

6.財務危險

對於企業組織而言，任何一種意外危險發生均可能影響企業之財務安全，突然而龐大之現金支出，將使企業之正常經營發生困難。上述各項保險產品提供經濟損失之補償，穩定企業之現金流量，無疑地具有保障企業財務安全之貢獻。除此之外，若干保單可專門針對特定財務危險之損失予以保障。例如信用保險可補償不正常壞帳之損失，而「**應收帳款保險**」(accounts receivable insurance) 則可彌補因帳簿記錄損毀而無法收回欠款之損失。

第四節　非人身保險產品之供給

非人身保險市場之供給者——保險人，其組織方式有多種。除一般常見之股份公司與相互公司外，尚有互保交易社、保險合作社，以及勞依茲協會等，隨各國法令與環境之差異，其市場之組成成員有所不同。如同人身保險市場一般，政府為保障消費者之權益，通常對於保險人之資格設有若干限制。規範內容包括保險組織成立之資本額、主要負責人與經理人之專業能力等。基本上非人身保險之供給者類型相當多樣，尤其是在歐美市場，然而其中仍以股份公司最為重要，因此本節僅針對股份公司說明其經營特色。

目前非人身保險之供給者以股份公司居多，美國通常稱之為「**財產與責任保險公司**」(property-liability insurance company)，或稱為「**財產與意外保險公司**」(property-casualty insurance company)，我國則稱為「**產物保險公司**」。事實上非人身保險公司之名稱相當分歧，有些僅稱為火災保險公司，或是意外保險公司等，以其經營之險種為名。究其原因，乃與非人身保險產品之發展歷史有關。一方面是以往（十九世紀與二十世紀初期）之保險產品種類不多，主要險種為火災保險、運輸保險與意外保險三類，因此保險人即以其所經營之險種為名。另一方面是由於非人身保險所牽涉之危險不確定性較大，保險人之核保與理賠工作需要較多專業知識。監理機關希望保險人只專心從事一種產品，因此規定只能經營單一險種，稱為**單線經營** (mono-line)。

直到 1950 年代以後，由於保險人之技術已提昇，而消費者亦希望可由同一保險人提供多種保障，以增加投保之方便性並節省成本。隨著綜合性產品之需求逐漸增加，監理機關對於非人身保險公司之經營方式，乃由單線開放為**多線** (multiple-line)，亦即保險人可同時兼營數種非人身保險產品。此外，自 1960 年代以後責任保險之角色愈形重要，每一種責任危險逐漸發展成獨立保單。因此傳統所用之意外保險保單已無法配合市場需求，因而在名稱上多已改稱個別險種之責任保險，例如汽車責任保險、產品責任保險等。而保險公司之名稱亦隨之變動，有些沿用「意外保險」之舊稱，有些則改用「責任保險」，以配合責任保險業務之發展。

非人身保險市場供給面之一項重要特色，是保險人經常發生拒絕承保之現象，尤其是對於商業保單。由於財產與責任危險損失經常是頻率低而幅度高，適當之費率不易計算，而一旦發生事故，賠償金額相當龐大，往往造成保險人之財務虧損。因此保險人對於承保大型或特殊危險，通常抱持謹慎之態度。

相對於人身保險公司之重視投資理財收入，一般而言，非人身保險公司經營上之盈虧，主要決定於保險業務本身之承保績效。由於財產與責任保險多為短期保單，費率僅反映保險期間之預期損失，並無太多預繳保費可供累積投資。少數之投資資金，主要源於保費與理賠給付之時間差距。況且保險人短時間內即需要現金以償付理賠，投資決策大多重視變現性，因此資產之投資報酬率不高。大致上保險人之投資收入維持一穩定水準，而總利潤之波動主要來自保險業務收入。倘若核保與理賠控制得當，則保險人利潤增加，反之，則可能造成虧損。

非人身保險公司之經營的另一特色，是高度仰賴再保險。由於財產與責任危險之不確定性較高，保險人為減輕財務風險，以及穩定利潤波動，往往將所承保之保單向外再保。因此，形成保險人間業務交換重組之現象。尤其是大型商業保單，保險人甚少百分之百獨自承受危險，通常將其中大部份再保給予其他保險人，或專業再保險人。此外，對於與地理區域有關之天然災害，例如地震、颱風與水災等，使用再保險是必然之經營策略。因為藉由不同地區之保險人，可達成分散危險之效果，避免巨災危險集中於某特定之保險人。

如同健康保險一般，為減少被保人之道德危險，非人身保險經常採用自負額或共保比例，或是承保上限。尤其對於某些體小價高容易移動藏匿之財物，例如有價證券、珠寶等，保險人多不願意足額承保，被保人本身必須承受部份危險。另一方面，在每一種保險產品中，均有若干除外不保之財物與危險事故，在這些除外責任下，被保人將無法獲得損失理賠。因此被保人必須瞭解，非人身保險一般上僅能提供一部份保障，而非全部經濟損失之補償。

第五節　非人身保險市場之近日發展

由於非人身危險之種類層出不窮，並且常隨經濟與社會環境而變動，因此非人身保險之經營必須不斷革新與調整。本節首先說明影響非人身保險市場發展之因素，其次說明近日非人身保險市場之變化以及發展趨勢。

一、影響因素

影響非人身保險市場發展之因素，可由下列四方面加以分析：㈠經濟環境，㈡社會環境，㈢政治與法令環境，㈣科技環境，分別說明如後。

㈠經濟環境

經濟愈發達，人民之財產愈多，對於非人身保險產品之需求愈大。在貧窮國家中，人民之所得僅足以供應三餐溫飽，並無多餘財產，更遑論保費支出。因此保險市場之發展與各地之經濟環境有關。此外，經濟景氣循環對於非人身保險之需求與供給均有影響。經濟不景氣時，人民因所得財富減少，自然地保險需求量減少。而非人身保險之供給在景氣不佳時亦特別保守，因為必須防範被保人蓄意詐領保險金之道德危險。

另一方面，通貨膨脹之高低亦是重要影響因素。由於非人身保險之被保人在購買保單繳納保費之後，保險人即負有補償損失之責任。未來倘若發生非預期之通貨膨脹，而使損失補償金額增加，這些成本均由保險人承擔，對於被保人而言具有若干利益。因此當通貨膨脹擴大時，非人身保險之需求將增加。相對地，由於通貨膨脹將使保險人之理賠成本提高，其供給量將因此縮減。

投資市場之績效可能亦有若干影響。當投資環境較佳，資產投資報酬率較佳之時，保險人可能為追求投資收入，而放寬核保標準以增加保費收入，因此保險市場之供給量將增多。相反地，投資環境不佳時，保險人對於承保危險將較為謹慎保守，以免投資收入無法涵蓋保險業務之虧損。

此外，經濟環境之發達將促進資本之流通，財富之匯集與使用更加方便。因此吸引國際保險集團投入各地之保險市場，保險之供給量提高，而產品多樣化與價格競爭化將刺激保險需求增加。

㈡社會環境

社會環境無疑地將影響保險之需求。工商社會較之農業社會之財富增加，個人之財產增多，並且企業組織之生產營運過程中，必然面臨資源使用之意外危險，因此財產保險之需求量增加。此外，工商社會講求理性並且重視本身權益，對於他人過失行為而造成本身發生意外損失，通常會要求加害人負賠償責任。因此，個人或企業組織為減輕責任危險所致之經濟損失，將尋求責任保險之保障。

㈢政治與法令環境

保險市場一向受到政府法令之約束，監理機關對於保險組織之設立、產品之開發，以及費率之結構等無一不加以規範，因此政治與法令環境對於保險市場具有深切影響力。倘若監理機關放寬限制，保險供給即可能增加，並且市場自由競爭，將使產品更加多樣化。然而某些時候，法令環境可能影響保險人之供給意願。因為當法院判決傾向同情受害者時，對於責任保險理賠往往有膨脹之趨勢。如此，將使保險人之實際理賠成本高於原先預期金額，因而保險人將降低其供給意願。

另一方面，政治與法令環境亦可能左右保險之需求量。最明顯之實例，即是強制性責任保險之施行。許多國家均要求強制投保雇主責任或職業災害保險，以及汽車責任保險。因此這二種保險產品之需求量，一向高居責任保險市場之前二名。此外，若干法令雖未直接強制投保責任保險，但是卻間接增加責任保險之需求。例如環境保護之法令，公共場所安全之規範等。這些新增法令可能促使加害人之責任加重，因此為補償責任危險之經濟損失，個人或企業組織將需要增加責任保險之保障。

㈣科技環境

科技進步一方面固然增加生活之便利，但是另一方面，複雜之科技產品可能促使意外危險之規模擴大，潛在損失較以往嚴重，例如核能危險。隨著科技之發展，大型而昂貴之儀器設備不斷開發，房屋建築之面積與高度與日俱增，例如 101 大樓。這些科技發展不僅增加財產保險之需求量，並且投保金額往往相當龐大。有時一位保險人無法完全承保，尚須多位保險人共同承保，或是尋求再保險。

除財產保險之外，科技進步更深遠地影響責任保險之需求與供給。由於複雜科技所導致之責任危險，其規模較之往日益形擴大。例如飛機愈大，載客愈多，而乘客責任危險愈大，因此保險之需求必然增加。相對地，規模龐大之責任危險損失理賠，往往造成保險人之財務虧損，或甚至破產失去清償能力等。目前複雜科技責任保險之投保已逐漸困難，經常面臨拒保或昂貴保費之要求，尤其是商業保單情況最為嚴重。因此，企業組織必須另外尋求其他分散危險之方法，不能只是仰賴保險保障。

二、非人身保險市場近日之發展趨勢

誠如上文所述，非人身保險市場之發展受若干環境因素之影響，這些因素自 1980 年代至今均有明顯之變化，因而保險市場亦隨之發生變革。近日非人身保險市場之發展趨勢主要包括：㈠責任保險產品類型之增加，㈡自保或聯營組織之興起，㈢融資性保險產品之開發，分別說明如下。

㈠責任保險產品類型之增加

由於社會觀念之改變，現今社會大眾對於意外損失，往往要求追究賠償責任。另一方面，科技發達而分工愈細，每一類型之行業將產生特定之意外危險。例如醫療誤診可能造成病人終身殘廢，理賠給付之時間將延長數十年，而駕車損毀財物之賠償，可能僅需一、二個月的時間等。另一方面，新形式危險不斷出現，例如與環保有關之危險是近日之焦點。舊日保單之承保範圍無法提供適當保障，因此必須開發新產品，以明確規範各類責任危險之賠償範圍。

責任保險產品之類型雖然不斷開發，並且需求量大增，但同時保險人之虧損亦更加嚴重。因為責任保險之補償往往拖延多時，費率制定與損失理賠之時間相隔甚久。許多原先非預期之因素紛紛出現，致使理賠成本遠超出保費收入。因此責任保險之費率水準不斷提高，被保人之保費負擔愈形沉重，而保險人卻依然發生經營上之困難。

㈡自保或聯營組織之興起

由於責任保險保費高昂，並且有時候尚且被拒保，而企業組織基於經營上之需要，不得不有責任危險保障，以減輕意外危險對於現金流量之影響。在保險人不願意承保之情況下，企業組織只得尋求其他危險管理方法，以分散責任危險。因此企業組織本身，或與同業共同發起，紛紛成立各種「**專屬保險人**」(captive insurer) 或「**保險聯營組織**」(insurance pool) 以承保某些特定危險。

「專屬保險人」是企業組織之子公司，目的在於承保母公司之意外危險。專屬保險人一方面可節省企業組織之保費支出，另一方面可解決一般保險人拒絕承保之困境。專屬保險人接受投保之後，通常利用再保險將危險移轉出去。

「保險聯營組織」是由若干有共同投保需求之企業組織聯合組成，如同互助會一般。對於經營同類行業，生產類似產品或提供相同服務之企業組織，這種保險聯營組織是一種相當有意義之危險分散方法。因為這些企業面臨類似之意外危險，不僅同舟共濟並且符合同質危險之條件，對於危險之評估與費率之釐訂，均能充分發揮保險制度之大數法則原理。此外，企業可節省銷售佣金等附加保費，降低保險保障之成本負擔。

㈢融資性保險產品之開發

保險人一方面不願意承保高危險之保單，另一方面又不願意流失保險業務，因此必須開發一些新形式產品，以維持業務經營與保費收入。這些新產品基本上如同**「危險融資」**(risk financing) 工具一般，是藉由分期付款方式，穩定企業現金流量波動，與傳統保單將危險移轉他人並不相同。通常購買融資性保險產品，要保人必須先繳納若干基本保費，倘若在保險期間內被保人發生危險事故，則保險人先補償其損失，而後再以追溯保費之形式，向要保人或被保人取回大部份之損失賠償，彷如貸款給予要保人或被保人一般。

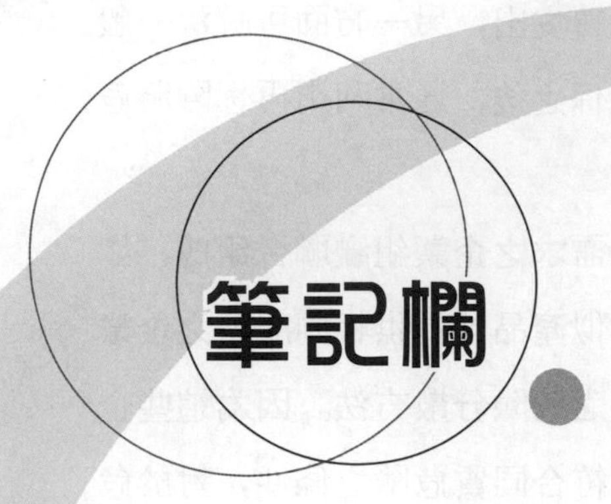
筆記欄

第十四章 財產與責任保險契約

本章目的

本章目的在於介紹非人身保險契約之基本特質與主要內容。讀完本章之後，讀者應該能夠回答下列問題：

1. 財產保險契約之保險利益有何特色？
2. 財產保險契約承保危險有哪些類型？
3. 財產保險之損失補償有何特質？
4. 責任保險契約之承保範圍為何？
5. 損失補償之自負額有哪些類型？
6. 多重保險之處理方式有哪些？

前言

財產與責任保險保單為補償契約，與人壽保險保單之定值契約有明顯差別。補償契約目的在於補償實際損失，被保人不能從保險契約獲致額外利得。因此產品設計之重點，除提供保險保障外，另一重心是在於防範被保人之道德危險。財產畢竟不如生命那樣獨一與珍貴，倘若保單未加以約束損失補償之範圍，則為索取保險理賠金而自行損毀財產之機率可能不低。此外，保險人為保障本身之財務安全，對於巨災危險通常除外不保。這種種之顧慮，再加以非人身危險之範圍相當廣泛，因而使財產與責任保險契約之內容，較之壽險保單更為冗長複雜。

財產與責任保險契約之基本內容，大致上與第三章所述相近。包括被保人之基本資料、保費或對價、各項專有名詞之定義、承保範圍與除外責任，以及損失理賠之處理等，不再贅述。本章僅針對其中若干重要項目進行分析探討，包括保險利益、承保危險之範圍、損失補償，以及自負額之類型等。

第一節　保險利益

如同人身保險契約一般，財產與責任保險契約記載保險交易雙方之權利與義務。買賣雙方均應遵守契約之各項規定，才能維持契約之效力。在分析這些權利義務之前，首先必須瞭解保險利益之性質及其相關人。本節分別就財產保險與責任保險加以說明。

一、財產保險

財產保險是一種相當符合保險制度基本原理之典型保險產品。因為財產危險大致是屬偶發之意外損失，且損失較為明確易於衡量，而財產保險僅補償實際損失，是保險制度之原始目的。財產保險之投保，首先必須被保人對於財產具有保險利益。財產保險不僅能保障財產所有人，亦可保障抵押財產之債權人等。下文分別就財產保險之保險利益，以及保險利益之相關人加以說明。

㈠保險利益

財產保險之「**保險利益**」(insurable interest)，乃是被保人對於被保財產之利害關係，倘若該財產發生損毀，被保人將發生經濟損失。由於財產保險強調補償損失，被保人不能因保險而獲利，因此損失理賠時，被保人對於該財產必須存有保險利益，否則將無法構成損失理賠之要件。換言之，若無保險利益存在，而被保人仍能領取保險金，則形成被保人額外利得，因此不符合補償契約之基本要求。

特定人對於某一特定財產可能具有多種經濟利益關係。例如張三對於其所擁有之甲房屋，不僅因所有權而有利益關係，並且若是該房屋平日即已出租，則張三可從該房屋獲得租金利益等。另一方面，若干不相同之人可能對於同一財產有不同之保險利益。例如甲房屋之房東對於該屋具有租金利益，而其房客則具有使用上之利益，倘若房屋燒毀，則房客必須另行租屋等。基於種種特定之經濟利益關係，個人或企業組織可能需要財產保險之保障。常見之財產保險利益包括下列數種:

1.所有利益

對於特定財產擁有所有權之人，自然關心其財產是否遭受損毀，因為財產之損毀將導致其經濟損失。雖然有些財產或許已經老舊，倘若要加以清除，尚且需要支出額外費用，因此若有火災將其燒毀，反而節省清理費用，而非發生經濟損失。但是就財產保險而言，只要被保人對於該財產具有所有權，即認為被保人具有保險利益，符合投保之基本條件，至於保險人願不願意承保，則是另一項課題。

2.債權利益

以貸款方式融資資金已成為現代社會生活中不可或缺之一部份。一般個人通常需要房屋貸款與汽車貸款，以滿足個人對於生活水準之要求。而企業組織更是隨時需要向銀行貸款，以獲得生產營運所需之資金。然而銀行或融資機構在借出資金賺取利息之餘，尚需擔憂本金無法收回之風險，因此通常要求借款人必須以若干財產作為抵押品。倘若借款人無法清償所借款項，則融資機構將拍賣抵押財產以收回本金。基於這種債權關係，該抵押財產之損毀可能影響融資人之經濟利益，因此可構成保險利益。但是目前實務上債權人通常不直接作為該抵押財產之被保人，僅要求借款人投保財產而以本身作為優先補償之關係人（見下文之抵押權條款）。

3.使用利益

財物之基本目的在於提供使用之功能。倘若財物遭受損毀，對於使用人而言，其直接影響是使用功能喪失，乃是一種經濟利益之減損。此外，其間接影響是使用人可能必須另外尋求替代財物，以繼續其使用之目的。例如房屋發生火災，而租約尚未到期，則承租人將喪失使用功能，並且必須另行租屋，額外支出租金費用等，這些均是使用人之經濟損失。

4.收益利益

財產之出售或出租常可帶來經濟利潤，因此當財產損毀時，這些預期收益將因而消失。收益利益是一種常見之保險利益，例如房屋之租金與商品之銷售利潤等。倘若房屋或商品未發生損毀，則所有人或銷售人預期將可獲致經濟收益。現今因為意外事故發生，這些預期收益因而消失。因此所有人或銷售人可就預期利潤部份投保財產保險。

5.保管利益

在某些情況下，特定財產可能暫時委由其他人保管，例如衣服送洗、家具暫存於出租倉庫等。這些保管人因收取若干服務或保管費用，而對於託管財產負有保護之責任。倘若這些財產發生損毀，保管人必須賠償損失，造成其經濟上之負擔，因此保管人可就託管之財產投保財產保險。

㈡被保人

基於上述各種保險利益之存在，個人或企業組織可以財產保險保障其潛在之經濟損失。因此所有人、使用人與保管人，均可就其與該財產之經濟利益關係部份，投保財產保險，作為保險契約之被保人。例如房屋之所有權人可投保該房屋之火險，而承租人可就其自備之家具部份投保火險等。

一般上財產保險之要保人大多同時是被保人，因此當論及財產保險之買方時，多直接以被保人稱之，而不再區別要保人與被保人。雖然理論上二者可能不同人，即要保人為支付保費之人，而被保人則是在危險事故發生時遭受損害並享有求償請求權之人❶。但是實務上要保人為何要代他人繳納保費？此外，要保人與被保人對於保險標的物都應具有保險利益，否則保險契約無效❷。因此，一般上要保人亦同時是被保人。然而被保人卻可能不是要保人，因為財產保險契約之「**被保人**」(insured) 並非單指保單上之列名被保人，可能尚包括其他被保人。例如配偶或同居眷屬等，即便

❶ 參閱「保險法」第3條、第4條。

❷ 參閱「保險法」第17條。

未明列姓名於保單上，仍視同列名被保人，其財產之損毀仍應獲得保險理賠。例如火災損毀房屋及其內容物，則不論該財產是屬夫或妻所擁有，只要是承保範圍內之財產，則保險人應負補償損失之責任。另一方面，企業員工因職務關係而使用公司財產，倘若發生意外損毀，仍視為企業財產之損毀，保險人應負補償損失責任。例如企業組織所擁有之汽車，雖其汽車保險之要保人與列名被保人為該企業之負責人，然而企業之其他員工亦可能是被保人。當員工駕駛公務車而發生事故造成汽車毀損，仍屬於承保範圍之內。

㈢債權人

雖然抵押財產發生損毀時，債權人之權益可能面臨潛在損失，然而依據目前財產保險之實務慣例，債權人並不直接以被保人身份為該抵押品投保保險。因為債權人若自行投保與擔任被保人，則具有損害求償權而可從該抵押品獲得保險理賠。另一方面又可基於債權而要求借款人償還貸款，如此將形成債權人額外獲利。若是僅就抵押債權作為保險利益而投保，理論上似乎合理可行，然而實際上仍必須防範債權人降低授信標準之道德危險。因此目前一般上是由債權人要求借款人購買財產保險，以借款人本身為被保人，而後將債權人明列於保單之要保書或宣告頁上，藉由**「抵押權條款」**(mortgage clause) 予以保障。

「抵押權條款」之主要目的，在於保障債權人之權益。此條款可使債權人在債權範圍內，擁有領取保險金之優先權利，並且有多項防範被保人（借款人）不履行保險契約之補救措施。例如被保人終止契約時，保險人應通知債權人，倘若未通知，則債權人之權益依然受到保障。此外，若是被保人未繳納保費或未出面申請損失理賠，則債權人可代為支付保費及申請理賠等。而要保人或被保人違反保單之告知義務時，債權人對於保險金之權益亦不受影響。

二、責任保險

㈠保險利益

責任保險之保險標的，乃是被保人因疏忽或過失行為所致之法律賠償責任。由於賠償受害人損失將涉及費用支出，對於被保人（即加害人）而言亦是一種經濟上之損失，因此具有保險利益。惟因責任保險減輕被保人之賠償負擔，恐有誘導社會大眾行為輕率之虞，因此請求責任保險之損失補償時，通常必須有下列數項條件：

1.法律責任範圍之補償

被保人因疏忽或過失行為造成第三人之傷害，其損失賠償可能包括法律責任與道義上虧欠。然而責任保險並非涵蓋所有損失，通常僅就被保人法律責任部份予以補償❸。至於被保人基於本身之道德倫理觀念，而願意給予額外之道義責任補償，則不屬於保險之承保範圍。然而由於實務上保險理賠多數並未經由法院判決，常是採取用雙方和解方式結案，因此所謂「法律責任」僅是一種假設狀況，即假想倘若上法院訴訟之結果。

2.損失係由非故意過失行為所引起

保險之保障原僅針對合法行為，對於故意傷害他人之犯罪行為並不予以承保。因此責任保險之損害賠償，必須是被保人非故意之過失或疏忽行為所造成之損失。例如駕車不小心撞傷第三人是屬汽車責任保險之補償範圍，反之若是被保人故意開車撞人，則屬保險人之除外責任。

3.損失係被保人疏忽或過失行為之直接結果

第三人所受之人身或財產上之損害，與被保人之疏忽或過失行為具有直接關係，係因該疏忽或過失行為所導致之結果。例如第三人之汽車在車禍中發生碰撞損失，此損失可由車禍肇事人之責任保險所補償；然而其原先已有之車燈故障或車椅破損等，則不是責任保險之理賠範圍，應由該第三人本身之汽車損失保險所補償。

❸ 參閱「保險法」第90條。

4.必須有受害人之求償要求

責任保險乃是補償被保人因責任危險所致之經濟損失，並非保障第三人之人身財產損毀。倘若受害之第三人並未向肇事之被保人請求賠償，則被保人並無任何經濟損失，保險人不須負補償責任。

㈡被保人

如同財產保險之保單一般，責任保險契約上所明列之「**列名被保人**」(named insured)，事實上僅是被保團體之主要代表人士。在個人保單中，列名被保人之配偶或同居眷屬均視同被保人，而商業保單之被保人除列名之企業組織之負責人外，通常亦包括其所屬員工等。當這些相關被保人因非故意之疏忽或過失行為而致第三人受傷害時，保險人亦應負補償責任。

㈢第三人

責任保險在於保障被保人因非故意之疏忽或過失行為致使第三人受損害之賠償責任。所謂「**第三人**」(the third party)，即不包含於被保群體之不特定人，在簽訂保險契約時並無法確認，因此並未指明於保單上。倘若是被保群體之成員互相發生損害，視同列名被保人發生傷害，例如夫開車肇事而使妻受到人身傷害，或是公司員工開車而撞傷同仁等，則保險人並不負損失補償之責任。

責任保險契約雖涉及保險人、被保人與受害第三人等三方關係團體，但是基本上保險契約之當事人仍是保險人與被保人雙方。至於第三人與契約並無直接關係，此項特質與保證契約上同時有保證人、權利人與義務人三方之指名並不相同。

第二節　承保危險之範圍

財產與責任保險對於所承保之危險範圍，隨各種保險產品之特性而有所不同，然而大致上可分為針對特定危險或概括危險二類。下文分別就財產保險與責任保險之情況加以說明。

一、財產保險

財產保險補償被保財產發生危險事故所受之損失，一般上財產保險保單對於所承保之危險事故常有下列二種表達方式：

㈠特定危險事故

某些財產保險僅保障被保財產遭受特定危險事故之損毀，例如火災保險。這類型之保險產品通常在保單明列所承保之危險事故，若財產發生損毀之原因並非來自保單所列之事故，則保險人不必負補償責任。傳統上許多財產保險是屬於這種承保方式，例如火災保險、竊盜保險等。

這種承保方式由於限定危險事故，對於意外危險之發生頻率較容易估計，因此在費率計算上較為穩定。然而對於消費者而言，可能有若干不方便之處，因為必須就每一種危險事故個別投保，例如火災、地震、颱風等。即便採用「**批單**」(endorsement) 方式附加於原先保單之後，仍然無法涵蓋廣泛之意外危險。

為方便消費者之保障需求，目前實務上之「**特定危險事故**」(specified perils, or named perils) 的保單，每張保單可能不只承保一種危險事故。例如火災保險保單，雖然名稱是火災保險，但是保單除保障火災之外，尚包括閃電雷擊、爆炸、航空器墜落、機動車輛碰撞，以及意外事故所致之煙燻等其他五項基本保障，消費者不需另以批單加保。然而不論一張保單承保幾種危險事故，此類保單之特色是它直接將所承保之危險事故列於表中，只有當財產損害是起因於這些列名事故，保險人才提供損失補償。

㈡概括危險事故

基於特定危險承保方式之不便，某些保單改採「**概括危險事故**」(all-risks) 之承保方式，此即俗稱之「**全險**」保障。例如常見之汽車綜合損失保險，可保障汽車遭受任何意外危險之損毀，除某些不保危險事故之外。在這種類型之保單中，通常並不必說明承保危險事故，而僅明列不承保事故。倘若該被保財產發生損毀，其原因不屬於不承保事故，則保險人應負補償責任。

事實上保單採用概括危險事故之承保方式，仍然有許多除外不保之危險，並非任何危險事故均受到保障。消費者常誤以為「全險」是承保所有危險，而於要求理賠時才發現保險人有除外責任，因而發生理賠糾紛。但是基本上，概括危險之承保方式對於消費者保障較多，其原因在於舉證責任之差別，而非在於承保事故之數目的多寡。特定危險事故保單若是指定眾多承保事故，則承保範圍可能亦相當廣泛；反之，概括危險事故保單若列舉許多除外不保事故，則被保人之保障亦相當有限。因此這二種承保方式之差異，其重點在於舉證責任。因為在概括危險事故保單下，當被保財產發生損毀時，除非保險人能舉證說明損毀原因是屬不保事故，否則保險人就必須予以補償。相對地，在特定危險事故保單下，被保人必須能舉證被保財產之損毀，是因該特定危險事故所導致。由於意外事故發生之後，若干證據可能隨財物一併損毀，因此常有原因不明之情況。倘若必須由被保人舉證損失發生原因，則被保人可能難以達成這項任務。如此，被保人將失去保險理賠之機會。

目前新形式保單通常可由消費者選擇所欲採用之保障方式。例如美國之住家綜合保險保單，其承保範圍可分為不同等級。基礎等級可能包括十一種特定危險，例如火災、爆炸、風災、竊盜等，倘若被保財產之損毀是起因於這些事故，則保險人應負賠償責任。第二等級可能承保十七種特定危險事故，雖然保障較之基礎等級擴大，但仍屬於特定危險事故之保障方式。最上等級之保障，則是概括承保各類危險，僅有少數幾種巨災危險事故明列為除外不保事故，例如戰爭、核能爆炸與政府沒收等，對於被保人之保障最為周全。一般而言，保障愈周全，則費率愈昂貴。消費者可視本身之保障需求與保費預算而選取適當之保單類型。

不論是特定危險事故保單，或是概括危險事故保單，大致而言下列這些巨災型危險多屬除外不保事故。對於這些巨災，被保人必須另外尋求其他危險管理方法以分散危險，實務上常由政府保險承保或是採用其他互助或救濟方式。

a. 戰爭，或與戰爭類似之軍事破壞行動。

b. 重大天災，例如地震、火山爆發等。此項除外危險在各國保單並不相同，必須視其地理環境而定。

c. 核能或原子能等之爆炸、輻射或污染等危險。

d. 政府之扣押、徵收或充公。

e. 被保人及其家屬等故意引起，或唆使他人引起之危險事故。

二、責任保險

責任保險保障被保人因疏忽或過失行為所致之賠償責任損失。保單所承保之危險事故範圍，可能針對某一事故之「**特定責任危險**」(specific liability)，或是針對多項事故之「**概括責任危險**」(general liability)。在特定責任危險保單之下，被保人致使第三人受損之疏忽或過失行為，必須是屬於保單所指定之承保事故。例如汽車責任保險，僅承保被保人因所有、使用或管理汽車而肇事之責任危險。而概括責任危險保單，則承保被保人任何疏忽或過失行為所致之賠償責任，除非該行為是屬於不保事項。例如住家綜合責任保險，承保被保人在住家內外所發生之疏忽或過失責任，除汽車肇事責任等不承保危險。雖然責任保險保單所承保之事故範圍有寬窄之分，但是其意義與上述財產保險並不相同，並未牽涉舉證責任問題。理論上，受害人發生傷害之後，應向法院提起訴訟，而由法院決定傷害責任之歸屬，被保人本身並無法判定自己有無責任。實務上有許多傷害案件是以庭外和解方式解決賠償問題，並非真正由法院判定。在此情況下，通常是由保險人出面處理判斷是否屬於其承保範圍，因為一般社會大眾缺乏法律專業知識，難以證明自己有無責任。例如車禍事故發生後，汽車責任保險之被保人只需通知保險人有事故發生，至於是否有賠償責任則是由法院或保險人決定，被保人只需配合調查工作，並不負舉證責任。

責任保險保單依據所承保之過失責任範圍，例如汽車責任或產品責任，而各有相當多樣之除外責任，不勝枚舉。然而有一些除外危險則是經常出現於各類保單中，這些項目與財產保險頗為類似，其原因多與「可保危險」之特質有關。常見之除外不保危險，通常包括下列情形：

a. 戰爭或類似戰爭行為所引起之責任。

b. 核能或類似輻射之污染責任。

c. 不合法行為。

d. 被保人故意行為所致之損毀。

e. 被保人本身之人身或財物之損毀。

第三節　財產保險之損失補償

財產與責任保險之損失理賠經常是相當艱鉅複雜。因為災情之鑑定不僅需要時間與專業人力，且發生損失之被保人或受害人往往情緒失控，無法理性討論損失補償之內容，而對於保險人之理賠金額又不能滿意等。由於財產與責任保險契約之價值即在於損失之補償，因此有關損失補償之規範一向是契約中極為重要之部份。本節首先說明財產保險，而責任保險則於第四節再行探討。

財產保險契約對於被保人財產損失之補償，通常必須考慮下列四項因素：一、直接損失或間接損失，二、損失之評價方法，三、分損或全損，四、多重保險，分別說明如後。

一、直接損失或間接損失

被保人因財產損毀所致之經濟損失，可能包括直接損失與間接損失。所謂「**直接損失**」(direct loss) 即財產本身經濟價值之減損，例如房屋原本價值二百萬元，現因發生火災損毀，房屋價值僅剩一百五十萬元，則其間之價值減少五十萬元，即為房屋失火之直接損失。一般而言，財產一旦發生意外危險事故，多多少少將減少若干經濟價值，因此直接損失可說是財產保險之基本保障範圍。

除財產價值之直接損失外，通常財產因危險事故而損毀後，其使用功能或經濟效用亦同時降低。這些功能或效用之降低，對於被保人而言，無疑地是一種經濟損失，因為被保人之效用滿足程度減少，或者因為必須花費額外成本，以尋求相同效用之替代品。這些因財產損毀之後所衍生之經濟損失，稱之為「**間接損失**」(indirect loss)。間接損失可能是一固定金額，亦可能隨財產復原時間長短而有所不同，分別說明如下：

1. 與時間因素無關

某些財產發生損毀之後，雖然導致間接損失，但是該間接損失係可在評價後即固定金額，而不隨該損毀財產復原所需時間之長短而變動。例如製造完成預定銷售之產品，其生產成本為八百元，預定售價為一千元；出貨前因倉庫失火而損毀，倉庫之損毀與重置該產品之生產成本八百元，乃是被保人之直接損失，而產品預期利潤二百元則是間接損失。

2. 與時間因素有關

在若干情況下，間接損失之多寡將隨受損財產復原所需時間而變動。受損財產修復時間愈長，間接損失愈多，反之則損失愈少。例如房屋失火之後，原先每月可收之租金五千元將因而損失，必須等待未來房屋修復完工，才能重新出租而收取租金。房屋修復時間愈長，則租金之損失愈多，如下列公式所示：

間接損失 = 租金減少總額

= 每月租金收入 × 房屋修復所需月數　　(14.1)

除收入之減少外，額外費用增加是另一種形式之間接損失。由於原先提供使用功能之財產，因意外事故而損毀，被保人必須尋求其他替代品以發揮原先之使用功能，因此可能發生額外費用支出，乃是被保人之經濟損失。例如原先居住之房屋燒毀，必須另行租屋以暫避風雨，則租用可提供原先生活水準房屋之額外租金❹，便成為額外費用支出。其總金額之多寡將隨原屋修復期間長短而定，計算公式如下：

---

❹ 必須扣除原先之住屋成本。例如原先之住屋成本(自有或租用)為每月一萬元，現因火災而須另行租屋居住，每月租金一萬二千元，因此產生額外費用二千元。

間接損失＝額外租金費用支出總額

＝每月額外租金費用×房屋修復所需月數　(14.2)

傳統之財產保險契約多半只補償被保人之直接損失，而間接損失必須另行購買各種衍生損失保險。例如預期利潤保險、租金收入保險、額外費用保險等。然而現今之綜合型保險產品，可能同時包括直接損失與間接損失，以提供被保人更方便與更完整之保障。例如住家綜合保險不僅保障房屋發生火災、颱風等直接損失，倘若被保人因房屋損毀而另行租屋或借住旅館等，其為維持相同生活水準所支付之費用，亦可獲得保險人之補償。總而言之，計算保險契約之理賠金額時，必須先瞭解保單之承保範圍是否包含間接損失。

二、損失之評價方法

由於財產之種類繁多，有些是耐久財，例如房屋或建築物等，有些則是一般消耗性物品，例如衣服、電視機等。此外，有些則是待出售有市價標準之商品，而有的則是難以衡量價值之藝術品等。因此財產保險對於受損財產之評價方式有數種，常見者包括下列方式。

㈠市價法

有些地區對於財產損失採用「**市價法**」(market value approach)，當財產發生損毀時，將參考與該受損財產類似之財物在市場上之價格。例如房屋發生火災,其損失之衡量即比照附近地點相同水準房屋近日出售之市價。這種評價方式乃是假設倘若該房屋未毀損,則被保人可將之出售而獲得若干價款，今日因故損毀無法出售，因此被保人之經濟損失即為該財產之市價。

採用市價法是否合理，乃屬見仁見智問題，因為未出售之物品是否有市價頗值得爭議。許多財產雖稱價值若干，但是實際在市場上可能無法售出。另一方面，有些財產可能相當獨特而無法取得類似財物之參考價格，例如骨董或藝術品等。因此市價法可能對於有公開市場交易價格之財物較為適合，例如銷售性商品，或是公開上市之有價證券資產等。

㈡重置成本法

所謂「**重置成本法**」(replacement cost approach)，乃是以重新購買或製作與受損財產相同水準之新財產所需花費之成本，作為損失評價之基礎。重置成本可能等於市價，亦可能高於或低於市價，因為倘若該受損財產係新近完成之製品，且僅能以購買方式彌補，則重置成本將等於市價。例如新購得之汽車發生車禍損毀，保險人評估後認為修理成本高於新車價格，因此決定重新購置一部新車償還被保人，此時重置成本與市價相接近。相對地，若是修理成本低廉，保險人可能選擇修理汽車而非購置新車，則此時重置成本將低於汽車之市價。

然而，若是財產已經老舊，重新置換時必須以新材料補償，則重置成本可能高於損毀財產之價值。例如三十年房屋之屋頂因颱風而損毀，此時重新置換必然使用目前之新材料❺，因此重置成本可能高於受損之舊屋頂的市價。理論上，這種情況似乎將造成被保人額外利得。但是從另一角度而言，倘若僅折價補償舊屋頂之價值，以目前之物價或許僅能搭建部份屋頂，被保人無法達成遮風避雨之功能，因此實務上允許這種情況採用重置成本。為避免被保人額外利得，通常重置成本法多用於房屋建築物等不動產，這些財產通常具有耐久性，且著重於整體使用功能。此外，被保人之道德危險通常較一般動產為低，畢竟一般人對於居家安全總是較為重視，較少為取得保險賠償而故意損毀房屋。

㈢實際現金價值法

一般個人財產或消耗性物品，大多採用實際現金價值法。所謂「**實際現金價值法**」(actual cash value approach)，乃是重置成本扣除該財產之折舊

❺ 新材料意指與原屋頂相同功能或相同類型之建材，但是這些材料是未經使用的。因為實務上不太可能特別去購置一些三十年前之舊磚瓦，通常是以目前市面所流通之建材為採購對象。

所剩餘之價值。實際現金價值法較符合財產保險之補償原則，避免被保人因損失理賠而額外獲利。傳統上，財產保險保單大多採用此種評價方法。然而近年來一方面因通貨膨脹較高，一方面為迎合現代消費者喜用新製品之習慣，因此財產保險契約已逐漸放寬重置成本法之適用範圍。對於一般動產，被保人可以附加批單改變評價方法，而獲得重置成本之保障。

㈣定值保單評價法

若干特殊財產，例如骨董、藝術品或珍貴之個人物品等，既無公開交易市場，亦無類似產品可作為比價之參考。倘若這些財產發生損毀，其價值將難以估計。因此，實務上通常採用「**定值保單評價法**」(valued policy approach)。保險人與被保人在簽訂保險契約時，即先約定財產之價值，屆時若有發生損毀，則以當初約定之價值作為計算損失之基礎。定值保單方式，亦有用於船體保險與飛機機體保險。究其原因可能是漁船或飛機失事墜海時，往往無法再尋獲以鑑定實際損失情況，因此只好採用事先約定價值之方式。

三、分損或全損

財產保險損失理賠之另一重要步驟，是確認財產損毀程度，例如全部損毀或簡稱「**全損**」(total loss)，或是部份損毀或簡稱「**分損**」(partial loss)。而保險人之損失補償，並非直接就被保財產之實際損失進行賠償，尚必須考慮財產之投保比例，才得以決定理賠金額。所謂財產投保比例，乃是被保人購買保險時所決定之保障金額，稱之為「保險金額」，相對於被保財產本身之價值，價值之衡量方式（如上文所述）則於保單中載明，其數學公式如下：

$$\text{理賠金額} = \text{財產實際損失} \times (\text{保險金額} \div \text{保險標的物之價值}) \quad (14.3)$$

保險金額與被保財產價值可能相等，亦可能不相等。因為保險金額是被保人本身人為選定之數字，他可選擇足額投保，亦可選擇部份投保（不足額投保)。另一方面，除定值保單有固定之財產價值外，其他評價方法之財產價值可能隨時間而有所變動。由於財產價值是以發生意外危險之時點為衡量標準，購買保單時並無法預知，僅能以估計之價值作為購買保單之參考，倘若市場波動劇烈，則財產之價值在不同時點可能有所差異。

無論是因被保人選定保險金額（分子）或是因市場波動影響財產價值（分母)，總之倘若危險事故發生時，被保人是在「足額投保」之情況下，即保險金額等於財產價值，投保比例為 100% 時，則不論財產發生全損或分損，保險人將依實際損失賠償。倘若是不足額投保，即投保比例小於 100%，則發生全損時，保險人將賠償保險金額。若是發生分損，則保險人與被保人依投保比例分擔損失。因此，在不足額保險情況下，被保人將無法獲得實際損失之補償。下文以若干範例說明各種情況。

範 例

範例一： 假設某財產價值二百萬元，且財產價值在保險期間內並未波動。被保人選擇投保金額為：足額投保二百萬元。保險期間內發生火災損失⑴全損二百萬元，⑵分損一百萬元，則保險人之理賠金額為：

⑴理賠金額 = 200 萬 × (200 萬 ÷ 200 萬) = 200 萬 = 實際損失

⑵理賠金額 = 100 萬 × (200 萬 ÷ 200 萬) = 100 萬 = 實際損失

範例二： 所有假設與範例一相同，但是被保人選擇不足額保險，僅投保一百五十萬元。則理賠金額在全損與分損情況下分別為：

⑴理賠金額 = 200 萬 × (150 萬 ÷ 200 萬) = 150 萬 < 實際損失

⑵理賠金額 = 100 萬 × (150 萬 ÷ 200 萬) = 75 萬 < 實際損失

範例三： 所有假設與範例一相同，但是市場物價波動，財產價值在發生事故時價值二百五十萬元。則理賠金額在全損（250 萬）與分損（125 萬）情況下分別為：

⑴理賠金額 = 250 萬 × (200 萬 ÷ 250 萬) = 200 萬 < 實際損失

⑵理賠金額 = 125 萬 × (200 萬 ÷ 250 萬) = 100 萬 < 實際損失

市價波動所引起之不足額保險，如上述範例三之情況，在實務上每易引起糾紛。因為一般消費者無法精確知道其財產在每一時點之價值，而隨時追加投保金額，以維持足額保險之狀態。因此新型保單之投保比例，大多以保險人要求之投保金額，取代公式 (14.3) 中之「保險標的物之價值」。只要被保人依保險人規定金額投保，則投保比例之分子與分母相等，亦即 100% 足額保險。未來發生損失時，只要是在投保金額範圍內，被保人將可獲得足額補償。當然，保險人所規定之投保金額必須合理，並非隨意要求高額度投保，一般上不超過簽訂契約時之財產價值。而為避免經濟波動所引起之投保比例問題，財產保險並不適宜採用長期契約方式。

四、多重保險

在某些情況下，被保人可能發生同一保險標的物，在相同保險期間內，就相同之保險利益與相同之危險事故下，有二份以上之保險契約提供保障，因而形成多重保險契約之現象。多重保險可能包括複保險與其他保險二種情況。**「複保險」**(duplicate insurance) 通常是指同類保單（例如同為火險保單）之重複投保。而**「其他保險」**(other insurance) 則泛指任何其他對保險標的物亦負賠償責任之保單的同時存在❻，例如有個人財產流動保單。然而基於補償契約之原理，無論任何方式下之保險保障，其理賠金額不應大於實際損失金額，以免有額外獲利之現象。然而目前之保險產品種類繁多，且又經常採用綜合性保單，因此消費者可能發生多重投保之情況，而或許自知，或許並不自知。保險人對於多重投保之受損財產，通常有下列數種處理方法：

---

❻ 我國「保險法」第 35 條規定「複保險，謂要保人對於同一保險利益，同一保險事故，與數保險人分別訂立數個保險之契約行為」。此定義並未明顯指出是否為同類保單，但是在我國之保單條款上（例如住宅火災及地震基本保險保單），則區分複保險與其他保險，複保險專指同類保險。

1.解除契約

倘若被保人重複投保之目的在於詐取保險金，則被保人違反誠信原則，其契約無效，因此被保人將無法獲得任何損失補償❼。

2.由主要保單負責

某些保單可能會以文字說明：「當存在其他保單，其保障目的比本保單更直接與被保標的物相關時，由該保單負責補償。」這種文字敘述經常出現於綜合性保單，例如住家綜合保險將汽車損失排除，因為汽車可由車險保單負責，故不將其視為一般動產而由住家綜合保險保單補償。當有針對特定財產所投保之保單存在時，則概括性未明列財產項目之保單將退出賠償行列。例如珠寶流動保單專門針對珠寶，而住家綜合保險僅將珠寶概括在一般動產中，因此當珠寶受損時，應由珠寶流動保單負責補償。

3.以保險金額比例分攤

各保險人就其所承保之保險金額比例承擔損失。例如甲、乙、丙三位保險人分別承保張三房屋之火災保險，保險期間均為 2012/1/1 至 2012/12/31，承保金額分別為五十萬元、一百萬元、一百五十萬元。張三房屋於 2012/2/2 發生火災，實際損失一百二十萬元，則甲、乙、丙三位保險人之損失補償分擔比例為：

甲之賠償金額 = $120 \times [50 \div (50 + 100 + 150)] = 20$ 萬元

乙之賠償金額 = $120 \times [100 \div (50 + 100 + 150)] = 40$ 萬元

丙之賠償金額 = $120 \times [150 \div (50 + 100 + 150)] = 60$ 萬元

4.以賠償金額比例分攤

先將各保險人之保單視為獨立，計算其應賠償之金額，而後再就應賠償金額比例分擔。如上例，甲、乙、丙三位保險人獨立賠償金額分別為五十萬元、一百萬元、一百二十萬元。則甲、乙、丙三位保險人之實際理賠金額為：

甲之賠償金額 = $120 \times [50 \div (50 + 100 + 120)] = 22.2$ 萬元

乙之賠償金額 = $120 \times [100 \div (50 + 100 + 120)] = 44.5$ 萬元

❼ 參閱「保險法」第 37 條。

丙之賠償金額 = 120 × [120 ÷ (50 + 100 + 120)] = 53.3 萬元

5. **以保險契約順序賠償**

倘若多重保險之保險契約具有優先順序之排列，例如「**基本保險**」(primary insurance) 與「**超額保險**」(excess insurance)，則保險人依順序補償。當第一位保險人之保險金額用盡時，才由第二位、第三位、……等保險人賠償。如上例，倘若保險人之賠償順序為甲乙丙，則甲應賠償五十萬元、乙應賠償七十萬元，而丙則不須賠償。

第四節　責任保險之損失補償

責任保險之損失理賠，較之財產保險更為耗時費事。由於損失理賠牽涉受害之第三人，受害人平白發生意外危險事故，必然對於損失理賠不容易妥協。尤其是涉及人身傷害，則理賠之處理往往相當複雜。歐美國家之責任保險理賠，必須就受害狀況實際賠償損失，因此對於若干嚴重體傷之個案，有時理賠處理將拖延數十年才能結案。因此責任保險一向是保險人相當棘手之保險產品，損失理賠經驗並不穩定，且隨著經濟與社會趨勢變動。近年來賠償金額愈趨龐大，經常造成保險人之虧損。我國之責任保險市場尚在起步階段，除汽車責任保險外，目前其他險種之業務量相當小，整體而言責任保險經營運作方式尚未成熟。因此本節所討論之責任保險損失理賠問題，主要以美國之責任保險的經營為基礎。以下分別就一、損失賠償範圍及其理賠成本，二、保險期間等二方面加以說明。至於多重保險之處理，與財產保險類似，不再贅述。

一、損失賠償範圍及其理賠成本

責任保險之賠償範圍，主要是針對被保人因疏忽或過失行為致使第三人發生傷害，其所應負之法律責任，一般上包括下列三方面之傷害，以及相關之法律費用：

1. **身體傷害**

被保人因疏忽或過失行為而致使第三人發生身體傷害，其應負法律賠償責任之經濟損失，由保險人代為補償第三人，但以保險金額為上限。第三人是指非屬被保群體之其他人，亦即不是列名被保人或相關被保人，不論其是否具有行為能力，亦不論年紀、性別、國籍等。身體傷害包括任何外傷、疾病或死亡，凡是使其身體健康功能較之受害前衰退者，均是造成身體傷害。身體傷害之理賠成本與健康保險或傷害保險之成本相似，必須補償受害人醫療與照護費用、復健費用，以及失能所得或殘廢給付等，這些體傷之補償可能拖延數十年❽。倘若受害人死亡，則應賠償其遺族若干死亡補償金。

此外，類似財產保險之間接損失，受害人由於身體傷害可能導致其本人或家屬之心理或精神的傷害。例如身體殘廢可能使其失去社交生活，或造成自卑感等。若是受害人死亡，則其遺族亦可能有心理或精神上之傷害。這些因體傷而引起之心理精神傷害，被保人亦應負法律賠償責任，因此亦屬於責任保險之補償範圍。心理精神傷害之賠償往往爭議較大，因為並無賠償責任之具體衡量標準，多數是仰賴律師之辯護能力，有時賠償金額相當龐大，有時則尚屬合理範圍。

大致上而言，身體傷害是責任保險理賠處理較困難之部份。因為先進國家通常相當重視人權，一旦發生嚴重之身體傷害或死亡，賠償責任必然無法輕易擺脫。除賠償金額龐大原因外，另一重要因素則是理賠拖延時間相當長，保險人不易結清檔案，因此單是行政管理成本就成為一項負擔。

2.財物損毀

被保人因疏忽或過失行為致使他人財物發生損毀，應負法律賠償責任，責任保險可補償其經濟損失，但以保險金額為上限。財物損失價值之認定，如同前述之財產保險一般，視各種財物之類型而採用適當之評價方法。由

❽ 美國對於體傷責任是採實支實付方式，若是第三人傷殘而需賠償長期照護與失能所得，則責任保險實支實付可能長達數十年。因此，責任保險常稱為長尾業務 (long-tail lines)，相對地，財產保險之理賠大多可於三年內結案，故稱為短尾業務 (short-tail lines)。

於財物之損失較為明確，不致拖延或復發，大多數財產理賠案件可在三年內完成賠償責任。因此通常保險人較容易結清理賠，是責任保險理賠中較為單純之部份。

3.名譽傷害

有些時候被保人因言辭或文字等不當之使用，而造成第三人名譽上之傷害，被保人必須負法律賠償責任。有些責任保險保單可能提供這方面之保障❾。通常名譽傷害之賠償金額，必須藉由談判或訴訟而決定，並無明確之損失衡量方法。

4.法律費用

責任保險之補償範圍，除上述三項被保人對第三人傷害之法律賠償責任外，保險人並且補償被保人之辯護或談判等各種相關之法律費用。

二、保險期間

保險保單之補償責任，一般上均以危險事故發生於保險期間內為理賠之要件。對於保障被保人本身之人身或財產損害之險種，例如人壽保險或財產保險，這項規定並未發生執行上之困難。因為被保人一旦發生保單之危險事故，將依據保單所規定之通知義務，於短時間（例如五日）內通知保險人。因此損失之原因較易保存，保險人在進行理賠調查時較為單純。然而對於責任保險而言，卻有若干潛在問題難以解決。責任保險保單必須等待受害人申請求償，保險人才進行損失補償，而受害人究竟何時會前來求償，保單並未能予以限制。近日責任保險之賠償訴訟益形複雜，因為科技發達，若干身體或財物傷害，並未在事件發生時立即顯現。有些傷害往往事隔多年之後才發現，或是逐漸累積多年才會出現徵兆，例如輻射鋼筋污染所致之疾病。倘若必須追溯損害發生時點之保單，在實務上可能面臨困難，因為有時難以確認傷害何時開始。此外，有的傷害是累積多年才形

❾ 一般上責任保險保單均有補償體傷與財物損失，但是對於名譽傷害則不必然包括在內。例如汽車責任保險即不承保名譽傷害，而商業責任保險保單可能會承保廣告或出版品所造成之名譽傷害。

成，很難追究特定之肇事人或原因。因此責任保險發展出另一種類型保單，是以申請求償之時間為保險人責任認定之基礎。下文分別說明此二種保險期間之特色。

㈠發生基礎

所謂「**發生基礎**」(occurrence basis) 之保險期間，乃是第三人因被保人疏忽或過失行為而導致之損害，必須發生於保險期間內，保險人才負有賠償之責任。這種保單規範如同財產保險一般，是以意外危險之發生是否在保單之保險期間內，作為判定保險人補償責任之標準。不論受害人何時提出求償申請，承保該事件發生期間之保險人應負補償責任。「發生基礎」保險期間是保單設計之傳統方式。目前個人保單多採用此種基礎，例如汽車責任保險或住家責任保險等，而若干商業責任保險保單亦屬此類。

例如張三在 2007 年因使用 ABC 公司之產品，而使身體受某種毒素之感染。這種毒素當時並未立即顯現其損害，然而張三在 2012 年因身體不適，前往醫院就醫時才發現是這項毒素使其致病，因此張三向 ABC 公司要求賠償。由於毒素感染事件發生於 2007 年，因此 2007 年承保 ABC 公司產品責任保險之保險人甲，必須負責處理張三之求償理賠。

以損害之發生是否在保險期間內，作為補償責任之認定基礎，固然理論上符合保險制度之基本原理，對於被保人給予較明確之保障時間。然而實務上這種處理方式，對於保險人之成本控制與費率計算，卻發生若干問題。因為倘若各年度之補償水準相差不大，保險人對於已發生卻尚未求償之損失，可參照以往之經驗而予以估計，大致上仍可獲得合理之成本預算。但是若各年度之理賠成本波動程度大，則保險人將難以估計成本與計算公平費率。如上例之保險人甲，可能未將張三之求償一百萬元列入 2007 年之理賠成本，因此在釐訂 2008 年之費率時，可能產生低估之現象。

㈡求償基礎

在 1970 年代以前，經濟與社會環境變化較少，發生基礎之保單大致上並未產生困擾。然而隨後之高度通貨膨脹，以及社會環境對於賠償責任之要求增加，因此責任保險之理賠成本呈現大幅度成長。類似之損害事件，十年前之求償水準，與十年後之要求可能有數倍之差距，因此保險人所釐訂之費率無法反映其理賠成本。為改善保險人之經營困境，於是對於某些商業性保單，因其責任危險可能有長時間潛伏期，例如醫藥或產品責任保險，可改採用「**求償基礎**」(claim basis) 之保險期間。

在求償基礎下之保單，保險人保障被保人在保險期間內受人求償之經濟損失，不論受害人之傷害是否發生於本保險期間，因此保險人容易計算其各年度之理賠成本。如上例，張三於 2012 年向 ABC 公司要求賠償，則由 ABC 公司 2012 年之保險人乙負責賠償。就保險理論上而言，求償基礎亦有其合理之處，因為被保人責任危險之經濟損失，乃來自受害人之求償，而非在於疏忽或過失行為之發生。

但是從保險人之觀點而言，可能產生逆選擇問題：被保人知道本身發生賠償責任之機率甚高因而購買保險。例如 ABC 公司在 2011 年時，發現 2007 年所製造之藥品可能對某些體質之人有傷害，可能未來會有賠償訴訟發生，因此決定投保產品責任保險。因此實務上保險人往往在保單上設定限制，要求損害之發生日期必須在保單之前若干時間以內，否則保險人不予理賠。

如上例，2012 年保險人乙之保單是求償基礎保障，契約上規定本保險期間內之求償，其危險之發生日期必須在 2011/1/1 以後，換言之，僅有一年之「**追溯期**」(retroactive period)。因此 ABC 公司在 2007 年所賣出之產品將無法獲得保障。由於實務上對於初保之被保人，往往不提供任何追溯期，因此求償基礎保單之被保人必須年年續保，一旦中斷或改換其他保險人，將可能失去保障，對於被保人相當不利。為減輕這些不利情況，目前有些責任保險保單提供較長之求償報告時間。例如損失發生於保單期間內，但在保單到期之後一段時間（例如六十日或五年）內提出求償者，亦可獲得保障。總而言之，隨著經濟與社會之變化，保單將不斷發展創新，以配合市場之需要。

第五節　自負額之類型[10]

基本上財產與責任保險之目的，在於補償被保人經濟上之實際損失，提供意外危險之保障。但是由於被保人之道德危險，可能利用保險保障而額外獲利。例如對於自己不想保存之財物，故意任其損毀或遺失，而後向保險人申請損失補償，以換取若干現金收入。這種道德危險在經濟不景氣時尤其明顯。保險人除於核保過程謹慎篩選被保人外，並且經常於保單中設置若干條款，規範被保人分擔損失成本，以減少被保人之道德危險與保險人之財務虧損。財產與責任保險常見之損失分擔方式有下列數種：

一、扣除額

若干財產保險保單為加強被保人之損失控制意識，並避免小額損失之理賠行政成本，可能規定損失在若干金額以下，應由被保人自行負責，保險人不予理賠，超過「**扣除額**」(deductible) 部份才由保險人理賠。例如張三所投保之住家綜合保險保單，規定個人財物損毀之扣除額為一萬元。今張三個人財物損失九千元，則全部由張三自行承擔損失。反之，若是其財物損失為一萬二千元，則張三自行承擔一萬元，而保險人補償超出扣除額部份之二千元。對於具有時間因素之損失賠償，扣除額可用等待時間表示。扣除額之處理方式與第十二章之健康保險類似，此處不再贅述。

二、免責額

某些財產保險，例如海上保險，採用「**免責額**」(franchise) 方式以分擔損失。當被保人所發生之損失小於免責額，則由被保人自行負擔損失。倘若所發生之損失超過免責額，保險人將補償全部損失，被保人不必共同分擔。如上例，若是以一萬元為免責額，當張三發生九千元損失時，則由其自行負擔九千元；而若是發生一萬二千元損失，則保險人賠償全部一萬二

[10] 此處所稱之「自負額」乃是泛指各種被保人分擔成本方式，並非一般狹義定義之扣除額。

千元。免責額可能以百分比方式表達，例如保險金額之 5% 等。基本上，免責額目的在於減輕小額理賠之行政成本，對於抑制道德危險之效果較小。因為被保人可能將損失擴大以超出免責額界線，如此將可獲得全額補償。如上例，張三發生九千元損失時，可能將其擴大為一萬零一百元，因而獲得保險人之理賠。

三、共保條款

財產保險之共保條款與健康保險之共保比例並不相同。健康保險之共保比例僅是單純地分擔損失，例如被保人分擔 10% 之醫療費用等。財產保險之**「共保條款」**(coinsurance clause)，乃是保險人對於被保人應投保金額之要求。通常以百分比表示，例如 90%，表示被保人應投保之金額至少必須是損失發生時之保險標的物價值的 90%，否則未來發生危險事故時，保險人並不全額理賠，被保人將必須分擔部份損失。保險人之賠償金額計算公式如下：

保險人賠償金額＝（財產實際損失）×〔保險金額÷（損失發生時之保險標的物價值×共保比例）〕

＝（財產實際損失）×（保險金額÷應投保金額） (14.4)

茲以若干範例說明如下。

範　例

範例一： 損失發生時保險標的物價值一百萬元，實際損失五十萬元，共保比例為 100%，被保人投保一百萬元。

保險人賠償金額 $= 50 \times [100 \div (100 \times 100\%)]$

$= 50$ 萬元

被保人分擔損失 $= 0$ 元

範例二： 其他假設同範例一，但被保人投保八十萬元。

保險人賠償金額 $= 50 \times [80 \div (100 \times 100\%)]$

$= 40$ 萬元

被保人分擔損失 $= 50$ 萬元 $- 40$ 萬元 $= 10$ 萬元

範例三： 其他假設同範例一，但共保比例為 80%，被保人投保八十萬元。

保險人賠償金額 $= 50 \times [80 \div (100 \times 80\%)]$

$= 50$ 萬元

被保人分擔損失 $= 0$ 元

範例四： 其他假設同範例一，但共保比例為 80%，被保人投保六十萬元。

保險人賠償金額 $= 50 \times [60 \div (100 \times 80\%)]$

$= 37.5$ 萬元

被保人分擔損失 $= 50 - 37.5 = 12.5$ 萬元

四、保單賠款限額

上述三種成本分擔方式通常只用於財產保險，並不適合責任保險。責任保險保單一般上並不要求被保人自行負擔小額理賠，因為這可能造成理賠報告之延誤，反而導致損失賠償之擴大。但是保險人為保障本身之財務安全，避免巨額賠款造成無力清償之現象，通常對於責任保險之賠償金額，採取設置上限方式。超出此上限金額之損失，保險人將不負賠償責任，必須由被保人自行負擔損失。當然，這種「**賠款限額**」(policy limit) 方法亦可適用於財產保險保單。

賠款上限可能就每一事故、每一受害人或財產、或是每一保單等設立標準。例如汽車責任保險常規定：每一受害人最高賠償三十萬元，每一車禍事故最高賠償一百萬元，全年賠償總金額最高上限三百萬元等。或是住家綜合損失保險規定：房屋之損毀賠償最高限額一百萬元，個人財物火災損失賠償上限三十萬元，個人財物竊盜損失賠償上限二十萬元等。

第十五章 財產保險產品

本章目的

本章內容在於介紹數種常用財產保險產品之特色。讀完本章之後，讀者應該能夠回答下列問題：

1. 火災保險之承保範圍為何？
2. 住家綜合保險之承保範圍為何？
3. 汽車損失保險之承保範圍為何？
4. 海上保險之承保範圍為何？
5. 內陸運輸保險之承保範圍為何？
6. 竊盜保險之承保範圍為何？

前言

隨著經濟與社會環境之發達，各式各樣財產種類繁多，而容易遭受損毀之危險事故亦不勝枚舉，因此財產保險之產品種類相應地多樣而複雜。財產保險已有數百年之歷史，自早年之海上保險、火災保險，至近日之住家綜合保險。在歐美先進之保險市場中，財產保險之產品可能有二、三十種之多，並且隨環境變動而繼續不斷地發展。限於篇幅，本章僅就其中較重要之險種予以介紹。火災保險是相當典型之財產保險，歷史悠久，且為國人辦理房屋貸款之必備文件，與消費者關係密切，因此首先介紹。同樣是作為房屋貸款之信用憑證，美國家庭現今多改採住家綜合保險，以擴大保障範圍，並配合消費者之購買便利性。汽車保險業務量為財產保險市場之第一位；海上保險對於國際貿易具有重大貢獻；內陸運輸保險之保障範圍包羅萬象，適合針對特定財物之投保；而竊盜保險則是文明社會經常需要之保險產品等。這些保險產品對於個人家庭，或是企業組織均有其重要性。因此下文分別就這些險種之保單內容加以探討，包括承保範圍、除外責任，以及費率釐訂之因素等。

第一節　火災保險

火災是人類自古以來即已認識之危險事故，火災危險之發生往往突然而迅速，並且對於人身與財物之損毀力極高。世界各地每年喪生於火災事故者不計其數，而財產損失金額更是龐大之天文數字。「**火災保險**」(fire insurance) 是一種符合保險制度基本原理之典型產品，因為眾多類似單位面臨火災危險，趨近於大數法則之精神。火災危險突然而偶發，所導致之財產損失可有明確之經濟衡量標準。火災是建築物損毀之最重要原因之一，因此在世界許多國家中，銀行或融資機構授與房屋貸款時，往往要求借款人必須投保火災保險，以增加債權之保障。

火災保險不論是對於個人家庭或是企業組織，均是一種重要之危險管理工具。本節分別就火災保險之承保範圍、除外責任，以及費率影響因素等三方面加以說明。

一、承保範圍

分析火災保險之承保範圍，可由保單所承保之危險事故、承保財產，以及保險人對於損失之補償責任等方面探討。

㈠承保之危險事故

由於火災保險乃是保障財產因火災而發生之損失，因此首先必須定義「火災」之意義。傳統上往往將火區分為「**善火**」(friendly fire) 與「**敵火**」(hostile fire)。前者代表提供生活之需，例如炊、煮、驅寒等，對於人類有正面貢獻之火。這些火在正常使用情況下，通常不會被視為火災。而後者則是造成人身或財物損失災害等異常之火，亦即俗稱之火災，這些火已經超出一般正常用火之範圍。就火災保險而言，無論火源本身最初之目的是提供能量，或被人惡意縱火，一旦火源失去控制而釀成災害，其結果對於財產之損毀乃是相同，因此均可視為火災危險。財產損失是否屬於火災保險之承保範圍，關鍵在於其損毀是否為火災所造成。至於起初發火原因，除非是屬於不保危險（見下文），否則並不影響保險人之賠償責任。

火災保險主要是保障因火災所致之財產損失。然而有若干與火災危險之發生或善後有密切關連之損失，由於難以分割因果關係，通常亦一併包括於火災保險之保障範圍內。這些相關危險包括下列項目❶：

1. 閃電 (lightning)

有些地區天乾物燥，由於天氣本身之變化而產生閃電。倘若閃電導致火災之發生，則閃電所造成之損毀，例如樹木被打倒而壓壞房屋屋頂，亦屬於火災保險之保障範圍。

2. 爆炸 (explosion)

倘若火災發生後而連帶導致爆炸，則火災保險通常予以補償，因為火災是引起損失之主要原因。但是單由爆炸本身所致之損害，按理應視為另一類危險事故，必須另行購買爆炸保險，並不屬於火災保險之承保範圍。然而若干器物發生爆炸時，例如鍋爐或瓦斯桶，往往造成嚴重傷害，可能引起火災。對於爆炸所導致之火災是否屬於承保範圍，以往各國火災保險保單之規定並不一致，有些完全不承保，有些則予以承保。現代新式保單則多傾向一併承保火災與爆炸，因為有時難以區別二者之先後順序。此外，目前之火災保險保單已經不單是承保火災一項危險事故，事實上亦承保其他數種事故，其中包括爆炸。因此即便沒有火災出現，單獨由爆炸所致之損失亦可獲得保障。

3. 高熱與煙燻 (heat and smoke)

火災過程中難免造成室內溫度升高，並且產生大量濃煙。有些財物雖

❶ 參閱我國之「住宅火災及地震基本保險」保單。

然沒有遭受火苗本身之損害，但是可能由於高溫或濃煙而發生變質或損毀，例如書畫或絲質衣物等，因此失去財物原本之價值。由於這些高熱煙燻危險多半是因火災所引起，較少獨立存在，因此將一併包含於火災危險之承保範圍。而即使未見火災出現，目前之火災保險保單亦可提供煙燻損失賠償。

4. 損失抑制 (loss reduction)

火災發生之後，不論是被保人或消防人員均緊急搶救火場之人與財物。搶救過程中難免損傷保險標的物，例如灌水而損毀地毯或家具等。這些損失與火災有密切關係，況且迅速救火防止災情擴大，將可減少保險人之理賠支出。因此火災施救過程所致之保險標的物的損毀，仍是屬於保險人之承保範圍。

㈡承保財產

火災保險所承保之財物，包括不動產與動產。不動產主要即為房屋、廠房或辦公大樓等建築物，但是並未包括土地。因為土地財產之擁有乃是一種抽象之所有權，不因火災之發生而損毀。其次，永久性固定裝潢、冷暖氣、家具，或是公司行號營業所需之固定裝潢等，常與建築物相連結而不易搬動，通常一併包括於建築物不動產之項目。建築物不動產是火災保險之主要保障目標，並常採用重置成本法評價財產之價值。其他動產，例如衣物、家電用品，以及商店貨品等建築物內之動產，一般上亦屬於火災保險之承保範圍。但是其保障金額通常另成一類單獨計算，不與建築物不動產合併。這些動產由於容易移動，道德危險較高，因此保險人往往僅提供部份保障，設有損失補償上限，並且評價多採實際現金價值法。例如保單上可能有下列敘述：「……建築物內動產，其保險金額為建築物保險金額之百分之三十，但最高以新臺幣五十萬元為限，……。」

㈢承保損失

火災保險對於所承保財產之損失補償，僅及於保險標的物本身損毀之直接損失，並不包括因其損毀所衍生之其他經濟損失。例如建築物發生火災，則保險人僅補償建築物損毀修復所需之成本，對於被保人因此而喪失之租金收入、預期利益、違約金、其他間接損失或對第三人之損害賠償，並不負賠償責任❷。

二、除外責任

火災保險保單通常列有若干保險人除外責任之規定。保險標的物凡是在這些除外責任項目下所發生之損失，被保人將無法獲得保險補償，必須自行承擔損失。除外責任對於求償權利有重要影響，被保人在購買保單時應詳細研讀。一般上火災保險之除外責任包括二部份：除外危險事故與除外財物，分別說明如下。

㈠除外危險事故

火災保險雖然承保財產因火災所致之損失，然而保險人基於避免巨災危險導致財務虧損，或是防範被保人本身之道德危險，通常對於下列原因或危險事故或其所引起之火災，不負賠償損失之責任❸。

a. 各種放射線所引起之火災與輻射污染。

b. 原子能所引起之任何損失。

c. 戰爭或類似軍事活動、叛亂、扣押、徵用、沒收等。

d. 火山爆發、地下發火。

e. 政府命令之焚毀或拆除。

f. 要保人、被保人或其家屬本身縱火，或是教唆他人縱火而引起之火

❷ 但目前我國之住宅火災及地震基本保險保單，對於因建築物損毀而發生之臨時住宿費用（屬間接損失），則有提供補償。事實上，為增加消費者之便利，我國之住宅火災保險保單之承保範圍，已不是基本之火災保險，而是火災以及若干附加保險。

❸ 除外危險事故之項目可能與各地區之自然或社會環境有關，各地區之保單不盡相同。例如森林大火所引起之火災在某些地區亦是除外不保事故。

災。

前四項原因所致之火災往往規模龐大，容易成為巨災損失，保險人之財力可能無法負擔，因此將其除外不保。第五項之政府下令焚毀，大多有特殊之政治或法令原因，例如強制驅離該地等。保險契約必須配合法令而行，因此與政府或法令牴觸之危險事故通常不予補償。最後一項則是避免要保人或被保人縱火以詐領保險金之道德危險。

㈡除外財物

火災保險雖然承保動產與不動產等大多數財物，但是若干量小而價高，容易在火災中遺失或被移動之財物，通常是除外不保。因為發生被保人道德危險之機率較高，或是理賠調查困難，以及損失估計不易等，所以實務上保險人多不予以承保。保單常列之除外財物包括：

a. 金銀條塊及其製品、玉石、珠寶、首飾、古玩、藝術品。

b. 貨幣、郵票、股票、債券、票據等有價證券。

c. 文稿、圖樣、圖書、模型。

d. 各種文件、證件、帳簿或其他商業憑證簿冊。

e. 各種動物或植物。

f. 爆炸物。

g. 機動車輛及其零配件。

上列 a～e 五項大抵因理賠或估價困難而不被承保，f 項爆炸物則因其發生火災機率高於一般動產，因此不適合一起承保。而 g 項機動車輛則因有汽車保險保單可承保，因此不需重複承保。除上述常見之不保財物外，個人家庭與商業用途之火災保險保單，因保險標的物不同，可能會另有規定一些除外不保財物。例如住宅火險並不包括承租人之動產，承租人必須自行購買保單；而商業火險則不承保被保人員工所擁有之動產等。

三、費率影響因素

火災保險之費率通常採用分類費率方式。依據大數法則原理，將同類型之建築物或動產歸納分類，而後就各類別收取其平均費率。此外對於較複雜之商業建築物，則可能考慮個別差異性，而予以費率上之調整。近年來由於電腦與資訊科技之進步，費率計算方法將可更精確，不必局限於傳統之分類費率。一般而言，火災保險費率之主要影響因素包括：㈠建築物構造，㈡座落地點，㈢用途，㈣防火設施等，分別說明如下。

㈠建築物構造

建築物構造對於火災損失之大小具有關鍵性影響力。建築物所用之材料，例如磚造或木造，對於起火燃燒以及往後延燒之速度均有所差異。另一方面房屋本身之結構，例如平房或大樓，或是高度與面積等因素，對於火災損失均有若干程度之影響。

㈡座落地點

建築物所在之地點亦可能影響火災之發生頻率或損失嚴重性。例如位於天乾物燥之地理區，或是左右房屋密集之都市，其發火或被延燒之機率較一般建築物為高。另一方面建築物之左右鄰居若是從事危險行業，例如瓦斯行或爆竹店，火災發生機率可能增加。因此建築物座落在工商業地區或是鄰近工廠，通常火災保險費率較座落於鄉村或住宅區為高。

㈢用　途

建築物本身之使用目的，當然會影響火災發生之機率。例如工廠較之商業辦公室容易發生火災危險，餐廳較之住宅容易發生火災等。因此營業用途之建築物，其火災保險費率通常高於一般住宅。

㈣防火設施

建築物本身倘若裝置消防設備，通常可獲得若干費率折扣。因為這些消防設備具有迅速救火之功能，可控制火災損失之擴大，減輕保險人之賠償責任。因此保險人對於有裝置防火設備之建築物，將採用較低之費率水準。

財產保險之費率計算原理，可參閱本書第五章第三節，此處不再贅述。基本上，保險人先分析各種影響預期損失之因素，其次將保險標的物依其所具有之因素加以分類，最後則依據各類組之預期損失計算基本費率。表 15–1 示範住宅火災保險之基本費率方式。

表 15–1　火災保險之基本費率

（每千元計費）

使用性質	建築物等級				
	特等一	特等二	頭等	二等	三等
住　宅	0.39	0.47	0.56	0.87	1.15
公共宿舍	0.74	0.89	1.07	1.65	2.19
連棟住宅	1.01	1.22	1.46	2.25	2.99

此外，各類組內之建築物仍有若干個別差異，因此需予以費率增減調整。例如樓層高度在第十五～二十四層者加費 10%，而二十五層樓以上者加費 15% 等❹。而後計算火險保單之費率，如公式 (15.1) 所示：

住宅火險費率 = 基本費率 ×(1 + 高樓加費 + 營業加費 – 消防減費)　(15.1)

例如張三之住宅位於 A 公寓（屬特等二級）之五樓，並無營業亦無裝設消防灑水系統，保險金額一百萬元，則其保費 = (1,000,000 ÷ 1,000) × 0.47 = 470 元。同棟建築物之李四的住宅位於十七樓，並無營業但有裝設消防灑水系統，假設消防減費係數為 0.07，保險金額一百萬元，則其保費 = (1,000,000 ÷ 1,000) × [0.47 × (1 + 0.10 – 0.07)] = 484 元。

第二節　住家綜合保險

「住家綜合保險」(homeowners insurance) 保單是美國 1950 年代以後之新產品。這種保單可同時保障與住家有關之多種危險事故，減少消費者逐項購買之時間與成本。傳統上一個家庭為保障危險事故對於住家或個人財

❹ 資料來源：中華民國產物保險公會，2010 年。

產之損毀，可能必須購買火災保險、颱風保險、地震保險、水災保險、竊盜保險……等。颱風或地震等保險雖然可以批單方式附加在火災保險保單上投保，然而手續上較為麻煩，並且逐項加保難免仍有疏漏之處。美國自從 1950 年代開放綜合性保單，可將多種危險套裝成為一份保單，提供消費者更完整之保障後，住家綜合保險即已取代火災保險，成為個人家庭用以保障汽車以外之財產的最重要保單。住家綜合保險在美國產險市場中，是業務量僅次於汽車保險之個人產險保單❺，可見其對於個人家庭財產保障之重要性。本節分別就其承保範圍、除外責任與費率影響因素等加以說明。

一、承保範圍

住家綜合保險保單是一種套裝式保險產品，同時保障住家之財產與責任危險，大多數保單之承保範圍包括下列六方面。前四項保障被保人本身之財產損失，屬於財產保險。而後二項則是保障被保人之責任賠償損失，屬於責任保險。

㈠住家建築物

「住家建築物」(dwelling) 乃指住家房舍結構部份，是本保單之基本保障項目，如同火險之住家建築物。保單對於住家建築物之保障，涵蓋原先火災保險及同類業務附加保險，以及若干其他危險事故所致之直接與間接損失。被保人可選擇基礎型，提供火災、風災、爆炸、暴動、竊盜等十多種指名危險之保障；或是選擇概括式危險保障，僅有少數幾項巨災危險事故除外不保。

㈡其他建築

倘若被保人除住家房舍之主建築物外，尚有其他與主建築物不相連接之**「其他建築物」**(other structures)，例如獨立之車庫、涼亭等，則可將這

❺ 參閱 *Property/Casualty Insurance Fact Book* (2010), Insurance Information Institute, NY, U.S.A.，或本書第十三章表 13-1。

些其他建築物納入本項目之保障❻。所承保之危險事故範圍通常與第一項相同，但是所提供之保障金額通常低於住家建築物，僅為其某一比例。

㈢一般動產

對於不必逐項列表之「**一般動產**」(unscheduled personal property)，住家綜合保險提供相當廣泛之保障。不論這些財物是在家中損毀，或是被保人出門旅遊遭受損失，只要不屬於除外危險事故與除外財物，均可能獲得保險保障。換言之，本項目不僅涵蓋火險對於固定地點之個人財物的保障，並且亦將流動保單對於移動中財物之保障一併納入。

㈣額外生活費用與租賃價值

住家房舍發生損毀之後，被保人必然需要另行租屋居住，因此將發生「**額外生活費用**」(additional living expenses)。或是房舍原本一部份出租他人，如今發生損毀將喪失「**租賃價值**」(rental value)。這些衍生損失均是本項目之承保範圍，因此住家綜合保險可提供火災保險保單所缺乏之間接損失保障。

㈤綜合性個人責任

「**綜合性個人責任**」(comprehensive personal liability) 乃是提供概括性個人責任危險之保障。當被保人因在保險標的物之處所發生意外事故，致使第三人遭受人身或財物之傷害，依法必須負賠償責任時，可由本保單予以補償。例如訪客在被保人房舍處所發生人身或財物損失，或是房舍火災而延燒鄰居之財產等，而使被保人負有法律賠償責任。總而言之，除汽車責任危險以外，大部份個人責任危險均納入此保單之保障範圍，對於消費者而言相當方便。

---

❻ 我國之住宅火災保險保單所保障之「建築物」，並未區別住家建築物與其他建築物，而是一併包括在「建築物」項下。參閱陳彩稚 (2006)，pp. 142–144。

㈥他人醫療費用

美國之住家綜合保險並且提供一項「**他人醫療費用**」(medical payments to others) 之保障，即是對於第三人之醫療費用補償。當第三人在被保建築物處所發生身體傷害，則不論被保人是否有過失責任，保險人均補償受害人之醫療費用。因此這是一種無過失 (no-fault) 之保障方式，目的在於協助受害人迅速就醫。倘若事後調查發現被保人有過失責任，則受害人仍可藉由訴訟，要求人身傷害之補償。而這些有過失責任之補償，應由上述之第五項「綜合性個人責任」保障負責。

二、除外責任

若干危險事故或財產必須列為除外責任，其基本原因大致上與火災保險保單類似，是為了避免巨災損失，或是防範被保人道德危險。住家綜合保險對於其第一至第四項承保範圍（即財產保險部份）之除外危險，雖然各有特殊規定，但是下列項目之除外危險，則是適用於全部被保財產：

a. 地層移動。

b. 洪水或其他水患。

c. 戰爭或類似戰爭活動。

d. 被保人故意引起之損失。

e. 建築法規修改。

f. 公共水電瓦斯中斷所致之損毀。

其次，對於第五項有關個人責任保險部份，其除外責任包含下列項目：

a. 被保人故意引起之損失。

b. 因商業活動而發生之損失。

c. 被保人提供專業服務所致之損失，這部份必須另行投保商業責任保險。

d. 並非發生於本保險保單所承保之處所上的損失。

e. 汽車或私人飛機等交通工具之責任危險。

f. 戰爭所致之責任危險。

g. 對於被保人或其家屬之人身或財物的損毀。

三、費率影響因素

綜合性保單之費率，事實上是針對各部份保障分別計算，如同購買六張保單一般，但是可省去若干附加費用。在保險人所設定之上下限內，被保人可就各部份之保障決定其保險金額，而後加總計算應繳納之保費。住家房舍部份，其費率影響因素類似火災保險，大致上與建築物結構、座落地點、用途，以及損失控制設施等項目有關。至於其他建築物通常是比照住家房舍，但是投保金額較低，僅是第一部份之某一比例。一般動產與額外費用，其考慮因素與房舍亦相近，因為這些財物所以發生損失，多數是由於房舍發生意外危險。

至於責任保險部份主要是針對保險標的物所在處所之場所責任危險。因此必須考慮房屋構造，例如平房或高樓，座落地點，使用目的，以及損失控制設施等，與房舍之費率因素大致相同。此外，由於涉及人身傷害之補償，因此必須考慮標的物所在地之醫療費用水準。

最後一項關於第三人之醫療費用補償，其費率因素可能與保險標的物出險機率有關，因此仍是考慮建築物結構與用途等因素。此外，當地之醫療費用水準則會影響理賠支出，因此亦須納入費率因素。

第三節　汽車損失保險

汽車已成為今日文明社會之主要交通工具，隨著汽車之普遍使用，提供意外危險保障之汽車保險乃是不可或缺之必需品。在世界各地之主要保險市場，汽車保險一向居產險業務之領導地位，市場佔有率可能接近百分之五十，例如美國。而我國因其他險種業務量小，相對上汽車保險比重更高，因此佔有率有時甚且超過百分之五十❼。汽車保險通常包括二部份：

❼ 此處之數字是以全部汽車保險業務而言，包括汽車損失與責任保險，個人與商業保單等，而非單指汽車損失保險。

保障被保人本身汽車之「**汽車損失保險**」(automobile physical damage insurance)，以及保障被保人因車肇事致使第三人損傷之賠償責任的「**汽車責任保險**」(automobile liability insurance)。本章先行介紹財產保險部份之汽車損失保險，而汽車責任保險部份則於下一章再予以說明。同樣地，本節分別就承保範圍、除外責任，以及費率影響因素等三方面進行討論。

一、承保範圍

基本上汽車損失保險主要是保障汽車遭受多種危險事故之直接損失。至於間接損失之保障，則隨各國之社會環境或地理因素而有較大之差異。例如有些地區可能提供若干汽車修理期間之交通費用補償❽。汽車損失保險一般上是屬概括危險（全險）之保障方式，除若干除外事故外，其他任何造成汽車損害之危險事故均包括在承保範圍內。然而保單對於保障內容之劃分，可能隨各地區之社會環境而不同。例如美國由於汽車發生損失之最主要原因乃是碰撞，因此在美國保險市場中，將汽車損失保險細分為「**碰撞危險**」(collision) 與「**其他綜合危險**」(comprehensive) 二項。其中碰撞危險是屬於特定危險事故，而其他綜合危險則是碰撞以外之其他危險事故，屬於概括危險之保障方式。被保人可分別就這二項目選擇投保金額，而費率亦針對各部份分別計算。但是我國由於汽車竊盜危險較為嚴重，因而將汽車損失保險區分為竊盜危險與其他車體損失危險二部份，以配合目前我國車險市場之出險情況。然而無論如何，汽車損失保險通常保障汽車因下列危險所致之損失，其中有些項目是基本保障，有些則是可以附加保險方式承保❾。

---

❽ 我國汽車損失保險保單並不提供附帶損失保障，因此並不補償修車期間之交通費用。

❾ 我國之汽車損失保險保單分為甲式、乙式、丙式三種。甲式提供保障最多，包括碰撞、傾覆、火災、閃電、雷擊、爆炸、拋擲物、墜落物或第三者之非善意行為所致之損失等，丙式保障最少，僅承保碰撞與擦撞事故。參閱中華民國產物保險商業同業公會之「自用汽車保險單條款」。

1. 碰　撞

被保汽車受到其他汽車或外來物體之撞擊所導致之損失，不論汽車是在行駛中或是停放期間發生均屬之。

2. 火災及相關天然災害

這些危險通常是屬於其他綜合保險項目下之承保範圍，大致上包括火災、閃電、爆炸、地震、風災、水患等所致之損失。惟各國保單對於天然災害之保障範圍並不相等，較傳統之保單可能僅及於火災、閃電與爆炸，而其他災害必須以附加保險方式加保。例如我國保單將地震、颱風、水災等列為不保危險，必須另外以附加保險方式投保。

3. 人為因素所致之危險

罷工、暴動、各種惡意行為，以及拋擲物、墜落物等所致之汽車損毀。

4. 竊　盜

汽車被不明人士竊取所致之損失。

5. 緊急處理費用

汽車發生損毀而必須立即拖吊以免妨礙交通，這些緊急處理所發生之費用，保險人亦可予以補償。

6. 代用汽車之租金補償

當汽車發生損毀之修理期間，或是汽車被竊之追尋期間，被保人可能必須租用其他汽車使用，此即汽車損毀之衍生損失。有些地區之汽車損失保險可予以補償，但是通常有限制每日最高補助金額，意即代用車必須與原先汽車之水準相近，以免被保人有額外利得之情況。

二、除外責任

汽車損失保險保單通常有若干除外不保危險或財物，保險人對於這些項目不負賠償責任。汽車損失保險之除外責任大致上包括：

a. 戰爭或類似戰爭之活動。

b. 核能或輻射污染。

c. 政府機關之充公沒收或扣押。

d. 被保人故意或唆使他人損毀汽車。

e. 老舊、鏽蝕、冰凍等自然耗損。

f. 非固定於汽車之音響設備。

g. 任何附加裝置之電視、布篷等。

h. 任何置放於汽車內之衣物、用具等。

三、費率影響因素

汽車損失保險費率水準之釐訂，雖然各國市場所採用之方法與考慮因素不盡相同，但是通常必須就汽車本身之性質，以及駕駛人使用汽車之狀況二方面加以考慮，以反映汽車發生損毀之頻率與幅度。常用之費率決定因素如下所列。

㈠被保人之年齡、性別與婚姻狀況

一般而言，被保人個性成熟穩定，則使用汽車通常較為小心謹慎。由於個性難以直接衡量，實務上多以被保人之年齡、性別與婚姻狀況等作為費率因素。根據統計資料顯示，成年人比青少年之肇事機率低，而女性及已婚者通常開車較為謹慎，因此費率應予以降低。然而隨著社會環境之變化，性別與婚姻狀況所反映之損失率差距已不明顯，有些地區不再使用它們作為費率釐訂因素。

㈡被保人之住所

被保人之住所代表汽車經常駕駛與停放之地區，該區之治安情況好壞將影響汽車被竊或刮損等危險之機率。因此被保人之住所亦常是費率水準之影響因素。

㈢汽車之用途

商業用途之汽車通常使用頻率高，耗損情況較為嚴重，因此其費率水準應較一般自用車為高。

㈣車輛之廠牌與年份

車輛之廠牌與年份代表汽車之價值。當汽車發生損毀或竊盜損失時，保險人必須依汽車之價值予以補償，而年份愈新與價位愈高之汽車，其潛在損失幅度較大，因此汽車損失保險之費率必然隨之愈高。

第四節　海上保險

「**海上保險**」(ocean marine insurance) 是運輸保險之一種，用以保障貨物與船隻等在航海過程中之一切意外危險。由於財物處於移動狀態之損毀機率較靜止時為高，自古以來運輸危險即受到社會大眾之重視。貨物運送人雖然有若干運送責任，但是僅對其本身過失行為所致之損失予以賠償；對於航行中之海洋固有危險，例如海嘯或濃霧等，並不負賠償責任。因此，貨物所有人必須自行購買保險，以保障運送中之財物。此外，船隻本身亦是一種有價值之財產，一旦發生損毀，對於擁有船隻之船主或其他使用人等，將造成經濟利益之損失，因此亦希望藉由保險方式而保障潛在損失。海上保險起源甚早，隨著海上貿易之興起而發展，據稱起源於十三世紀之義大利，是現代保險制度之開啟者。而十五世紀左右英國已有海上保險，之後隨著英國海上貿易之發達而蓬勃發展❿。海上保險提供水路運輸之危險保障，對於國際貿易具有重要貢獻。以下分別就其承保範圍、除外責任，以及費率影響因素等三方面加以探討。

一、承保範圍

海上保險之承保範圍相當複雜，不同於前述三種保單，通常僅是單純地一位被保人為其財物投保保險。海上保險事實上應視為一種保險類別，其下有多種保單，各保單保障不同類被保人之財產的航海危險，而非像火災保險是一份保單。大致上海上保險之保單應可分為四種形式：

1. **船體保險** (hull insurance)

---

❿　參閱 Vaughan and Vaughan (1999), p. 51。

船體保險保障船隻本身因海上危險所致之損失，例如觸礁、擱淺、沉沒等危險。被保人一般上是船主或船隻管理人、使用人等。

2. 貨物保險 (cargo insurance)

出口商或其他貨物所有人可能投保海上貨物保險，以保障貨物在運送過程中發生損毀或滅失之危險。

3. 運費保險 (freight insurance)

由於運輸本身必須產生成本，例如各種燃料、搬運，以及運送人利潤等，倘若貨物未能一次運送成功，則船主或運送人可能喪失運費收入。另一方面，貨主或托運人或許將重新運送貨物，必須發生額外費用。總而言之，船主、運送人或貨主等可能產生經濟損失，因此可就運輸費用投保保險。

4. 責任保險 (liability insurance)⓫

船主或船隻管理人、使用人等可能因船隻與他船碰撞，或是船員死傷等各類意外事故而發生責任危險，必須賠償第三人人身或財產之損失。

不論上述何種保單，基本上海上保險承保概括危險事故，其保障範圍相當廣泛。大致上其主要承保項目包括：

1. 海上固有危險 (perils of the sea)

海洋本身由於地理因素或天氣變化等引起之意外事故，例如風暴、海嘯、沉沒、擱淺、觸礁、碰撞等，以及貨物受海水浸蝕之損失。

2. 火災或爆炸

船隻與貨物可能在海上或停靠碼頭時，發生火災或爆炸等危險事故而造成損失。

3. 強盜或海盜行為

所謂強盜或海盜行為，乃是指船員以外之人以暴力方式搶奪船隻或貨物，因而使船主或貨主發生經濟損失。

4. 投棄犧牲

由於船舶發生海難時，為求減輕船隻負重迅速駛入港口，以避免船上

⓫ 本項乃屬責任保險，但因包括在海上保險項下，故一併介紹，而未置於第十六章。

人員死傷，及降低全體船貨之經濟損失，有時將拋棄部份或全部財物。這些投棄犧牲將由保險人予以補償。

5. 船長或船員等惡意行為

船長或船員因個人疏忽或過失行為，例如酒醉鬧事、盜售貨物等，而致使船隻或貨物等遭受扣押、短缺與損毀，保險人將負補償責任。

6. 戰爭危險

不同於一般本國性保單（例如火災保險）對於戰爭危險之摒除，戰爭危險在海上保險中可以利用附加保險方式承保。以保障船隻貨物在海上航行過程，因他國發生戰爭或政變等事故，對於船貨之攻擊砲轟或沒收扣押等所致之損失。因為海上保險之保險人手上擁有之業務，遍佈世界各地可以自行分散危險。某一國家之戰爭不至於造成其財務上之嚴重虧損，不同於一般本國業務保單之危險集中於一國之內。

二、除外責任

海上保險之除外危險不多，因為一般常見之戰爭、罷工暴動等除外危險，在海上保險保單中大多可以特約方式加保。因此其主要之除外責任包括：

a. 核能爆炸或污染等危險。

b. 被保人之故意行為。

c. 貨物之自然損耗。

d. 不法行為——例如夾帶走私品，致使其他正常貨物遭扣押延誤等所致之損失。

三、費率影響因素

海上保險由於承保危險之範圍相當廣泛，並且涉及國際因素，危險性質相當分歧，因此難以使用大數法則釐訂分類費率。此外，必須考慮國際市場之業務競爭狀況，因此實務上多半是仰賴保險人之專業經驗判斷，常採用判斷法以制定費率。一般而言，費率水準之影響因素大致上包括：

㈠船舶或貨物本身之條件

船舶之船齡、噸數與性能等反映船舶之價值，而其用途與類型可能影響損失發生之機率，這些基本條件必然影響費率水準。同樣地，貨物之性質與種類等代表其經濟價值，倘若發生損失，必然影響保險人之賠償責任。

㈡航行安全性

船舶航行所經過之區域或是航行季節，將影響船隻與貨物之安全性。例如若干地區之海流變化較大，或是鄰近國家暴力海盜行為較多。船舶行經這類航線，其發生損失之機率，相對地較其他安全航線為高。

㈢航海人員之紀律與管理

由於船隻與貨物在航海途中，其安危部份掌握於航海人員手中，船員之紀律與專業水準必然影響航行安全。因此釐訂費率水準時，應將這些人為因素一併納入考慮。

第五節　內陸運輸保險

相對於海上保險保障航海危險，**「內陸運輸保險」**(inland marine insurance) 則是針對鐵公路運輸之危險事故。內陸運輸保險發源於美國，是一種較新型之保險，約在二十世紀初期隨著鐵公路與連鎖店之發展而興起。「內陸運輸保險」一詞主要用於美國市場，其他國家雖然提供類似之保險產品，但較少使用此稱呼。因為內陸運輸保險乃是一集合名詞，其下包含五類保險，他國可能直接以各類保單稱呼。而美國當時市場實施單線經營制度，各保險人只能經營某一種保險，例如火險或海上保險等。由於火險主要是針對固定地點之建築物及其內之動產，並不承保運輸中之動產；而海上保險又只針對海上運輸，並不包括內陸運輸。在此情況下，某些財產將無法獲得保險保障。為使那些介於火險與海上保險二極端之間的保險保障有適當之經營歸屬，因此便設立內陸運輸保險之業務線。將若干移動性較高而火險除外不保之財產保險，以及非航海之運輸危險，一併劃歸為內陸運輸保險之承保範圍。

由於內陸運輸保險之保障相當廣泛分歧，只是保險業務之歸類，而非出現在保單上之名稱，與火災保險或海上保險是保單名稱有所不同，因此消費者往往對此險種感到相當陌生。然而事實上消費者可能已使用若干內陸運輸保險產品，例如珠寶流動保單、郵寄包裹保險等，卻並不知它們是屬於內陸運輸保險之範圍。就美國保險市場上之業務量而言，內陸運輸保險之保費收入尚且超過海上保險⓬，可見其對於危險保障之重要性。本節分別說明其承保範圍、除外責任，以及費率影響因素。

一、承保範圍

誠如上文所述，內陸運輸保險乃是一集合名詞，承保多種火險與海上保險除外不保之財產與危險事故。大致上其保單類型可分為下列五類，每類保單各有其單獨之名稱。

㈠貨物運輸保險

如同航海危險一般，貨物在鐵路、公路與捷運系統等運輸過程中，難免發生天然或人為意外災害，例如火災、閃電、地震、颱風等，以及遺失、竊盜、搶劫等危險。由於運送人僅就其疏忽或過失行為責任予以補償，而天災等不可抗力危險則不是運送人之責任。因此，貨主為保障貨物運送過程中之經濟損失，必須自行購買貨物運輸保險。通常本保險之承保範圍以本國境內危險為限，並不涉及國際因素。

貨物運輸保險保單可有數種方式。例如經由一般民營貨運公司運送之運輸保單，或是貨主自行運送之運輸保單；此外，委託郵局或快遞公司寄送之包裹、郵件等之運輸保單。這些運輸保單大多是以概括危險為承保範圍，除指定之不保財物與不保危險外，其他危險事故均可獲得保險保障。

⓬ 參閱 *Property/Casualty Insurance Fact Book* (2010), Insurance Information Institute, NY, U.S.A.。

㈡內陸運輸交通設施保險

各種與內陸運輸有關之交通設施，例如橋樑、隧道、電塔與照明設備等，遭受火災、地震、颱風等各類天然災害，或是爆炸、暴動等人為破壞，可以概括危險方式承保，亦可以一般指定危險方式承保。保單之保障範圍不僅包括這些設施本身之損毀，同時亦補償其衍生損失，例如橋樑修復期間之過橋費收入損失。

㈢個人財物流動保單

火災保險為防範道德危險，一般上對於量小值高或容易移動之財產多半除外不保。因此消費者如欲就某些特定珍愛財物購買保險，將必須採用個人財物流動保單以保障意外損失。「**流動保單**」(floater) 保障財物不論在任何地點之損毀，因此財物可隨被保人移動，此項優點乃是火險保單僅保障固定地點（即建築物內）危險所無法比擬。常見之個人流動保單有三種：

1.普通財產

這類保單通常不單獨列明各項財產，而以總括方式一併承保。例如對於家電用品、個人衣物等，以一合計之保險金額承保。

2.貴重物品

例如珠寶、藝術品等，這種保單必須就每一項財物單獨列項，分別計算其價值與保險金額。

3.旅行用品

承保被保人旅行時所攜帶之一般用品，通常亦以總括方式承保。

㈣商業財物流動保單

某些營業用財產由於移動性高，無法由火災保險予以承保，必須購買內陸運輸保險之流動保單，以提供必要之損失保障。這些保單通常承保概括危險，對於被保人而言相當方便。常見之保單如：

1.珠寶商概括保單

承保珠寶商店內外珠寶之各種損毀危險。

2.營造設備流動保單

保障營造商各種機器設備，例如挖土機、升降機等。

3.家畜流動保單

保障牛羊豬馬等家畜在牧場或運送途中，因死亡或必須銷毀所致之損失。

4.條件付款流動保單

對於以分期付款方式購買，或是可先行試用一段期間再決定購買之貨品，本保單保障銷售廠商在貨款未付清以前而貨品損毀之損失。

㈤託管人責任保險⓭

運輸業者或是倉庫管理人，暫時保管他人財物，可能因疏忽或過失行為而損毀這些托運或託管財物，因此必須負賠償之責任。這些賠償責任所致之經濟損失，可由「**託管人責任保險**」(bailee liability insurance) 予以補償。

上述各種內陸運輸保險保單，大多採用概括危險之承保方式，舉凡各種天然災害或人為破壞等意外危險，例如火災、閃電、爆炸、竊盜等，均屬保障範圍之內。其內容與上文火災保險及汽車保險類似，屬於固定地點之財物保障則引用火險之概念，而屬於運輸過程中之財物保障則引用汽車險或海上保險之概念，不再贅述。

二、除外責任

內陸運輸保險保單雖然採用概括危險之承保方式，但是仍有若干除外不保之危險事故。各種保單可能針對該保單特別限定某些除外危險，例如郵包保單不承保收件地址錯誤之危險等。然而大致上仍有某些共同之除外危險，其中主要項目包括：

a. 戰爭與類似戰爭活動。

b. 核能與輻射污染。

⓭ 本項保障事實上應屬責任保險，但因屬於內陸運輸保險之一部份，因此一併於此介紹。

c. 天氣變化與自然損耗。

d. 被保人故意引起之損毀。

e. 政府之沒收充公或扣押。

f. 非法運輸與走私交易。

另一方面，內陸運輸保險之各種保單可能規定除外不保之財物。例如運輸保單一般上不承保帳冊、文稿、貨幣、票據、有價證券，以及玻璃易碎物品等容易損毀之財物。而若干流動保單因只承保指定財物，凡是未列名之財物則屬不保財物。

三、費率影響因素

內陸運輸保險介於火災保險與海上保險二極端之間，其費率方式亦介於二者之間。火災保險之費率採用僵硬無彈性之分類法，而海上保險則是採用自主性相當高之判斷法。內陸運輸保險之保單種類繁多，其所使用之費率方法有多種。大致上保單性質愈接近海上保險者，則費率彈性愈大，愈傾向自主判斷法，例如保障運輸危險之保單。反之若是承保特定財物之流動保單，其性質較為接近火險，則可能以火險費率為基礎，再加以若干調整之附加費率，或是採用分類費率與增減費率等。

內陸運輸保險之費率因素需就各類保單之性質而考量。對於貨物運輸保險而言，費率之影響因素可能包括：

1. 運輸方式與工具

鐵路（火車）或公路（卡車或其他車輛等）運輸。

2. 運輸路線

沿途經過之地形、氣候與治安等。

3. 貨物本身之特性

堅固耐磨或輕巧易碎、價值高低等。

而交通運輸設備之保單，例如隧道與橋樑之保單，則類似火災保險，必須考慮該設備之建築結構、所處地點，以及用途與損失控制裝置等。至於個人財物流動保單，則需考慮所承保之財物特性，例如珠寶或藝術品較一般用品容易發生竊盜危險等。而商業財物流動保單，除物品本身之特性外，可能尚須考慮被保人之營業狀況，留意道德危險。託管人責任保單之費率，則可能與受託財物之特性，以及運輸路線或保存地點之安全有關。

第六節　竊盜保險

竊盜危險與上述之火災或運輸危險有明顯不同，並非因天然環境因素或被保人疏忽行為所引起。竊盜危險乃是由於第三人之不道德行為所引起。這些危險原本不應該發生，然而近年來隨著社會風氣之日漸敗壞，財物因竊盜搶劫所致之損失，已成為一項重要之意外危險，尤其是在都市地區。**「竊盜保險」**或稱為**「犯罪保險」**(crime insurance)，完全針對這種人為危險而設計，與前述各種以天然災害為主要保障目的之保單並不相同。本節分別就其承保範圍、除外責任，以及費率影響因素等三方面予以介紹。

一、承保範圍

竊盜保險保障財產因偷竊搶劫等不道德行為所致之損失，根據保單之定義，竊盜保險可能針對下列三種危險事故提供損失保障：

1.強　奪⓮

「強奪」或稱**「夜盜」**(burglary) 危險，乃指未經允許或非法強行進入室內竊取財物。本定義之重點在於門窗等出入口有明顯被破壞之痕跡，並非在於時間是否於夜間。倘若是屋主門窗未上鎖而遭人潛入，並無門窗破壞之跡象，則不屬於強奪保險之保障範圍。

2.搶　劫⓯

「搶劫」或稱**「強盜」**(robbery) 危險則是指盜匪以武力方式，強行從

⓮ 犯罪保險與各國社會環境有關，人民常用之犯罪手法可能有所差異，因此這些危險事故之定義不盡相同。類似之危險事故，亦有譯稱為「夜盜」，參閱袁宗蔚 (1990), p.614；陳彩稚 (2006)，pp. 276–277。

⓯ 類似之危險事故，亦有譯稱為「強盜」，參閱袁宗蔚 (1990), p.614；陳彩稚 (2006)，pp. 276–277。

被保人或其家屬員工等手中搶奪財物。此種危險定義之重點在於人身之接觸或威脅，例如施以毆打、威脅或強奪等暴力行為而取得財物。若事故發生並無任何人員出現，則不能稱為搶劫危險。

3. 偷　竊

「**偷竊**」(theft) 可泛指任何犯罪行為致使財產損失，包括順手牽羊、一般竊賊、詐賭等，以及上述之強奪與搶劫等。但是有時則是指強奪與搶劫以外之任何財產失竊行為。各地區保單所用之名稱與定義，可能有所差異，必須視當地保險市場之用語而定。

竊盜保險之保單可能僅承保其中某些項目，例如強奪或搶劫，而非全部危險均承保，消費者可視其需要而決定投保範圍。一般上較為常見者是強奪與搶劫保單，因為這些危險較為明確，被保人故意引起之道德危險較低。當然消費者若希望有更完整之保障，則可購買包括偷竊危險之保單。竊盜保險主要可以分為：

a. 一般個人家庭之竊盜保單

保障住家內外發生財物被竊之損失。

b. 商店竊盜保單

保障商店貨品等之竊盜損失。

c. 銀行竊盜保單

保障銀行之錢財因竊盜所致之損失。

此外，亦有若干保險箱竊盜保單，專門用以保障那些放置於保險箱之貴重財物。竊盜保險通常僅補償被竊財物之直接損失，並不保障衍生損失，例如商店貨品之預期利潤等。

二、除外責任

由於竊盜保險是一種特定危險事故保單，因此其保障範圍僅及於保單所指定之危險，例如強奪或搶劫等。其他危險所致之財產損失，或是被保人故意引起之竊盜損失，保險人並不負賠償責任。一般而言竊盜保險之承保範圍相當狹小，以免助長社會這些不法行為。除外不保財產，主要包括汽車、文件、證書、帳簿、貨幣、藝術品、有價證券等容易移動損毀之物。汽車必須單獨購買汽車竊盜保險，不屬於一般竊盜保險之範圍。至於那些貴重細小物品，由於價值不易認定且道德危險較高，通常不予以承保，必須另以特定物品之竊盜保險方式處理⓰。

三、費率影響因素

竊盜保險之費率水準主要與竊盜危險發生機率或幅度有關，通常受到下列因素之影響。

㈠標的物之所在地

承保財產所在之住宅、商店與銀行等，其座落之地區通常是費率釐訂之重要因素，因為座落地區之治安狀況與竊盜危險有密切關係。

㈡營業類別

對於商業性保單，營業類別將影響竊盜險之費率水準。因為有些商品體積小價值高，並且變賣容易，例如手錶、金銀珠寶等，這些商品特別容易發生竊盜危險，因此費率通常較高。

㈢損失控制之設施

倘若被保人本身有裝置防盜系統、雇用警衛等安全設施，費率水準可因而降低。因為這些措施具有損失控制之效果，可減少竊盜發生之頻率與幅度。

⓰ 我國之竊盜損失保險將這些細小貴重物品排除不保，但是美國保單之承保物品分類不同，因此與我國保單之除外財物差異頗大。

第十六章 責任保險與保證

本章目的

本章目的在於介紹責任保險產品之保障內容，並且略述保證之特色。讀完本章之後，讀者應該能夠回答下列問題：

1. 屋主對於訪客有何保護責任？
2. 汽車責任保險之主要內容為何？
3. 雇主對於員工有何保護責任？
4. 何謂產品責任保險？
5. 何謂專門職業責任保險？
6. 保證與保險有何差異？

前 言

每個人在日常生活中難免有疏忽之處，倘若疏忽或過失行為致使第三人之人身或財物發生損害，則加害人往往需要負法律賠償之責任。個人家庭或企業組織為減輕賠償責任之經濟負擔，於是投保責任保險。一般個人或家庭最常購買之責任保險產品，主要是屋主場所責任保險與汽車責任保險。企業組織由於生產事業之不同，其責任危險有所差異，大致上常用之責任保險產品包括：業主場所責任保險、汽車責任保險、雇主責任保險、產品責任保險與專門職業責任保險等。本章將就這些責任保險產品加以探討，說明其保障目的與內容。其中企業之場所責任保險與汽車責任保險之內容，與個人保單大同小異，因此予以合併不再贅述，僅就後三種企業責任保險加以介紹。

「保證」是另一種常用之經濟損失保障方法，雖然這種保障產品亦常由保險公司出售，但是它具有若干獨特性質，與一般財產或責任保險產品並不相同。保證契約可用以保障非意外危險或疏忽行為所致之損失，恰可彌補保險產品之不足，於實務上應用相當普遍，因此本章最後亦略加介紹。

責任保險及保證契約二種產品與各國之法律制度或社會環境有密切關係，保單之承保範圍與條款規定等差異性頗大。由於我國之責任保險市場業務量尚小，保單所承保之範圍有限，因此本章之內容大多是以美國之保單為參考對象，以瞭解目前先進之保險產品的承保範圍，並非完全以我國現行保單為說明對象，讀者研讀時應慎加比較。

第一節　場所責任保險

一、場所責任危險

房屋之屋主或土地之地主，以及其承租人、使用人、管理人等，對於其所擁有、保管或使用之場所領域範圍，必須保障在其場所之訪客的人身與財物安全，亦即俗話所謂之「善盡地主之責」。雖然法律上之規範，不僅包括地主，亦包括使用人及管理人等。地主或管理人等對於場所內之危險情況與障礙物等，應設有保護措施與警告標示等，避免訪客在其場所範圍內發生意外傷害事故。傳統上這種保護責任有層次上之區別，通常根據進入場所者之身份而劃分。對於「**擅自侵入者**」(trespasser)，地主或管理人等當然不必提供任何保護，只要不特別設置機關予以傷害即可。其次是各種被允許進入之「**執行勤務者**」(licensee)，例如警察、水電修理工人等。這些人本身具有專業能力，且執行工作原本應有其小心謹慎之技術或態度。因此地主或管理人等只需提供適當之警告責任，並不需要特別予以保護。例如地板濕滑，或是陽臺護欄不高等，應事先告知以提醒其注意安全。倘若對方仍然不留意而發生意外，則地主或管理人等不必負賠償責任。但是若房屋發生火災等純粹意外危險，則地主或管理人等對於受傷害之勤務人員仍應負賠償責任。惟近日因責任賠償觀念之擴大，地主或管理人等對於勤務人員之保護責任，逐漸趨近於受邀訪客。

一般上所謂之地主場所責任，其最重要之內容乃是針對**「受邀訪客」**(invitee) 而言。受邀訪客即是應地主或管理人等邀請而來之訪客，以及前往企業組織與商店行號洽商或消費之客戶與顧客等。雖然消費顧客並未事先有任何邀請約定，但是商店行號之目的即在於招攬顧客，因此將其視為必須受關照之受邀訪客。倘若這些受邀訪客在該場所發生意外事故，例如跌倒墜樓或火災爆炸等，因而受傷、死亡或財物損毀等，則地主或管理人等應負賠償責任，補償訪客之損失。

由於補償訪客損失通常需要花費若干錢財，尤其是人身傷害，其金額往往相當龐大，地主必須面臨突然且沉重之經濟負擔。例如近年來發生數起餐廳、KTV 火災，顧客受傷與死亡人數不少，商店負責人必須設法補償這些死傷人員，因此可能發生財務困難。

二、場所責任保險之承保範圍

「場所責任保險」(premises liability insurance) 目的在於保障被保人，即屋主、業主或承租人、使用人與管理人等之場所責任危險，補償其因法律賠償責任所致之經濟損失。例如第三人之人身與財物的損害，以及法律訴訟費用等。場所責任保險之承保內容通常包括下列要點❶。

㈠一般場所責任補償

本部份為場所責任保險之主要承保範圍。保障被保人、配偶、同居家屬，或是企業之負責人與員工等，以及所飼養之動物，在被保場所對於第三人造成損害之法律賠償責任，以及被保人之法律訴訟費用等。

---

❶ 場所責任保險並非保單之名稱，而是內含在其他保險保單中的部份保障。例如在個人保單中，通常是屬於住家綜合保險之一部份，而在商業保單中，則是包括在商業一般責任保險 (commercial general liability insurance) 保單中。

所謂被保場所是指保單上指名之土地或建築物、緊鄰建築物之外圍庭院與走道，以及被保人暫時租用之其他建築物或土地。亦即保險標的物之處所地址所代表之所有權範圍，及其外圍通道。

㈡他人醫療費用補償

近年來許多責任保險保單常包含一部份無過失補償保障，其目的在於減少因責任認定程序而延誤受害人之就醫時機。只要受害之第三人在被保場所發生意外傷害，不論被保人是否有過失行為，則保險人均補償受害人之醫療費用，如同地主為訪客買一份健康保險。例如，張三是受邀訪客，在被保人甲家中下樓梯時自行摔倒受傷，並無其他障礙物引起。若依據一般責任保險之規定，保險人不必負補償責任，因為被保人並未發生過失行為之法律責任。然而在本部份之保障下，保險人則將補償張三之醫療費用。

由於本部份是採無過失方式補償第三人身體傷害之醫療費用，因此通常其適用範圍較第一部份責任保險為小，以免受到濫用。保單往往規定本保險所保障之第三人，僅限於下列情況：

⑴倘若第三人是經被保人允許進入，而在保單所指之被保場所發生人身傷害。

⑵第三人在被保場所外發生人身傷害，而此傷害是起因於該被保場所，或與被保場所緊鄰之外圍庭院走道上。例如在被保人處吃飯而返家後才發現食物中毒現象。

⑶第三人在被保場所外發生人身傷害，此傷害是因被保人之過失行為所致。

⑷第三人在被保場所外發生人身傷害，此傷害因被保人所飼養之動物所引起。

必須注意的是保單所提供之損失補償，並不一定等於被保人之賠償責任。因為保單可能設有補償上限金額，超過限額者保險人不負責保障；或是該事故不屬於保單之承保危險，於是保險人不必負責補償，被保人必須自行承擔損失。總而言之，保險人僅是根據保險契約實現其保險責任，保單不一定能完全保障被保人之全部責任危險的損失。

三、除外責任

如同其他保險產品一般，場所責任保險亦有若干除外不保之危險，其中主要項目為：

⑴基於營利業務所致之傷害。例如屋主在家中經營餐廳、診所等，而發生顧客食物中毒或醫療誤診等事故。這些業務所致之傷害必須由其他商業責任保單承保，不屬於場所責任保險之保障範圍。

⑵傷害發生於非被保場所，即使該場所為被保人所擁有。換言之，場所責任保險主要以指名被保場所為保障主體，而非以被保人為依據❷。

⑶因接觸性傳染病所致之傷害。即被保人患有接觸性傳染疾病，第三人因前來被保人家中而接觸傳染該病，保險人對於此種人身傷害不負賠償責任。

⑷被保人故意引起之傷害或損失。

⑸因戰爭、核能、天災、汽車所致之損失。

四、費率影響因素

場所責任保險之費率影響因素，主要在於被保場所之安全條件。常用之衡量因素包括：

1.房屋或場所之面積

場所愈大，保險人之責任相對提高，因此保費較高。

2.房屋或場所結構

高層樓通常較平房之費率為高。此外若庭院設有游泳池，通常費率較為昂貴，因為發生意外之頻率較高。

3.場所之用途

商業用途之場所由於來往人群較多，發生危險之機率較高，因此費率

❷ 但住家責任保險有時可延伸保障至被保人所在之場所。例如親友訪客與被保人一同在渡假房屋（非被保標的物）而發生體傷，將可獲得保險補償。

水準高於一般住家。

4.損失控制設施

房屋或場所若有損失控制之設施，例如陽臺或游泳池裝置護欄，或房屋建築物安裝消防滅火設備等，通常可以獲得若干費率折扣。因為這些設施具有降低損失頻率或幅度之作用。

第二節　汽車責任保險

一、承保範圍

「汽車責任保險」(automobile liability insurance) 可能是一般社會大眾最為熟悉之責任保險。許多地區均要求汽車駕駛人必須強制投保汽車責任保險，以保障汽車肇事之賠償責任。所謂汽車肇事責任，不僅包括汽車行駛中所發生之碰撞事故，事實上汽車責任保險保單之承保範圍，包括被保人因擁有、管理，以及使用汽車，致使第三人之人身或財物發生損害，其應負之法律賠償責任。

汽車責任保險補償受害第三人之人身或財物損失，其補償內容如同其他責任保險，包括責任賠償損失與被保人法律費用，不再贅述。然而汽車責任保險保單同時提供被保人與被保汽車之肇事責任保障,則是一大特色，因此汽車責任保險所保障之肇事責任包括多種情況，分別說明如下。

(一)被保人及其同居家屬肇事

依據汽車責任保險之規定,「被保人」包括列名被保人及其配偶與同居家屬。因此不論被保人及其配偶或同居家屬因擁有、管理或使用任何汽車，而發生肇事意外必須負法律賠償責任，則均屬保單之承保範圍。換言之，被保人只需購買一份汽車責任保險保單，以後不論是使用本人汽車或是租借汽車，均可獲得保險人之保障❸。

❸ 租借汽車須屬臨時性質，而非長期性使用該汽車。此外，我國之汽車責任保險則只針對被保車輛提供保障，而非被保人所使用之任何汽車，保障範圍不像美國保單這麼多。

若是商業汽車責任保險保單，則被保人包括列名被保人（例如企業之負責人）及其所屬員工。

㈡被保汽車肇事

保單上指名之被保汽車，例如豐田 ID12345 號汽車，凡是經被保人允許之任何人，因使用該被保汽車而發生肇事責任，亦屬保險人之承保範圍。

通常跟隨被保汽車之保險，稱為「**基本保障**」(primary coverage)。當肇事意外事故發生時，由被保汽車之保險人首先負責賠償。倘若損失超過該保單之承保上限，超過部份則由加害人本人或其保險人賠償，此部份稱之為「**超額保障**」(excess coverage)。茲以若干範例說明這些賠償情況。

範　例

基本假設： 被保人張三，被保汽車豐田 ID12345 號，向保險人甲投保汽車責任保險，該保單限制每次肇事之賠償上限為一百萬元。

範例一： 今張三駕駛該被保汽車發生車禍，必須賠償一百二十萬元，則保險人與被保人之賠償責任分別為：

保險人甲：一百萬元。

被保人：二十萬元。

分析：被保人使用被保汽車，因此僅牽涉一保險人，當保險保障用盡時，超額部份由被保人自行負責。

範例二： 今張三借用友人李四之汽車發生車禍，必須賠償一百二十萬元，李四向乙保險人投保汽車責任保險，上限為八十萬元。則保險人與被保人之賠償責任分別為：

保險人乙：八十萬元。

保險人甲：四十萬元。

分析：被保人使用他人被保汽車，因此牽涉二保險人，優先由被保汽車之保險人乙負責賠償，當保障用盡時，超額部份由加害人張三之保險人甲負責賠償。

範例三：今李四借用張三之汽車發生車禍，必須賠償一百二十萬元，李四曾向乙保險人投保汽車責任保險，上限為八十萬元。則保險人與被保人之補償責任分別為：

保險人甲：一百萬元。

保險人乙：二十萬元。

分析：被保人出借被保汽車供他人使用，因此優先由被保汽車之保險人甲負責賠償。當保障用盡時，超額部份由加害人李四之保險人乙負責賠償。

二、除外責任

汽車責任保險雖然提供相當廣泛之保障，被保人不論使用任何車輛均可獲得保障，但是無論如何保單依然有若干除外不保危險。常見之主要項目包括：

⑴被保人所借用或保管之汽車，倘若發生損毀，保險人不負賠償責任。因為這些由被保人借用或保管之汽車，視同被保汽車一般，並非第三人之財產，因此不屬於責任保險之承保範圍。

⑵受害第三人為被保人所雇用之員工。這些傷害應由雇主責任保險補償，汽車責任保險之保險人不負責理賠。

⑶自用汽車而作為營利目的使用。例如充當計程車，倘若肇事發生事故，保險人不負賠償責任。

⑷執行勤務之人開動被保汽車。例如修車廠或加油站人員，倘若肇事致使第三人受損害，則保險人不負賠償責任。雖然是被保汽車肇事，但是使用人是基於執行勤務，不同於一般借用汽車之情況，因此屬除外不保之範圍。

⑸被保人故意引起之傷害或損失。如同任何其他保單，凡是涉及被保

人道德危險之損失，保險人一概不予以賠償。

三、費率影響因素

汽車責任保險之費率，通常先以分類費率為基礎，依據各相關因素如性別、年齡等，將被保人之危險程度分成若干類組，而後再就各被保人之肇事經驗，予以費率上之增減調整。費率因素可分成二部份，其一為被保人與被保汽車之特質，包括年齡、性別、婚姻狀態，以及汽車之用途，這些是構成費率水準之主要因素。其次則是依被保人之肇事記錄或駕駛經驗，以及被保人所擁有之車輛數目、汽車之類型等而予以費率增減。例如跑車之速度通常較一般汽車為快，肇事機率較高，因此費率較高。合併這二部份之因素，而後確定被保人實際上應支付之費率。

費率水準之決定必須考慮各市場之經營狀況，並無統一之模式。因為肇事經驗畢竟與各國人民之生活習慣、文化傳統，以及交通狀況等環境因素具有密切關係。上述各項費率因素在各市場之重要性並不相等。例如歐美市場之汽車責任保險費率決定因素，被保人之特質佔有較重要地位。而我國過去一向是從車主義，只取用汽車本身因素，例如年份、廠牌等，並不考慮被保人之特質。然而近年來亦逐漸納入從人因素。對於有肇事記錄之被保人將調高費率。總而言之，費率因素之選用，最重要是必須充分反映損失成本，使費率水準符合公平合理之原則。因此，費率因素必須隨時間與社會環境之變化而修正，並非一成不變。

四、無過失汽車保險[4]

汽車責任保險保障被保人因汽車肇事責任所生之經濟損失，保險人僅就被保人之法律責任部份予以補償。倘若被保人並無法律責任，則保險人將不提供損失賠償。一般上「民法」對於傷害賠償常採過失原則，亦即受害人必須證明本身所受傷害是因加害人之過失行為所引起。若依據這種過

[4] 此處之無過失汽車保險，是依據美國之汽車責任保險，與我國目前所實施之強制汽車責任保險採無過失主義並不相同。參閱陳彩稚 (2006)，pp. 215–216。

失原則，則車禍之受害人是否能獲得賠償，必須等待事故鑑定結果完成之後才得以決定。由於車禍發生相當突然，可能雙方都無法確定是何方錯誤，或是可能雙方均有部份過失等，若干複雜情況將使車禍責任之歸屬相當困難，因此等待法律責任之確認往往耗時費事。

倘若依據傳統責任保險保單之規定，必須先確定法律責任，受害人才得以獲得補償，則可能延誤受害人就醫治療之機會。此外雙方為確定責任所花費之法律費用可能相當可觀，對於雙方均是一項經濟負擔。因此美國在 1970 年代開始倡導無過失汽車保險，約有半數左右州政府採用。目的在於使車禍事故之受傷者能迅速就醫，不因醫療費用而延誤就醫時間。

美國之「**無過失汽車保險**」(no-fault auto insurance)，就其最純粹之形式而言，乃如同汽車損失保險與傷害保險一般，是保障被保人本身之體傷，以及乘坐或上下被保車輛之乘客的體傷。因此，與前文一般（任意）汽車責任保險是賠償第三人之體傷與財損有所不同。此外，無過失汽車保險與前文住家責任保險之醫療費用保障亦不同，住家責任保險乃是補償受害第三人之醫療費用，不論被保人是否有過失。而無過失汽車保險則是保障被保人本身及被保汽車之乘客的醫療費用❺。在此無過失汽車保險方式下，車禍受傷者自行向其本身（被保汽車）之保險人請求理賠，而非向加害人或其保險人要求賠償，因此省卻訴訟過程，與傳統責任保險原理之第三人保險完全不同。圖 16–1 簡要表示二種保單之區別。

由圖 16–1 可看出無過失汽車保險與傳統責任保險明顯不同。無過失汽車保險固然可避免訴訟之耗時費事，節省若干法律成本，並且使受傷者迅速就醫與獲得補償。就保障受傷者之目的而言，無過失汽車保險似乎是一種有效之方式。但是從另一角度而言，由於一般上保險人損失理賠之成本將轉嫁至保費，而無過失汽車保險不追究肇事責任，將導致損失成本由受傷者自行承擔之現象，亦即增加其下年度之保費，因此似乎並不合理。試想李四守法駕車，而張三違規超車撞傷李四，保險人乙賠償李四醫療費

❺ 我國之強制汽車責任保險採無過失補償原則，乃類似美國住家綜合保險之醫療費用保障，是提供第三人體傷之醫療補償。

基本狀況：張三駕車肇事撞傷李四

A：傳統汽車責任保險

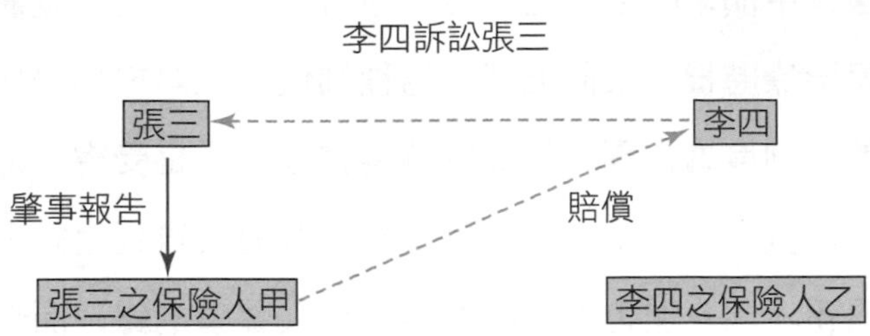

B：無過失汽車保險

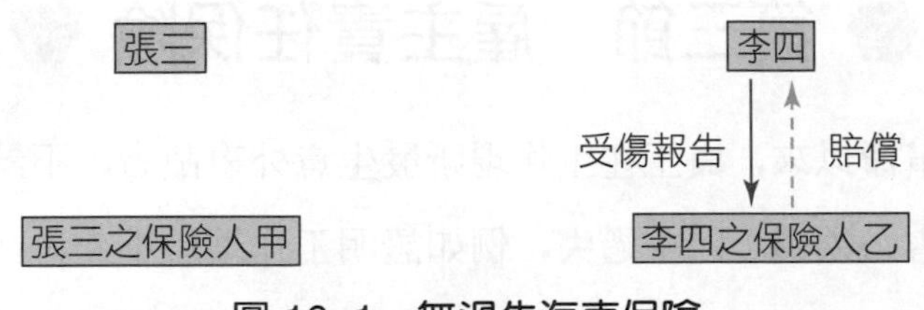

圖 16-1　無過失汽車保險

用，則保險人應如何制定保費？倘若依據保費反映損失之原理，李四之保費將提高，但是這將使加害人張三不必承擔過失行為之成本，保費之損失控制誘因將不復存在。

由於無過失汽車保險無法反映肇事責任，且受害人失去訴訟之權利，與一般社會上之道義觀念無法配合，因此實務上並未採用上述純粹式無過失汽車責任保險。目前所見者多屬修正型無過失汽車保險，亦即只有某一額度以下之小額損失採用無過失方式補償，由受害人自行向本身之保險人求償，以節省訴訟之時間與費用，而能在事故發生後迅速就醫。倘若損失超過該門檻額度，則受害人仍可採用傳統責任保險方式，藉由訴訟向加害人要求賠償。而為避免無過失汽車保險之費率不合理現象，一般上本項保險之費率，通常不以被保人之出險次數作為費率增減因素，而是採用平均費率，或是以汽車責任保險為基礎而計算。

我國自民國 87 年起所實施之新版強制汽車責任保險，採用無過失主義，其內容與上述方式並不相同。我國之制度規定，汽車事故之受害人受有體傷、殘廢或死亡時，不論加害人有無過失，受害人得在限定額度內，直接向加害人之保險人請求賠償。例如圖 16-1 之案例，受害人李四可直接向張三之保險人甲請求賠償。這種方式亦可使受害人迅速就醫，不致因醫療費用而延誤治療時機。表面上我國這種補償方式對於保險成本與費率計算，似乎較美國制度為合理。然而有時傷害發生乃是受害人造成，例如機車在快車道上流竄而被汽車撞傷。倘若不追究過失責任之歸屬，易有潛在之道德危險問題。因為加害人可能無端被列入肇事記錄，而受害人可能趁機提高索賠等，因此仍然需要深入思考本制度之合理性。

第三節　雇主責任保險

自工業革命以來，員工在工作場所發生意外事故者，不計其數。以往員工發生傷害必須舉證雇主過失，例如證明工作環境不良，或雇主未善盡保護責任等，才得以獲得賠償。然而相對於雇主，員工畢竟是處於資訊劣勢地位，對於廠房環境或工作保障並不瞭解，因此通常難以舉證而從訴訟獲得合理補償。況且許多員工可能因為要保護就業機會，或是因為無法負擔法律費用，而放棄訴訟，因此真正獲得工作傷害補償者不多。

隨著社會環境之變遷，員工職業安全問題日漸受到重視。於是自十九世紀末期起，世界上多數國家均由政府要求雇主直接為員工投保保險，此乃近似社會保險型態之**「職業災害保險」**(employment injury insurance) 或**「勞工補償保險」**(workers' compensation insurance)。這種保險與一般責任保險性質不同。一般責任保險乃是保障被保人因疏忽或過失行為致使第三人受損之賠償責任，通常受害之第三人必須舉證傷害是因加害人之疏忽或過失行為所致。然而在職業災害保險或勞工補償保險之下，政府基於照顧受傷員工之目的，因此以立法方式使員工職業災害改採**「嚴格責任」**(strict liability) 或**「無過失主義」**(liability without fault) 之歸責原則。一旦員工因工作關係發生傷害，則雇主即應負賠償責任，不必再經過訴訟過程證明雇主是否有疏忽或過失行為。在此嚴格責任主義之下，除少數因員工不服從工作規則或酗酒所致傷害，雇主不必賠償外，絕大多數之員工傷害，雇主必須負賠償損失之責任。若是採無過失主義，則可能保障範圍更廣，只要是在工作場所發生之傷害，或是與工作有關之傷害（例如出差在外），均可受到保障，彷如是員工本身之傷害保險一般。

為確定受傷員工確實能獲得損失賠償，政府通常強制要求雇主必須為員工投保職業災害或勞工補償保險。這種保險在許多國家均由政府承保，例如我國之職災保險。然而在美國有部份地區則允許雇主直接向民營保險人購買，因此其業務量乃居商業性責任保險業務之重要地位。另一方面，對於其他與員工工作有關之訴訟，雇主為減輕賠償責任之經濟損失，仍然可為本身自願性購買**「雇主責任保險」**(employers liability insurance)。下文分別說明這二種保險產品。

一、職業災害或勞工補償保險

基於保障人民工作上之安全，政府對於工作場所之衛生與安全條件，通常設立專門法令加以規範，例如美國之**「職業安全與健康法」**(Occupational Safety and Health Act, OSHA)，或我國之**「勞工安全衛生法」**。但是員工因執行任務而發生意外傷亡之事故，卻仍然時有所聞。為補償員工因工作而發生死亡傷殘之經濟損失，目前許多國家均強制雇主必須為員工投保職業災害保險，或是勞工補償保險。這種保險多由雇主支付保費，而提供員工損失補償保障，倘若員工因工作而發生人身傷害，可直接由保險人獲得補償。在這種保險之下，只要雇主已繳納保費，未來即便雇主已結束營業，保險人對於被保員工之補償責任依然存在。倘若員工因工作發生損失，保險人必須償付保險給付，對於員工之保障較大。

職業災害或勞工補償保險僅提供員工之人身方面保障，與前文之員工福利保障內容相似。其主要差異在於員工福利乃是雇主自願提供，作為員工之額外報酬或保障，然而職災保險卻是雇主為免除賠償責任，根據政府法令必須提供之工作保障。一般而言，本保險之保障範圍完全依循各國之職災法、勞基法或勞工補償法之規定❻，給付內容可能包括下列項目:

❻ 各國對於職業災害保障之法令名稱不一。

a. 因工作而死亡之死亡給付。

b. 因工作而傷殘或職業病之醫療費用補償。

c. 因工作而傷殘之失能給付。

d. 身體復健與謀生能力復健之費用補償。

職災保險之給付金額，通常由法令規定，而非雇主選擇，因此保單差異性不大，一般而言給付水準相當高。

二、雇主責任保險

除強制性職災保險外，雇主仍可購買一般責任保險，以保障因雇傭關係所生之責任危險。基本上已獲得職災保障之員工，理論上應該不再因工作傷害而訴訟雇主，然而實際上仍有若干案例發生。因為對於職災之給付水準不滿意，或是有些員工可能沒有職災保障。例如工廠員工人數太少，低於強制投保之基本人數時，雇主可不必投保職災保險。倘若員工因工作而發生意外事故或職業病，可能要求雇主賠償損失，因此雇主必須預防這種經濟損失。

雇主責任保險如同其他責任保險一般，可提供第三人（員工）人身傷害之補償。倘若員工不滿意職災保險之補償，或甚至未獲得補償，而另外提出訴訟要求雇主負賠償責任，則此時可利用雇主責任保險之保障，提供額外之損失賠償。至於近年來由於人權意識提高，若干與工作有關之權利受到重視與保障，雇主可能因疏忽這些問題而發生賠償責任。例如性別歧視、種族歧視，以及將員工個人資訊外洩予其他單位等。這些人權或隱私權被侵犯之損失，一般上並不屬於職業災害之保障範圍，因此員工可能必須藉由訴訟方式，向雇主提出賠償損失要求。對於這方面之責任賠償，雇主可以藉由**「雇佣原則責任保險」**(employment practices liability insurance)提供這方面的保障。

職災保險或雇主責任保險之費率通常與產業別有關。礦石業與營造業由於危險性高，通常費率較金融服務業高。此外費率方式常採用經驗費率法，被保人過去一段時間（例如三年）之賠償損失經驗，將影響費率之高低，目的在於促進雇主加強損失防阻之工作。

第四節　產品責任保險

現代生活中舉凡食衣住行育樂，每一方面均需仰賴商業產品。這些商業產品可提高民眾生活之便利與滿足程度，並且對於社會發展具有重要貢獻。一般而言，產品生產有其基本原則，在正常使用狀況下應當不會產生傷害。但是實際上，產品瑕疵導致意外傷害之事件仍然層出不窮。例如醫藥產品之副作用可能讓使用者產生某些病變，含鉛玩具可能使兒童發生中毒現象等。消費者因使用這些產品而發生財物損失或人身傷害時，可經由訴訟程序向製造商或銷售商要求賠償。

大多數之產品責任訴訟均傾向保障消費者，對於製造商或銷售商較為不利。因為產品瑕疵造成傷害本身已是相當明顯之事實，除非製造商或銷售商有強烈理由證明本身並無過失行為，才得以免除賠償責任。況且若干地區對於產品瑕疵所造成之傷害，已逐漸傾向採用嚴格責任主義，大多數情況製造商或銷售商必須承擔賠償責任。因此製造商或零售商往往投保產品責任保險，由保險人補償產品責任所引起之經濟損失。由於日常生活無一不需使用廠商所製造或提供之商品，而廠商在賺取產品利潤之同時，亦面臨產品所衍生之責任危險，因此產品責任保險是商業保險業務中相當重要之領域。而隨著消費者保護主義之抬頭，產品責任之賠償金額不斷擴大，是保險經營中頗為棘手的問題。以下分別就其承保範圍、除外責任，以及費率影響因素加以說明。

一、承保範圍

「**產品責任保險**」(product liability insurance) 之承保範圍，主要是針對產品在製造、設計或標示上之瑕疵或缺陷，因而致使消費者人身或財物受到傷害而要求補償，其製造商或銷售商必須負法律賠償責任之經濟損失。「被保產品」包括由被保人所設計、生產、製造、裝配、改裝或分裝、加工、處理、經銷等之產品，包括該產品之包裝及容器。而產品瑕疵或缺陷，則是指被保產品未達合理之安全期待，具有瑕疵、缺點，或具有不可預料之傷害或毒害性質，足以導致第三人之人身傷害或財物損毀。

此外，產品責任保險之保單，除以意外傷害發生於保單期間為保障基礎之傳統形式外，許多時候亦可能採用求償基礎作為保險人賠償責任之認定標準❼。在求償基礎下，當被保人依法必須負賠償責任，且在保險期間內受到賠償請求時，保險人將予以損失補償。通常保單會針對每一受害人、每一意外事故以及保險期間內之累計賠償金額等，分別設定補償上限。

二、除外責任

產品責任保險有許多除外責任，除針對個別被保產品特性所列之除外責任，一般上下列項目通常是除外不保：

a. 被保人以契約或協議所承受之賠償責任。

b. 被保產品本身之損失，或為檢查、修理、替換、回收該產品而發生之費用。

c. 被保人或其代理人、經銷商或受雇人故意違反正常製造程序所致之損失。

d. 被保人或其代理人、經銷商或受雇人於出售商品時，已知悉該產品有缺陷，因而發生之賠償責任。

e. 因戰爭或類似戰爭行為、罷工、暴動等所致之損失。

f. 核能與放射線等之輻射或污染所致之損失。

g. 各種罰金或罰鍰、違約金等。

三、費率影響因素

產品責任保險之費率，大抵與產品性質關係最為密切。容易對人體產生傷害者，例如化學物品等，其費率水準較高。其次是產品製造或銷售當地之法律環境，法律對於消費者保護愈多，則廠商被要求賠償之機率愈大，因此費率愈高。另外，該產品之消費所在地的醫療費用水準，亦將影響費

❼ 參閱本書第十四章第四節。

率高低。例如銷往歐美先進國家之產品，因其消費保護之法律較嚴格而醫療費用又高，通常要承受較高之產品責任危險，因此費率相對上較高。

第五節　專門職業責任保險

隨著社會環境與科技技術之發展，各類行業分工愈細，所需之知識與技術愈加趨向專業化。這些專業知識與技術不僅可用以生產產品，並且可以直接銷售，以提供服務之方式，達成其獲取收入之目標。傳統上所謂「**專門職業責任保險**」(professional liability insurance)，主要是針對科技、法律與醫藥等方面。然而近年來專業服務之定義已逐漸放寬，例如會計師、建築師，以及保險仲介人等，均屬於專門職業責任保險之對象。這些專業服務之提供，可協助消費者解決問題，大多數情況對於消費者具有正面價值。但如同產品瑕疵一般，有些時候，專業服務可能發生某些失誤，反而導致消費者人身或財物發生傷害。因為專業知識或技術畢竟是有限，對於錯綜複雜之現實生活案例，難免有考慮不周而失誤之處。

專門職業責任保險有時又稱為「**失誤與怠忽職守責任保險**」(errors and omissions insurance)。本保險保障被保人因提供專業服務失誤，或是未能適時提供專業服務，致使第三人發生人身或財物損害，應負賠償責任之經濟損失。目前常見之專門職業責任保險包括下列二種：一、醫療過失責任保險，二、失誤與怠忽職守責任保險，分別說明如下。

一、醫療過失責任保險

最為普遍之專門職業責任保險應屬「**醫療過失責任保險**」(medical malpractice insurance)。因為醫療方面糾紛層出不窮，醫療知識與技術不斷發展，許多過去被廣泛使用之藥物或手術，今日卻發現可能含有致癌物質，或是產生其他病變。而醫療失當往往涉及嚴重之人身傷害，在重視人權之國家，其賠償金額通常相當龐大，對於醫院或醫師造成沉重負擔。因此目前先進國家大多數醫院與醫師，均購買醫療過失責任保單，以保障賠償責任之經濟損失。

醫療過失之專業責任保險由於其業務量較大，目前已單獨成立為一種保單，稱為醫療過失責任保險，不再與其他行業之怠忽職守保單合併。醫療過失責任保險僅保障保單指定之被保醫療行為所致之損失，並非發生於醫院診所之損害即可獲得補償。因此消費者在醫院跌倒，或是病人住院期間衣物被竊等損失，將無法獲得醫療過失責任保險之補償，而是屬於醫院之場所責任保險的承保範圍。醫療過失責任保險之費率，與醫師之診療科別有關。例如內科費率較低，外科因手術危險較高而費率較高等。

二、失誤與怠忽職守責任保險

「失誤與怠忽職守責任保險」(errors and omissions insurance) 泛指多種專門行業之責任保險，例如律師、會計師，或保險代理人與經紀人等。律師專業責任保險保障被保人因執行律師工作失當，造成第三人發生財務損失，應負之法律賠償責任。會計師主要工作在於查帳並且簽署稽核報告，投資大眾仰賴其所簽署之財務報表，以報表上之資訊作為投資選擇之依據。因此會計師在簽署稽核報告時，應善盡其專業知識與能力，確認財務報表之資訊是否正確。倘若會計師將不正確資訊誤簽為正確，因而導致投資大眾作成錯誤之投資決策，產生財務上之虧損，則會計師應負賠償責任。同樣地，保險仲介人可能在銷售保單時，對於保單之條款解釋不當，或是對於保單之承保範圍說明失誤等。換言之，保險仲介人提供消費者錯誤訊息，使消費者誤解保單保障內容，以致誤買該保單，或是當發生事故申請理賠時，才發現並非保險人之承保範圍。對於這類財務損失，消費者可能轉而訴訟該仲介人，要求其負責賠償損失。藉由專門職業責任保險，仲介人可以減輕責任賠償之經濟損失。

專門職業責任保險之訴訟，由於牽涉專業人員之職業聲譽，因此保險人對於受害人之理賠求償處理，往往不同於其他責任保險。對於一般責任保險，例如汽車或住家責任保險，保險人多半採用庭外和解，以求迅速了結求償個案，避免法庭訴訟耗時費事之成本。然而對於專門職業責任保險，庭外和解可能暗示具有怠忽職守之事實，可能影響該專業人員之聲譽。因此被保人有權堅持進行法庭訴訟，以便澄清責任之歸屬，或可維護其專業聲譽。倘若保險人要採用庭外和解方式，通常必須先獲得被保人之同意。

其次，專門職業責任保險對於損害之發生是否屬於意外性質，較無嚴格規定。因為醫療過失或怠忽職守，並非如車禍般突然發生，通常被保人仍處於正常工作狀態。例如執行外科手術，或是稽核簽帳等。因此這些失誤之發生不算是突然意外，雖然其傷害後果並非預料中之事。一般而言，只要傷害不是被保人故意引起，或是非法行為，保險人通常均負責補償損失。

醫療過失或怠忽職守之事故，雖然發生機率甚小，然而一旦賠償，其金額往往相當龐大。這些損失表面上是由保險人與被保人承受，而事實上最終成本必然轉嫁至消費者。因為保險人之理賠成本將由下年度保費分攤，而被保人所繳納之保費乃是其生產成本，因此醫療費用或會計簽帳費用將不斷提高，消費者將支付更昂貴之代價以獲得服務。

隨著社會與經濟環境之發展，各式各樣之責任保險產品不斷開發，尤其是商業用途之責任保險保單，更是一日千里。除上述幾種較熟知之特定項目的責任保險外，尚有「**商業一般責任保險**」(commercial general liability insurance)、「**環境損害責任保險**」(environmental impairment liability insurance)，以及「**董監事暨重要職員責任保險**」(directors and officers liability insurance) 等。對於企業或其他機關組織因賠償責任所致之損失，具有重要之保障功能。雖然這些責任保險產品在我國尚未普遍，或是承保金額尚小，但是我國之社會與經濟狀況，逐漸趨近於歐美先進國家，未來其業務將有寬廣之發展空間。

第六節 保 證

一、保證之意義

「**保證**」(bond) 是另一種常用之危險理財工具❽，尤其是針對違約行

❽ 我國對於 bond 常稱為「保證保險」，參閱「保險法」第95–1條，但事實上其原文並無 insurance 一字，且其性質亦不同於保險，因此本書僅用「保證」稱之。參閱陳彩稚 (2006)，pp. 369–370。

為所致之損失。保證如同竊盜保險一般，主要用以保障因他人不道德行為，或不善盡職責所招致之經濟損失。基本上保證亦是藉由契約方式提供財務保障。保證契約之主要角色為「**保證人**」(surety)、「**被保證人**」(principal) 或稱「**義務人**」(obligor)，以及「**權利人**」(obligee)。通常保證契約之需要，乃是由於權利人與被保證人存在某種權利義務關係，倘若義務人無法履行其義務，則權利人將遭受若干損失。因此希望藉由保證契約提供保障，當被保證人不履行義務，保證人將賠償權利人之損失。

茲舉一簡單範例說明保證契約之關係人。例如地主委託某營造商興建房屋一棟，營造商應依照約定之品質施工，並且應依約定時間如期完工。地主為保障本身之權益，可能要求營造商購買保證，或是地主本身自行購買保證[9]。倘若營造商未能依約定品質與時間完工，則保證人應賠償地主之損失。在本例中，地主為權利人，營造商為義務人與被保證人，三者之關係如圖 16-2 所示。

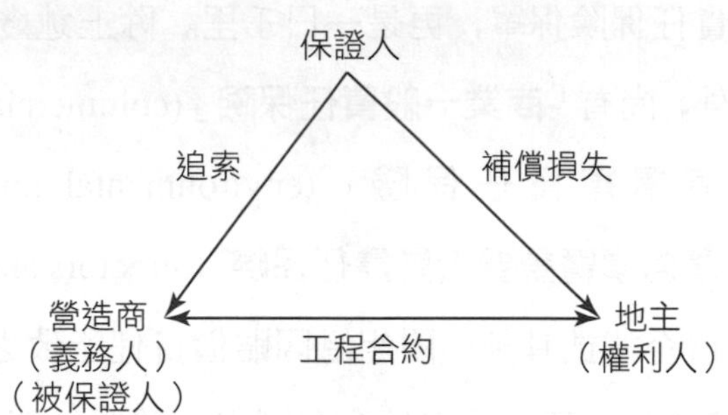

圖 16-2 保證契約之關係

二、保證與保險之比較

保證與保險均是危險理財之重要方法，二者有某些類似之處，但亦有若干不同之點，以下分別說明之。

[9] 保證可能由權利人購買，亦可能由義務人購買。前者如同購買財產保險，後者則類似責任保險。目前我國之「保險法」與保證契約，多以權利人為被保人，為保障自身之權益而使用保證。參閱「保險法」第 95–1 條。

㈠保證與保險之相似處

1. 皆是危險理財工具

對於未來不確定之財務損失，保證與保險均有提供保障之功能。

2. 皆可由財產與責任保險之保險人提供

雖然保證可由保證人（或公司）提供，但是目前實務上由財產與責任保險之保險人提供者相當普遍，因此保險人亦可作為保證人。

3. 皆是一種法律契約

保證與保險相同，二者均是法律契約，具有法律保障與約束力。

㈡保證與保險之相異點

1. 保證並非保障偶發意外危險

保證是一種財務保障制度，並非利用保險原理，不需大數法則與多人共同參加。此外，保證所針對之危險損失往往亦不符合可保條件。事實上保證所保障之危險，大多為人類不誠實或不信實行為，例如違反工程合約義務、員工挪用公款等。這些行為並非偶發意外，而是操縱於被保證人手中，與保險事故不得為被保人故意造成恰成對比。因此，不適合使用大數法則與藉由多人協助來移轉危險。

事實上，保證主要是針對違約 (breach of contract) 行為所造成之經濟損失，而違約行為通常不屬於保險之保障範圍。因此二者可發揮互補作用，使危險理財之方法更加完備。

2. 保證並無預期損失

由於這些違約行為或不誠實行為，在正常社會行為下，基本上不應當發生。並且若是發生，保證人對於被保證人具有追索權利，對於所支付之保證金可獲得補償，因此理論上保證並無預期損失。相對地，保險人對於被保人並無追索權，一旦發生求償理賠，保險人將自行吸收損失。而各種火災、車禍等意外事故，難以完全避免，因此保險之預期損失大於零。

3. 保證人具有追索權

保證人支付損失補償予以權利人之後，保證人對於被保證人具有追索權，可要求被保證人償還所代付之金額。換言之，保證如同一種信用證明，對於權利人具有財務保障之功能，但是對於被保證人，則如同借款一般必須償還。事實上許多時候，保證人常要求被保證人必須提供擔保品，才同意予以保證。相對於保險制度，被保人只要繳納保費，即可移轉意外危險之經濟損失，二者之間明顯不同。

4.保證契約不能隨意終止

通常被保證人未完成義務以前，保證契約不得隨意終止。即使被保證人逃逸，或是不履行告知義務等，保證人對於權利人之保障依然有效，必須補償權利人之損失。反之，保險契約之保險人與被保人可隨時終止契約，一旦被保人違反誠信原則或不繳納保費，保險契約將失效，保險人不負補償損失之責任。

5.保證契約有三方當事人

財產與責任保險契約之當事人為保險人與要保人（或被保人）二方❿。即使責任保險必須對於受害第三人予以補償，但是第三人乃是任意人，無法在簽訂契約時確認，因此並非契約之當事人。相對地，保證契約上則明確指定保證人、被保證人與權利人三者，即契約之當事人來自三方面。因此當被保證人違反契約義務時，保證人與權利人間之約束力依然存在，必須補償權利人之損失，不受被保證人行為之影響。而保險之被保人倘若違反契約義務，保險人可據以解除契約，不負賠償責任，受害人必須自行向被保人訴訟求償。

6.代位求償權之差異

保證人賠償權利人損失之後，可向權利人取得代位求償權，而對被保證人訴訟求償。此種關係與財產保險契約恰好相反，保險人在賠償被保人損失之後，可向被保人取得代位求償權，而對加害人訴訟求償。

7.保證之費用為手續費

❿ 財產與責任保險之要保人大多為被保人本人，因此一般上均省略要保人之角色，而直接以被保人稱之。

購買保證所繳納之費用，乃是一種手續費或服務費，並非反映預期損失之保險費。誠如上文所述，保證乃是一種財力證明如同借款一般，並無預期損失，因此所繳納之費用並非預期損失，而是保證人之服務費。由於保證通常要求抵押品，因此保證人償付權利人損失之經濟來源，可由變賣抵押品而來，不必仰賴保費之匯集，與保險制度並不相同。

當然，保證所收取之費用，仍可視被保證人之危險程度而予以區別。通常必須考慮被保證人之聲譽、財務狀況，以及工作經驗等，以決定是否提供保證，或應收取之費用水準等，但是其基本原理與保費並不相同。

三、保證產品之類型

保證制度在實務上應用相當廣，對於企業組織之危險管理具有重要貢獻。目前保證產品主要有二種類型：㈠誠實保證，㈡確實保證，分別說明如後。

㈠誠實保證

「誠實保證」(fidelity bond) 主要是保障雇主因員工不誠實行為所致之損失。員工不誠實行為包括挪用公款、監守自盜、偽造票據等。由於這些行為將造成雇主財務與經營上之損失，並且可能影響其他廠商或客戶，尤其是金融機構關係更為密切，因此雇主通常希望獲得誠實保證之保障。誠實保證之權利人為雇主，被保證人為受雇員工，倘若發生員工不誠實行為，則保證人補償雇主之損失。

誠實保證之費用可能由雇主繳納，亦可能由受雇員工支付。實務上以雇主購買居多，即權利人基於保障本身財產之目的而購買。在此情況下，誠實保證與竊盜保險相當類似，被保人（雇主）保障本身之財物損失，差別在於危險事故是針對員工不誠實行為而非一般竊盜。因此有些時候，誠實保證非常近似於**「員工不誠實保險」**(employee dishonesty insurance)⓫。

⓫ 由於誠實保證可能只針對特定員工對象或危險事故，僅能提供雇主部份保障，因此實務上雇主常一併購買員工不誠實保險以增加保障範圍。

金融機構由於資金往來數目龐大，並且有眾多員工參與經手各種有價資產，因此特別需要誠實保證之保障。此外其他企業組織或機關團體等，雖然需求量較小，但是對於負責財務調度之主要員工，雇主仍可利用誠實保證以獲得損失保障。

㈡確實保證

「確實保證」(surety bond) 乃是保證義務人能確實執行任務，倘若義務人違反約定而使權利人之權益受損，則保證人將補償權利人之損失。義務人違反約定之情況有多種，例如經濟不景氣或經營困難等，並不限於不誠實行為。凡是義務人未能遵守對於權利人之約定，致使權利人遭受損失，即可構成確實保證之損失補償的條件。一般而言，確實保證之費用大多由義務人負擔，與上述誠實保證之情況並不相同。

常用之確實保證產品，包括**「履約保證」**(contract bond)，以及**「司法保證」**(judicial bond)。「履約保證」是最典型之確實保證，經常用於營造工程方面，以保證承包商或營造商之任務執行，必須依承包合約規定之品質與時間如期完工。當事人之契約關係，即如上文地主與營造商之例所示範，不再贅述。

「司法保證」經常與法庭之各種約定有關，例如保證保釋人依約定時間出庭，或是保證支付訴訟之各項費用等。在這些保證當中，法院為權利人，而出庭人為義務人。另一種司法保證，則是用於保證法院指定之資產管理人，必須善盡管理之責任。例如遺產管理人或信託人等，必須依據規定之原則分配財產、繳納稅賦等。

第五部份

政府保險

第十七章 社會保險

本章目的

本章主要內容在於說明公營保險之基本特質與承保範圍。讀完本章之後，讀者應該能夠回答下列問題：

1. 政府經營保險之原因為何？
2. 公營保險對於民營保險之影響為何？
3. 何謂社會保險？
4. 社會保險包含哪些保險類別？
5. 社會保險之費率有何特色？
6. 全民健康保險之潛在困難為何？

前 言

民營人身保險與非人身保險市場，固然是提供保險保障之主要來源，但是政府在保險供給方面所扮演之角色亦不可忽視。在某些國家，尤其是開發中國家，政府所提供之保險可能超過民營保險，因為政府獨佔或是因為民營市場不發達。我國早年政府所提供之勞保、公保，與簡易壽險等，其保障金額之總和不下於民營壽險市場❶。雖然近年來我國民營保險（尤其是壽險）成長迅速，相對上政府所提供之保險比例降低，但是仍是保險供給之重要來源。除了原有之勞保、公保、與郵局簡易保險之外，近年所

❶ 財團法人保險事業發展中心 (1996)，《中華民國八十三年保險業務概況》。

開辦之全民健保與國民年金，對於社會大眾亦是不可或缺之人身危險保障。然而公營保險不論是經營目標，或是承保方式，均與一般民營保險有顯著不同，必須加以探討。

本部份之重點在於介紹公營保險之承保範圍與特色。惟因公營保險與各國之政治制度有密切關係，政府所扮演之角色輕重不一，並且各國所實施之保險制度內容差異性極大，並無一致性之理論基礎，可決定何種經營制度為最佳模式。因此本文著重公營保險之基本原則與主要特色，而不擬敘述保單之承保條款等保障細節。

政府所提供之保險，亦可區分為人身保險與非人身保險。政府保險所適用之對象，或許是全國人民，或許僅是部份特定人。例如社會保險，其目的在於保障全體國民之基本經濟安全，免於人身危險之衝擊；而公務員保險則是基於照顧政府員工福利，使公務員得以盡心盡力為國家服務。另一方面，政府保險可能只是單純地提供危險保障，例如全民健康保險，但亦可能是為配合其國家發展政策，例如輸出保險。此外，政府保險之費率水準，不同於一般民營保險仰賴大數法則原理，而是考量許多社會因素所決定之結果。這種種特色將逐一在本部份予以探討，本章首先針對人身保險，而非人身保險則於第十八章再行分析。

第一節　政府經營保險之原因

不論是已開發國家或是開發中國家，不論是資本主義國家或是社會主義國家，政府保險人在各國之保險供給面上均佔有重要地位。政府所提供之保險保障範圍相當廣泛，舉凡死亡傷殘失業等各種人身危險，或是地震洪水竊盜信用等非人身危險，均可能被納入承保。然而政府在提供保險之角色上，處境可能相當困難或複雜，因為其目標可能具有多重方向。一方面必須考慮政治與社會政策，以妥善照顧人民生活之安全與福祉；另一方面又必須顧及保險制度之經營運作，以維持財務來源之自給自足。

經常地，政府保險面臨這二方面目標之衝突。在此情況下，為何政府仍然參與保險供給？尤其當一個國家已有發達之民營保險市場時，是否還需要政府扮演保險人之角色？因此在介紹政府保險產品之前，本節首先說明其提供保險之原因，以及對於民營保險市場之影響。

一、政府經營保險之原因

對於社會主義國家而言，民營保險機構極少，大多數之保險供給均由政府負責，即便其保險金額水準仍然偏低。在這些國家中，政府經營保險乃是整體政治環境所造成，與一般經濟因素無關。除此之外，在某些民營保險市場相當發達之國家，例如美國，政府保險依然是重要之保險供給來源。究其原因可能包括下列數項：㈠民營保險之供給不足，㈡降低保險成本，㈢實施強制性保險，㈣配合國家經濟發展政策，㈤承保政府事業本身之危險。分別說明如下。

㈠民營保險之供給不足

在若干先進國家，其民營保險固然相當發達，然而仍有供給不足之現象，某些消費者無法獲得其所需要之保險產品。由於民營保險人之經營目的在於獲取利潤，並且必須顧慮本身之財務能力，因此相當關切自身之經營成本與投資報酬。對於某些收益較低，或是危險性較高之險種，通常不願意承保。常見者包括：

1. 低保額之人壽保險

由於民營保險之經營，通常高度仰賴人力資源，保險仲介人之佣金一向是保險產品之重要成本因素。而低保額之壽險產品，保費收入甚少，不足以負擔銷售佣金與行政費用，保險人所能獲得之利潤相當微薄，因此供給意願不高。傳統上低保額之人壽保險，主要來自簡易壽險，目前簡易壽險大多仰賴政府承保，例如我國之郵局簡易壽險。

2. 低收入戶之人身保險

若干低收入戶由於所得收入甚低，三餐溫飽可能已有困難，更遑論購買保險，因此即便是簡易壽險亦無法負擔。然而這些低收入戶缺乏儲蓄，一旦發生人身危險，其經濟安全之打擊較之一般人民更為嚴重。事實上，他們才是最需要人身保險保障之族群。而唯有仰賴政府施行社會保險，或許才勉強可以獲得一些基本之經濟安全保障。

3. 巨災危險

對於若干與地理因素有關之巨災危險，例如地震、洪水等，由於逆選擇之機率較高，民營保險人基於本身財務安全之考量，多半不願承保位於高危險地帶之消費者。這些地理天災危險，只好由政府負責提供保險。

4. 政治危險

若干具有國際因素或政治因素之危險，例如海外貿易投資危險，由於損失難以預測，無從計算合理保費，而且一旦發生危險事故，其損失規模往往相當龐大，因此民營保險人大多不願承保這些類型之危險。然而近年來國際企業盛行，國家經濟發展大量仰賴外銷市場。許多企業組織迫切需要保險，以減輕跨國經營之危險。因此不得不由政府提供保險保障，例如輸出保險、貿易保險或是匯率保險等。

㈡降低保險成本

政府直接經營保險，通常可藉由各部門單位之現成人力處理保險業務。例如遞送保險單或收取保費等，不需另行雇用保險銷售人員，可節省佣金支出。因此一般上政府所辦理之保險，其費率往往非常接近淨費率，僅包括少量之附加費率，對於要保人之保費負擔具有降低作用。通常各種公家機關或國營事業所需之保險，或是全國性之社會保險等多由政府負責承保，其目的之一即在於節省要保人之保費成本。

㈢實施強制性保險

若干國家基於社會政策上之考量，而採行強制性保險，例如我國之全民健康保險，要求全國人民必須投保。在此情況下，政府必須為人民尋求適當之保險供給管道，否則若是民眾無法獲得保險，將成為違抗國家法令。倘若政府要求由民營保險人負責供給全國人民之保險需求，將可能面臨若干困難。例如：

1. 保險人承保能量不足

根據保險監理法規之規定，民營保險人每年可承保之保險業務，必須與其本身之資本額配合。倘若超額承保，一旦發生非預期之危險事故，保險人可能無法償付損失，將導致財務危機，而被保人亦失去保障。

2. 被保人無法通過核保條件

民營保險人顧及本身之經營成果，通常將謹慎選擇被保人。對於某些高危險群之被保人將予以拒保，否則可能造成保險機構之財務虧損，影響投資人或現有被保人之權益，因此若干民眾將無法獲得保險。倘若政府要求全國人民均應投保，必須對於這些高危險群民眾有所安排。

3. 要保人保費負擔之困難

民營保險之費率水準乃是依據精算公平原則，反映被保人之預期損失，危險愈高則必須支付較多之保費。然而被保人危險高低與其要保人所得之多寡，通常並無直接關係。危險較高之被保人，其要保人可能無法負擔應繳納之保險費用。倘若政府要求全國人民購買保險，則需設法解決民眾保費負擔之困難。

基於上述這些困難，由民營保險人負責全部強制性保險，並非適當之保險供給方式，政府必須另行提供其他供給管道，以滿足社會大眾之保險需求。

㈣配合國家經濟發展政策

現代國家之發展，經濟資源已成為不可或缺之動力，因此政府往往藉由各種優惠與輔助措施，鼓勵該國人民從事經濟發展活動。然而投資開發難免伴隨若干潛在危險，非預期之意外損失可能摧毀以往投資之成果。因此，若無適當方法減輕意外危險損失，則個人或企業對於從事投資開發之意願必然降低。由於保險制度可以分散危險，降低個人家庭或企業組織之經濟損失，因此具有減輕憂慮鼓勵創業之功能。

一般國內性質之開發投資，因為在政府保護之下，不致發生突然之充公沒收等意外危險。個人或企業對於一般之人身與財產責任等危險，可自行向民營保險人購買保單，以分散意外損失。然而跨國經營之國際性危險，由於危險難以估計，並且缺乏共同分擔危險之被保人，一般民營保險人通常不願意承保。因此從事國際貿易或投資活動之廠商，必須尋求其他分散危險管道。而政府為發展國家經濟，鼓勵人民開拓國際市場，通常提供若干輸出保險或匯率變動保險，以協助廠商減輕跨國經營之潛在危險。

此外在若干開發中國家，基於經濟發展之考量，政府不願意國內保險資金外流，希望由本地保險人負責供給國內之保險需求，不願意外國保險人進入市場。雖然無法證明這種策略長期上是否正確，但是畢竟有若干國家樂於採用。這些國家之本地保險人，由於本身之能量不足以容納大量業務，通常需要向外再保，因此政府便常扮演再保險人之角色。

㈤承保政府事業本身之危險

若干國家之政府擁有強大之國營事業，尤其是關於民生必需之水、電與電信等業務，或是與國家發展關係密切之國防設備。基於穩定供需以及國家安全之考慮，這些事業通常由政府自行控制經營。對於這些獨佔性國營事業，其生產設備所需之財產保險，或是經營過程中可能發生之責任危險，通常必須由政府保險人自行承保。因為其損失金額可能相當龐大，並且因獨佔事業而缺乏同類行業共同分散危險，因此民營保險人通常沒有意願或能力去承保這類公共事業。此外，有時基於資料機密性之考慮，例如國防資訊，政府可能不願意委由民營保險人承保，因為核保過程必須告知保險人若干重要資訊。

二、對於民營保險之影響

經由上述分析可知，政府經營保險有其主動與被動之原因。當政府保險人進入市場，提供保險保障給予個人家庭或企業組織，必然對於民營保險人產生若干影響。這些影響或許是正面或許是負面。雖然其長遠效果目前尚難以定論，但是就表面上之市場關係而言，大致上有下列三種情況。

㈠直接競爭

政府保險人提供保險保障，某些時候將與民營保險人構成競爭。例如實施全民健保之後，社會大眾對於醫療費用已有基本保障，必然降低其購買民營健康保險之需求。因此，國內之民營健康保險保單，大多只針對重大疾病或醫療費用等。

㈡相輔相成

相對於直接競爭，政府保險人有時卻可作為民營保險人之支援者。這種相輔相成之功能，尤其以再保險最為明顯。政府以再保方式移轉民營保險人之巨災危險，因而使民營保險人得以承保更多保險業務。例如在地震頻繁之地理區，地震保險往往由民營保險人承保之後，再保給予政府保險人。

㈢互不干擾

某些保險業務是民營保險人所不願意承保。因為這些業務之潛在損失相當龐大，可能危及民營保險人之財務安全，或是危險性質難以預測，無法計算合理保費。例如失業保險、輸出保險等。這些業務由政府保險人承保，大致上對於民營保險人並無影響。

第二節　社會保險之特質

一、社會保險之意義

政府基於國家政策，負有保障人民生命財產安全之責任，因此政府可藉助保險制度以發揮保障之功能。政府所實施之保險包括人身與非人身二方面。廣義而言，凡是由政府負責彙集社會大多數人民共同面臨之特定危險，而立法採用強制性保險制度，將社會大多數人民納為被保人，並藉由立法決定保險給付與保費，即可稱為「**社會保險**」(social insurance)。因此社會保險乃是一集合名詞，並無限制某特定險種，例如全民健康保險是社會保險，而國民年金亦是一種社會保險。

然而社會保險以立法方式強制施行，倘若不是多數人民迫切需要，必然引起民眾之反抗。由於人身危險乃是社會大眾人人必須面臨，當人民個人無法解決人身危險損失時，社會便容易發生不安現象。於是政府優先處理這些問題，因此目前所見之社會保險，大致上均是用以保障人身危險。所謂「飢寒起盜心」正可說明社會保險之發展背景。政府基於穩定人心與維持政權，如何保障人身危險之經濟安全，便成為優先考慮之政策。例如德國於十九世紀末期，俾斯麥首相為維持社會秩序，防止勞工發生革命運動，首先施行社會保險，保障勞工疾病危險。然而這並不表示社會保險只限用於人身危險，事實上當社會大眾有共同需要時，政府亦可應用社會保險於非人身保險，只是目前實務上尚未出現這類制度。

二、社會保險與民營保險之差異

政府基於社會政策之考量而施行社會保險，與一般民營保險源自於投資報酬之目的，顯然二者之發展背景有極大差異。而目的之不同，必然影響其保險制度之運作內容。因此，社會保險之基本原理強調社會整體利益，已脫離民營保險以個人公平為原則之傳統模式。社會保險制度與民營保險制度之主要差異，大致上包含下列要項。

㈠強調社會利益

社會保險強調社會整體利益，亦即所謂**「社會適當性」**(social adequacy)，與一般民營保險注重**「個人公平性」**(individual equity)，二者之基本理念有明顯差異。民營保險之保費，必須反映被保人之危險程度，費率計算完全依據預期損失。目的在於維持保費之公平合理，使要保人支付其保險標的之損失成本。因此在經營上必須密切注意減少逆選擇與道德危險之現象。

然而社會保險之保費，並非反映被保人之預期損失，而是依據其保費支付能力而決定。因此保費通常與個人所得或薪資水準相關，如同繳納稅賦一般。薪資水準較高者，繳納超出本身預期損失之保費，多餘之保費用以補貼較低收入之被保人。就保費之觀點而言，社會保險僅維持整體保費總額之自給自足原則，並不顧慮個別被保人之保費是否足以反映預期損失。由於社會保險具有強烈之補貼作用，因此通常其逆選擇與道德危險之現象較為嚴重。

㈡強制投保

社會保險之另一特色，在於具有強制性。凡是屬於社會保險法令規定下之被保人，即必須參加該社會保險，不論本人是否願意投保。這種強制投保之要求，與一般民營保險顯然不同。因為民營保險完全是消費者基於本身之利益，為移轉意外災害危險之經濟損失，而自願購買保險產品。

社會保險必須採取強制投保之策略，一方面是因為全面性實施，才能達成預定效果。倘若只有部份人自願參加，則制度容易流於鬆散，原先穩定民心保障社會安全之目標不易達成。另一方面更實際之原因，乃是保費補貼策略必須仰賴強制性投保。否則繳納超額保費之被保人，必然退出該保險制度，而剩餘之參加者，又無法負擔其本身應繳納之保險費用，最終將導致該保險制度財源匱乏，而無法繼續運作。

㈢法定給付水準

社會保險之保險給付，乃是由政府依據社會與經濟環境之實際狀況，經由立法方式統一規定，被保人無法選擇所希望之給付水準。一般民營保險之保險給付，大多由要保人或被保人自行決定，只要有能力繳納足額之保費，即可獲得所希望之保障水準❷。而社會保險之被保人，僅能依規定

❷ 實務上保險人為防止道德危險，通常會考慮投保金額之合理性，因此並非可任意投保。例如人壽保險通常會考慮被保人之收入，而財產保險會參考被保財物之價值。但是一般而言，在這些合理範圍內，要保人或被保人可依其意願決定保險金額。

繳納保費與領取給付，完全缺乏選擇彈性。

社會保險採用統一之法定水準，其主要理由，一方面是考慮行政管理之成本。倘若各保險人可自由選擇所希望之給付水準，則政府必然需要許多人力以處理這些個別資料。如此將增加社會保險之經營成本，反而不利於該政策之施行。另一方面則是因為自由給付將促使逆選擇現象更為嚴重。由於高危險群之保險費率低於預期損失，倘若被保人可自由選擇給付水準，則高危險群必然希望增加保險給付水準；但是保費收入無法支付損失求償，終將導致社會保險財政收支平衡之困難。

㈣保障基本需求

社會保險之目的，在於保障人民基本生活之安全。因此，所提供之保險給付通常維持在一定之範圍內，並不足以支持富裕之生活水準。由於基本經濟安全是社會大眾共同需要，政策之推行阻力較小。並且僅保障基本需求，其所需之成本較小。高所得被保人對於低所得被保人之補貼有限，否則嚴重之所得重分配現象，將使國家淪為社會主義制度，長期上反而造成整體經濟之衰退。

由於社會保險僅能提供基本生活之需，對於一般中高收入家庭而言，社會保險給付不足以維持原有生活水準。倘若希望獲得較高之經濟安全保障，被保人可另行投保一般民營保險。如此社會保險不致過度侵佔民營保險市場，將可維持保險市場之發展與效率，發揮自由經濟之功能。

㈤免除核保程序

社會保險之承保作業，與民營保險之一大差異，乃是免除核保程序。決定被保人之可保條件，一向是民營保險最重要的工作之一，因為被保人之危險程度，將影響費率水準與經營成果。然而社會保險卻免除核保程序。由於採行強制投保政策，政府要求所有人民必須參加保險，因此自無拒絕承保之理由。另一方面，社會保險之保費乃是以支付能力為徵收基礎，與被保人之危險程度無關，因而核保程序自無必要。

㈥不需完全提存準備金

保險制度由於先收取保費，而後實現保險人之給付責任，因此責任準備金之提存，一向是要保人或被保人與監理單位關切之焦點。因為責任準備金不足，要保人或被保人之危險損失將無法獲得充分保障。通常對於民營保險，政府監理機關必然要求保險人提存足額之責任準備金，以充分保障消費者之權益，因此可稱為「**完全提存制**」(full funding)。

然而社會保險制度之運作方式，並不需要完全提存責任準備金。因為政府藉由政治力量，要求全國人民必須參加保險，隨著人民世代移轉，年輕人不斷投入工作場所，參加社會保險並繳納保費。因此保費收入源源不絕，政府保險人不需特別提存準備金以支應保險給付。這項優點使社會保險在開辦之初，不需預先準備龐大基金，有利於社會保險之施行。

社會保險之財務運作，理論上只要當年度之保費收入，足以應付當年度之損失給付，社會保險制度即可正常運作。因此，幾乎可以完全不提準備金，即所謂之「**隨收隨付制**」(pay-as-you-go basis)。然而實際經營時，卻發生若干問題。因為保險給付常受政治壓力影響不斷提昇，使原先所收取之保費不足以支應給付成本，於是社會保險財政出現赤字。基於這種實務上之困境，若干國家之社會保險，其財政制度可能修正為「**部份提存制**」(partial funding)，亦即提撥部份基金作為將來給付之用。在此制度下，準備金之金額不如民營保險完全提存制那樣高，但亦非全憑當年之保費收入而完全不提存準備。如此，則較能維持社會保險之財務安全，而同時又能早日開辦，實現照顧人民基本生活之社會政策。

第三節　社會保險之保障範圍

誠如上文所述，目前所見之社會保險主要用以保障人身危險，包括生育、老年、疾病、傷殘、死亡與失業等項目。然而社會保險之實施，與各國之政治經濟環境有密切關係。因此各國之社會保險所承保之危險項目可能有所不同，而保障內容亦有所差異。例如我國已實施全民健康保險，但對於老年所得之保障並無全民適用之單一社會保險制度，國民年金僅是針對未有公保或勞保等保障之國民。而美國社會保險包括老年、殘廢與死亡給付，但是社會性健康保險僅承保六十五歲以上之民眾等。

由於社會保險基本上是政府為實現其社會政策，而採用之一種民生制度，不同於民營保險之保單。各國之社會保險並無一致性之承保內容，且所用名稱亦不相同。因此本節之說明並非以保單方式予以分類，乃是就各種危險保障之基本原則加以探討。內容包括給付類型與給付水準，以及給付資格等。

一、給付類型

目前各國社會保險所提供之保障，大致上包括現金給付與醫療服務二方面。就承保危險而言，保險給付則可區分為下列項目：㈠死亡給付，㈡老年給付，㈢失能給付，㈣疾病與傷害給付，㈤生育給付，㈥失業給付。下文分別說明之。

㈠死亡給付

被保人死亡，不論是因疾病或因意外傷害死亡，社會保險將提供遺族若干現金作為死亡給付。現金給付可能採取一次付清方式，亦可採取分期付款之年金制。此外，某些國家之社會保險，其死亡給付之多寡可能與遺族人數有關。必須計算被保人是否有待扶養之父母、配偶與未成年子女等。由於死亡給付之目的，在於保障被保人遺族之經濟安全，因此必須根據遺族人數計算應得之給付金額，故又稱為「**遺族給付**」(survivor benefit)。

㈡老年給付

老年原是人生必經之過程，並非意外危險。然而一個人從工作場所退休之後，倘若未有豐富之資產或儲蓄，則經濟生活可能面臨困難。因此政府基於照顧人民晚年生活，藉由社會保險提供「**老年給付**」(old-age insurance benefit) 或「**退休給付**」(retirement benefit)。老年給付亦是以現金給付方式提供，可以是一次付清方式，但較為普遍者則是採用年金給付方式。至於「老年」之定義，大多以各國所慣用之退休年紀為基準，例如年滿六十五歲或六十七歲等。倘若被保人超過此退休年紀而仍然繼續工作，則社會保險之老年給付將予以部份削減。因為社會保險之目的在於維持基本生活之經濟安全，倘若被保人自有收入不虞匱乏，則社會保險給付可酌予減少。

此外，有些國家，例如美國，不僅提供被保人老年給付，並且對於其配偶與子女亦可能提供給付，但是通常有年齡上之限制。例如配偶必須年滿六十二歲以上，子女必須在十八歲以下等。其理念是因為這些配偶子女，原本由被保人負責供養，而被保人退休之後，他們將同時失去供養來源。因此，社會保險將一併提供若干退休給付給予這些待扶養眷屬。

㈢失能給付

被保人因疾病或傷害而發生嚴重身心殘廢情況，必然無法繼續工作，失去經濟來源。社會保險為保障被保人之基本生活，提供若干現金給付作為失能所得保障。由於「**失能給付**」(disability benefit) 可能影響工作意願，因此通常對於領取給付之資格有較嚴格之限制。例如被保人必須無法再從事任何獲利工作，並且原先已有工作至少若干年（例如十年）以上等。失能給付可能採用一次付清方式，或是年金方式。若是採用年金方式，通常支付至退休年紀，而後被保人即改為領取老年給付。同樣地，失能給付亦可能因扶養眷屬人數而有所增加。因為他們平日仰賴被保人之經濟資源，因此社會保險通常一併提供若干經濟保障。

㈣疾病與傷害給付

疾病與傷害危險侵襲社會中之每一個人，而通常社會大眾患病或受傷之後必須就醫。醫療費用成為生活中之額外經濟負擔，尤其是重大疾病，所需之醫療費用可能使一般家庭陷入困境。社會保險可減輕被保人之醫療負擔，通常提供醫療費用補償，或是直接提供醫療服務等。大致上被保人因疾病或傷害就醫時，僅需負擔一小部份之自負額，其餘之就醫費用則由社會保險負責支付。

㈤生育給付

生育是多數家庭必須面臨之人生大事，而生育如同疾病一般，通常需要支出額外醫療費用。並且生育婦女有短暫時間不能工作，家庭收入將因而減少。此外，新生兒之降臨，往往需要增加許多嬰兒用品之開支。這些費用支出與所得減少必然造成家庭之經濟負擔，因此某些國家之社會保險提供「**生育給付**」(maternity benefit)。其內容可能包括醫療費用補償，以及現金給付二方面。

㈥失業給付

失業乃是另一種人性生命價值無法發揮之人身危險，而失業之實質影響即是工作所得中斷。失業之原因可能是自願離開工作場所，亦可能是被資遣解雇或開除等非自願性失業。自願性失業可能是工作者本身另有人生計畫，例如求學、結婚或是尋找更適當之工作。自願性失業由於是工作者自行計畫，通常對於失業期間之經濟安全已有妥善安排，因此不至於形成社會問題。相對地，非自願性失業由於並非事先計畫，失業可能造成經濟安全之打擊。而長期性失業往往引起社會不安或甚至動亂，因此政府必須妥善處理失業問題。

解決失業問題必須同時採用多種政策，一方面要增加就業機會，另一方面要加強失業者之技術能力。然而從失業以至獲得另一新工作之前，失業者仍然必須面對各種生活支出。為避免失業期間飢寒交迫，若干國家實施「**失業保險**」(unemployment insurance)，提供失業者短暫時間之現金給付，以度過失業期間之經濟困境。一般上失業保險僅針對非自願性失業，並且主要是針對經濟不景氣所造成之資遣。至於工作態度不良而遭開除解雇者，並非失業給付之對象。

失業保險具有穩定經濟之效用。因為失業給付可協助維持消費，避免總體經濟之迅速衰退。此外，保險給付使失業者有較充裕之時間尋找新工作，不致因經濟壓力而隨意變更生涯計畫，社會之人力資源不因此而流失。但是另一方面，失業保險由於提供現金給付給予失業者，倘若未設立給付之限制條件，必然容易導致怠惰不工作之道德危險，對於國家之長期經濟發展反而有害。

通常失業保險給付之領取資格，必須是原先已有工作若干年以上，並且非因工作情況不良而遭雇主解雇之工作者。此外，給付期間大約僅有半年左右的時間，而且必須證明仍積極尋找工作等。事實上，失業保險給付之領取並不方便，而政府之監督管理工作亦相當困難。因此世界各國對於失業保險之採行，不如上述其他人身保險之普遍。

二、給付水準

社會保險給付水準之決定方式，與一般民營保險有極顯著之差異。除醫療費用補償外，通常民營人身保險之各種現金給付保險，例如壽險或年金等，其給付水準與保費維持一定關係，繳納保費愈多則可領取愈高之給付。然而社會保險之給付水準，卻不必然與被保人所繳納之保費有直接關係，因為社會保險乃是以社會整體利益為前提。通常社會保險給付之考慮因素可分成二部份，一為被保人本身，一為被保人之眷屬，分別說明如下。

㈠被保人

通常社會保險之給付計算基礎，首先以被保人之工作薪資為基準，計算被保人應得之給付水準，暫且稱之為「**基本保險給付**」(primary insurance amount)。通常採用比例遞減方式，薪資愈高，基本保險給付相對於薪資之百分比愈小，如表 17–1 所示範。因為社會保險之目的在於維持基本生活，而低收入者絕大部份所得，即為應付食衣住行等必要開支，因此社會保險給付應近似其原先所得，以維持其基本需要。反之，高收入者之所得僅有部份用於基本生活，因此社會保險不須提供原先所得水準之給付。

但是另一方面，社會保險之財源畢竟來自被保人所繳納之保費，並非社會救濟。因此不應違反公平合理之原則，保費繳納較多者，應獲得較高之保險給付。由於保費之徵收大致上為薪資之某一固定比例，例如 6%，因此薪資愈高所繳納之保費愈多，於是保險給付金額仍然呈現遞增現象，如表 17–1 所示。總而言之，社會保險保費與給付之關係，乃是維持一部份保險精算公平原則，一部份社會補助目標。

㈡被保人之眷屬

被保人發生死亡危險事故時，被保人本身無法領取保險給付，而其遺族所能領取之死亡給付，大致上是以被保人之基本保險給付為依據。然而是否加計其眷屬人數，則各國情況不一。有些國家僅提供一份被保人之基本保險給付，而有些國家則以各扶養眷屬之身份，每一人可領取若干比例之基本保險給付。例如配偶領取 100% 之基本保險給付，而每一未成年子女領取 50% 等，以顧及整體家庭之需要。

在失能給付、老年給付，以及失業給付方面，被保人可領取其本人之基本保險給付。至於其待扶養眷屬是否可以領取，則視各國之制度而定，其情況如同上述死亡給付，不再贅述。

至於醫療費用補償，則完全與所繳納之保費無關，雖然薪資高者繳納較多之保費，但是健康保險之保障範圍仍然與其他被保人相同，並未反映保費之差異。

表 17–1　基本保險給付與被保人薪資之關係

⑴薪資所得 ($)	⑵保　費 ($)	⑶保險給付 ($)	⑶ ÷ ⑴ (%)
10,000	600	8,500	85
20,000	1,200	16,000	80
30,000	1,800	22,500	75
40,000	2,400	28,000	70
⋮	⋮	⋮	⋮
80,000	4,800	40,000	50

三、給付資格

雖然社會保險之目標在於保障社會全體人民之經濟安全，並且採用強制投保方式，表面上似乎所有社會大眾均是被保人；但是事實上仍有若干人不屬於社會保險之保障範圍。因為社會保險不同於社會救濟，並不是由國家稅收直接提撥給付。社會保險之經費來自保費收入，因此必須是繳納保費之被保人才得以獲得保障❸。各國對於被保人之「**適格條件**」(eligibility) 的規定並不相同，並且一國之內各種社會保險制度，例如遺族保險或是失業保險等，其被保人適格條件之規定亦有所差異。然而大致上，領取社會保險給付之適格條件包括下列項目：

㈠必須屬於社會保險之承保範圍

各類社會保險對於被保人資格可能設有若干限制，例如行業、最低薪資、工作時數等。通常工作薪資低於某一水準以下，將不能參加社會保險，因為難以徵收適當之保費。對於這些極低收入者，政府只能以其他社會救濟方式予以協助，而無法使用社會保險制度。畢竟社會保險必須是一種自給自足之保險制度，補貼作用僅是部份功能，尚需仰賴被保人本身之保費貢獻。

㈡必須加入社會保險若干時間

社會大眾不僅必須符合被保人之資格，並且必須加入該社會保險一段時間之後，才得以領取保險給付。除醫療費用補償外，大多數現金給付之社會保險，可能規定被保人必須繳納若干期間之保費，才具有領取給付之資格。其目的一方面是顧及社會保險之財政收支，另一方面可減少被保人之道德危險。不同於一般民營只要繳納第一期保費，保險人之責任即已開始。

❸ 社會保險實施初期，可能有若干老年人未繳納保費但可享受給付，此乃例外情況。

㈢必須符合給付申請條件

被保人符合上述二規定之後，尚必須滿足各類保險給付之申請條件。例如領取死亡給付之遺族子女，是否屬未成年人。申請老年給付之被保人，除必須達到法定退休年齡，並且其額外收入不得超過若干金額以上。而失能給付之被保人，其傷殘程度必須符合重度失能狀況。至於失業保險，則必須證明仍然具有工作能力且正積極尋找工作等。總而言之，被保人必須發生該社會保險所規定之危險事故。其精神與民營保險類似，但是危險事故之定義可能不同於民營保險。

第四節　社會保險之保險費

社會保險一方面必須以社會整體利益為優先目標，而另一方面又必須顧及制度之財務收支平衡。由於社會保險採取保險制度之自給自足原則，保險給付之支出必須完全由保費收入承擔。而同時又基於社會福利目標，保費負擔必須互相補貼，不能依據被保人之危險程度徵收。因此，社會保險之財務收支經常呈現兩難局面。本節首先探討社會保險費率之特質，其次說明保費收入來源，最後則略述社會保險之財務難題。

一、社會保險費率之特質

社會保險之費率計算，與一般民營保險不同，具有下列若干特質。

㈠費率並非完全反映被保人之預期給付

基本上，社會保險採取自給自足之理財原則，因此全體被保人之保費收入必須足以負擔全體被保人之保險給付。然而社會保險之費率，並非完全針對個別被保人之預期損失計算，而必須考慮社會整體之預期損失。通常根據預測之社會總損失，計算應徵收保費之總額，然後將應徵收保費分攤給予各被保人。而其分攤基礎不僅考慮被保人之預期給付，並且更重要的是考慮被保人之經濟負擔能力，例如薪資或所得水準等。

茲以簡單範例說明社會保險與民營保險保費分攤之差異。由範例可看出，社會保險對於薪資水準低或危險程度高之被保人較為有利。

範例

範例一：完全以經濟負擔能力為基礎，不考慮預期損失。

假設甲、乙、丙三人，其醫療費用之預期損失分別為一千元、五百元、一千五百元；每月薪資水準分別為二萬元、三萬元、四萬元，則醫療保險保費為：

	A. 民營醫療保險之保費 ($)	B. 社會性醫療保險之保費 ($)*
甲	1,000	667
乙	500	1,000
丙	1,500	1,333
總　計	3,000	3,000

$$*3{,}000 \times [\frac{20{,}000}{20{,}000+30{,}000+40{,}000}] = \ 667\text{ 元}$$

$$3{,}000 \times [\frac{30{,}000}{20{,}000+30{,}000+40{,}000}] = 1{,}000\text{ 元}$$

$$3{,}000 \times [\frac{40{,}000}{20{,}000+30{,}000+40{,}000}] = 1{,}333\text{ 元}$$

範例二：部份考慮經濟負擔能力，部份考慮預期給付。

假設甲、乙、丙三人，每月薪資水準分別為二萬元、三萬元、四萬元。死亡給付為二十萬元、二十五萬元、三十萬元，死亡率均為 1%，則壽險保費為：

	A. 民營人壽保險之保費 ($)	B. 社會性人壽保險之保費 ($)*
甲	2,000	1,667
乙	2,500	2,500
丙	3,000	3,333
總　計	7,500	7,500

$$*20,000 \times [\frac{7,500}{20,000 + 30,000 + 40,000}] = 1,667 \text{ 元}$$

$$30,000 \times [\frac{7,500}{20,000 + 30,000 + 40,000}] = 2,500 \text{ 元}$$

$$40,000 \times [\frac{7,500}{20,000 + 30,000 + 40,000}] = 3,333 \text{ 元}$$

㈡社會保險之費率通常不含附加費率

社會保險由於是採強制性保險，通常不需保險仲介人促銷保單，因此被保人可減輕銷售佣金之負擔。另一方面，保險人之行政管理成本，通常由政府自行負擔，並未納入保險費率項目。一般而言，社會保險所徵收之保費全部用以償付保險給付，相當於民營保險之淨保費部份，不包括附加保費。

㈢費率水準受人口結構變化之影響

社會保險之費率不僅必須預測被保人之預期損失，並且必須考慮保費之收取來源。一般民營保險採用完全提存準備金方式，要保人必須繳足保費以維持契約效力，否則保險人不負保障責任。因此民營保險之費率計算，通常只反映被保人本身之預期損失，而不必考慮未來是否有人繼續購買該保險人之保單。然而社會保險之財源並未採用完全提存制，保險給付必須仰賴年輕工作者之保費投入，藉由「世代移轉」方式，支應社會保險之保障。因此人口結構變化將影響費率水準，尤其是年輕人口減少，政府預期未來保費來源短缺時，費率將大幅提高。

二、保費收入來源

一般而言，社會保險之保費來源並非完全來自被保人。政府基於社會政策之目標，為減輕社會大眾之負擔，通常要求雇主必須分擔一部份保費，雖然分擔比例各國不一。此外，某些國家亦可能由政府分擔一部份。事實上，保費由被保人、雇主或政府等方面負擔，各有其利弊，分別說明如下。

㈠被保人

就一般保險理論之觀點而言，屬補償契約性質之保險，例如醫療費用保險，被保人自行負擔保費可具有損失控制之效果。至於其他定值契約形式之保險，例如死亡給付、老年給付等，其本質如同儲蓄一般，若能由被保人負擔保費，較能符合公平合理之原則。因此，被保人自行負擔保費有其理論上之依據。然而從現實之觀點而言，社會保險是強制性保險，並非消費者自願購買。倘若完全由被保人自行負擔保費，必然造成其經濟上之困境，尤其是低收入戶，因此容易引起人民之抗爭，社會保險難以施行。

㈡雇　主

目前最常見並且是最重要之保費來源，乃是由雇主負責一部份保費。雇主負擔保費，如同提供員工福利一般，可提高員工之工作士氣，對於雇主仍有正面價值。另一方面，雇主亦可將保費視為員工薪資，計入生產之人力成本，因此將隨產品價格轉嫁至消費者身上。由於消費者分攤部份保費，對於雇主而言，實際保費負擔並不如名目金額那樣高。當然，若是產品未能銷售，則雇主將吸收全額之分攤保費，對於雇主仍然增加生產成本。

理論上保費可轉嫁至商品價格，雇主似乎不必負擔保費成本，然而實際狀況未必如此。一方面產品不必然能銷售出去，但雇主卻必然支付保費，因此雇主仍有潛在之成本壓力。另一方面，保費轉嫁至商品價格，價格提高必然引導消費需求降低，因此廠商之市場競爭力將受影響。尤其是外銷產品，當其他國家並未同步實施保費轉嫁時，價格必然出現差異性。

㈢政　府

政府是否直接分攤被保人之保費，主要考慮因素為政府財政困境。通常政府分攤愈多，則社會保險愈趨向社會救濟，而脫離保險制度之本質與功能。因此倘若政府財政充裕，希望提供人民更多保障，則由政府分攤保費亦無可厚非。然而目前多數國家之政府財政均面臨入不敷出現象，由政府負擔保費可能有實質上之困難。

此外，政府財政來源主要是來自人民所繳納之稅賦，由政府以稅收負擔社會救濟支出或社會保險保費，實際上乃是一種**「所得重分配」**(income redistribution)。一般而言，所得重分配之範圍必須有所限制，否則將變成社會主義國家。因此社會救濟通常僅局限於一小部份極低收入戶，全國性大規模之社會保險並不適合由政府負擔保費。

三、社會保險之財務難題

自十九世紀末期社會保險興起，至今已有一百多年時間。而大多數實施社會保險之國家均面臨財務收支上之困難，因此保險費率不斷調升。目前社會保險保費已逐漸成為被保人、雇主與政府之沉重負擔。究其原因，大致可歸納為下列數點。

㈠人口結構變化

由於社會保險採用隨收隨付制，或是不完全準備制，財務收支之平衡必須仰賴保費繳納與給付領取人口之相對比率。以往社會由於老年人口少，而嬰兒出生率高，因此繳納保費人口多於領取給付人口，社會保險之財務大致上不成問題。然而近年來，嬰兒出生率逐漸下降，但另一方面，醫藥發達延長人類之平均壽命，因此老年人口相對上比例提高。於是繳納保費之年輕人口減少，而領取給付之老年人增加，社會保險逐漸入不敷出，尤其以實施退休年金之國家最為嚴重。

㈡通貨膨脹

如同民營人身保險一般，經濟因素對於保險費率具有重要影響力。由於社會保險之目標在於維持社會大眾之基本生活，因此給付水準必須配合當時之經濟環境。然而保費之收取時間在給付成本發生之前，倘若通貨膨脹迅速，期初所收之保費將無法償付期末所需之給付。

㈢政治因素

政治因素是造成社會保險財務困難之另一重要因素。由於在民主政治制度之下，社會大眾擁有選舉權，政治人物為爭取選票，往往在選舉期間不斷擴大社會保險之保障範圍。而一旦當選之後，必須實現當時之選舉政見。因此給付成本增加，但是保費卻無法同時調高，因而容易造成入不敷出之現象。

㈣被保人之道德危險

由於社會保險之費率具有明顯之補貼作用，低收入或高危險之被保人所繳納之保費事實上低於其應繳保費，因此容易出現道德危險之現象，尤其是醫療費用保險最為嚴重。因為醫療費用保險採取損失補償原理，保險人必須支付被保人所使用之醫療資源，因而容易造成被保人濫用之現象。另一方面，醫療機構往往因保險制度之存在而不予節制醫療成本，大量使用昂貴醫療設備，因此健康保險之保費收入，難以配合醫療成本之成長。

第五節　全民健康保險之爭議

誠如前文所述，醫療費用支出是社會大眾不可避免之經濟損失，因此如何提供價格合理且保障充分之醫療照護，已成為各國政府社會政策之重要工作。目前許多先進國家雖已實施全國性醫療照護或健康保險，但是卻仍然存在若干難以解決之問題。例如保費入不敷出、醫療資源浪費、醫療品質降低，以及低收入戶無法負擔醫療成本等。

基於這些困難之存在，各國對於全民健康保險不斷研擬各種改進方案。由於全國性政策通常牽涉複雜之經濟、社會與政治因素，因此有些方案尚未能付諸實現。然而各方案仍有其優點與限制值得探討，本節將簡要說明其中數項主要理念。以下分別就保障範圍與保險方式二方面加以說明。

一、保障範圍

有關全民健康保險之保障範圍，大致上可分為二種主張，一方認為應給予人民廣泛而充分之保障，一方則認為只要提供重大疾病之保障。主張廣泛保障者，認為政府基於照顧人民福祉之目標，應提供各種醫療保健措施，不論是重大疾病或是一般門診，甚至例行性健康檢查等。這種觀點較為偏重社會適當性之目標，對於成本分擔與個人公平性之考量較少。因為各項支出均可獲得保險人之補償，病患與醫師將不注意控制成本，因此廣泛之醫療保障容易導致醫療資源浪費。此外，廣泛之保障必須徵收高額之保費，雇主與高所得者相對上必須補貼更多保費。因此雇主為節省人力成本將減少雇用人工，而高收入者之工作意願可能降低，整體而言容易導致經濟衰退。

鑑於醫療資源浪費與潛在經濟衰退問題，另一種主張認為全民健康保險應僅針對重大疾病，而一般門診應由人民自行負責，以民營健康保險方式分散醫療支出危險。這種主張有其理論上之優點，因為重大疾病通常屬偶發事故，發生機率小而且不易產生被保人道德危險。而一般人最為擔憂需要他人分擔之危險亦是重大疾病，因此以全民健保保障重大疾病，可充分發揮保險之正面功能。然而對於低收入戶而言，即使是一般門診之費用亦無法負擔，倘若未能藉助全民健康保險保障，將無法獲得正常之醫療照護水準。

二、保險方式

全民健康保險雖是一種強制性保險，全國人民必須納入該保險制度，但是保險方式並不必然要向政府投保。因此對於全民健保之施行，可以考慮數種不同運作方法：㈠由政府直接承保，㈡由雇主強制投保，㈢強制人民自行投保，下文分別說明之。

㈠由政府直接承保

由政府扮演獨佔性之保險人，其優點是全國人民在單一之保險制度之下，保障範圍相同，且保費之補貼作用容易發揮，低收入戶可受到正常水準之醫療照護。此外政府藉由其強大之政治力量，與眾多之公家機關人力，可節省保險之行政與管理費用，促使附加保費之降低。相對地，這種政府獨佔方式亦有若干缺點。除政府控制權力擴張之外，民營保險市場與醫療體系可能均受到干擾，使傳統自由經濟之效率與優點無法發揮。

㈡由雇主強制投保

第二種方式是由政府規定雇主必須為員工投保健康保險，但是並未限制承保單位。雇主可向政府投保，亦可向民營保險人投保。至於未受雇人員則向政府投保或自行購買一般民營保險。這種方式之優點在於保留若干市場自由經濟之優點，而員工依然可以獲得應有之保障。缺點則是各雇主所提供之保障範圍可能參差不齊；並且低收入員工或個人之保費補貼可能不足，無法獲得所希望之醫療照護保障。此外，雇主可能為節省保費成本而不願雇用員工之潛在問題依然存在。

㈢強制人民自行投保

另一種更為自由之方式則是由人民自行投保，法律僅規定全國人民均應擁有健康保險，以及最低保障範圍，但是並未限制被保人如何獲得這項保障。社會大眾可自行個別投保，或是團體投保，或是經由雇主投保等方式。事實上，此種方法相當類似目前之強制汽車責任保險。無庸置疑地，這種方法保留絕大部份自由經濟之優點。個別被保人為其所作選擇負責，而民營保險人因市場競爭而使經營效率化，具有控制成本之作用。此外，雇主不再因人力成本而減少雇用員工，可避免失業率之上升。然而批評者則認為此種方法不切實際難以推行，因為人民可能根本不購買健康保險，而政府無從一一追蹤檢查。因此，最終社會將有若干人未有健康保險保障，失去全民健康保險之用意。其次是保費補貼作用難以進行，因為稅賦抵免之計算恐有困難，因而低收入戶較難獲得適當之醫療保障。

第十八章 其他政府保險

本章目的

本章內容在於介紹其他政府保險之主要承保範圍。讀完本章之後，讀者應該能夠回答下列問題：

1. 輸出保險對於國家經濟有何貢獻？
2. 輸出保險之主要承保範圍為何？
3. 輸出保險之費率有何特色？
4. 農業保險之保障範圍為何？
5. 存款保險之功能為何？

前 言

政府除提供強制性社會保險，以保障社會大眾生老病死與失業等人身危險之外，政府亦提供若干非人身危險保障。大致上而言，這些財產危險多屬損失不確定性相當高，一般民營保險人不願意承保之業務。政府所提供之非人身保險種類相當多，並且隨各國之經濟或社會環境不同而有所差異。但是大約可分為幾種類型：

1. 重大天然災害

天災因與地理區有密切關係，例如洪水與地震，有時一國之內不易分散風險。這些天災可能造成巨額損失，民營保險人為顧及本身之財務安全，大多不願意承保。因此，只好由政府提供保障，而後再向國際再保險人尋求保險以分散危險。

2. 重大人為災害

科技之發展一方面可促進社會或經濟之成長，但是另一方面亦可能造成禍害。有些人為災害之損失相當龐大，例如核能爆炸或輻射污染，民營保險人因考量財務安全而不願意承保。同樣地，可能由政府負責承保而後向外再保。

3. 基於國家政策之推行

政府為鼓勵人民從事開發或投資活動，因此提供若干損失保障，例如輸出保險、農業保險，以及存款保險等。這類危險常含有投機性質，因為被保人有潛在獲利機會，並非純粹危險，因而道德危險可能較高。此外，這類危險因素由於與政府政策有關，不同於一般危險事故之發生有自然率，其潛在損失較難預測。因此，這類危險之承保方式與一般保險制度並不相同。事實上他們並未依據大數法則，以及保費等於預期損失之原理運作。而是藉由政府之財力提供一種額外保障，以促使社會大眾較有信心從事冒險投資活動。

上述第一、二類保險基本上與一般民營保險大同小異，仍是針對純粹危險所造成之損失，理論上並非不能承保，只是受限於實務上保險人之承保能力。事實上某些大型民營保險人，由於財力雄厚且進出國際再保險市場相當容易，則可能願意承保這些巨災損失。總而言之，即便由政府負責承保，其保險原則大致上與本書第四部份類似，因此本章不擬贅述。本章僅針對第三類政策性政府保險加以探討。這些政策性非人身保險多屬自願性保險，與第十七章社會保險之強制投保不同。個人或組織可自行決定是否需要而予以投保。下文分別介紹輸出保險、農業保險，以及存款保險等三種常見之政策性保險。

第一節　輸出保險

隨著科學技術之進步，尤其是電信與航空事業之發達，國與國之空間距離日益縮小，國際間商業往來愈加密切。不論是國際貿易或是海外投資，各種跨國性活動相當頻繁。然而國際往來牽涉不同政府之管轄範圍，各國之政治制度與法令環境有所差異，並非個別廠商企業所能掌握。對於各種海外財產保障或債權追索等事項，必須委由政府出面代為處理。因此在某些國家其經濟成長高度仰賴對外貿易，政府為鼓勵民間企業廠商從事國際性商業活動，往往提供「**輸出保險**」(export insurance) 以作為財務保障。

自二十世紀初期發展以來，今日世界主要貿易國家大多設有輸出保險，如我國是由中國輸出入銀行承保；有時亦稱「**貿易保險**」(例如日本)。雖然各國之保障範圍或有差異，但是其目標應是一致。本節分別就輸出保險主要之承保範圍，所涵蓋之保險類別，以及費率影響因素等三方面加以說明。

一、承保範圍

一般海上保險僅承保貨物出口過程之運輸危險，並未包括廠商間其他交易危險。事實上商業交易危險乃是投機危險，企業廠商為追求利潤而必須自行承擔。倘若由保險人負責承保，則被保人容易忽略本身應有之謹慎經營態度。因為廠商可能任意擴大營業，若不發生意外危險，將可獲得較多利潤；反之，則由輸出保險提供損失補償。然而政府為擴展經濟鼓勵外銷，特別提供輸出或貿易保險。輸出保險乃是保障本國廠商向他國出口之貿易危險，主要承保出口貿易之信用危險與政治危險，分別說明如下。

㈠信用危險

信用危險乃是指外國進口商到期不依約付款，或不能付款，致使本國出口商發生經濟損失。而進口商不付款之情況包括：進口商宣告破產、進口商不提貨，以及進口商到期不付款等。究其原因，或許是財務虧損，或許是惡意延遲拖欠。大體上而言，倘若不付款之原因是國外進口商單方面造成，則輸出保險將補償出口商輸出貨物卻無法取得貨款之損失。但是若因雙方交易糾紛未解決，例如貨物規格、品質或數量等不符合約定等，其所致之付款延遲或不付款，則輸出保險不負承保責任。

㈡政治危險

有時出口商無法取得貨款，並非因為貿易對手之個別廠商信用問題，而是因為該貿易國發生劇烈之政治經濟變動。例如戰爭、政變、內亂或天災等。因此該國政府禁止或限制貨物進口與外匯交易，以及沒收充公貨物或資金等。這些意外危險通常無法預期，且損失相當巨大，一般保險人不願意承保。因此由政府提供保險，保障出口廠商之經濟損失。

二、保險類別

輸出保險所提供之保障範圍，視貿易在各國經濟所扮演角色之重要性，而有所差異。有些國家提供多種保險類別，有些國家可能僅有若干基本保障。以下略述常見之輸出保險類別。

㈠輸出綜合保險

本保險提供出口廠商對外貿易保障，保險標的物為輸出貿易之貨款。承保範圍主要包括進口商信用危險或進口國政治危險。因此二種危險致使出口商無法收回貨款之損失，由保險人負責補償。此外，輸出綜合保險可針對不同交易方式而提供特定保單，例如信用狀、匯票託收，或是記帳方式等，是最為普遍之輸出保險類別。

㈡匯率變動保險

匯率變動保險乃是針對不同時點外匯變動下，實際收入貨款與預期收入之間二者差異，致使出口商發生經濟損失。由於國際間之貨幣相對價格不斷變動，而出口商自輸出貨物日起至收回貨款日，往往間隔半年以上，其間本國與進口國貨幣之匯率可能已有所變化。尤其是當進口國發生重大政治或經濟事件後，往往匯率產生巨幅波動，出口商之貨款收入將受嚴重影響。因此對於出口商所收回之貨款，因匯率變動而發生實際經濟損失，則由保險人負責補償。然而近年來由於衍生性商品之發達，各種外匯期貨

(futures)、遠期契約 (forward contract) 或換匯 (swap) 等財務工具已相當普遍，廠商可藉由這些工具避免或減輕外匯風險。因此對於政府保險人之依賴已減少，若干國家之輸出保險已取消這項匯率變動保險。

㈢輸出保證保險

輸出保證保險目的在於保障外匯指定銀行或產險公司，因提供保證予以出口商所致之損失。由於出口廠商或營造商參加國際業務投標或營造，往往需要附帶投標或履約保證，因此必須委請外匯銀行或產險公司簽發保證。出口商可能已完成或未完成約定任務，但是國外進口商或發包人卻藉故指稱出口商未履約，而要求保證人必須賠償損失。雖然理論上保證人是具有追索權，可向義務人出口商索賠，然而在此情況下可能難以獲得賠償，或相當耗時費事等。因此政府為鼓勵拓展海外事業，乃提供保險以補償保證人之損失，否則保證人將不願意為出口商簽發保證。

㈣海外投資保險

企業組織在國外地區進行投資，或許直接經營，或許僅擁有股權，這些經營權與所有權可能被該國政府沒收。其原因可能是該國發生政變，或是其他內亂戰爭等事故。此外，有時雖未發生政變，但因某些特殊因素而實施外匯管制，因此企業組織在該國投資之資金，或是股利分紅等將無法匯出。由於這些狀況將使企業組織發生經濟損失，倘若未能予以適當補償，企業組織必然裹足不前不願開拓國際性企業。因此政府提供海外投資保險，保障投資資金或股權股利等之收回。

㈤海外營建工程保險

某些跨國經營之營造業者承包其他國家之工程，而當提供營造技術或已實際施工之後，卻因該國發生政治危險，或是發包人本身之信用危險，而使營造商所提供之勞務無法獲得應有之報酬，以及所支出之生產成本未能回收。政府提供海外營建工程保險之目的，即在於保障這些跨國工程承包之政治危險與信用危險，其所發生之經濟損失由保險人補償。

誠如上文所述，輸出危險含有若干投機危險之性質，被保人可能因保險之存在，而忽略本身應有之謹慎。實務上為避免逆選擇情況發生，通常被保人必須經過核保程序。一旦有出險記錄，則獲得保險之機會將減少，因此被保人仍應盡力注意交易對方之信用狀況。此外，輸出保險通常承保金額小於保險價額❶，一般上多以百分之九十為上限。目的是藉由部份負擔方式，以促使被保人謹慎選擇進口商或輸出國家等，並減少被保人之道德危險。

三、費率影響因素

輸出保險由於牽涉不同政治體系與文化背景之其他國家，危險之性質較難達成一致性，因此費率計算通常無法如民營財產保險一般精確。輸出保險之費率方法，基本上乃依進口國之政治危險，以及進口商之信用狀況劃分為若干等級，而後針對各等級收取不同之費率，危險程度愈大則費率水準相對上愈高。

衡量進口國政治危險之因素，通常是藉由各種傳播媒體所獲得資訊進行分析，或是直接向若干國際著名徵信公司購買資訊分析。一般而言，政治危險大致上受政府統治權大小、政策穩定與否，尤其是金融政策，以及國家整體之民主與文明程度、近年內是否發生過政變情況、與世界主要國家之友善關係等因素之影響。綜合評估這些因素之後，則將各進口國之危險程度區分為 A、B、C、D、E……等若干級。出口至危險等級不同之國家，其費率或承保比例將有所差異。

至於交易進口商之信用危險程度，通常與該廠商本身之商譽、財務狀況、公司近年之收益情況有關，以及以往交易與付款經驗等。通常這些資料必須藉助國際徵信機構之檔案，經由該進口商之任何相關交易記錄進行分析研判。而後這些進口商依其信用危險程度被歸類為 1、2、3、4……等不同等級。出口商與之交易而投保輸出保險，將支付不等之保險費率。

---

❶ 保險價額即是保險標的物之價值。

除進口國與進口商之國際因素外，出口之產品或是投資經營項目等，對於費率亦有若干影響。產品銷售波動性大、滯銷機率高者，進口商可能藉故不提領貨物，或是因無法銷售而財務虧損破產等，出口商將無法收回貨款。而投資資金龐大者，發生不能回收之機率可能提高。此外，輸出保證保險之費率可能與出口商本身之信用狀況，以及保證金額大小等因素有關。

最後值得一提的是關於保單之保險期間。保險期間長短對於費率水準將有若干影響。保險期間愈長，政治危險或信用危險之因素變動愈多，損失之不確定性增加，因此費率水準相對上將提高。

第二節　農業保險

農業為人民生存之根本依據，因為糧食乃是每日生活所必需。倘若完全仰賴進口，則無異於將國家命脈交由他人控制。當糧食缺乏時，必須以極高之代價才得以換取，因此其危險狀況顯而易見。然而另一方面，農民生活相當辛苦，四時勞動而收穫有限。加以水災、風災等天災人禍之打擊，不僅平日辛勞一無所得，更可能因此積欠債務。隨著工商業發達，農業人口逐漸減少，政府為保存基本之糧食來源，必須維持農業繼續發展。因此政府除藉由科學技術改進農業生產外，對於農民不可避免之意外損失，通常提供若干經濟支援，而其中之一即是農業保險。

廣義之農業保險可涵蓋任何與農民有關之保險，包括農作物或家畜保險，以及農民之人身保險、財產保險與責任保險等。然而事實上農民之人身財產與責任保險，可經由一般民營保險獲得保障，不必完全仰賴政府提供。此外，家畜保險亦可由民營之家畜流動保單獲得保障。因此各國農業保險之實施狀況不盡相同。至於農作物保險通常民營保險人較少承保，大多由政府提供概括危險之保險保障。故本節所介紹之農業保險乃針對「**農作物保險**」(crop insurance) 而言，下文簡要介紹其承保範圍與費率影響因素。

一、承保範圍

農作物保險乃是承保各種農產品，例如水稻、小麥、玉米等，遭受天災包括風災、雹災、水災、旱災、火災等，或病蟲害之損失，採用全險之概括危險承保方式。一般而言，農作物保險之危險測定並不容易，天然災害之發生每年情況差異相當大，有時損失嚴重，有時僅有輕微傷害。此外，農田面積遼闊，農作物種類繁多，其生長習性並不相同，各式各樣之病蟲害，實難以計算其潛在危險，因此損失之評估頗為困難。

政府提供農作物保險，事實上損失補償經常高於保費收入，傳統之保費等於預期損失之保險原理難以發揮。因此每有主張政府直接以補助方式協助農民即可，不須採用保險制度。然而無論如何，若干政府依然嘗試採用保險方式，以期能建立自給自足之保障制度。政府所施行之農作物保險，與一般民營之農作物雹災保險並不相同，通常政府之保險具有下列特色：

⑴保障範圍僅及於補償農作物之實際投入成本，不包括預期銷售利潤。政府辦理這項保險之目的，乃是減輕農民因天災蟲害等自然災害之損失。許多時候保費極其低廉，根本不足以反映損失補償，實際上彷如補助或救濟。倘若包括預期利潤，不僅政府之保險成本提高，並且容易發生道德危險。因為農民可能任意栽種或過度生產，一旦發生危險事故，則可獲得較多之補償。

⑵必須在種植農作物時即購買保險，若是已經種植生長者則不能投保。為避免農民逆選擇，對於生長情況良好之作物不予投保，而僅就生長狀況較差者投保，例如患病蟲害者，因此必須要求農民在種植開始之時即參加保險。

⑶農民必須就其栽種之所有農作物全部投保，不能只有部份作物參加保險。其理由與前項相同，是為避免發生逆選擇現象。倘若可以部份投保，則農民可能僅就容易發生病蟲害之作物投保，而優良作物則不予投保。

如同輸出保險一般，農作物保險之承保金額多小於農作物之價值，以避免農民之道德危險。因為倘若足額承保，農民之生產成本可獲得政府之充分保障，則可能任意擴大栽植，以求增加銷售利潤。一旦景氣不佳未能銷售，致使發生病蟲害損失，則由政府補償。因此保險金額通常僅為農作物價值之某一比例，例如百分之七十或八十等。至於農作物在購買保單時尚未生長，並無真實之價值存在，因此實務上大多根據以往經驗，推算正常之收穫量以為該批農作物之投保價值。

二、費率影響因素

農作物保險之費率基本上仍是反映其潛在損失，估計方式與其他保險類似。其損失大抵上受三方面因素之影響：㈠天然災害之發生狀況，㈡農作物本身之抵抗力，㈢農場之照料條件，分別說明如下。

㈠天然災害之發生狀況

天然災害發生之頻率與幅度，必然與農作物之損失關係密切。藉由以往之經驗推估該地區之受害機率與嚴重性。風災、水災等天然災害大致上難以預防，一般上受地理區分佈之影響較大。例如地勢低窪、地質鬆軟等，水災損失情況可能較為嚴重。

㈡農作物本身之抵抗力

農作物本身之特性可影響損失之嚴重性，例如水稻與小麥、玉米等，對於水份與強風之防禦能力並不相同。此外，同一作物不同品種亦可能有所差異，因此各農場之保險費率通常與其所栽植之農作物有關。實務上常將各種農作物依其抵抗力劃分等級，如同財產保險危險程度之分類一般，抵抗力愈強則費率較為低廉。

㈢農場之照料條件

個別農場之照料條件可能作為費率調整之參考。由於農作物之受害情況可能與農場之耕作技術、農藥與肥料之使用狀況、防風防寒與水利設施之裝置等因素有關，尤其是病蟲害損失更易受照料條件之影響。因此，可就各農民之照料條件與損失經驗酌予調整。

費率之計算可能以農場面積、農作物數量或農作物之價值等為單位，計算其應繳納之費率水準。一般而言，其間差異性不大。因為每單位面積所能栽植之作物數量或其價值，在一定時間內變動不多，因此單位之選用主要乃是考慮衡量之方便性。

第三節　存款保險

一、存款保險之意義

「**存款保險**」(deposit insurance) 是一種較為特殊之政府保險。傳統上金融投資危險一向是屬於投機危險，並非偶發意外災害之純粹危險。投資人為追求利潤自應承受潛在風險，因此一般上不應使用保險制度提供保障，否則難以避免逆選擇與道德危險之現象。然而近年來經濟與金融危機，已逐漸成為先進國家之重要社會問題。由於社會大眾之所得積蓄，大多存放於銀行或類似之金融機構，一旦存款機構發生擠兌事件，每易導致社會不安，危及人民對於政府之信心。因此政府採用存款保險制度，一方面為鼓勵民間資金之匯集，以充分發揮金融市場之功能，另一方面則作為事後補救之工具，防止擠兌事件效應之擴大。

二、存款保險之特色

存款保險乃是由銀行等金融機構投保，一旦該機構發生財務危機，使存戶無法取得提款時，則由存款保險之保險人負責償還存款。事實上，存款保險如同政府為金融機構所提供之一種債務保證措施，如同保險市場之安定基金一般。目的在於促進民眾之金融信心，與一般民營保險制度有若干差異，其主要特色可歸納為下列數項。

㈠危險之發生具有關連性

金融機構發生擠兌之財務危機，其原因可能來自外部與內部。或許是因外在經濟環境引起，例如經濟不景氣之連鎖效應，亦可能是因個別機構管理不善所造成。此外，擠兌危險事故之另一特殊現象，乃是具有傳染作用。當一家金融機構發生擠兌時，民眾對於全部金融體系之信心將受影響，可能連帶引發其他機構發生擠兌危險。因此其危險性質不同於一般偶發之保險事故，擠兌危險事故之發生並非完全獨立，乃是具有關連效應。

㈡誘發道德危險之可能性高

雖然大多數保險制度均含有若干道德危險之誘發性，然而存款保險之道德危險更是顯而易見。一般保險之道德危險主要來自被保人，基於獲取保險金之誘因，自行設計發生危險事故。但是這些危險事故多屬純粹危險等不幸事件，一旦發生之後，被保人仍將承受若干損失。例如購買壽險多年以後自殺，雖可獲得給付但卻犧牲生命，因此絕大多數之被保人當不至於如此行動。若是自行焚燒房屋等，這些被保人故意行為並無法獲得火災損失之賠償，因此被保人應不至於採取這些行動。

相對地，存款保險保障投機危險，危險事故隱含若干潛在利益，因此容易誘導當事人去爭取這些利益。況且追求商業利益在社會大眾眼中，不像自殺或縱火那樣背離社會常規，一般人大多認為爭取較高之利差乃是經濟社會之正當行為。存款保險之道德危險來源可能來自存戶，亦可能來自金融機構本身。由於存款受到政府之保障，存戶可能為貪圖較高之存款利息，忽略謹慎選擇優良存款機構之責任。另一方面，金融機構為爭取較多之放款利息，可能降低客戶信用要求標準，擴大貸款範圍。存戶與金融機構這二方面之道德危險現象，可謂是相當正常之社會慣例。一般上並未構成違法行為，不同於其他保險之殺人縱火等不理性或不合法的道德危險。因此存款保險目的雖是避免擠兌危險效應之擴大，但是制度本身卻又具有誘導金融冒險之效果，可能提高擠兌危險事故之機率。

㈢並未排除道德危險所致之損失

誠如前項所述，追求較高之存款或放款利息，一般而言，乃是正常之經濟行為。雖然具有潛在提高擠兌危險之效果，但是並非違法行為。而事實上，即使金融機構違法超貸，或是管理階層有投資不當與違法失職情況，造成金融機構發生擠兌之財務危機，存款保險依然補償存戶之損失。反觀傳統保險對於被保人本身故意造成之損害，通常不予補償。但是存款保險對於擠兌之原因並未予以限制，即便是被保金融機構人為過失，存款保險依然補償存戶之損失。

㈣保險費率並未反映危險等級

存款保險之另一特色乃是保險費率並未反映被保金融機構之危險等級，這項特色與全民健康保險頗為類似。一般民營保險之費率必須配合被保人之危險程度，危險程度愈大則費率水準愈高，以求制度之公平合理。然而傳統上存款保險之費率並未考慮被保機構之經營危險程度，而是直接以存款之某一百分比作為保險費率。因此必然出現明顯之補貼作用，亦即經營狀況良好之低危險金融機構，繳納高於精算公平水準之費率，用以補貼經營狀況較差之金融機構。

由於費率方式未能反映危險程度，道德危險與逆選擇現象必然出現。而另一方面，存款保險並未排除道德危險之保障，因此可以預見存款保險對於事前降低擠兌危險之發生頻率，其效果相當微小，充其量只能作為事故發生後補償存戶損失之工具。

三、近日發展之危險控制方法

由於存款保險制度具有潛在增加擠兌危險之效果，再加以 1980 年代以來，金融機構發生財務危機事件大幅增加，因此迫使政府必須思考改進方法。除於平日加強金融檢查之功能，以及早發現金融機構之財務問題外，另一項重要之改進措施，乃是倡議改變存款保險之費率模式，以被保金融機構之危險程度為基礎徵收保費。如同一般民營保險之經營理念，將金融機構區分為若干危險等級，藉由費率水準之高低，促進被保金融機構改善其高風險之放款與投資政策。

例如美國之存款保險制度，自 1993 年之後實施以風險等級為基礎之費率結構。一方面考慮金融機構之資本額度，將其劃分為資金充裕、資金適當與資金不足三類。另一方面將管理階層之經營狀況，歸納為優良、普通與危險三組。二項因素之搭配共可產生九種風險等級，而後針對這些等級收取不同之費率水準❷。我國自 1999 年 7 月 1 日起，亦採用類似的方法，而目前（2012 年）之分級制度更加複雜，不僅考慮資本適足率與經營風險，並且將金融機構進行分類，例如銀行、信用合作社與農會信用部等，如表 18–1 所示。

表 18–1　我國中央存款保險公司之風險費率制度（銀行適用）

風險差別費率評等系統綜合得分[1] / 資本適足率[2]	65.0 分（含）以上	50.0 分（含）以上未達 65.0 分	未達 50.0 分
12.0%（含）以上或最低資本適足率 1.5 倍（含）以上	第一級費率 萬分之 5	第二級費率 萬分之 6	第三級費率 萬分之 8
8.0%（含）以上至未達 12.0% 或最低資本適足率（含）以上未達最低資本適足率 1.5 倍	第二級費率 萬分之 6	第三級費率 萬分之 8	第四級費率 萬分之 11
未達 8.0% 者或未達最低資本適足率	第三級費率 萬分之 8	第四級費率 萬分之 11	第五級費率 萬分之 15

資料來源：中央存款保險公司 (http://www.cdic.gov.tw/), 2012 年 1 月 1 日起實施。本表僅節錄銀行費率，未包括信用合作社與農會信用部。

【註】1. 風險差別費率評等系統綜合得分係來自要保機構之申報資料與檢查資料。
2. 資本適足率：銀行、信用合作社係指自有資本佔風險性資產之比率；外國銀行在臺分行係指該外國銀行自有資本佔風險性資產之比率；農、漁會信用部係指合格淨值佔風險性資產比率。

❷ 參閱《存款保險資訊季刊》(2000)，第 13 卷第 3 期，p. 15。

雖然這項措施已盡力設法反映金融機構之個別差異，然而放款利息之利差畢竟是投機危險，金融機構可以從增加之放款利息收入，彌補存款保險所要求之較高保費。因此「**風險費率**」(risk-based premium) 制度之模式是否能發揮功效，仍然有待觀察❸。

❸ 金融領域多將 risk 譯為「風險」而非「危險」。此處依據中央存款保險公司所用名稱「風險費率」，而非「危險費率」。

附錄

保險業設立許可及管理辦法

1. 中華民國九十七年一月九日行政院金融監督管理委員會金管保三字第 09602551841 號令訂定發布全文 30 條；並自發布日施行
2. 中華民國九十八年十一月二十日行政院金融監督管理委員會金管法字第 09800716240 號令修正發布第 8、30 條條文；第 8 條第 1 項第 2 款規定，自九十八年十一月二十三日施行

   中華民國一百零一年六月二十五日行政院院臺規字第 1010134960 號公告第 6 條第 1 項第 1 款附件 1、第 6 條第 1 項第 5 款附件 3、第 11 條第 1 項第 1 款附件 4 所列屬「行政院金融監督管理委員會」之權責事項，自一百零一年七月一日起改由「金融監督管理委員會」管轄
3. 中華民國一百零三年七月三十一日金融監督管理委員會金管保財字第 10302506161 號令修正發布第 24 條條文；並增訂第 24–1、24–2 條條文

第一章　通　則

第一條

本辦法依保險法（以下簡稱本法）第一百三十七條第二項及第一百七十六條規定訂定之。

第二章　設　立

第二條

申請設立保險公司，其最低實收資本額為新臺幣二十億元。發起人及股東之出資以現金為限。

第三條

保險公司之設立，發起人應於申請設立許可時，按最低實收資本額繳足至少百分之二十之股款，並依第七條第一項規定專戶存儲。

第四條

保險公司之董事、監察人及經理人應符合保險業負責人應具備資格條件準則（以下簡稱本準則）規定；有上述準則第三條第一項所列情事之一者，不得充任保險公司之發起人。

發起人、董事或監察人為法人者，其代表或被指定代表行使職務者，準用前項規定。

第五條

保險公司經許可設立者，除經主管機關專案核准者外，應於開始營業前完成主要業務之電腦作業，並經主管機關或其指定機構認定合格。

第六條

保險公司之設立，發起人應檢附下列書件各三份，向主管機關申請設立許可：

一、保險公司設立許可申請書（格式如附件一）。

二、營業計畫書：載明業務之範圍、業務之原則與方針及具體執行之方法，包括場所設施、內部組織分工、人員招募培訓、業務發展計畫、未來五年財務預測，再保險政策。

三、發起人名冊及證明文件（格式如附件二）。

四、發起人會議紀錄。

五、發起人等無本準則第三條第一項各款情事之書面聲明（格式如附件三）。

六、發起人已依第三條規定繳足股款之證明。

七、發起人之資金來源說明（格式如附件三之一）。

八、公開招募之招股章程。

九、預定總經理、副總經理及協理之資格證明。

十、公司章程。

十一、會計師、律師及精算人員之審查意見。

十二、董事會之職責及與經理部門職權之劃分。

十三、其他經主管機關規定應提出之文件。

前項書件之記載事項如有不完備或不充分者，駁回其申請案件；其情形可補正，經主管機關限期補正而未辦理者，駁回其申請。

保險公司許可設立後經發現其檢送第一項之書件有不實記載者，主管機關得撤銷許可。

第七條

保險公司之設立，應委託金融機構代收股款，並以籌備處名義開立專戶存儲。

前項專戶存儲之股款，於開始營業前不得動支。但於取得設立許可後，有下列情形之一者，不在此限：

一、經發起人會議或創立會選出之董事及監察人全體同意，就發起人所繳股款範圍內購置營業上必要之固定資產及支付開辦費。

二、辦理公司設立登記後依本法第一百四十一條規定繳存保證金之用或依本法

第一百四十六條及第一百四十六條之一規定運用於存款或購買公債、國庫券、可轉讓定期存單、銀行承兌匯票、金融機構保證商業本票。

第八條

保險公司之設立，於公司設立登記前，發起人有變更者，主管機關得廢止其許可。但有下列情形之一於事實發生後二週內報請主管機關核准變更者，不在此限：

一、發起人失蹤、死亡。

二、發起人經監護之宣告。

三、發起人於提出設立申請後經發現有本準則第三條第一項各款情事之一。

四、發起人為公司，經法院裁定重整，或有其他重大喪失債信情事。

發起人以外之事項有變更者，應載明正當理由，事先報請主管機關核准。但依其情形不能事先報請核准者，應於事實發生後二週內報請主管機關核准。

前二項情形，經主管機關核准者，保險公司籌備處應於全國性之日報公告，並刊登於顯著之部位。

第九條

保險公司之設立，發起人應自許可設立之日起二個月內繳足所認全部股款，其公開招募股份者，並應於上述期限內依規定向主管機關申請核准公開招募股份。

未依前項規定辦理或申請公開招募未經主管機關核准者，主管機關得廢止其許可。但有正當理由，在前項期限屆滿前得申請主管機關延展一個月。

第十條

保險公司之設立，自收足實收資本額全部股款之日起三個月內，應依法向經濟部申請公司設立之登記。

未依前項規定期限內向經濟部提出申請，或未經經濟部核准者，主管機關得廢止其許可。但有正當理由者，得在前項期限屆滿前向主管機關申請延展一個月。

第十一條

設立保險公司者，應於辦妥公司設立登記後三個月內，依規定繳交各項費用並檢同下列書件各三份，向主管機關申請核發營業執照：

一、營業執照申請書（格式如附件四）。

二、公司登記證件。

三、驗資證明文件。

四、已依本法第一百四十一條規定繳存保證金之證明。

五、公司章程。

六、發起人會議紀錄或創立會會議記錄。

七、股東名冊。

八、董事名冊（格式如附件五）及董事會會議紀錄。

九、常務董事名冊（格式如附件五）及常務董事會會議紀錄。

十、監察人名冊（格式如附件五）及監察人報告書或會議紀錄。

十一、經理人、精算人員、核保人員、理賠人員、總稽核及法令遵循主管等重要職員名冊（格式如附件五）。

十二、公司章則及業務流程。

十三、發起人無本準則第三條第一項各款情事之書面聲明（格式如附件三）。

十四、股東所認股份逾擬發行股份總數百分之十五時，需填具資金來源說明表（格式如附件六）。

十五、其他經主管機關規定提出之文件。

前項規定期限屆滿前，如有正當理由，得申請延展，延展期限不得超過三個月，並以一次為限，未經核准延展者，主管機關得廢止其許可。

第十二條

前條第一項第十二款所稱公司章則，包括下列項目：

一、組織結構與部門職掌。

二、人員配置、管理與培訓。

三、內部控制制度。

四、營業之原則與政策。

五、作業手冊及權責劃分。

六、其他事項。

第十三條

保險公司經設立許可後核發營業執照前有下列情形之一者，主管機關不予核發營業執照：

一、發起人有本準則第三條第一項各款情事之一。

二、負責人資格不符合本準則規定。

三、董事、監察人違反本準則之規定。

四、不符合第五條之規定。

五、未提出應具備文件。

六、其他經主管機關認為無法健全有效經營保險業務之虞。

第十四條

保險公司經核發營業執照後滿六個月尚未開始營業者，主管機關應廢止其設立之許可，限期繳銷執照，並通知經濟部。但有正當理由經主管機關核准者，得予延展，延展期限不得超過六個月，並以一次為限。

第十五條

主管機關就保險公司設立之有關事宜，得隨時派員，或請適當機構派員查核，並得令申請設立保險公司者於限期內提出必要之文件、資料或指定人員前來說明。

第十六條

保險公司之設立，得同時申請設立分公司。

前項設立家數及地區，由主管機關視其營業計畫內容、人員配置及地區情況等因素審核之。

第三章 管 理

第十七條

保險業之所在地、業務範圍、資本或基金總額及董事長（理事主席）、總經理、董事（理事）、監察人（監事）有變更時，應於變更後十五日內向主管機關申請變更營業登記，並於變更後，依法向有關機關辦理變更登記；其屬營業執照所載事項之變更者，應同時申請換發營業執照。

第十八條

保險業之單一股東增加持股致所持股數逾已發行股份總數百分之十五者，應通知該保險業，並由該保險業檢具資金來源說明表（格式如附件六），報主管機關備查。

第十九條

保險業在國外設有分公司，受所在國法律限制者，其在國外資金之運用，得依當地政府有關法令之規定辦理。

第二十條

保險業應依本法第一百四十一條及第一百四十二條規定，繳存保證金於國庫。遇有增資情事，應同時繳足保證金。

第二十一條

保險業經營業務或招聘人員不得有誇大不實或引人錯誤之廣告及宣傳。

第二十二條

依本法第四十三條規定簽發之保險單或暫保單，得以電子文件方式為之。以電子文件方式簽發保險單或暫保單，應以數位簽章簽署；其紀錄保存、內部安全控制及契約範本等作業管理規範，並應事先由保險商業同業公會訂定，報主管機關備查。

第二十三條

保險業收取保費，不得有錯價、放佣情事，或以不真實之支出入帳，藉達錯價、放傭之目的。

第二十四條

保險業依本法第一百四十六條至第一百四十六條之七及其相關規定辦理資金運用時，除依第二項規定辦理者外，其資金、業主權益、各種準備金之計算，以最近一期經會計師簽證或核閱之決（結）算數額為準。但保險業之增資取得主管機關規定之驗資證明者，准予計入業主權益及相關項目。

保險業符合下列條件者，於檢具相關證明文件經董事會三分之二以上出席及出席董事二分之一以上同意，並報主管機關備查後，得以自行結算之數額計算各月份之資金、業主權益及各種準備金。但於會計師簽證或核閱或主管機關認定之月份，應以會計師簽證或核閱之決（結）算數額或主管機關認定之數額為計算基準：

一、最近一年每期自行結算之數額與會計師簽證或核閱之決（結）算數額差異比率低於千分之五，且最近年度及半年度之財務報告均經會計師出具「無保留意見」。

二、最近一年無受主管機關依本法第一百四十九條第一項序文以外之各款或第三項處分情事，且無單一違法行為處罰鍰達新臺幣一百萬元或裁罰總額達新臺幣三百五十萬元之情事。

三、最近二期自有資本與風險資本比率均達百分之兩百五十以上。

四、已訂定完備之內部風險管理制度及相關作業規範，董事會並已設風險管理委員會且於公司內部設風險管理部門及置風控長一人，實際負責公司整體風險控管。

保險業依前項規定計算其資金、業主權益及各種準備金者，應每季將是否依第二十四條之一規定辦理之情形提報董事會。

第二十四之一條

保險業依前條第二項規定計算其資金、業主權益及各種準備金者，除有特殊情形報經主管機關核准外，於有下列情事之一時，應於確定之日起十個工作日內，完成改以前條第一項除書規定以外之計算基準之數額調整，並於下列情事之一確定之日起二年內，不得再依前條第二項規定辦理：

一、未符合前條第二項第一款或第三款條件。

二、經主管機關認定有違反相關法令規定命其重編財務報告。

三、經主管機關認定未符合前條第二項提報董事會通過之程序或提報董事會之文件有虛偽不實之情事。

四、未依前條第三項規定辦理。

第二十四之二條

保險業依第二十四條第二項規定計算其資金、業主權益及各種準備金者，倘特定月份自行結算之數額有配合以後其他月份會計師簽證或核閱或主管機關認定之數額進行調整，致發生該特定月份調整後數額計算之各項資金運用有逾本法及相關法令所定限額之情事，其逾限情事將視為投資因素所致。

保險業如有前條各款所列情事，並改以第二十四條第一項除書規定以外之計算基準之數額調整，致發生調整後數額計算之各項資金運用有逾本法及相關法令所定限額之情事，其逾限情事將視為非投資因素所致。

第二十五條

保險業決議解散前，應先擬訂維護其保險契約要保人、被保險人及受益人權益之具體計畫，報請主管機關核准。

第二十六條

保險業得另以契約將其全部或一部保險契約轉讓與其他保險業。

保險業依前項規定轉讓保險契約，併為財產之轉讓者，主管機關得因保護讓與保險業之債權人，要求其保留一部分之財產。

保險業停止營業達六個月以上者，應辦理解散，並將其營業執照繳銷。但經主管機關下令停業清理者不在此限。

第二十七條

合作社組織之保險業解散時，其解散及清算，依本辦法及合作社法之規定辦理。

第二十八條

依據其他法律經營各種商業性保險業務者，準用本法之規定，並依本辦法管理之。

第二十九條

主管機關依本法規定受理保險業申請營業登記、變更營業登記、核發、換發營業執照等事項，應繳納規費。

第三十條

本辦法自發布日施行。

本辦法中華民國九十八年十一月二十日修正之第八條第一項第二款規定，自九十八年十一月二十三日施行。

※附件格式均略。

參考文獻

中文書籍與期刊

吳榮清，1989，《火災保險與海上保險》，三民書局。

吳榮清，1992，《財產保險概要》，三民書局。

宋明哲，1993，《人壽保險學》，三民書局。

林惠玲、陳正倉，2009，《統計學：方法與應用》，雙葉書廊。

施文森，1990，《保險法總論》，三民書局。

柯木興，1995，《社會保險》，中國社會保險學會。

胡宜仁，1988，《保險實務》，三民書局。

袁宗蔚，1990，《保險學》，三民書局*。

張雪貞，1994，《歐美國家年金制度》，行政院衛生署。

張雪貞，1994，《歐美國家醫療體制與保險制度》，行政院衛生署。

陳彩稚，2006，《財產與責任保險》，智勝文化公司。

陳彩稚，2012，《企業風險管理》，前程文化公司。

陳雲中，1994，《人壽保險的理論與實務》，三民書局。

陳雲中，1995，《保險學要義》，三民書局*。

陳遠哲、鄭純農，1995，《保險會計選輯》，致遠管理顧問公司。

陳繼堯，1989，《再保險論》，三民書局*。

陳繼堯，1993，《危險管理論》，三民書局*。

陳繼堯，1995，《汽車保險理賠論》，三民書局*。

陳繼堯、曾武仁、林建智、張經理，2000，《金融自由化下新興風險移轉方法之運用現況與發展》，財團法人保險事業發展中心。

陳繼堯，2001，《再保險：理論與實務》，智勝文化公司。

陽肇昌，1993，《保險經營專題選論》，三民書局*。

楊誠對，1994，《意外保險》，三民書局*。

風險管理學會主編，2001，《人身風險管理與理財》，智勝文化公司。

《人壽保險業務統計年報》，臺北市人壽保險商業同業公會編印。

《保險業務概況》，財團法人保險事業發展中心。

《保險年鑑》，中央再保險公司，臺北市人壽保險商業同業公會，臺北市產物保險商業同業公會。

《存款保險資訊季刊》，2000，第 10 卷第 3 期，中央存款保險公司。

*作者發行，三民書局經銷。

英文書籍與期刊

年　鑑

Best's Aggregates and Averages, 1994, A.M. Best Co., NJ.

Life Insurance Fact Book, 2010, American Council of Life Insurance, Washington, D.C.

Property/Casualty Insurance Fact Book, 2010, Insurance Information Institute, NY.

The Reinsurance Market, 1991, The Chartered Insurance Institute, London, UK.

Sigma, 2011, Swiss Re, Switzweland.

Abraham, K., 1986, *Distribution Risk: Insurance, Legal Theory, and Public Policy*, Yale University Press, Conn.

Black, K. and H. Skipper, 1994, *Life Insurance*, 12th ed., Prentice-Hall, Inc., NJ.

Black, K. and H. Skipper, 2000, *Life and Health Insurance*, 13rd ed., Prentice-Hall, Inc., NJ.

Borch, K., 1990, *Economics of Insurance*, Elsevier Science Publishers, Amsterdam, Holland.

Bowers, N., H. Gerber, J. Hickman, D. Jones, and C. Nesbitt, 1986, *Actuarial Mathematics*, 1986, Society of Actuaries, IL.

Brown, R., 1993, *Introduction to Ratemaking and Loss Reserving for Property and Casualty Insurance*, Actex Publications, Inc., Conn...

Culp, C., 2002, *The Art of Risk Management*, John Wiley & Sons, Inc., NY.

Cummins, D. and S. Harrington, 1987, *Fair Rate of Return in Property-Liability Insurance*, Kluwer-Nijhoff Publishing Co., MA.

Dorfman, D., 1991, *Introduction to Risk Management and Insurance*, 4th ed., Prentice-Hall, Inc., NJ.

Feldstein, P., 1988, *Health Care Economics*, 3rd ed., John Wiley & Sons, Inc., NY.

Greene, M. and R. Johnson, 1980, "Stocks vs. Mutuals: Who Controls?" *Journal of Risk and Insurance*, pp. 165–174.

Greene, M. and O. Serbein, 1983, *Risk Management: Text and Cases*, 2nd ed., Reston

Publishing Co., VA.

Greene, M., J. Trieschmann and S. Gustavson, 1992, *Risk and Insurance*, 8th ed., South-Western Publishing Co., OH.

Harrington, S. and G. Niehaus, 2003, *Risk Management and Insurance*, 2nd ed., McGraw-Hill, Inc., NY.

Head, G., 1996, *Essentials of Risk Financing*, Vol. I & II, Insurance Institute of America, PA.

Head, G., 1989, *Essentials of Risk Control*, Vol. I & II, Insurance Institute of America, PA.

Hogg, R. and S. Klugman, 1984, *Loss Distributions*, John Wiley & Sons, Inc., NY.

Huebner, S., K. Black and B. Webb, 1996, *Property and Liability Insurance*, 4th ed., Prentice-Hall, Inc., NJ.

Lemaire, J., 1985, *Automobile Insurance-Actuarial Models*, Kluwer-Nijhoff Publishing Co., MA.

McGill, D. and D. Grubbs, Jr., 1989, *Fundamentals of Private Pensions*, 6th ed., Irwin Publishing Co., IL.

Rejda, G., 1994, *Social Insurance and Economic Security*, 5th ed., Prentice-Hall, Inc., NJ.

Rejda, G., 2010, *Principles of Risk Management and Insurance*, 11th ed., Addison Wesley, MA.

Saunders, A., 2000, *Financial Institutions Management*, 3rd ed., McGraw-Hill, Inc., NY.

Smith, B., J. Trieschmann, E. Wiening, and A. Johnson, 1994, *Property and Liability Insurance Principles*, 2nd ed., Insurance Institute of America, PA.

Troxel, T. and G. Bouchie, 1990, *Property-Liability Insurance Accounting and Finance*, 3rd ed., Insurance Institute of America, PA.

Vaughan, E. and T. Vaughan, 2001, *Essentials of Risk Management and Insurance*, 2nd ed., John Wiley & Sons, Inc., NY.

Vaughan, E. and T. Vaughan, 1999, *Fundamentals of Risk and Insurance*, 8th ed., John Wiley & Sons, Inc., NY.

Webb, B., J. Launie, W. Rokes, and N. Baglini, 1984, *Insurance Company Operations*, Vol. I & II, Insurance Institute of America, PA.

Webb, B., C. Harrison, and J. Markham, 1992, *Insurance Company Operation*, Vol. I & II, Insurance Institute of America, PA.

Weiers, R., 1998, *Introduction to Business Statistics*, Duxbury Press, CA.

Wiening, E. and D. Malecki, 1992, *Insurance Contract Analysis*, Insurance Institute of America.

Williams, A. and R. Heins, 1989, *Risk Management and Insurance*, 6th ed., McGraw-Hill Publishing Company, NY.

Williams, A., M. Smith, and P. Young, 1998, *Risk Management and Insurance*, 8th ed., McGraw-Hill, Inc., NY.

索引

中文

一畫

二畫

三畫

四畫

五　畫

六 畫

七 畫

八 畫

九 畫

十 畫

十一畫

十二畫

十三畫

十四畫

十五畫

十六畫

十七畫

十八畫

十九畫

二十畫

二十一畫

二十二畫

二十三畫

英 文

A

B

C

D

E

F

G

H

I

N

O

P

Q

R

S

T

U

V

W

筆記欄

初級統計學

呂岡玶、楊佑傑／著

本書以應用的觀點出發，藉此說明統計為一種有用的工具，讓讀者瞭解統計可以幫助我們解決很多週遭的問題。本書適合一學年每週三小時的統計學課程，每章都附有習題，可強化觀念並增加讀者練習的機會。本書一大特色在於利用 EXCEL 做資料分析，經由實例說明操作方法及解釋結果，讓讀者可以輕鬆的利用 EXCEL 分析統計資料，是一本易學易懂且兼具電腦運算應用的入門書。

國際金融理論與實際

康信鴻／著

本書內容主要是介紹國際金融的理論、制度與實際情形。在寫作上強調理論與實際並重，文字敘述力求深入淺出、明瞭易懂，並在資料取材及舉例方面，力求本土化。全書共分為十六章，循序描述國際金融的基本概念及演進，其中第十五章「歐債危機對全球及臺灣金融及經濟影響」和第十六章「量化寬鬆政策對全球及臺灣金融及經濟影響」，介紹目前最新穎的議題。此外，每章最後均附有內容摘要及習題，以利讀者複習與自我測試。